AI 必須！從做中學
# 貝氏統計

AI 必須！從做中學
# 貝氏統計

生物學家 THERESE M. DONOVAN
統計學家 RUTH M. MICKEY

旗標
FLAG

# AI 必須！從做中學
# 貝氏統計

Bayesian Statistics for Beginners : A Step-by-Step Approach

**修訂第二版**

為什麼你讀不懂一些 AI 的論文？
為什麼常常被某些隱晦的黑話蒙蔽？
參加研討會也常慘遭挫敗？…
作者以其本身的經歷寫了這本 "怪書"
拯救了在無助深淵中的人們…

從事機器學習、深度學習、資料科學、
大數據分析一定要懂的統計利器

猜猜看，
我是貝葉斯本人的
機率有多大？

黃駿 譯

施威銘研究室 監修

本書補充資源下載網址
https://www.flag.com.tw/bk/st/F3308

感謝您購買旗標書,
記得到旗標網站
www.flag.com.tw
更多的加值內容等著您…

● FB 官方粉絲專頁:從做中學AI

● 旗標「線上購買」專區:您不用出門就可選購旗標書!

● 如您對本書內容有不明瞭或建議改進之處, 請連上
旗標網站, 點選首頁的 聯絡我們 專區。

若需線上即時詢問問題,可點選旗標官方粉絲專頁
留言詢問,小編客服隨時待命,盡速回覆。

若是寄信聯絡旗標客服email, 我們收到您的訊息後,
將由專業客服人員為您解答。

我們所提供的售後服務範圍僅限於書籍本身或內
容表達不清楚的地方, 至於軟硬體的問題, 請直接
連絡廠商。

學生團體　　訂購專線:(02)2396-3257 轉 362
　　　　　　傳真專線:(02)2321-2545

經銷商　　　服務專線:(02)2396-3257 轉 331
　　　　　　將派專人拜訪
　　　　　　傳真專線:(02)2321-2545

**國家圖書館出版品預行編目資料**

AI 必須！從做中學貝氏統計 － 從事機器學習、深度學習
、資料科學、大數據分析一定要懂的統計利器

Therese M. Donovan, Ruth M. Mickey 著; 黃駿譯,
施威銘研究室 監修. -- 第二版.--

臺北市 : 旗標科技股份有限公司, 2023.04　面;　公分

ISBN 978-986-312-746-8　(精裝)

1.CST: 統計學　2.CST: 貝氏統計

511.8　　　　　　　　　　　　　　　112003643

作　　　者／THERESE M. DONOVAN
　　　　　　& RUTH M. MICKEY

翻譯著作人／旗標科技股份有限公司

發行所／旗標科技股份有限公司

台北市杭州南路一段15-1號19樓

電　　話／(02)2396-3257(代表號)

傳　　真／(02)2321-2545

劃撥帳號／1332727-9

帳　　戶／旗標科技股份有限公司

監　　督／陳彥發

執行編輯／孫立德

美術編輯／陳慧如

封面設計／陳慧如

校　　對／施威銘研究室

新台幣售價:1200 元

西元 2024 年 2 月 修訂第二版 2 刷

行政院新聞局核准登記-局版台業字第 4512 號

ISBN　978-986-312-746-8

# 前言

大家好。我們出版本書的目的是為了替『貝氏集團』招募新血。

你可能會問：『貝氏集團是什麼東西？』讓我們用伊利澤・尤考斯基 (Eliezer Yudkowsky；http://yudkowsky.net/rational/bayes) 的話來回答：『貝氏集團由多個國家及專業領域的科學家組成，且暗中掌握著論文發表數、研究經費、大學的終身職位，並蠱惑了大量的研究生。想進入該集團，最好的方法是先加入各高中或大學舉行的「貝氏校園十字軍東征」，然後一步步爬升到組織核心。有傳言稱：貝氏集團的最頂層由九位隱姓埋名的人物把控，他們被稱為「貝氏議會」。』

當然，這只是玩笑話！貝氏定理 (Bayes' Theorem，又稱為貝氏法則) 最先以死後出版的型式，刊登在 1763 年的自然科學會報 (Philosophical Transactions of the Royal Society)。在《永生不滅的理論》一書中，作者莎朗・麥格雷恩 (Sharon Bertsch McGrayne) 清楚說明了《貝氏定理如何破解恩尼格瑪密碼、追蹤蘇聯潛艇、並終結長達兩個世紀的爭論》。簡言之，該定理的應用極廣，且相關論文與專著的數量正以指數方式爆增中。

受到『貝氏議會』這個點子的誘惑，筆者在數年前參加了一場為期五天的『基礎』貝氏統計工作坊。第一天，工作坊的人介紹了五花八門的貝氏模型；而到了第二天，我們卻不得不放下面子問一些基本問題：到底什麼是貝氏定理？它和 MCMC 的關係又是什麼？換言之，這場活動的教材對當時的我們而言實在太深了。

在經歷如此挫敗後，我們返回家中，並開始研究貝氏定理的各種應用。

隨著閱讀的資料增加，我們逐漸認清自己對貝氏定理的各項疑問，並嘗試找出解答，最終的成果就是眼前這本由筆者和讀者相互問答所構成的怪書。

在本書內文中，我們參考了大量的網路資源，如：牛津統計學辭典 (Upton & Cook, 2014)、Wolfram Mathematics 網站、以及線上統計學課程：互動多媒體研究 (Online Statistics Education: An Interactive Multimedia Course for Study，由萊斯大學、休斯頓大學清湖分校、與塔夫茨大學共同開設)。此外，我們也提供了許多來自維基百科 (Wikipedia) 和大英百科全書 (Encyclopedia Britannica) 的友善連結。雖然這部分內容不能說很可靠、也絕非我們原創，但其可供讀者快速查閱相關資訊，為此，我們十分感激這些內容的提供者。

實際上，筆者並非貝氏統計的專家，也從未以此自稱。瑟瑞斯·多諾萬 (Therese Donovan) 是來自美國地質調查暨魚類和野生動物佛蒙特州合作研究單位 (U. S. Geological Survey Vermont Cooperative Fish and Wildlife Research Unit) 的生物學家，而露絲·米基 (Ruth Mickey) 則是任職於佛蒙特大學 (University of Vermont) 數學與統計學系 (Department of Mathematics and Statistics) 的統計學家。兩人都接受過『頻率學派』的薰陶、並瞭解最大概似估計法 (maximum likelihood methods)，但對於貝氏方法的研究都是從最近才開始的。

本書有意避開一些具爭論性的主題、也不去比較貝氏方法和傳統頻率學派方法的異同。此外，我們還鼓勵讀者自行挖掘更多相關內容。萬幸的是，之前已有多位貝氏專家為我們鋪了路；在本書的寫作過程中，我們強烈依賴以下幾本書籍：

- N. T. Hobbs and M. B. Hooten. Bayesian Models: A Statistical Primer for Ecologists. Princeton University Press, 2015.
- J. Kruschke. Doing Bayesian Data Analysis: A Tutorial with R, JAGS, and Stan. Elsevier, 2015.
- A. Gelman, J. B. Carlin, H. S. Stern, and D. B. Rubin. Bayesian Data Analysis. Chapman & Hall, 2004.
- J. V. Stone. Bayes' Rule: A Tutorial Introduction to Bayesian Analysis. Sebtel Press, 2014.
- H. Raiffa and R. Schlaifer. Applied Statistical Decision Theory. Division of Research, Graduate School of Business Administration, Harvard University, 1961.
- P. Goodwin and G. Wright. Decision Analysis for Management Judgment. John Wiley & Sons, 2014.

雖說我們極度依賴以上參考文獻，但若本書中有任何解讀錯誤，那都是我們能力不足所致。

我們期待這本書能快速引領門外漢入行。經過大約一週的時間後，讀者應該就能讀懂上述這些由專家撰寫的著作了。為方便初學者學習，本書每一章都會提到貝氏定理，且各章內容也都圍繞該定理展開。此外，我們會多次研究同一個例子，並重複說明『過去的做法』，好讓讀者能慢慢擴展自己的認知，並將先前所學與新材料連接在一起；事實上，本書的審稿人非常喜歡這種安排。不過，要是各位覺得囉嗦，跳過這些重複的部分也無所謂。

若本書對讀者有所幫助，那麼我們的審稿團隊絕對功不可沒。在此誠摯感謝 George Allez、Cathleen Balantic、Barry Hall、Mevin Hooten、Peter Jones、Clint Moore、Ben Staton、Sheila Weaver 與 Robin White，他們的熱情、提問與意見顯著改進了本書的內容。另外，我們也感謝 Gary Bishop、Renee Westland、Melissa Murphy、Kevin Roark、John Bell 與 Stuart Geman 為本書提供圖片。

Therese Donovan

Ruth Mickey

佛蒙特的伯靈頓市

# 致謝

感謝我們的父母 Thomas、Earline Donovan 以及 Ray、Jean Mickey，啟發了我們對學習的熱愛。感謝先進導師們，其中有一些甚至僅透過文章與書籍而認識。此外也特別感謝外子 Peter 與一雙兒女 Evan 和 Ana。

---

## 本書補充資源

本書譯者與編輯為了輔助讀者理解書中內容，會分別以 譯註: 與 編註: 的方式輔助說明。此外，也額外提供補充資源 (包括 Python 程式碼與 Excel 試算表) 讓讀者知道某些圖形與數據是如何計算出來的，請連到 **https://www.flag.com.tw/bk/st/F3308** 網址並依指示取得檔案。

## 作者

Therese Donovan 是美國地質調查暨魚類和野生動物生物學家。在佛蒙特大學魯賓斯坦環境與自然資源學院研究所教授生態建模與保育生物學，並與專業人員共同研究脊椎動物保護問題。

Ruth Mickey 是佛蒙特大學數學與統計學系榮譽教授。她教授多變量分析、分類數據、調查取樣、變異數分析與機率學等課程，亦擔任碩博士委員會顧問。致力於開發統計方法與應用，以推動公共衛生與自然資源事務。

## 譯者

黃駿 於國立臺灣大學腦與心智科學研究所碩士班畢業後，曾擔任過行銷、產品設計等工作。有 Java 與 Python 程式語言基礎，對於科學與科技議題抱有高度興趣，隨後投入翻譯工作，目前譯有《無限的力量》、《深度強化式學習》、《深度學習的 16 堂課》等，同時經營自己的英文部落格：Neurozo Innovation Blog。

這是我最愛的照片‧施威銘　攝於 佛蒙特州 伯靈頓市　Burlington, Vermont, USA

# 目錄

# 第 1 篇

# 機率的基本概念

雖然每個人或多或少都懂點機率的概念，但是核心的機率觀念在貝氏統計、機器學習、AI 都具有十分重要的角色，萬萬不能輕忽！本篇會將書中會用到的機率觀念加以說明。

## 簡介

本書的第 1 篇共由 2 章組成，討論機率論的基本觀念。

- 第 1 章為讀者介紹機率 (probability) 的概念。我們會用一個擲骰子的例子來說明機率的基本性質以及相關用語。
- 第 2 章會提到更多學習機率時會用到的術語和觀念，包括用文氏圖觀看事件的交集、聯集，還有聯合機率 (joint probability)、邊際機率 (marginal probability)、條件機率 (conditional probability) 等機率的重要觀念。

在學過這些基礎之後，便能踏上探索貝氏理論的旅途了！

編註：本書作者、譯者、編輯花了十足的功夫，希望讀者能順利學習，並將一般書籍、網路講不清楚的地方，能紮紮實實、豁然開朗的吸收到知識。

本書是以問答方式進行，好處是平易近人、容易閱讀吸收。但是一些重點、綱要則散見各處，容易見樹不見林。因此，建議讀者在每讀完一章之後，能夠將一些重點、心得整理下來，對於知識的學習會有很大的幫助。

我們在每一章的開頭都會列出所要學習的新主題、專有名詞，讀者可以此為基礎來發展出自己的筆記大綱，也是不錯的方法。

# 第 1 章

# 先來瞭解一下機率

本章先介紹一些學習機率時用到的基本用語。從問答的行文中，各位即可認識以下這些專有名詞的意思：

- 樣本空間 (sample space)
- 結果 (outcome) 或稱出象
- 離散結果 (discrete outcome)
- 事件 (event)
- 機率 (probability)
- 機率分佈 (probability distribution)
- 均勻分佈 (uniform distribution)
- 試驗 (trial)
- 經驗分佈 (empirical distribution)
- 大數法則 (Law of Large Numbers)

就讓我們從以下的問答開始吧！

## 問1　要如何瞭解機率呢？

**答：**說明機率最好的方法就是舉例說明。請想像這個博奕遊戲 — 玩家需先支付 $10,000 入場費以換取一次擲骰子的機會。倘若擲出點數 4 馬上翻百倍可贏得 $1,000,000；若出現的是其它點數，則玩家賠掉入場費。你認為自己贏得獎金的可能性如何？

## 問2　那麼，應該參加上述遊戲嗎？

**答：**在瞭解機率之前，這個問題很難回答！

我們只知道：如果骰子每次都是 4 點朝上，那麼當然應該參加！但如果點數 4 從未出現過，加入遊戲就顯得很愚蠢了。綜上所述，瞭解骰子的狀況可以幫助我們做出決策，也就是先看看這顆骰子公正 (fair) 嗎？換言之，每一面朝上的機會是否一樣大？而擲出點數 4 的機會又有多少？

透過思考此類問題，吉羅拉莫・卡爾達諾 (Gerolamo Cardano)、皮埃爾・德・費馬 (Pierre de Fermat) 和布萊茲・帕斯卡 (Blaise Pascal) 等早期的傑出數學家建立了一支新數學，即**機率論** (probability theory)。

『擲骰子』是**隨機過程** (random process) 的一個例子：意思就是骰子會出現哪個點數具有不確定性，也就是會隨機出現。機率的目的便是去量化 (quantify) 這種不確定性，使隨機過程中各結果的出現機會能用數字表達。在擲一顆骰子的例子裡，可能的**結果** (outcomes) 共有六種，即點數 1、2、3、4、5、6，而由所有可能結果所組成的集合 (set) 稱為**樣本空間** (sample space)，以擲一個骰子出現的點數而言，樣本空間就是 {1, 2, 3, 4, 5, 6}。

若把可能出現的結果之數量以 $N$ 來表示，那麼上例就是 $N=6$。由於擲骰子的結果只可能是六個點數的其中之一，故此處的結果為**離散 (discrete)** 的。嚴格來說，『離散』這個詞的定義是『各元素之間彼此不同且分離(兩元素之間不存在中間值)』。此外，由於結果的數量**有限**(反過來說，結果的數量並非無限)，代表這些結果有其一定的範圍或上下界。

如果我們相信所有結果的出現機會一樣大(即：骰子是公正的)，則擲出點數 4 的機率就等於$1/N$，也就是 1/6，代表『在六次結果中，預期會出現一次點數 4』。以上敘述可以用符號表示為 **Pr(點數4)**$=1/6$，代表點數 4 出現的機率是 1/6。

---

編註：本書的機率符號是用 **Pr**，而在第 9 章講到機率密度函數時會使用 $P$ 來表示機率的密度，請讀者習慣本書的寫法。

---

?₌

問 3　該如何估算一顆骰子的 **Pr(** 點數 4**)** 呢？

答：我們還需要多觀察這顆骰子的行為。

在繳 \$10,000 入場費之前可以先問問遊戲主辦人：是否能讓我們先對骰子做個『**實驗 (experiment)**』，也就是試投骰子數次以便粗略估計點數 4 出現的機率，再與預期中的機率值(就是 1/6)做比較。

假設主辦人同意了這項要求，我們就開始擲骰子，每次投擲就是一次**試驗 (trial)**。第一次擲骰的結果是點數 3 朝上，故表 1.1 記錄：『點數 3』出現 1 次，其餘點數 0 次：

**表 1.1**

| 結果 (Outcome) | 次數 (Frequency) | 機率 (Probability) |
|---|---|---|
| 點數 1 | 0 | 0 |
| 點數 2 | 0 | 0 |
| 點數 3 | 1 | 1 |
| 點數 4 | 0 | 0 |
| 點數 5 | 0 | 0 |
| 點數 6 | 0 | 0 |
| 總和 | 1 | 1 |

在上表中，**次數** (frequency) 欄位記錄某**結果** (outcome) 被觀察到幾次，而**機率**欄位的值則是由『某結果出現次數』除以『所有結果出現次數總和』所產生的比率。就本例而言，『擲出點數 4』是一個**事件** (event)，此事件發生的機率相當於：點數 4 出現的次數 (即 0 次) 除以總投擲次數 (1 次)。因此可算出出現點數 4 的機率：

$$\text{Pr}(\text{點數}4) = \frac{|\text{點數}4\text{出現次數}|}{|\text{試驗總次數}|} = \frac{0}{1} = 0 \tag{1.1}$$

> 編註：所謂「事件」是指在隨機實驗中基於某條件下發生的事情，例如「擲一顆骰子出現點數 4」、「丟一個硬幣出現正面」等等。

這裡的 **Pr** 可解讀為：在所有隨機實驗中，發生事件『擲出點數 4』佔多少比例。注意！上面算式中的直槓在此並非絕對值，而是指次數。由於以上 **Pr(點數4)** 與『某結果在所有試驗中被觀察到的頻率』有關，故我們稱之為機率的**頻率學派** (frequentist) 觀點。

根據**原始資料** (raw data) 產生的機率分佈稱為**經驗機率分佈** (empirical probability distribution) ( 編註：建構經驗機率分佈時，每筆原始資料都給予相同的權重，例如出現兩筆點數 4、三筆點數 5，則點數 4 的相對頻率為 1+1 等於 2 次，點數 5 的相對頻率為 1+1+1 等於 3 次。)。到目前為止，本例的經驗分佈如圖 1.1 所示：

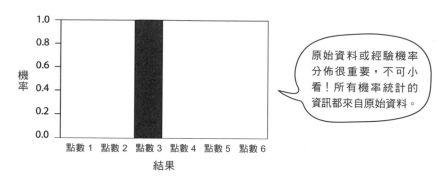

圖 1.1 投擲一次骰子後的經驗機率分佈

問 4 難道擲一次骰子就夠了嗎?

答:擲一次不夠。

從先前的討論中,各位應該能意識到:單憑一次試驗結果估計出來的 **Pr(點數4)** 是不準的 (但在某些問題中確實只能得到一個結果,例如我們僅能觀測到一個月球,沒有第二、三個了)。

讓我們再擲 9 次骰子,並把 10 次試驗的結果整理成表 1.2。表中『點數 4』的出現次數為 2,因此 **Pr(點數4)** 等於 2/10 或 0.20 (見圖 1.2):

**表 1.2**

| 結果 (Outcome) | 次數 (Frequency) | 機率 (Probability) |
|---|---|---|
| 點數 1 | 0 | 0.0 |
| 點數 2 | 2 | 0.2 |
| 點數 3 | 5 | 0.5 |
| 點數 4 | 2 | 0.2 |
| 點數 5 | 0 | 0.0 |
| 點數 6 | 1 | 0.1 |
| 總和 | 10 | 1.0 |

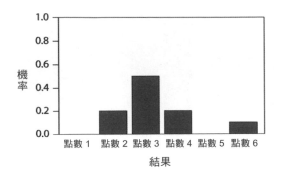

圖 1.2　投擲十次骰子後的經驗機率分佈。

以上資料能告訴我們什麼呢？此處的 **Pr(點數4) = 0.2** ，而預期中的
**Pr(點數4)** 只有 0.1667 (即 1/6)。如此看來，這顆骰子似乎對玩家有利！
但畢竟 $10,000 不是小錢，怎能僅憑擲十次就下手？所以我們繼續進行試
驗，直到遊戲主辦人受不了而叫停為止。這一次，我們累積了 500 筆結
果，請見表 1.3。

**表 1.3**

| 結果 (Outcome) | 次數 (Frequency) | 機率 (Probability) |
| --- | --- | --- |
| 點數 1 | 88 | 0.176 |
| 點數 2 | 91 | 0.182 |
| 點數 3 | 94 | 0.188 |
| 點數 4 | 41 | 0.082 |
| 點數 5 | 99 | 0.198 |
| 點數 6 | 87 | 0.174 |
| **總和** | **500** | **1.000** |

圖 1.3 是出現次數的圖形，稱做**次數直方圖** (或稱頻率直方圖，frequency
histogram)。請注意！$y$ 軸並非機率，而是『各結果被觀察到的次數』。其
中，點數 4 的出現次數為 41，而總投擲次數為 500 次。因為圖 1.3 中的
次數分佈來自原始資料 (也就是實際投擲的資料)，所以其亦屬於**經驗分佈**
(empirical distribution) 的一種。

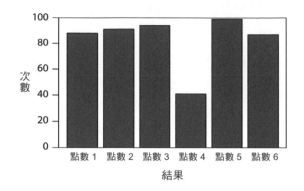

圖 1.3 投擲 500 次骰子後的次數分佈

利用上述數字估算出的 **Pr(點數4)** 等於 41/500 = 0.082。我們再以相同方法算出其它結果的機率，並將之畫成如圖 1.4 的機率分佈：

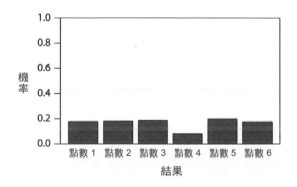

圖 1.4 投擲 500 次骰子後的經驗機率分佈

根據機率論中的**大數法則**(Law of Large Numbers)，隨著試驗次數的增加，公式 1.2 估算出來的值應該越來越接近真實機率才對。換句話說，當試驗數量 (投擲次數) 越多，所得的 **Pr(點數4)** 就越趨近於這顆骰子的真實機率：

$$機率 = \frac{|目標事件被觀察到的次數|}{|試驗總次數|} \tag{1.2}$$

**問 5　一顆公正骰子會表現出怎麼樣的行為？**

**答：**表 1.4 列出本例中的六種可能結果，以及它們理論上的機率值（1/6＝0.167）。請注意！所有點數出現的機率值加總為 1.0。

| 表 1.4 | |
|---|---|
| 結果 | 機率 |
| 點數 1 | 0.167 |
| 點數 2 | 0.167 |
| 點數 3 | 0.167 |
| 點數 4 | 0.167 |
| 點數 5 | 0.167 |
| 點數 6 | 0.167 |
| 總和 | 1 |

圖 1.5 中的資訊和表 1.4 相同，兩者皆表示各點數的**機率分佈**（probability distribution）。圖中的水平軸為可能結果（即點數 1 到點數 6），垂直軸代表機率，直方圖的高度則表示每個結果被觀察到的機率大小。由於各個點數的出現機會一致，因此圖中每個方塊的高度相等（皆為 1/N ＝ 0.167）。這裡要特別指出的是，**此分佈並非經驗分佈**，因為其並非源自於實驗結果；事實上，該分佈是由我們「假設」所有結果的發生機率一樣而來。

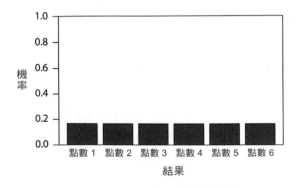

圖 1.5　投擲公正骰子的機率分佈

以上分佈屬於 **離散均勻機率分佈** (discrete uniform probability distribution)：其中的『離散』表示各個可能的結果相異且互相分離 (例如：點數 1 和點數 2 不會出現其他的中間點數)；『均勻 (uniform)』則代表每個結果發生的機率相同。

**問 6**　假如骰子被動了手腳，以致於點數 4 較容易出現，那麼該如何調整相應的理論機率分佈與表格呢？

**答：** 請各位先試著想一想該如何做！

如果新骰子出現點數 4 的機率變成 0.4，則由於所有結果的機率總和必須為 1，故除了 4 以外的點數需瓜分剩餘的 0.6；又假定其他五個可能結果的出現機會一樣大，所以每個結果可平分到 0.12 的機率值。若玩家使用這顆骰子，即使無法百分百確定必然會擲出點數 4，但該點數出現的機會要比其它點數 (如：點數 3) 來得大 (見表 1.5)：

**表 1.5**

| 結果 | 機率 |
|------|------|
| 點數 1 | 0.12 |
| 點數 2 | 0.12 |
| 點數 3 | 0.12 |
| 點數 4 | 0.4 |
| 點數 5 | 0.12 |
| 點數 6 | 0.12 |
| **總和** | **1.0** |

和之前一樣，表格裡全部機率值的總和為 1.0。另外，圖 1.6 中所有藍色方塊的高度和亦為 1.0：

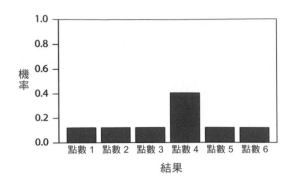

圖 1.6　投擲非公正骰子的機率分佈

**問 7**　**本章博奕遊戲的機率分佈是甚麼樣子呢？── 這一問介紹了事件的觀念，很重要！**

**答：** 回顧一下遊戲的內容 ── 擲出點數 4 的玩家可贏得 $1,000,000，若沒有擲出點數 4 則損失 $10,000。因此，我們可以把骰子的六種可能結果分成兩個**事件** (events)。根據**牛津統計學詞典** (Oxford Dictionary of Statistics) 的解釋：『一個事件是由一群特定結果組成的集合，是樣本空間的一個子集』。此外，我們也能為事件指定機率值。

本例中的兩個事件分別是 E1 = { 點數 4} 與 E2 = { 點數 1, 點數 2, 點數 3, 點數 5, 點數 6}。大括號『{ }』表示集合，裡頭是該事件的可能結果。第一個事件只包含一個結果，第二個則由五個結果構成。如此一來，我們本來需要討論六個不同點數的事件，現在只需考慮兩個事件即可。

接著，來決定各事件的機率值。以動過手腳的骰子為例，已知 Pr( 點數 4) = 0.4 (此即事件 E1 的機率)，那麼『沒有擲出點數 4 (事件 E2)』的機率 Pr(∼ 點數 4) 就包括『擲出點數 1、或 2、或 3、或 5、或 6』的機率。請注意，以上點數**不可能同時成立**，所以 Pr(∼ 點數 4) 等於擲出點數 1、2、3、5、6 的機率『總和』，也就是 0.12 + 0.12 + 0.12 + 0.12 + 0.12 = 0.6。

上面的符號『~』代表『補集』。若 $A$ 為一事件，則 $A$ 的補集 (由不屬於 $A$ 的所有元素組成) 就可寫成 ~$A$，有時也記為 $A^c$。前頁中的『或』告訴我們：此處的可能結果之間是互斥的 (mutually exclusive，代表『不能同時發生 (成立)』)，所以只要將各點數的機率加起來就是事件 E2 的機率。

本例表達出機率論中的一項基本規則：假如事件 $A$ 與事件 $B$ 互斥，則兩事件個別的『機率和』就相當於『事件 $A$ 或事件 $B$』出現的機率 (此結論可推廣到兩個以上的互斥事件)。由於擲骰子時，每次的結果 (點數 1、2、3、5、6) 符合互斥條件，所以將各點數的機率相加就能算出『沒有出現點數 4』的機率 (見表 1.6)：

**表 1.6**

| 事件 | 機率 |
| --- | --- |
| 點數 4 | 0.4 |
| 4 以外點數 | 0.6 |
| **總和** | **1.0** |

請各位注意！表格中兩事件的機率和為 1.0。正因為如此，在得知 Pr( 點數 4) 等於 0.4 後，我們可以快速算出 Pr(~ 點數 4) 為 $1 - 0.4 = 0.6$。

此處的機率分佈如圖 1.7 所示：

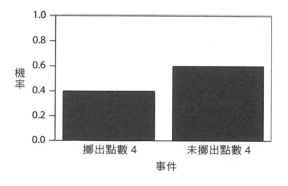

圖 1.7　擲出 4 與未擲出 4 的機率分佈

機率分佈是因事件的定義而異，例如圖 1.6 和圖 1.7 都是投同一顆非公正的骰子，但因為圖 1.6 是關注 (interest) 在每一面點數出現的事件，而圖 1.7 是關注於出現點數 4 和非點數 4 的事件，所以機率分佈圖就完全不一樣。

---

請記住！所有可能結果 (outcome) 的機率值總和必須為 1。對離散機率分佈而言 (如本章的例子)，圖中全部方塊 (分別代表不同離散結果) 的高度加起來會等於 1。

---

得出以上結果後，各位還想參加這個博奕遊戲嗎？我們將此題答案留到第 6 篇，到時會介紹決策樹 (decision trees)、以及應用貝氏定理來幫助決策的各種分析工具。

**問 8**　就貝氏的觀點而言，機率是否相當於長期平均？

**答**：這是個很關鍵的問題，我們將在之後的章節中討論。事實上，貝氏觀點的機率允許我們對各種假說進行測試，但要瞭解這一點，各位得先學習更多機率的概念才行。

**問 9**　那麼接下來該學什麼呢？

**答**：第 2 章會對機率做更多的討論，不要走開，馬上回來！

# 第 2 章

## 聯合機率、邊際機率、條件機率

> 這些觀念很重要,本書會一用再用!請仔細理解,以後遇到下面這些專有名詞卻忘記了,要記得再回來看。

經過上一章的簡介,現在是時候來探討更多與機率有關的詞彙了。

讀者可以從本章學到以下術語:

- 文氏圖 (Venn diagram)
- 邊際機率 (marginal probability)
- 聯合機率 (joint probability)
- 獨立事件 (independent events)
- 相依事件 (dependent events)
- 條件機率 (conditional probability)

讓我們開始本章的問答吧。

## 問 1　什麼是『眼球事件 (eyeball event)』？

**答：**眼球事件聽起來像是一場和視力有關的活動，但其實並非如此！該名詞指的是『一個人的優勢眼 (dominant eye。 譯註： 大腦將兩隻眼睛所產生的影像整合為單一畫面時，會以某隻眼睛的影像為主、另一隻為輔，為主的眼睛即為優勢眼) 是左眼還是右眼』。大家都知道自己是左撇子還是右撇子了，但你知道眼睛也有左利、右利之分嗎？以下是測試方法 (http://www.wikihow.com/Determine-Your-Dominant-Eye；見下圖)：

圖 2.1　測試優勢眼

1. 將兩手平伸到眼前，然後如圖 2.1 般用手指圍出一個三角形的框框。
2. 尋找身邊的小物件，然後將手對準目標，使眼睛可以透過上述三角形框框的洞口看到該物件。請確定你的面部正對著小物件與三角形 — 頭部稍微往左或右偏都會影響測試結果。還有，請務必將兩隻眼睛都睜開。
3. 在頭部維持絕對靜止的情況下，讓手慢慢朝臉的方向靠近；過程中請確保你的眼睛能持續透過三角形洞口看到目標物件。

4. 雙手不斷接近，直到貼到臉上為止 — 此時，由手指圍成的三角形洞口應該會停在優勢眼之前。舉個例子，假如你發現：當手和臉接觸時，自己正用右眼看東西，那麼你的優勢眼便是右眼。

以上的測試有兩個離散的可能結果，即：左利(優勢眼為左眼)和右利(優勢眼為右眼)。由於此處只有這兩種結果，故我們可以將它們當成兩個**事件**(events)來看待。

現在假設我們調查了 100 人的優勢眼狀況，則該 100 人構成了目標**宇集**(universe)，以字母 $U$ 表示；而宇集中的元素數量 (即人數) 則記為 $|U|$ (和之前一樣，此處的直槓並非絕對值，而是指數量)。

在調查過程中我們只會遇到兩類事件，也就是『左利』或『右利』事件；兩者形成了本例的可能結果**集合**。假如 $A$ 事件代表『優勢眼為左眼』，那麼『優勢眼為右眼』即可表示成 $\sim A$。這裡的波浪號 $\sim$ 意思是『補集』，可以將其理解為『除了 $A$ 以外的所有事件』。因為一個人的眼睛不可能同時是左利和右利，即以上兩事件為**互斥**(mutually exclusive)。此外，每個人的眼睛若非左利即為右利，所以該兩事件已『窮盡(exhaustive)』了所有可能。

如果在本例的 100 人裡，有 70 人的優勢眼為左眼，則我們可以將這些人歸入事件 $A$ 子集 (subset) 中。於是，事件 $A$ 的人數可記為 $|A|$，且本例的 $|A| = 70$。請注意，$|A|$ 一定小於或等於 $|U|$ ($|U|$ 在此例的值為 100)。

由於優勢眼只有兩種可能性，所以右利的人數等於 $100 - 70 = 30$。換言之，事件 $\sim A$ 中的人數為 $|\sim A|$，且 $|\sim A| = 30$。同樣地，$|\sim A|$ 一定小於或等於 $|U|$。

本例中的宇集、事件 $A$、事件 $A$ 的補集 $\sim A$，總結在下表中：

**表 2.1**

| 事件 | 次數 |
|------|------|
| 左優勢眼 $(A)$ | $\|A\| = 70$ |
| 右優勢眼 $(\sim A)$ | $\|\sim A\| = 30$ |
| 宇集 $(U)$ | $\|U\| = 100$ |

我們可以依上表繪製出圖 2.2：

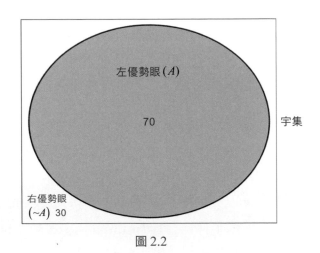

圖 2.2

這就是所謂的**文氏圖**（Venn diagram），其中顯示了 $A$ 和 $\sim A$ 的狀況。此圖的外框代表宇集，內有 100 人。藍色圓圈為事件 $A$，裡頭集合所有優勢眼為左眼的人；優勢眼為右眼的人則在藍圈外、外框內。各位可以看到，$A$ 共由 70 個**元素**（elements）組成，而 $\sim A$ 則由 30 個元素組成。

 ??

問 2　為什麼上圖要稱為文氏圖？

**答**：文氏圖的名字源自於 John Venn（見下圖），他在 1880 年發表的文章中首次提到此概念。

圖 2.3　John Venn

根據 **MacTutor 數學史檔案**（MacTutor History of Mathematics Archive），Venn 的兒子將其父親形容為：『身材修長，終生熱愛健走與爬山，並熱衷於植物學；此外，他還是個優秀的演講者和語言學家』。

 **??**

**問 3**　*U 中的個體屬於 A 的機率是多少？*

**答：**此問題所求的機率記為 $\Pr(A)$。回憶一下，這裡的 **Pr** 代表**機率**，故 $\Pr(A)$ 即『個體屬於 A（優勢眼為左眼）的機率值』。該值能以下面方式計算出來：

$$\Pr(A) = \frac{|A|}{|U|} = \frac{70}{100} = 0.7 \qquad (2.1)$$

可以看出 $\Pr(A)$ 是由『總人數中，有多少人屬於 $A$ 集合』來決定的。這表示：若隨機選取一個人，則此人來自 $A$ 的機率為 0.7。

**問 4**　那麼個體不屬於 $A$ 的機率又是多少呢？

**答**：不屬於 $A$ 的個體共有 30 人 $(100 - 70 = 30)$，他們的優勢眼為右眼。

$$\Pr(\sim A) = \frac{|\sim A|}{|U|} = \frac{30}{100} = 0.3 \qquad (2.2)$$

因為眼球事件只有兩種可能結果，因此本例的記號可以用『**屬於**事件 $A$（即，優勢眼為左)』、和『**不屬於**事件 $A$（即 $\sim A$，優勢眼為右)』來表達。

**問 5**　除了眼球事件之外，再舉點別的例子吧？

**答**：沒問題，來討論其他的人體構造吧。這一次，我們調查了宇集中的 100 人是否具有**摩頓趾** (Morton's toe)。所謂『摩頓趾』指的是比第一趾骨還長的第二趾骨（譯註：即第二根腳趾長於姆趾，也稱為『希臘腳』)。根據 Wikipedia 的文章，這是正常的人類腳型之一（譯註：話雖如此，但有此腳型的人易患腳部疼痛的問題)，其出現比例少於全人類的 20%。

說得更清楚一點，本例探討這 100 人的第二項特徵，即腳趾型態。讓我們以 $B$ 代表『摩頓趾』事件，擁有摩頓趾的人數記為 $|B|$，而『正常趾』事件則是 $\sim B$。假設在 100 人中共有 15 人是摩頓趾，則 $|B|=15$ 且 $|\sim B|=85$。以上資料總結於下表，對應的文氏圖請見圖 2.4。

**表 2.2**

| 事件 | 次數 |
|------|------|
| 摩頓趾 ($B$) | $|B|=15$ |
| 正常趾 ($\sim B$) | $|\sim B|=85$ |
| 宇集 ($U$) | $|U|=100$ |

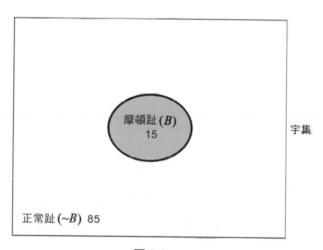

圖 2.4

和眼球事件的例子一樣，摩頓趾事件也能以文氏圖表示；其外框內同樣包含了來自宇集的 100 人。請注意！由於摩頓趾的個體數量明顯比左眼優勢的人要少，因此圖 2.4 中的紅色圓圈佔整個宇集的比例要小於之前的藍色圓圈。

**問 6**　可以同時研究『眼球』和『腳趾』特徵嗎？

**答**：當然。因為現在需考慮的特徵有兩個，且兩者又各有兩種可能結果，故總共會出現四種組合情形：

1. 左優勢眼 **且** 摩頓趾，記為 $A \cap B$。
2. 左優勢眼 **且** 正常趾，記為 $A \cap \sim B$。
3. 右優勢眼 **且** 摩頓趾，記為 $\sim A \cap B$。
4. 右優勢眼 **且** 正常趾，記為 $\sim A \cap \sim B$。

上面的符號『$\cap$』在數學中表示**交集**(intersection)，你可以將其讀作『且』。

$A \cap B$ 中的人數數量以 $|A \cap B|$ 表示，以此類推。假設我們記錄了上述四種狀況的個體數量，如表 2.3 所示：

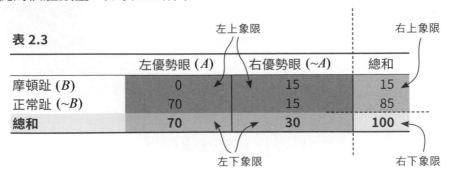

表 2.3

| | 左優勢眼 ($A$) | 右優勢眼 ($\sim A$) | 總和 |
|---|---|---|---|
| 摩頓趾 ($B$) | 0 | 15 | 15 |
| 正常趾 ($\sim B$) | 70 | 15 | 85 |
| **總和** | **70** | **30** | **100** |

左上象限、右上象限、左下象限、右下象限

我們來仔細研究一下此表格。

首先要注意的是，我們用顏色將表 2.3 分為四個『象限(quadrants)』。其中深藍色區域為實際觀測數字、右邊淺藍色區域分別加總了摩頓趾和正常趾的人數、下方淺藍色區域分別為左優勢眼和右優勢眼人數的小計、而右下角灰色區域則是總人數(100 人)。

現在，把兩種特徵的研究結果畫在同一張文氏圖中，如圖 2.5：

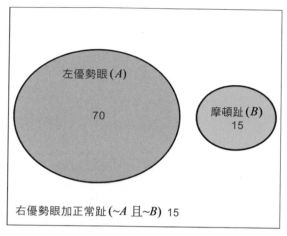

圖 2.5

新的文氏圖告訴我們：藍圈代表 70 位左優勢眼的個體，紅圈代表 15 位摩頓趾個體，兩圓圈並無重疊。這意謂著：$|A \cap B| = 0$，同時 $|A| = |A \cap \sim B| = 70$ 且 $|B| = |\sim A \cap B| = 15$。由於此圖需涵蓋宇集中的所有 100 個人，因此我們可以由減法計算出：不屬於（$A$ 或 $B$）（即 $\sim(A \cup B) = \sim A \cap \sim B$）的個體數量 $|\sim A \cap B|$ 為 15。

 ??

**問 7** 　**是否有可能同時具有左優勢眼和摩頓趾？**

**答**：就圖 2.5 的宇集來看，答案是不可能。因為有摩頓趾的人是在紅色圓圈裡，因此無法出現在藍色圓圈中。這表示兩事件 (『摩頓趾』和『左優勢眼』) 不可能同時發生，即兩者**互斥**。

## 問 8　那左優勢眼的人是否可能『不是』摩頓趾？

**答：**當然。由圖 2.5 可以看到有 70 位左優勢眼的個體不具有摩頓趾。換言之，以上兩事件（『正常趾』和『左優勢眼』）並不互斥（編註：不具摩頓趾有 85 人，那 70 位左優勢眼的人也在這 85 人之中。）。

## 問 9　若我們發現有 5 個左優勢眼的個體也有摩頓趾，應該如何處理？

**答：**假如是這樣，那就必須調整先前的文氏圖，以顯示有 5 個人同時具有左優勢眼和摩頓趾。這些人會位於藍圈事件和紅圈事件的交集部分（見圖 2.6），總人數仍是 100 人。

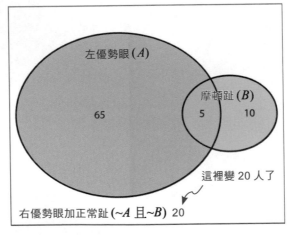

圖 2.6

**注意！本章接下來的討論都將以此文氏圖為基礎。**

圖 2.6 是一張相當明確的文氏圖：$A$ 有 70 人、$B$ 有 15 人、$A \bigcap B$ 則有 5 人。換言之，藍圈的元素共 70 個，其中有 5 個也出現在 $B$ 內；紅圈元素 共 15 個，其中有 5 個也出現於 $A$ 中。由此可知，紅圈有 5/15 (約 33%) 與藍圈重疊，而藍圈則有 5/70 (約 7%) 和紅圈重疊。

**問 10**　**在上面的四個事件 ($A$、$\sim A$、$B$、$\sim B$) 中，有哪幾對 不互斥？**

答：

- $A$ 和 $B$ 不互斥 (左優勢眼的個體可能同時擁有摩頓趾)
- $A$ 和 $\sim B$ 不互斥 (左優勢眼的個體可能同時擁有正常趾)
- $\sim A$ 和 $B$ 不互斥 (右優勢眼的個體可能同時擁有摩頓趾)
- $\sim A$ 和 $\sim B$ 不互斥 (右優勢眼的個體可能同時擁有正常趾)

從文氏圖來看，若兩事件有重疊部分，則它們必不互斥。

**問 11**　**那麼，我們的例子裡存在互斥事件嗎？**

答：這算是個陷阱題！若觀察圖 2.6 中的兩圓圈，可發現：$A$ 和 $\sim A$ 互斥 (沒有人的優勢眼同時是左眼和右眼)、$B$ 和 $\sim B$ 也互斥 (沒有人同時有正 常趾和摩頓趾)。

**問 12**　**如果各位幸運成為 100 人宇集中的一員，你會出現在文氏圖 的哪個位置呢？**

**答：**這個問題請讀者來回答！

我們也可以將上面文氏圖的資料以表格型式檢視，故這裡將圖 2.6 中的數字整理於下表：

左上象限

**表 2.4**

|  | 左優勢眼 ($A$) | 右優勢眼 ($\sim A$) | 總和 |
|---|---|---|---|
| 摩頓趾 ($B$) | 5 | 10 | 15 |
| 正常趾 ($\sim B$) | 65 | 20 | 85 |
| **總和** | **70** | **30** | **100** |

表 2.4 相當重要。這張表分為四個象限（或區域）。就左上象限（深藍色區）而言，其中的兩欄（縱向）分別代表兩種可能的優勢眼事件：左利與右利，兩列（橫向）則分別對應兩種可能的腳趾型態事件：摩頓趾與正常趾。

在左上象限中，最左上角的數字說明『有 5 個人同時屬於事件 $A$ 和 $B$』。其餘資料所代表的意思如下：

- 右下的數字表示有 20 人為 $\sim A \cap \sim B$，也就是『既不屬於 $A$ 也不屬於 $B$』。
- 左下的數字表示有 65 人為 $A \cap \sim B$。
- 右上的數字表示有 10 人為 $\sim A \cap B$。

整張表的左下和右上象限（顯示為淺藍色）稱為表 2.4 的邊際（margins）。請注意！在不考慮 $B$ 的情況下，$A$ 中的人數**總和**為 70，$\sim A$ 則是 30。反之，若不考慮 $A$，則 $B$ 中的人數總和為 15，$\sim B$ 則為 85。無論你如何切分資料，最終所有數字的全體總和必是 100。

**問 13** 以上結果究竟與機率有何關連呢？

**答：**我們可以利用宇集中那 100 人的狀況，來計算某個體屬於上述四種事件的機率分別為多少。大家還記得機率的頻率學派 (frequentist) 觀點嗎 (參考第 1 章)？

$$\text{Pr} = \frac{\overline{|目標事件被觀察到的次數|}}{|U|} \tag{2.3}$$

本例的宇集共包含 100 人。因此，只要將表 2.4 中的所有數字除以總人數 100，我們便能知道：若隨機選擇某個體，則該個體屬於特定事件的機率為何。以上計算的結果如表 2.5。

**表 2.5**

|  | 左優勢眼 (*A*) | 右優勢眼 (~*A*) | 總和 |
|---|---|---|---|
| 摩頓趾 (*B*) | 0.05 | 0.1 | 0.15 |
| 正常趾 (~*B*) | 0.65 | 0.2 | 0.85 |
| **總和** | **0.7** | **0.3** | **1** |

只要將次數表中的資料除以全體總和 (100)，原始數字就會被轉換成機率了。

> 請注意！本例和第 1 章的擲骰子不同。在前面的範例中，我們需要重複擲骰子來估算點數出現的機率。且根據大數法則，試驗的次數越多，所得結果與真實機率值的差異越小。然而，本例已提供了每個事件中的確切人數，所以這裡的計算相當簡單。我們只在乎宇集中那 100 人的情況。但假如各位不曉得該宇集的具體組成，則我們便要像擲骰子那樣：重複從宇集中抽選個體，以計算每個事件的機率 (前提是其中所有個體被抽中的可能性相同)。

下面就來示範一下如何算出某個體屬於『左優勢眼**和**摩頓趾』的機率大小。已知同時在 $A$ 和 $B$ 內的個體數量以 $|A \cap B|$ 表示，故所求機率如下：

$$\Pr(A \cap B) = \frac{|A \cap B|}{|U|} = \frac{5}{100} = 0.05 \tag{2.4}$$

以上機率的正式名稱為**聯合機率** (joint probability，亦稱 conjoint probability)，其數值也就是表 2.5 左上角的 0.05。根據**牛津統計學詞典**，所謂聯合機率即『一系列事件同時發生的機率』。列出聯合機率的表格 (如表 2.5) 有時也被稱為**聯合機率表** (conjoint table)。

日後當各位看到『聯合』一詞時應立即想到『且』，並意識到現在要處理 (與量化) 母體中兩個或以上的特徵。以本章的例子來說，我們要找的是個體屬於『$A$ 且 $B$』的機率，其可表示為：

$$\Pr(A \cap B) \text{ 或與之等價的 } \Pr(B \cap A) \tag{2.5}$$

**問 14**　隨機選擇一個人，其為右優勢眼且摩頓趾的機率是多少？

**答**：以上問題相當於計算某人屬於『右優勢眼且摩頓趾』的聯合機率。請試著從表 2.5 中找到解答 (答案為 0.1)。

除了聯合機率以外，表 2.5 還提供了**邊際機率** (marginal probabilities)，即個體屬於 $A$ 或 $\sim A$ 的機率 (不考慮 $B$)、以及屬於 $B$ 或 $\sim B$ 的機率 (不考慮 $A$)。

**問 15** 上文的『邊際』到底是什麼意思？

**答：**『**邊際**』一詞在字典裡的定義為：與邊緣有關，或者處於邊緣。我們從表 2.5 可以看到邊際機率即位於表格外緣，指的是僅和某一特徵 (例如 *A* 和 *~A*，其餘特徵不列入考量) 有關的機率。

現在，讓我們標出聯合機率表中每個位置的機率種類 (見表 2.6)：

**表 2.6**

|  | 左優勢眼(*A*) | 右優勢眼(*~A*) | 總和 |
|---|---|---|---|
| 摩頓趾(*B*) | 聯合 | 聯合 | 邊際 |
| 正常趾(*~B*) | 聯合 | 聯合 | 邊際 |
| 總和 | 邊際 | 邊際 | 總和 |

**問 16** 試著填滿表 2.7 中的空格？

假設各位從未見過表 2.5，並且僅知道以下事實：左優勢眼的邊際機率為 0.7、摩頓趾的邊際機率為 0.15、同時具有左優勢眼和摩頓趾的聯合機率為 0.05，你能完成表 2.7 嗎？

請拿出紙筆試著做做看！下面是一些提示：

● 右下象限的值必須等於 1.00。

● 無論是對哪一項特徵 (『優勢眼』或『腳趾型態』) 來說，邊際機率總和必為 1.0。

表 2.7

|  | 左優勢眼 (A) | 右優勢眼 (~A) | 總和 |
|---|---|---|---|
| 摩頓趾 (B) | 0.05 | ? | 0.15 |
| 正常趾 (~B) | ? | ? | ? |
| **總和** | **0.7** | **?** | **?** |

**答：**我們可以根據『優勢眼與腳趾型態的邊際機率總和必為 1.00』這項訊息，算出缺失的邊際機率值。

左優勢眼的邊際機率 Pr(A) 已知為 0.7，故右優勢眼的邊際機率 Pr(~A) 必等於 $1.00 - 0.7 = 0.3$。

至於摩頓趾的邊際機率 Pr(B) 則是 0.15，所以正常趾的邊際機率 Pr(~B) 必為 $1.00 - 0.15 = 0.85$。

到目前為止應該沒什麼問題。找出邊際機率後，我們便可計算左上象限 (深藍色) 的聯合機率了 (結果如表 2.8 所示)：

- 因為邊際機率 $\Pr(A) = 0.7$，故 $\Pr(A \cap \sim B) = 0.7 - 0.05 = 0.65$。
- 因為邊際機率 $\Pr(B) = 0.15$，故 $\Pr(\sim A \cap B) = 0.15 - 0.05 = 0.1$。
- 因為邊際機率 $\Pr(\sim A) = 0.3$，故 $\Pr(\sim A \cap \sim B) = 0.3 - 0.1 = 0.2$。

表 2.8

|  | 左優勢眼 (A) | 右優勢眼 (~A) | 總和 |
|---|---|---|---|
| 摩頓趾 (B) | 0.05 | 0.1 | 0.15 |
| 正常趾 (~B) | 0.65 | 0.2 | 0.85 |
| **總和** | **0.7** | **0.3** | **1** |

**問 17**　快問快答，請從聯合機率表 2.8 中找出擁有摩頓趾的
邊際機率？

**答：** 擁有摩頓趾的邊際機率為：

$$\Pr(B) = 0.15 \tag{2.6}$$

**問 18**　如何將摩頓趾的邊際機率表示為聯合機率的相加？

**答：** 在繼續閱讀以前，希望大家先不要看答案，自己試著將 **Pr(B)** 表達成
聯合機率的和。這一步對於日後理解貝氏推論 (Bayesian inference) 至關
重要！

如何？有頭緒了嗎？如果你已將 0.15 拆解為 0.05 + 0.1，那麼恭喜你答對
了。

我們知道，『優勢眼為左且有摩頓趾』的機率可記為：

$$\Pr(A \cap B) \tag{2.7}$$

『優勢眼為右且有摩頓趾』的機率則是：

$$\Pr(\sim A \cap B) \tag{2.8}$$

將兩者加起來，即可得到擁有摩頓趾的邊際機率：

$$\Pr(B) = \Pr(A \cap B) + \Pr(\sim A \cap B) \tag{2.9}$$

$$\Pr(B) = 0.05 + 0.1 = 0.15 \tag{2.10}$$

問 19　可以再看看本例的文氏圖嗎？

答：沒問題！請見圖 2.7。

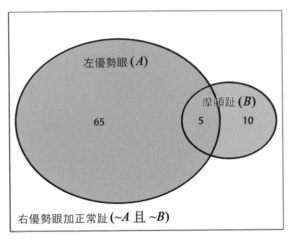

圖 2.7

現在，我們可以開始來回答一些有趣的問題。

問 20　假設你有摩頓趾，這會影響到優勢眼為左的機率嗎？

答：想要回答這個問題，我們要先介紹一項非常重要的概念：**條件機率** (conditional probability)。

問 21　什麼是條件機率？

答：**條件機率就是在某事件發生的前提下，另一事件發生的機率。**

條件機率的表達方式如下：

- $\Pr(A \mid B)$ 讀做『在 $B$ 發生的前提下，$A$ 發生的機率』；此處的 $\Pr(A \mid B)$ 等於 $\Pr($ 左優勢眼 $\mid$ 摩頓趾 $)$。
- $\Pr(A \mid {\sim}B)$ 讀做『在 ${\sim}B$ 發生的前提下，$A$ 發生的機率』；此處的 $\Pr(A \mid {\sim}B)$ 等於 $\Pr($ 左優勢眼 $\mid$ 正常趾 $)$。
- $\Pr(B \mid {\sim}A)$ 讀做『在 ${\sim}A$ 發生的前提下，$B$ 發生的機率』；此處的 $\Pr(B \mid {\sim}A)$ 等於 $\Pr($ 摩頓趾 $\mid$ 右優勢眼 $)$。
- 其它狀況依此類推。

由此可知，以上符號中的直槓『|』代表『在 ... 的前提下』。

**?？**

**問 22** 到底該如何計算『當某人為摩頓趾時，其優勢眼為左眼』的機率呢？

**答**：請使用以下公式進行計算。此為機率理論中的標準公式：

$$\Pr(A \mid B) = \frac{\Pr(A \cap B)}{\Pr(B)} \tag{2.11}$$

讀者一定要瞭解條件機率為何，因此接下來會從幾個不同的觀點來探討此概念。如卡利德・阿扎德 (Kalid Azad) 所說：『讓我們一起來建立直覺吧』。

**觀點 1：限縮文氏圖的範圍。**

大家應該已經知道了，在 2.11 式中的分子：

$$\Pr(A \cap B) \tag{2.12}$$

對應文氏圖中 $A$ 和 $B$ 重疊的地方 (即 $A$ 和 $B$ 的交集；其代表『既是左優勢眼、又是摩頓趾』的機率)。該機率亦可寫成：

$$\Pr(B \cap A) \tag{2.13}$$

換句話說，$A$ 和 $B$ 的交集部分並不會因為 $A$ 和 $B$ 對調而有所改變：

$$\Pr(A \cap B) = \Pr(B \cap A) \tag{2.14}$$

至於分母 $\Pr(B)$，我們也知道其代表『擁有摩頓趾』的機率。

若從文氏圖來看，$\Pr(A \mid B)$ 相當於只關注範圍 $B$，並計算『有多少比例的 $B$ 元素也同時屬於 $A$』。就本例而言，我們將注意力放在擁有摩頓趾的那 15 個人上，並且發現其中有 5 個人屬於左優勢眼。也就是說，紅圈有 5/15 (或 1/3) 的面積與藍圈是重疊的。

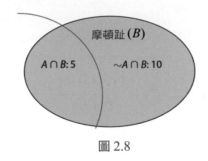

圖 2.8

由以上數字可得知：$\Pr(A \mid B) = 5/15 = 1/3 \cong 0.333 = 33.3\%$。根據觀點 1，我們可以將條件機率的計算通則以視覺化的方式表達如下：先將文氏圖限縮至範圍 $B$，然後再找出此範圍內有多少比例與 $A$ 重疊。透過類似的方法，我們也可以算出 $\Pr(\sim A \mid B) = 10/15 = 2/3 = 0.667 = 66.7\%$。請注意，以上兩條件機率的總和為 1。

**觀點 2：從表格的角度出發。**

使用原始資料也能解決該問題 (見表 2.9)：

表 2.9

|  | 左優勢眼 ($A$) | 右優勢眼 ($\sim A$) | 總和 |
|---|---|---|---|
| 摩頓趾 ($B$) | 5 | 10 | 15 |
| 正常趾 ($\sim B$) | 65 | 20 | 85 |
| **總和** | **70** | **30** | **100** |

讓我們再看一次關鍵公式：

$$\Pr(A \mid B) = \frac{\Pr(A \cap B)}{\Pr(B)} \qquad (2.15)$$

若將其翻譯成白話文，上述公式的意思即：『$A \cap B$ 佔了 $B$ 的多少比例』。

根據表 2.9，$\Pr(A \cap B)$ 可藉由下面的方式算出：

$$\Pr(A \cap B) = \frac{|A \cap B|}{|U|} = \frac{5}{100} \qquad (2.16)$$

而 $\Pr(B)$ 則是：

$$\Pr(B) = \frac{|B|}{|U|} = \frac{15}{100} \qquad (2.17)$$

現在，我們可以計算在　發生的前提下 $A$ 發生的機率了：

$$\Pr(A \mid B) = \frac{\frac{|A \cap B|}{|U|}}{\frac{|B|}{|U|}} = \frac{|A \cap B|}{|B|} = \frac{5}{15} = 0.333 \qquad (2.18)$$

**問 23** 所以，擁有摩頓趾到底會不會影響優勢眼為左的機率？

**答**：如果你有摩頓趾，則優勢眼為左的機率為 0.33。讀者可以自行驗證：假如你沒有摩頓趾，則優勢眼為左的機率會是 65/85 = 0.77，提示：計算 Pr(*A*|~*B*)。顯然在有摩頓趾與沒有摩頓趾的不同前提下，優勢眼為左的機率是不同的。

**問 24** $\Pr(A \mid B) = \Pr(B \mid A)$ 嗎？

**答**：這個問題相當於是在說 ―『在有摩頓趾的前提下，優勢眼為左』的機率和『在優勢眼為左的前提下，有摩頓趾』的機率是否相同？來實際算算看吧。

$$\Pr(A \mid B) = \frac{\dfrac{|A \cap B|}{|U|}}{\dfrac{|B|}{|U|}} = \frac{|A \cap B|}{|B|} = \frac{5}{15} = 0.333 \tag{2.19}$$

$$\Pr(B \mid A) = \frac{\dfrac{|A \cap B|}{|U|}}{\dfrac{|A|}{|U|}} = \frac{|A \cap B|}{|A|} = \frac{5}{70} = 0.072 \tag{2.20}$$

我們可以看到，答案是**否定**的！事實上，以上兩機率截然不同；前者是 *B* 發生時 *A* 發生的機率 (此處等於 0.333)，後者則是 *A* 發生時 *B* 發生的機率 (此處等於 0.072)。

---

編註：請勿和之前的聯合機率 $\Pr(A \cap B) = \Pr(B \cap A)$ 弄混哦！

---

??

**問 25** 是否可以不用原始數字，而改以聯合機率表算出『有摩頓趾時，優勢眼為左』的條件機率呢？

**答**：可以。不過在看本書的說明以前，請先試著從表 2.10 中自行算出答案！

表 2.10

| | 左優勢眼 ($A$) | 右優勢眼 ($\sim A$) | 總和 |
|---|---|---|---|
| 摩頓趾 ($B$) | 0.05 | 0.1 | 0.15 |
| 正常趾 ($\sim B$) | 0.65 | 0.2 | 0.85 |
| 總和 | 0.7 | 0.3 | 1 |

請各位記住，處理條件機率時的關鍵字是『限縮』。讓我們再次從 $\Pr(A|B)$ 的定義開始：

$$\Pr(A|B) = \frac{\Pr(A \cap B)}{\Pr(B)} \tag{2.21}$$

假設 $B$ 發生，因此我們將注意力限縮到表 2.10 的第一列 (代表『摩頓趾』)，然後推算其中有多少比例的人優勢眼為左眼：

$$\Pr(A|B) = \frac{0.05}{0.15} = 0.333 \tag{2.22}$$

??

**問 26** 那麼，你可以根據聯合機率表算出『優勢眼為左時，有摩頓趾』的條件機率嗎？

**答**：在 $A$ 發生的前提下，我們把注意力限縮至表 2.10 的第一欄 (代表『左優勢眼』)，然後計算其中有摩頓趾的人數比例：

$$\Pr(B\mid A) = \frac{0.05}{0.7} = 0.072 \qquad\qquad (2.23)$$

**問 27** 是否可以從條件機率與邊際機率算出聯合機率呢？

**答：**沒問題！請務必記得以下這條基本公式：

$$\Pr(A\mid B) = \frac{\Pr(A\cap B)}{\Pr(B)} \qquad\qquad (2.24)$$

我們可以調整公式中各項目的位置，將 2.24 式的等號兩邊同時乘上 $\Pr(B)$：

$$\Pr(A\cap B) = \Pr(A\mid B)*\Pr(B) \qquad\qquad (2.25)$$

使用 2.25 式便可以算出聯合機率 $\Pr(A\cap B)$。請花一點時間記住此公式，並確定自己完全理解它的意義。這裡再提一個觀念：若某事件的發生完全不影響另一事件發生的機率，則此兩事件為互相**獨立** (independent)。也就是說，$\Pr(A\mid B)=\Pr(A\mid \sim B)=\Pr(A)$，亦即不論事件 $B$ 有沒有發生，再發生事件 $A$ 的條件機率都會等於單獨發生事件 $A$ 的機率。

由上面的討論可以知道：當事件 $A$ 與 $B$ 互相獨立時，$\Pr(A\mid B)=\Pr(A)$，則 2.25 式就變成：

$$\Pr(A\cap B) = \Pr(A)*\Pr(B) \qquad\qquad (2.26)$$

**問 28** $\Pr(A\mid B)$ 和 $\Pr(B\mid A)$ 之間是否存在某種關聯性？

**答：**親愛的讀者，這正是我們下一章要研究的課題 (推導貝氏定理)，我們下一章見！

# 第 2 篇

# 貝氏定理和貝氏推論

## 簡介

歡迎來到本書的第 2 篇！本篇會介紹貝氏推論 (Bayesian inference)，並以三個有趣的例子 (希望讀者也能體會到樂趣所在) 來引導大家學習。本篇共由 5 章構成：

- 第 3 章先說明貝氏定理 (Bayes' Theorem)，包括其推導過程以及兩種解釋方式。簡單來說，貝氏定理描述了 $\Pr(A|B)$ 和 $\Pr(B|A)$ 兩種反向條件機率的關係。貝氏定理還能告訴我們，在發現新證據時應該如何修改對特定假說的信心程度。

- 第 4 章會介紹貝氏推論 (Bayesian inference) 的概念，內容涵蓋對科學方法的討論，以及如何利用貝氏定理進行科學推理。基本上，貝氏推論就是透過貝氏定理將一系列假說 (這些假說互斥且窮盡各種可能性) 在推論前已經知道的資料 (先驗) 與新得到的資料連結，進而得出結論的程序。說得更具體一點，該程序能更新各假說的對應機率值。其它與之相關的概念，例如先驗機率 (prior probabilities)、概似度 (likelihood，或稱概度)、後驗機率 (posterior probabilities) 等，也會在本章一併說明。

- 第 5 章會談到一個貝氏推論的實際案例，即『作者問題』。此問題來自菲德里克‧莫斯提勒 (Frederick Mosteller) 和大衛‧華萊士 (David Wallace)，這兩人使用貝氏推論來判斷聯邦黨人文集 (Federalist Papers) 中缺少作者名字的文章是由誰所作的。該文集的文獻寫於美國革命時期，其中有幾篇作者並未簽署本名，導致後來的學者對著作人身份存有異議。本章要對『第 54 號文獻』做基本的分析，以說明貝氏推論在處理兩項彼此競爭的假設 (編註: 觀察資料找出所有可能的候選假設，並經過分析後選出最適合的那個假設，本章是從兩項假設中選出一個) 時所依循的原則。

- 第 6 章的主題是分析某人的『生日問題』，該問題能展現分析者 (也就是各位讀者) 在設定先驗分佈時所需的各種決策。第 5 章的例子僅討論了兩項假設，但本章是要找出某人於某個月份出生的後驗機率，因此共有 12 項假設。貝氏推論需要事先指定先驗機率，這就會談到**有資訊先驗**與**無資訊先驗**的狀況，也就是必須先用人為指定先驗機率的情況下才可能完成貝氏分析。另外，本章還會深入探索概似度 (likelihood) 的觀念。

- 第 7 章的『肖像問題』展現出貝氏分析允許我們在進行推論時同時考量多資訊來源，換言之，在貝氏推論的架構下，分析者能將不同來源的資料整合在一起。本章想傳達的重點是：貝氏分析是彈性非常高的技術，只要能計算『在特定假設下，某資料被觀察到的概似度』，我們便能進行貝氏分析。

讀完第 2 篇的全部內容後，各位便能瞭解貝氏定理和科學方法之間的關係了。

# 第 3 章

# 貝氏定理

本章就要利用第 1 篇學到的知識來推導貝氏定理，想必大家都很期待吧！等讀完本章後，各位就能瞭解貝氏定理是怎麼來的，並瞭解 $\Pr(A|B)$ 和 $\Pr(B|A)$ 之間的關係。

現在就開始我們的問答吧。

**問 1** 首先，貝氏到底是什麼人？

**答**：托馬斯‧貝葉斯 (Thomas Bayes, 1701-1761) 是英國數學家兼長老教會牧師，最知名的成就是建構了以其為名的**貝氏定理** (Bayes' Theorem)。

**問 2** 圖 3.1 的肖像真的是貝葉斯本人嗎？

**答**：可能吧，但沒人可以確定！我們會在第 7 章的『肖像問題』再討論。

REV. T. BAYES
*Improver of the Columnar Method developed by Barrett.*

圖 3.1　『托馬斯・貝葉斯』的肖像（複印自 Terrence O'Donnel）

### 問 3　那什麼是貝氏定理呢？

**答：**我們可以用以下兩種解釋方式來理解貝氏定理：

- 該定理描述了 $\Pr(A\,|\,B)$ 和 $\Pr(B\,|\,A)$ 兩個反向條件機率之間的關係。
- 該定理說明了我們的主觀信心程度(信念)如何隨著新證據而改變。

一個理論有兩種解釋方式可能會讓一些讀者覺得奇怪，但各位應該很快就能瞭解兩者的區別。本章會先推導貝氏定理，並探討上述的第一種解釋，即：$\Pr(A\,|\,B)$ 和 $\Pr(B\,|\,A)$ 之間存在什麼關係。

我們回到優勢眼與腳趾型態的文氏圖和聯合機率表上。和前面的條件相同，此例中包含 100 個元素以及 4 類事件，且資料中同樣有 70 人為左優勢眼、15 人為摩頓趾。不過這一次，我們不寫出事件的名稱 (即：左優勢眼、右優勢眼、摩頓趾和正常趾)，而是全部以 $A$、$\sim A$、$B$、$\sim B$ 表示，以便將討論擴展到其他任意的兩種特徵上，不再局限於優勢眼與摩頓趾。

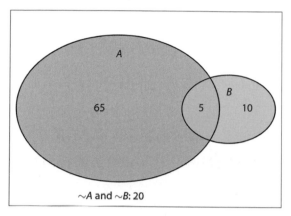

圖 3.2

以上數字也能用次數表來表示，見表 3.1。至於聯合機率表請見表 3.2：

**表 3.1　次數表**

|  | $A$ | $\sim A$ | 總和 |
|---|---|---|---|
| $B$ | 5 | 10 | 15 |
| $\sim B$ | 65 | 20 | 85 |
| 總和 | 70 | 30 | 100 |

**表 3.2　聯合機率表**

|  | $A$ | $\sim A$ | 總和 |
|---|---|---|---|
| $B$ | 0.05 | 0.1 | 0.15 |
| $\sim B$ | 0.65 | 0.2 | 0.85 |
| 總和 | 0.70 | 0.3 | 1.00 |

第 2 章已經提過**條件機率**的公式：

$$\Pr\left(A \mid B\right) = \frac{\Pr\left(A \cap B\right)}{\Pr\left(B\right)} \tag{3.1}$$

在等號兩邊都乘以 $\Pr(B)$：

$$\Pr\left(A \cap B\right) = \Pr\left(A \mid B\right) * \Pr\left(B\right) \tag{3.2}$$

其代表的意思就是：**事件 $A$ 和 $B$ 的聯合機率 $\Pr(A \cap B)$，會等於條件機率 $\Pr(A \mid B)$（在以 $B$ 為前提的情況下，$A$ 發生的機率）乘以 $B$ 的邊際機率 $\Pr(B)$**。此外，我們也說過 3.1 式的條件機率公式可以用文氏圖看成是縮小到 $B$ 的區域，然後計算其中與 $A$ 重疊區域的比例。

同理，如果我們將條件機率的 $A$、$B$ 位置對調，則下面的條件機率：

$$\Pr\left(B \mid A\right) = \frac{\Pr\left(B \cap A\right)}{\Pr\left(A\right)} \tag{3.3}$$

在等號兩邊乘上 $\Pr(A)$ 可寫為：

$$\Pr\left(B \cap A\right) = \Pr\left(B \mid A\right) * \Pr\left(A\right) \tag{3.4}$$

換句話說，**事件 $B$ 和 $A$ 的聯合機率 $\Pr(B \cap A)$，等於條件機率 $\Pr(B \mid A)$（在以 $A$ 為前提下，$B$ 發生的機率）乘以 $A$ 的邊際機率 $\Pr(A)$**。這相當於將文氏圖的範圍縮小至 $A$ 的區域，然後計算與 $B$ 重疊區域的比例。

條件機率 $\Pr\left(A \mid B\right)$ 和 $\Pr\left(B \mid A\right)$ 的值不一定會相同，但『$B$ 且 $A$』和『$A$ 且 $B$』的聯合機率一定會相同，我們來驗證一下：

$$\Pr(A \cap B) = \Pr(A \mid B) * \Pr(B) = \frac{0.05}{0.15} * 0.15 = 0.05 \tag{3.5}$$

$$\Pr(B \cap A) = \Pr(B \mid A) * \Pr(A) = \frac{0.05}{0.7} * 0.7 = 0.05 \tag{3.6}$$

當然，『$B$ 且 $A$』和『$A$ 且 $B$』本來就是一樣的，因此上面計算的結果也在我們的預料之中。此處所求的機率為 $A$ 和 $B$ 一起發生的機率，其對應到文氏圖中紅圈和藍圈交集的位置。由於 $\Pr(A \mid B)$ 等於 0.05/0.15 = 0.33、$\Pr(B \mid A)$ 等於 0.05/0.7 = 0.071，因此當我們將兩者乘上各自的邊際機率時，便會得到同樣的聯合機率。

**問 4**　**上面所說的事情和貝氏定理有何關連呢？**

**答：**別著急，就快講到貝氏定理了。

再簡單提醒一下各位，由 3.5、3.6 式可得知 $A$ 且 $B$ 的聯合機率可以寫成兩種形式：

$$\Pr(A \cap B) = \Pr(A \mid B) * \Pr(B) \tag{3.7}$$

$$\Pr(B \cap A) = \Pr(B \mid A) * \Pr(A) \tag{3.8}$$

可知 3.7、3.8 式的等號右邊也會相等，可得：

$$\Pr(A \mid B) * \Pr(B) = \Pr(B \mid A) * \Pr(A) \tag{3.9}$$

現在，將等號兩邊都除以 $\Pr(B)$，便可得到貝氏定理：

$$\Pr(A \mid B) = \frac{\Pr(B \mid A) * \Pr(A)}{\Pr(B)} \tag{3.10}$$

事實上，貝氏定理還能表示成其它形式，但這裡列出的公式特別能展現條件機率之間的關係。圖 3.3 為大家總結關鍵的概念：

$A$ 的邊際機率：$\Pr(A)$

$B$ 的邊際機率：$\Pr(B)$

$A$ 和 $B$ 的聯合機率：$\Pr(A \cap B) = \Pr(B \cap A)$

以 $B$ 為前提時，$A$ 的條件機率：$\Pr(A|B) = \dfrac{\Pr(A \cap B)}{\Pr(B)}$　　以 $A$ 為前提時，$B$ 的條件機率：$\Pr(B|A) = \dfrac{\Pr(B \cap A)}{\Pr(A)}$

$\Pr(A \cap B) = \Pr(A|B) * \Pr(B)$ ◀ ----- $\Pr(A \cap B) = \Pr(B \cap A)$ -----▶ $\Pr(B \cap A) = \Pr(B|A) * \Pr(A)$

$\Pr(A|B) * \Pr(B) = \Pr(B|A) * \Pr(A)$

$$\Pr(A|B) = \frac{\Pr(B|A) * \Pr(A)}{\Pr(B)}$$

貝氏定理

圖 3.3

 ??

**問 5　以上結果為甚麼重要？**

**答**：因為貝氏定理將 $\Pr(A)$、$\Pr(B)$、$\Pr(A|B)$ 和 $\Pr(B|A)$ 之間用固定的關係來表示。假如我們已知 $\Pr(B|A)$ 的值，並要求算出 $\Pr(A|B)$ 等於多少，在有了貝氏定理之後，很容易就能計算出來。

 ??

**問 6　已知有一人屬於 $B$，那麼此人也屬於 $A$ 的機率有多大呢？**

**答**：這裡的計算以表 3.3 為準，其中列出了所需的聯合機率與邊際機率：

表 3.3

|  | $A$ | $\sim A$ | 總和 |
| --- | --- | --- | --- |
| $B$ | 0.05 | 0.1 | 0.15 |
| $\sim B$ | 0.65 | 0.2 | 0.85 |
| 總和 | 0.70 | 0.3 | 1.00 |

由於該問題和條件機率有關 (在 $B$ 發生的前提下，$A$ 發生的機率)，因此可以用貝氏定理計算。

我們首先用第 2 章提到的方法，從聯合機率表中求得解答，也就是先把討論範圍限縮至上表中 $B$ 所在的那一列，再探討其中 $A$ 佔了多少比例：

$$\Pr(A \mid B) = \frac{0.05}{0.15} = 0.333 \qquad (3.11)$$

然後我們用貝氏定理再算一次：

$$\Pr(A \mid B) = \frac{\Pr(B \mid A) * \Pr(A)}{\Pr(B)} \qquad (3.12)$$

代入上表中的數字：

$$\Pr(A \mid B) = \frac{\frac{0.05}{0.7} * 0.7}{0.15} = 0.333 \qquad (3.13)$$

兩種算法都可以得到正確答案。

 ??

問 7　那麼，什麼時候才需要用到貝氏定理呢？

**答：**當已知某條件機率（如：$\Pr(A|B)$），且需要計算反向的條件機率（$\Pr(B|A)$）時，就可以使用貝氏定理。

在尤考斯基（Eliezer Yudkowsky）的網站中（http://yudkowsky.net/rational/bayes）提供了一個很好的例子：

> 參與例行檢查的 40 歲婦女中有 1% 罹患乳癌；而患乳癌的婦女，有 80% 的人乳房 X 光檢測結果呈陽性。另外，有 9.6% 沒有乳癌的婦女其檢測結果卻是陽性。假設有一名 40 歲女子經乳房 X 光檢測後呈現陽性判定，則該女子確實為乳癌患者的機率有多高？

此問題提供了『在有乳癌的情況下，乳房 X 光檢測結果為陽性』的機率，並要我們求出相反狀況的機率，即：當檢測結果為陽性時，婦女罹患乳癌的機會有多大？

我們就來練習一下。設 *A* 代表『有癌症』，~*A* 代表『無癌症』；*B* 代表檢測結果為『陽性』，~*B* 則代表『陰性』。根據貝氏定理，『在檢驗結果為陽性的前提下，患有乳癌』的機率相當於：

$$\Pr(A|B) = \frac{\Pr(B|A) * \Pr(A)}{\Pr(B)} \tag{3.14}$$

已知 $\Pr(A) = 0.01$（即 1%）、$\Pr(B|A) = 0.8$（即 80%）。只要再找出位於分母的 $\Pr(B)$，我們就能得到答案了。

下面將本問題用表格來表示，一開始還不知道數字，先用問號表示（見表 3.4）：

**表 3.4　乳癌問題**

|  | $A$：有癌症 | $\sim A$：無癌症 | 總和 |
|---|---|---|---|
| $B$：陽性 | ? | ? | ? |
| $\sim B$：陰性 | ? | ? | ? |
| **總和** | ? | ? | ? |

此處的宇集是由參與乳癌例行檢查的 40 歲女性組成。從題目得知有癌症者佔 1%，也就是 $\Pr(A)=0.01$，這同時代表 $\Pr(\sim A)=0.99$，即 99% 的女性沒有癌症問題。以上數字構成了『有癌症』與『無癌症』的邊際機率（見表 3.5），且兩者總和為 1.00：

**表 3.5　乳癌問題**

|  | $A$：有癌症 | $\sim A$：無癌症 | 總和 |
|---|---|---|---|
| $B$：陽性 | ? | ? | ? |
| $\sim B$：陰性 | ? | ? | ? |
| **總和** | 0.01 | 0.99 | 1.00 |

此外，我們也知道：在有癌症的前提下，檢測結果為陽性的機率：

$$\Pr(B\,|\,A)=0.8 \tag{3.15}$$

有了這些資訊，$A$ 且 $B$（既有癌症，檢驗結果又是陽性）的聯合機率便能計算出來，也就是當癌症的機率 $\Pr(A)=0.01$ 時，『癌症且陽性』的機率，也就是 $\Pr(B\cap A)$ 的機率為：

$$\Pr(B\cap A)=\Pr(B\,|\,A)*\Pr(A)=0.8*0.01=0.008 \tag{3.16}$$

接著只要用簡單的減法，就能算出『癌症且陰性』 $\Pr(\sim B\cap A)$ 的機率，也就是用 $\Pr(A)$ 減掉 $\Pr(B\cap A)$：

$$\Pr(\sim B\cap A)=0.01-0.008=0.002 \tag{3.17}$$

把上面的計算結果代入聯合機率表的對應空格中，即可得到表 3.6：

**表 3.6　乳癌問題**

| | $A$：癌症 | $\sim A$：無癌症 | 總和 |
|---|---|---|---|
| $B$：陽性 | 0.008 | ? | ? |
| $\sim B$：陰性 | 0.002 | ? | ? |
| 總和 | 0.01 | 0.99 | 1.00 |

請注意，表中並未顯示出代表 $\Pr(B\,|\,A)$ 的 0.8，但已知 $0.008/0.01 = 0.8$。

到目前為止應該沒問題吧。接下來，只要再找到 $\sim A \bigcap B$ 與 $\sim A \bigcap \sim B$ 的聯合機率，我們便能取得解題所需的最後一塊拼圖：邊際機率 $\Pr(B)$。

此時，我們再回顧題目中的一句話：『有 9.6% 沒有乳癌的婦女卻被檢測成陽性 (即偽陽性)』，也就表示『在無癌症的前提下，檢測結果為陽性』的機率：

$$\Pr(B\,|\,\sim A) = 0.096 \tag{3.18}$$

因此，我們可以計算婦女『檢測結果為陽性且沒有乳癌』的聯合機率：

$$\Pr(\sim A \bigcap B) = \Pr(B\,|\,\sim A) * \Pr(\sim A) = 0.096 * 0.99 = 0.095 \tag{3.19}$$

於是，可以知道『檢測結果呈陽性』的邊際機率為：

$$\Pr(B) = \Pr(A \bigcap B) + \Pr(\sim A \bigcap B) = 0.008 + 0.095 = 0.103 \tag{3.20}$$

我們還能算出婦女『檢測結果為陰性且沒有乳癌』的聯合機率 $\Pr(\sim A \bigcap \sim B)$，會等於 $\Pr(\sim A)$ 減去 $\Pr(\sim A \bigcap B)$：

$$\Pr(\sim A \bigcap \sim B) = 0.99 - 0.095 = 0.895 \tag{3.21}$$

如此一來，聯合機率表中的所有空格就都能補齊了 (如表 3.7 所示)：

**表 3.7　乳癌問題**

|  | $A$：癌症 | $\sim A$：無癌症 | 總和 |
|---|---|---|---|
| $B$：陽性 | 0.008 | 0.095 | 0.103 |
| $\sim B$：陰性 | 0.002 | 0.895 | 0.897 |
| **總和** | **0.010** | **0.990** | **1.000** |

當然，我們也可以從次數的角度來思考，也許會比用機率值更為直覺。假設宇集中共有 1000 位女性，她們在 4 種事件中的人數分佈如表 3.8：

**表 3.8　乳癌問題**

|  | $A$：癌症 | $\sim A$：無癌症 | 總和 |
|---|---|---|---|
| $B$：陽性 | 8 | 95 | 103 |
| $\sim B$：陰性 | 2 | 895 | 897 |
| **總和** | **10** | **990** | **1000** |

如果用文氏圖則可畫成像是圖 3.4：

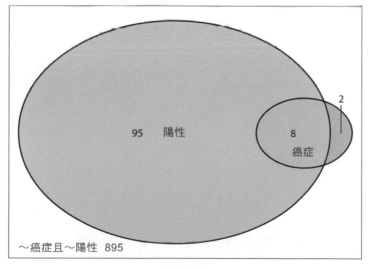

圖 3.4

此圖即代表：

● 1000 位婦女中，有 10 人患有乳癌 (藍圈)。

● 1000 位婦女中，有 990 人沒有乳癌 (藍圈以外的所有區域：95 ＋ 895 人)。

● 1000 位婦女中，103 人乳房 X 光檢測結果呈陽性 (紅圈：95 ＋ 8 人)。

● 1000 位婦女中，897 人乳房 X 光檢測結果呈陰性 (任何不屬於紅圈範圍的區域：895 ＋ 2 人)。

● 對所有罹患乳癌的婦女來說，其中 8 人檢測結果是陽性、2 人是陰性。

● 一共有 95 位無乳癌婦女，乳房 X 光檢測結果呈陽性。

既然表中所有聯合機率和邊際機率皆已齊備，是時候來回答尤考斯基的問題了，即：若一名 40 歲婦女的例行檢查結果為陽性，那麼她確實為乳癌患者的機率有多大？我們就可以用貝氏定理來計算：

$$\Pr(A\,|\,B) = \frac{\Pr(B\,|\,A) * \Pr(A)}{\Pr(B)} = \frac{\frac{0.008}{0.01} * 0.01}{0.103} = 0.0776 \tag{3.22}$$

換言之，在檢測結果呈陽性的情況下，該名婦女有乳癌的機率是 7.76% (這個數字出人意料的低)。各位可能發現：回答此問題其實並不需要將整張聯合機率表填滿，只需要得知其中的 $\Pr(B\,|\,A)$、$\Pr(A)$、$\Pr(B)$ 即可，不過我們正可以利用這個例子複習第 2 章的內容。

現在應該瞭解貝氏定理是如何幫助我們轉換資訊了。在本例中，我們知道『在某人有癌症時，得到某種檢驗結果』的機率是多少，然後藉由貝氏定理可以反向算出『當某種檢驗結果出現時，患者罹癌』的機率有多少。

上面的範例就將 $\Pr(A\,|\,B)$ 和 $\Pr(B\,|\,A)$ 連結起來，是貝氏首先發現到這兩者之間的複雜關係。貝氏定理之所以有用，是當估算某條件機率卻無法由資料直接算出來時，利用反向的條件機率來算，反而要容易得多。

??

**問 8** 和貝氏定理有關的討論到此就結束了嗎？

**答：**如果你只想用該貝氏定理計算條件機率，那麼知道上面這些已經足夠了。不過，貝氏定理其實還有其它用處。

貝氏定理一般寫為下面這種型式：

$$\Pr(A \mid B) = \frac{\Pr(B \mid A) * \Pr(A)}{\Pr(B)} \tag{3.23}$$

然而實際上，貝氏定理還有其它表達方式，例如以下兩個展開版本的貝氏定理 (也就是貝氏定理第二種定義方式)，與 3.23 式是等價的：

$$\Pr(A \mid B) = \frac{\Pr(B \mid A) * \Pr(A)}{\Pr(A \cap B) + \Pr(\sim A \cap B)} \tag{3.24}$$

$$\Pr(A \mid B) = \frac{\Pr(B \mid A) * \Pr(A)}{\Pr(B \mid A) * \Pr(A) + \Pr(B \mid \sim A) * \Pr(\sim A)} \tag{3.25}$$

這種展開的貝氏定理公式是用於**貝氏推論** (inference)，這是第 4 章要討論的主題。

# MEMO

# 第 4 章

# 貝氏推論
# （Bayesian Inference）

各位已大致瞭解貝氏定理了，本章的重點要進入利用貝氏定理來做**貝氏推論**(Bayesian inference)。各位在讀完本章後，就能建立下面這些概念：

- 貝氏推論 (Bayesian inference)
- 歸納法 (induction)
- 演繹法 (deduction)
- 假設 (hypothesis)
- 對立假設 (alternative hypotheses)
- 假設的先驗機率 (prior probability of a hypothesis)
- 觀測資料的概似度 (likelihood of the observed data)
- 給定資料時，假設的後驗機率 (posterior probability of a hypothesis, given the data)

為了熟練貝氏定理的觀念，我們再用文氏圖快速複習一下貝氏定理 (見圖 4.1)：

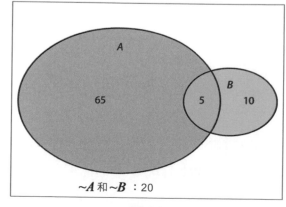

圖 4.1

這裡的 $A$ 和 $B$ 代表兩個不同的事件，因此包含了四種不同的聯合事件：

- $A \cap B$
- $A \cap \sim B$
- $\sim A \cap B$
- $\sim A \cap \sim B$

我們在第 1 篇學過：$A$ 且 $B$ 的聯合機率可以表示成：

$$\Pr(A \cap B) = \Pr(A \mid B) * \Pr(B) \tag{4.1}$$

其意義就是：$A$ 且 $B$ 的聯合機率等於『在 $B$ 發生的前提下 $A$ 發生的條件機率』乘以『$B$ 的邊際機率』。

除此之外，因為 $A$ 且 $B$ 與 $B$ 且 $A$ 的意思相同，因此 4.1 式可以將 $A$、$B$ 兩者對調：

$$\Pr(B \cap A) = \Pr(B \mid A) * \Pr(A) \tag{4.2}$$

由 4.1、4.2 式可得：

$$\Pr(A \mid B) * \Pr(B) = \Pr(B \mid A) * \Pr(A) \tag{4.3}$$

只要再對上式等號兩邊除以 $\Pr(B)$，便可得到貝氏定理：

$$\Pr(A \mid B) = \frac{\Pr(B \mid A) * \Pr(A)}{\Pr(B)} \tag{4.4}$$

在第 3 章中，我們提到了貝氏定理的兩種解釋方式，並詳細討論了第一種，也就是 $\Pr(A \mid B)$ 和 $\Pr(B \mid A)$ 的關係。在本章我們要把注意力轉向第二種解釋方法，也就是『該定理說明了主觀信心程度如何隨著新證據而改變』。與此定義對應的公式如下：

$$\Pr(A|B) = \frac{\Pr(B|A) * \Pr(A)}{\Pr(B)} \tag{4.5}$$

沒錯，這個公式和前面的一模一樣。不過，採用了第二種解釋方式以後，貝氏定理會帶來全新的機率概念與科學方法！

**問 1**　**你這裡講的『科學』是指甚麼？**

**答**：一般來說，『科學』是一套獲取知識的系統化方法。

**美國國家航空暨太空總署 NASA 的答案**：科學是對世界及其運作方式深思熟慮的好奇心。

**維基百科的答案**：科學一詞來自拉丁文 scientia，意思是『知識』，它是一種系統化的體系，將萬事萬物的運作組織成知識，並可進行驗證解釋以及預測。

**問 2**　**科學家是如何研究科學的呢？**

**答**：我們一般透過**科學方法**來進行科學研究。牛津英語詞典的定義如下：

『從 17 世紀開始，科學方法就是自然科學的標誌性特徵，其由系統化的觀察、測量和實驗，以及建立、測試與修正**假設**等程序所組成。』(　譯註：　統計學中一般稱為『假設』，而在科學方法的討論中通常用『學說』)

對於科學家而言，『提出一系列可驗證的對立假設來解釋宇宙的運作方式』是個很重要的概念。科學方法中包含兩類推理：**歸納法** (induction) 與**演繹法** (deduction)，若兩者搭配得當，就能產生知識。

圖 4.2 清楚呈現了科學研究的流程 (本圖改自 Rao 於 1997 年的再版書)。以下讓我們來討論其中的每個步驟。請注意！該圖實際上是一個沒有開頭與結尾的循環。

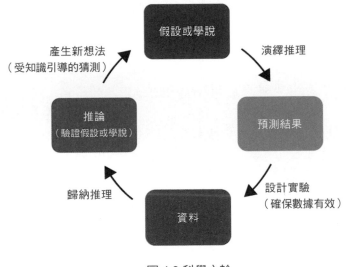

圖 4.2 科學之輪

1. **假設或學說 (方框)：假設**即我們針對某現象所提出的解釋。而**科學學說** (scientific theory) 則可用於說明一系列事實或現象的自洽理論 (可自我驗證)，且其正確性已被實驗觀察多次證實。值得一提的是，以計算程序為基礎的模型 (如：全球氣候環流模型) 本質上也是一種假設。
   - 學說的例子：達爾文的進化論。
   - 假設的例子：大氣中的 $CO_2$ 濃度上升導致全球氣候暖化。

2. **演繹推理 (箭頭):** 根據牛津參考資料庫 (Oxford Reference)，**演繹推理** (deductive reasoning) 是用通則推論特例的一種推理。我們由一個假設或學說為出發點，看其是否能通過事實的檢驗。

3. **預測結果 (方框):** Dr. Sylvia Wassertheil-Smoller (她是亞伯特・愛因斯坦醫學院的研究教授) 對此步驟的說明如下:『進行演繹推理時，我們先選擇一套理論，然後據此預測可能的結果。換言之，我們要預測的是:若理論正確，則觀察結果應該為何』(來源:http://www.livescience.com/21569-deduction-vs-induction.html;引用時間為 2017 年 8 月 17 日)。我們也可以說:演繹的產物即是預測。

4. **設計實驗 (箭頭):** 此步的任務是規劃實驗來產出資料，以驗證假設是否正確。一個設計良好的實驗能保證數據的有效性。

5. **資料 (方框):** 設計完實驗後的下一步就是執行實驗來收集資料。如果情況允許，我們也能使用既有的資料集 (資料必須符合實驗設計)。

6. **歸納推理 (箭頭):** 在牛津參考資料庫中，所謂的歸納推理即為『從眾多特例中整理出通則』。

7. **推論 (方框):** 藉由歸納推理，我們可以從特定的觀察資料推論出通則。Dr. Wassertheil-Smoller 對此的說明是:『歸納推理是從特例走向普適化的過程。我們先進行多次觀察、從中找出規律，如果將規律推廣到其它例子上也能成功的話，這樣就能進而得到某種解釋或理論』(來源同 3)。到了這一步，我們的假設或學說有可能得到**證實** (verify)，也有可能被**否證** (falsify，譯註: 即證明為錯的)。

8. **產生新想法 (箭頭):** 科學研究的最後一步涉及創意;換言之，我們需要提出新點子來解釋某種現象或規律。至此完成整個循環。

拉奧 (C. R. Rao) 在其 1997 年的書中指出:圖 4.2 中『從推論到預測結果』的步驟與科學家們的研究方法和創意有關;至於『從設計實驗到歸納推理』的部分則屬於統計學的範疇。

值得一提的是，各位也可以由圖 4.2 下方的方框進入這個『科學之輪』，且不必走完整個循環 (例如：從底部的『收集資料』開始，進行分析並整理出規律，然後就此打住)。不過，想建立一個系統性的知識，我們就必須完成整個循環一至多次。如 Dr. Wassertheil-Smoller 所言：『科學研究仰賴於歸納推理 (以觀測資料為基礎) 和演繹推理 (以理論為基礎) 的交互運用；該過程能帶領科學家不斷朝「真相」靠近，但我們永遠無法百分百確定這就是事實』。

> 『我們所能追尋的僅是受觀測事實支持的有效假設而已。隨著時間的推進，這些假設有可能被更有效、受更多證據支持、且應用層面更廣的新假設所取代。』— 拉奧 (C. R. Rao)

事實上，有關科學過程的內容還有很多東西能寫，但大多數已超出本書的討論範圍。貝氏定理的好處是其適用於各種科學問題，而貝氏推論背後的基本概念則為**對立假設** (alternative hypotheses)；這也是為什麼我們要從圖 4.2 最上方的假設或學說方框開始說明的原因。

**問 3**　**什麼是貝氏推論？**

**答：**當獲得新證據的資料時 (如：健康檢查數據)，可以用貝氏定理來更新我們對多個不同假設 (如：有病、沒病) 的信心程度，這種**對多個對立假設信心程度推論的過程**即貝氏推論。

**牛津統計學詞典** (Upton 和 Cook 2014) 對貝氏推論的解釋是：『一種探討原先信心程度如何受新資料改變的方法』。

**維基百科**則將其定義成：『貝氏推論是一種統計推論方法。當得到更多資訊或證據時，該方法會利用貝氏定理來更新某假設為真的機率』(引用自 2017 年 8 月 15 日的內容)。

 ??

**問 4**　貝氏推論是如何運作的？

**答：**這個問題問的好。下面就為各位說明！

大家應該對貝氏定理的公式相當熟悉了：

$$\Pr(A\,|\,B) = \frac{\Pr(B\,|\,A)*\Pr(A)}{\Pr(B)} \tag{4.6}$$

要使用貝氏定理進行科學推論，我們必須將位於分母的邊際機率 $\Pr(B)$ 拆開成等價的聯合機率和，也就是 $\Pr(A\cap B) + \Pr(\sim\!A\cap B)$：

$$\Pr(A\,|\,B) = \frac{\Pr(B\,|\,A)*\Pr(A)}{\Pr(A\cap B) + \Pr(\sim\!A\cap B)} \tag{4.7}$$

下面的聯合機率表能幫大家想起之前討論過的內容 (見表 4.1)：

**表 4.1**

| | $A$ | $\sim\!A$ | 邊際機率 |
|---|---|---|---|
| $B$ | $\Pr(A\cap B)$ | $\Pr(\sim\!A\cap B)$ | $\Pr(B)$ |
| $\sim\!B$ | $\Pr(A\cap \sim\!B)$ | $\Pr(\sim\!A\cap \sim\!B)$ | $\Pr(\sim\!B)$ |
| 邊際機率 | $\Pr(A)$ | $\Pr(\sim\!A)$ | 加總 =1.00 |

請記住！邊際機率位於聯合機率表的右側與下側邊緣，且其數值是加總聯合機率而得。

現在來看個實際的問題。讓我們回到第 3 章裡尤考斯基提出的例子：已知某位女性的乳房 X 光檢測為陽性$(B)$，那麼該女性有乳癌$(A)$的機率是多少？此處乳房 X 光的檢驗結果即代表新『資料』。

好了，我們的目標就是算出 $\Pr(A|B)$。本例的貝氏定理分母為 $\Pr(B)$，可以寫為：

$$\Pr(A|B) = \frac{\Pr(B|A) * \Pr(A)}{\Pr(A \cap B) + \Pr(\sim A \cap B)} \tag{4.8}$$

下面說明如何把 4.8 式的各個項目以科學方法的語言表達出來：

● 本例中共有兩項有關癌症的競爭**假設**，即：該名女性『有癌症$(A)$』vs.『無癌症$(\sim A)$』。

● 本例還提供了檢驗結果呈現陽性的**資料**，即 $B$ 就是我們的觀測結果。請注意，$\sim B$ 並未出現在題目裡，這是因為我們並沒有觀察到陰性的測試報告。

 ??

**問 5**　**如何把上面所講的轉換為貝氏推論問題呢？**

**答**：只要將公式中的**聯合機率**替換成對應的條件機率，我們便能再向前邁進一步：

$$\Pr(A \cap B) = \Pr(B|A) * \Pr(A) \tag{4.9}$$

$$\Pr(\sim A \cap B) = \Pr(B|\sim A) * \Pr(\sim A) \tag{4.10}$$

然後我們將 4.9 與 4.10 式代入 4.8 式的分母，貝氏定理就變成：

$$\Pr(A\,|\,B) = \frac{\Pr(B\,|\,A)*\Pr(A)}{\Pr(B\,|\,A)*\Pr(A)+\Pr(B\,|\,\sim\!A)*\Pr(\sim\!A)} \qquad (4.11)$$

4.11 式的分母仍然是 *B* 的邊際機率，只不過我們用聯合機率的方式表示出來，**請務必記得此公式！**之後的內容會更深入探討這個新形式的貝氏定理。

**問 6**　在新形式的貝氏定理中，分母的意義為何？

**答：**請對照 4.11 式。原本的分母 **Pr(B)** 現在可以表示成：『以 *A* 為前提下觀測到資料 *B*』的機率乘以『*A* 的邊際機率』，加上『以 ∼*A* 為前提下觀測到資料 *B*』的機率乘以『∼*A* 的邊際機率』。這相當於計算在兩種不同的狀況下（即 *A* 和 ∼*A*）觀測到 *B* 的機率。

**問 7**　有注意到 4.11 式中有重複出現的式子嗎？

**答：**在 4.11 式中的分子和分母中有重複的項目，也就是下式用藍色標示的 $\Pr(B\,|\,A)*\Pr(A)$：

$$\Pr(A\,|\,B) = \frac{\Pr(B\,|\,A)*\Pr(A)}{\Pr(B\,|\,A)*\Pr(A)+\Pr(B\,|\,\sim\!A)*\Pr(\sim\!A)} \qquad (4.12)$$

現在，我們可以清楚地知道：貝氏定理傳回的數值是個比例、或者說是機率（ 譯註： 即 *x* 在 *x + y* 中佔了多少比例，也就是 $\frac{x}{x+y}$，*x* 就是對應到上式的 $\Pr(B\,|\,A)*\Pr(A)$，而 *y* 對應到上式分母的 $\Pr(B\,|\,\sim\!A)*\Pr(\sim\!A)$。$\frac{x}{x+y}$

比例的最小值為 0，即 $x=0$；最大值為 1，即 $y=0$）。此定理欲計算的 $\Pr(A|B)$ 就是範圍落在 0 和 1 之間的機率。

 ??

**問 8** 簡單的貝氏定理為什麼要變得那麼複雜呢？

**答：**貝氏的洞見在於以下發現：當貝氏定理被表示成 4.11 式的形式時，該公式便能對每一個對立 (競爭) 假設進行推論驗證，而這就是科學方法。

讓我們回顧一下圖 4.3 所示的科學之輪：

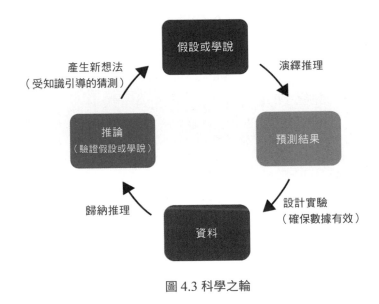

圖 4.3 科學之輪

由於貝氏推論是以多個對立假設為出發點，故我們會從最上方的方框開始討論。本例中的問題是：在檢驗結果為陽性的前提下，找出某婦女罹患乳癌的機率。以下只考慮圖 4.3 中的四個方框：

1. **假設或學說 (方框)：** 第一步是提出假設。本問題的目標為驗證兩項對立假設，即：該女性『有癌症 $(A)$』與『無癌症 $(\sim A)$』。這兩項假設不但互斥，且窮盡了所有可能情況 (在有與無之外再無第三種情況)。而在取得乳房 X 光檢驗結果之前，我們得先決定 *A* 和 ~*A* 為真的機率各是多少。這兩假設的機率相加後必須等於 1.0。**Pr(*A*)** 和 **Pr(~*A*)** 這兩個機率代表在收集資料 (做 X 光檢驗) **之前**，我們對各假設的信心程度有多高，稱為**先驗機率** (prior probabilities)，可由過去累積的資料得知 (例如，例行檢查 40 歲婦女有 1% 得乳癌)。對應到 4.12 式中的 $\Pr(B \mid A)$、**Pr(~*A*)** 這兩個機率。

2. **預測結果 (方框)**：本例中的資料來自某項醫療檢驗 (乳房 *X* 光攝影)。現在我們必須寫出計算方式，以算出『在每項假設之下 (有癌症和無癌症) 觀察到某資料』的『機率』。請注意！這裡說的『機率』實際上稱為**概似度** (likelihood，也稱為概度)，而找出估計概似度的方法通常是貝氏推論中最具挑戰性的任務。對應到 4.12 式中的 $\Pr(B \mid A)$ 和 **Pr(*B*|~*A*)** 這兩個概似度。(編註：此時因為尚未收集到資料，還不能算出概似度的值。)

---

編註：　**什麼是概似度**

舉例說明：已知某硬幣出現正反面的機率分佈是正面 0.5、反面 0.5，因此投擲此硬幣兩次都出現正面的機率就是 0.25。然而，若拿到一個正反面出現機率分佈未知的硬幣，我們觀測到投擲兩次都出現正面的次數佔了 22%，然後推估此硬幣出現正反面的機率分佈各是多少？**此處的『機率』並不是硬幣出現正反面的真實機率，而是用觀測到的資料推測出來的**，因此稱為概似度 (*likelihood*)。這是統計上非常重要的觀念，本書後面章節還會深入探討。

---

3. **資料 (方框)**：下一步是收集資料，在本例中是某婦女得到陽性檢驗結果。

4. **推論 (方框)**：在收集到資料之後，便能算出下面這兩個概似度：
   - 在『有癌症』假設下，檢驗結果為陽性的概似度：$\Pr(B \mid A)$。
   - 在『無癌症』假設下，檢驗結果為陽性的概似度：**Pr(*B*|~*A*)**。

最後，我們將先驗機率與概似度代入貝氏定理，算出每項假設的**後驗機率**（posterior probability），此即各假設被新資料更新後的信心程度。本例可算出來的後驗機率包括：

● 觀測到陽性資料後，受試者有癌症的機率：$\mathbf{Pr}(A\,|\,B)$。

● 觀測到陽性資料後，受試者無癌症的機率：$\mathbf{Pr}(\sim A\,|\,B)$。 編註：可由 $\mathbf{Pr}(B)-\mathbf{Pr}(A\,|\,B)$ 得到。

換言之，在貝氏推論裡，一個隨機事件的後驗機率是指：在考慮過相關證據或背景資訊**之後**，我們賦予該事件的條件機率（來自**維基百科**，引用時間為 2017 年 8 月 15 日）。

下面來看看本例中的貝氏定理長什麼樣子：

$$\mathbf{Pr}(癌症\,|\,陽性)$$
$$=\frac{\mathbf{Pr}(陽性\,|\,癌症)*\mathbf{Pr}(癌症)}{\mathbf{Pr}(陽性\,|\,癌症)*\mathbf{Pr}(癌症)+\mathbf{Pr}(陽性\,|\,\sim癌症)*\mathbf{Pr}(\sim癌症)} \tag{4.13}$$

我們將上式中各項轉換為它們在貝氏推論中的定義（見圖 4.4）：

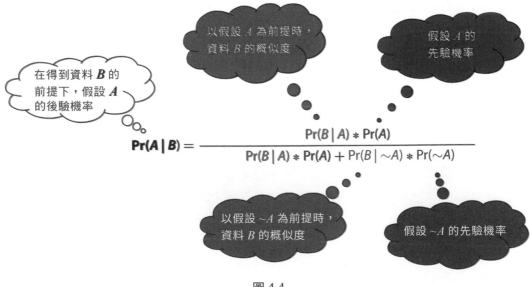

圖 4.4

請各位嘗試在圖 4.4 中找出以下項目：

- 每項假設（$A$ 和 $\sim A$）的先驗機率。
- 以不同假設為前提時，資料 $B$ 的概似度。
- 以 $B$ 為前提時，假設 $A$ 的後驗機率。

由於本例中僅有兩項假設（即 $A$ 和 $\sim A$），因此當我們用貝氏定理估算出 $A$ 的後驗機率 $\text{Pr}(A|$資料$)$，即可用 $1 - \text{Pr}(A|$資料$)$ 計算出 $\text{Pr}(\sim A|$資料$)$。

如果想要直接取得 $\text{Pr}(\sim A|$資料$)$ 也可以，過程如下：

$$\text{Pr}(\sim 癌症 | 陽性)$$

$$= \frac{\text{Pr}(陽性 | \sim 癌症) * \text{Pr}(\sim 癌症)}{\text{Pr}(陽性 | 癌症) * \text{Pr}(癌症) + \text{Pr}(陽性 | \sim 癌症) * \text{Pr}(\sim 癌症)} \quad (4.14)$$

**問 9**　上面所說的這些和科學有何關係呢？

答：請讀者們試著回答看看！

『科學』就是一套獲取知識的系統。貝氏定理允許我們在對某現象提出假設時，指定各假設目前的信心程度有多高，等到獲得新資料後，再更新這些信心程度。請看接下來的範例會更具體明白。

---

據保羅・薩繆森（Paul Samuelson：來自麻省理工學院的諾貝爾獎得主）的回憶：有一次，約翰・梅納德・凱因斯（John Maynard Keynes）試著改變他對某經濟學問題的看法：『當現有資訊改變時，我的想法也就跟著改變，那你呢？』

---

**問 10　貝氏定理的兩種解釋方式到底有什麼不同呢？**

答：我們再複習一下這兩者：

● 貝氏定理描述了 $\mathrm{Pr}(A\,|\,B)$ 和 $\mathrm{Pr}(B\,|\,A)$ 之間的關係。

● 貝氏定理說明了先驗信心程度如何隨著證據而改變。

接著，請再看一次我們的範例問題：

參與例行檢查的 40 歲婦女共有百分之一罹患乳癌；而在這百分之一中，有 80% 的人乳房 X 光檢測結果呈陽性。另外，有 9.6% 沒有乳癌的婦女其 X 光檢測結果同樣也是陽性。假設有一名 40 歲女子經乳房 X 光檢測後呈現陽性判定，則該女子確實為乳癌患者的機率有多高？

我們將相應的聯合機率表 (即表 3.7) 再列出來，如下：

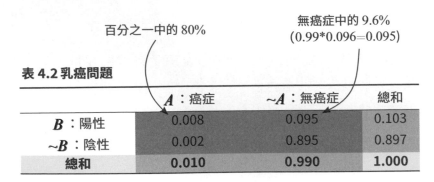

**表 4.2 乳癌問題**

|  | $A$：癌症 | $\sim A$：無癌症 | 總和 |
|---|---|---|---|
| $B$：陽性 | 0.008 | 0.095 | 0.103 |
| $\sim B$：陰性 | 0.002 | 0.895 | 0.897 |
| **總和** | **0.010** | **0.990** | **1.000** |

在第 3 章中，解題所用的貝氏定理版本是這個：

$$\mathrm{Pr}(A\,|\,B) = \frac{\mathrm{Pr}(B\,|\,A) * \mathrm{Pr}(A)}{\mathrm{Pr}(B)} = \frac{\dfrac{0.008}{0.01} * 0.01}{0.103} = 0.0776 \qquad (4.15)$$

而在本章裡，我們用的是貝氏定理的第二種解釋方式，公式如下：

$$\Pr(A \mid B) = \frac{\Pr(B \mid A) * \Pr(A)}{\Pr(B \mid A) * \Pr(A) + \Pr(B \mid \sim A) * \Pr(\sim A)} \qquad (4.16)$$

對照表 4.2，將數字填入：

$$\Pr(A \mid B) = \frac{\dfrac{0.008}{0.01} * 0.01}{\dfrac{0.008}{0.01} * 0.01 + \dfrac{0.095}{0.99} * 0.99} = 0.0776 \qquad (4.17)$$

於是我們知道，在尚未進行檢驗時，我們認為會有 1% 的女性罹患乳癌，不會的有 99%。然而，進行檢驗以後，我們透過貝氏定理算出後驗機率為 7.76%，也就是將原本 1% 會罹患乳癌的信心程度更新為 7.76%，另外 92.24% 不會。

上面這兩種算式的答案相同且都正確。不過，第二種解釋的概念可以拆解出細節，並用前一次計算出來的 $\Pr(A \mid B)$ 更新 4.16 式中的 $\Pr(A)$、用 $\Pr(\sim A \mid B)$ 更新 $\Pr(\sim A)$，這就是科學之輪的循環。

## 問 11　若存在兩個以上的假設怎麼辦呢？

**答：**若存在 $n$ 項假設，則每項假設可以用編號 $i = 1$ 到 $n$ 表示；這裡的『$i$』即是假設的索引。例如：乳癌問題中有兩項假設，故 $n = 2$；其中 $i = 1$ 可用來代表『有癌症』，$i = 2$ 則是『無癌症』。以上敘述可推廣到任意數量的離散假設上，這些假設分別以 $H_1$ , $H_2$ , $\cdots$, $H_n$ 來表示。

如果令**資料**代表我們觀察或收集到的數據，那麼貝氏定理便能寫成以下形式：

$$
\underset{\text{後驗機率}}{\Pr(\mathrm{H}_i \mid \text{資料})} = \frac{\overset{\text{概似度}}{\Pr(\text{資料} \mid \mathrm{H}_i)} * \overset{\text{先驗機率}}{\Pr(\mathrm{H}_i)}}{\displaystyle\sum_{j=1}^{n} \Pr(\text{資料} \mid \mathrm{H}_j) * \Pr(\mathrm{H}_j)} \tag{4.18}
$$

- 等號左邊的 $\Pr(\mathrm{H}_i \mid \text{資料})$ 可讀作：『當觀測到某資料時，假設 *i* 的後驗機率』。

- 分子部分，首先需要的是『在假設 *i* 成立時，觀察到某資料』的概似度，記為 $\Pr(\text{資料} \mid \mathrm{H}_i)$。然後，我們要將此概似度乘以假設 *i* 的先驗機率，也就是 $\Pr(\mathrm{H}_i)$。

- 分母部分，其中的 $\sum$ 表示『累加』，與累加符號對應的『 *j* 』則是**累加索引**。換言之，在處理分母時，我們得對所有假設進行加總（也就是說，必須走訪從 1 到 *n* 的索引 *j* ）。以乳癌問題為例，由於有 2 個假設，因此分母共有兩項相加。

如此就能用貝氏定理算出某問題中每個假設的後驗機率為何了。 編註: 在統計的分類問題中，會從所有假設的後驗機率中挑出發生機率最大的那一個假設做為分類的結果，這稱為**最大後驗機率法**（MAP, maximum a posterior）。

> 總的來說，貝氏推論的過程如下：我們先從某個科學問題出發，提出兩個或多個對立假設，並為每個假設決定先驗機率。接下來是收集資料。最後，以貝氏定理更新各假設的機率。

## 問 12　再解釋一次貝氏推論是什麼吧？

**Merriam-Webster** 字典將『推論』的形容詞 (英文是 inferred 或 inferring) 定義為：『由事實或假設中推導出結論』，動詞 (英文是 infer) 定義為：『透過資訊和推理形成某種意見、或得到某種結論』。Merriam-Webster 詞典中所列的『推論』同義詞則如下：總結 (conclude)、決定 (decide)、演繹 (deduce)、推導 (derive)、外推 (extrapolate)、累積 (gather)、判斷 (judge)、想出 (make out)、推理 (reason)、與了解 (understand)。

而貝氏推論這個詞則可理解為：在一系列互斥、且窮盡各種狀況的對立假設中，利用貝氏定理將各假設的先驗知識和新資料連繫起來，進而得出某種結論。這是藉由更新每項假設的機率來完成的：

---

假設 $i$ 的初始信心程度 + 新資料 → 更新後的假設 $i$ 信心程度

---

## 問 13　假如增加收集到的資料量會如何呢？

**答**：我們每收集一次新資料並套用貝氏定理，各對立假設的信心程度便會被更新一次。過程中，每次計算出來的後驗機率都會成為下一次分析時的先驗機率。透過追蹤信心程度隨著時間變化的趨勢，我們可監控自己的**學習歷程** (learning)。貝氏推論的精神可用這句話總結：『今日的後驗將成為明日的先驗 (Today's posterior is tomorrow's prior)』。

**問 14　還有哪些問題可以用貝氏定理解決的呢？**

**答：**我們可以舉出非常多的例子！事實上，貝氏定理在許多領域中的使用程度與日俱增。第 5 章將介紹另一個問題，讓各位繼續練習。

# 第5章

# 作者問題：
# 包含兩個假設的貝氏推論

本章我們會舉一個具有兩個假設的例子來示範**貝氏推論**。讀者讀完之後，會對以下觀念有更進一步的了解：

- 貝氏推論 (Bayesian inference)
- 假設 (hypothesis)
- 對立假設 (alternative hypothesis)
- 假設的先驗機率 (prior probability of a hypothesis)
- 先驗機率分佈 (prior probability distribution)
- 觀測資料的概似度 (likelihood of the observed data)
- 假設的後驗機率 (posterior probability of a hypothesis)
- 後驗機率分佈 (posterior probability distribution)

此處要探討的是一個經典的貝氏推論案例。在 1964 年時，**菲德里克・莫斯提勒** (Frederick Mosteller) 和**大衛・華萊士** (David Wallace) 這兩位統計學家發表了一篇研究報告，主題是**聯邦黨人文集** (Federalist Papers) 中部分文獻的作者身份。莫斯提勒與華萊士用以下這段文字來介紹他們的研究：

『聯邦黨人文集由亞歷山大・漢彌爾頓(Alexander Hamilton)、約翰・傑伊 (John Jay) 與詹姆斯・麥迪遜(James Madison) 等人所著，並以不具名方式 在 1787-1788 年發表，目的是說服紐約州的公民承認美國憲法。在出現於 報紙上的 77 篇文章中(每篇長度約 900 到 2500 字)，研究人員普遍認為共 有 5 篇(第 2、3、4、5 和 64 號) 為約翰・傑伊所寫，故傑伊對聯邦黨人文 集的貢獻度並無爭議。另外，已確定漢彌爾頓為其它 43 篇文章的作者，麥 迪遜為 14 篇文章的作者，其餘的文章中有 12 篇(第 49-58、62 和 63 號) 雖然不確定作者是誰，但被認為是同一位作者所寫，不是漢彌爾頓就是麥迪 遜。』

雖然在那 12 篇文章上沒有出現真實姓名，但皆以『部百流(Publius)』署 名。於是，莫斯提勒與華萊士利用貝氏分析來確定作者是**亞歷山大・漢彌 爾頓**(圖 5.1 左) 或**詹姆斯・麥迪遜**(圖 5.1 右)。

圖 5.1　亞歷山大・漢彌爾頓（左）與詹姆斯・麥迪遜（右）

這裡我們以作者未定的第 54 號文獻為例，實際跑一遍貝氏推論的流程。該文獻解釋了美國眾議院各州的席位是如何分配的，標題是『各州的成員分配』。

在繼續下去之前，我們再次將貝氏定理列出來：

$$\Pr(A|B) = \frac{\Pr(B|A) * \Pr(A)}{\Pr(B|A) * \Pr(A) + \Pr(B|\sim A) * \Pr(\sim A)} \tag{5.1}$$

我們的分析是由以下幾個步驟構成，與第 4 章的『科學之輪』相呼應：

1. 建立假設。
2. 利用先驗機率說明我們對各假設為真的信心程度有多高。
3. 收集資料。
4. 找出在各假設之下觀測到這些資料的**概似度** (likelihood) 為何。
5. 使用貝氏定理計算各假設的後驗機率。

這就是分析的步驟了 (以上步驟貫穿全書)。現在，讓我們開始吧！

 ??

**問 1** 第 1 步該如何執行？

**答**：第 1 步是先建立假設。第 54 號文獻的長度為 2008 個字，貝氏推論的目標是找出其作者是漢彌爾頓或麥迪遜中的哪一位。對此我們有兩項假設：

● 漢彌爾頓為作者 → 漢彌爾頓假設
● 麥迪遜為作者 → 麥迪遜假設

請注意！上述假設互斥且窮盡了所有可能性(因為不是漢彌爾頓就是麥迪遜，沒有其他的了)。此外，由於只存在兩項假設，故它們之間有以下關係：

$$\Pr(漢彌爾頓) = \Pr(\sim麥迪遜) \tag{5.2}$$

$$\Pr(麥迪遜) = \Pr(\sim漢彌爾頓) \tag{5.3}$$

若要以 5.1 式的貝氏定理對應，則可以用 $A$ 代表『作者為漢彌爾頓(漢彌爾頓假設)』、$\sim A$ 代表『作者為麥迪遜(麥迪遜假設)』。至於貝氏定理中的 $B$ 則表示『觀測到的資料』(就是第 54 號文獻的內容)。

綜上所述，『作者為漢彌爾頓』的後驗機率可以套用 5.1 式用如下方式表達：

$$\Pr(漢彌爾頓 \mid 資料)$$
$$= \frac{\Pr(資料 \mid 漢彌爾頓) * \Pr(漢彌爾頓)}{\Pr(資料 \mid 漢彌爾頓) * \Pr(漢彌爾頓) + \Pr(資料 \mid 麥迪遜) * \Pr(麥迪遜)} \tag{5.4}$$

讀者可試著寫出 $\Pr(麥迪遜 \mid 資料)$ 的公式。

 ??

## 問2　第 2 步如何設定先驗機率？

**答：**接下來，我們要以先驗機率來說明對各假設的信心程度有多高。這麼做的根本原因在於：文獻上沒有作者本名，因此我們無法確知哪一項假設是對的。假使作者有確實將自己的本名簽上，則與該作者對應的機率將等於 1.0，我們也就沒有必要討論這個問題了！

- $\Pr(漢彌爾頓)$ = 漢彌爾頓為真實作者的先驗機率
- $\Pr(麥迪遜)$ = 麥迪遜為真實作者的先驗機率

請記住先驗機率的總和必須為 1.0，下面舉幾種總和為 1.0 的可能組合：

- $\Pr(漢彌爾頓) = 0.1$ 且 $\Pr(麥迪遜) = 0.9$
- $\Pr(漢彌爾頓) = 0.5$ 且 $\Pr(漢彌爾頓) = 0.5$
- $\Pr(漢彌爾頓) = 0.7$ 且 $\Pr(麥迪遜) = 0.3$
- $\Pr(漢彌爾頓) = 0.75$ 且 $\Pr(麥迪遜) = 0.25$

其它可能的先驗機率組合還有很多。由先前的資訊可知：漢彌爾頓寫了 43 篇、麥迪遜寫了 14 篇。你可以主張因為漢彌爾頓的文獻在兩人共 57 篇文章中佔了 43 篇，所以將 $\Pr(漢彌爾頓)$ 的先驗機率設成 0.75 (43 / (43+14))，也就表示 $\Pr(麥迪遜) = 0.25$。這是一個合理的估計，我們會在**問 13** 使用到。

但你也可以說對二者的資訊毫無所知，因此將兩個假設的機率設為相同，也就是 $\Pr(漢彌爾頓) = 0.5$ 且 $\Pr(麥迪遜) = 0.5$。換句話說，你對兩個假設的信心程度是一樣的。我們就以此為出發點進行接下來的推論吧！

讓我們把兩項假設的先驗機率畫成圖 (見圖 5.2)：

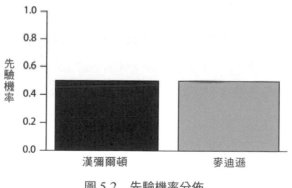

圖 5.2　先驗機率分佈

上圖稱為**先驗機率分佈** (prior probability distribution)；其中水平軸表示不同假設，垂直軸則是各假設對應的機率值。

再次提醒！各假設的機率總和一定要是 1.0，這代表對立假設已窮盡了所有可能。此外，本例的假設是互斥的：同一篇文章不可能同時為兩人所寫。還有，圖 5.2 是離散的先驗機率分佈。

　?₊?

**問3**　第 3 步如何收集資料？

**答**：是時候來收集資料了。**本例中的資料來自第 54 號文獻的內容，共 2008 個字。**

我們的終極目標是確定：究竟哪一項假設 (漢彌爾頓假設或麥迪遜假設) 和觀測到的資料 (文獻內容) 最符合。

- Pr(漢彌爾頓 | 資料) = 在已知文獻內容的前提下，漢彌爾頓為作者的機率
- Pr(麥迪遜 | 資料) = 在已知文獻內容的前提下，麥迪遜為作者的機率

以上就是莫斯提勒與華萊士想解決的問題。事實上，這個工作並不簡單！

莫斯提勒與華萊士並未用到手上的『所有』資料 (即第 54 號文獻中的所有字)。反之，他們把注意力擺在那些能區分兩位作者的關鍵字詞上。舉例而言，麥迪遜使用『by』的次數要比漢彌爾頓高，而漢彌爾頓使用『to』的次數則多於麥迪遜。不過，區別兩位作者最有效的指標其實是『upon』— 漢彌爾頓使用該字的頻率遠遠高於麥迪遜。

為了增加結論的可靠性，莫斯提勒與華萊士還使用了其它指標，例如：句子的長度。然而，兩位候選作者在此向度上的數據幾乎相同：漢彌爾頓的平均句長為 34.55 個字、麥迪遜則是 34.59 個字。因此，句子長度對於區分兩項假設沒有明顯的幫助。

本書為了使讀者更容易理解而做了簡化，也就是我們僅單憑『upon』的出現頻率來推論第 54 號文獻的作者。

**在目標文章中，『upon』一共出現過 2 次。**也就是說，『upon』的使用頻率如下：

$$\frac{『upon出現的次數』}{文章總字數} = \frac{2}{2008} = 0.000996 \tag{5.5}$$

若以 1000 字為基礎標準化上述結果，則『upon』的標準化頻率等於：

$$0.000996 * 1000 = 0.996 \tag{5.6}$$

也就是每千字會出現 0.996 次『upon』。此處之所以需要標準化，是因為文獻的長度並不固定，例如『20 個字中出現 1 次 upon』與『2008 個字中出現 1 次 upon』其出現的頻率是不同的，因此就需要用一致的標準來衡量才行。

 **?₂**

**問 4　第 4 步如何找出各假設下的概似度？**

**答：**我們要計算在各假設為真的前提下，觀測資料 (即：『upon』出現頻率為 0.996) 的概似度分別是多少。換言之，我們得計算：

$$\Pr(0.996 \,|\, 漢彌爾頓) \tag{5.7}$$

以及

$$\Pr(0.996 \,|\, 麥迪遜) \tag{5.8}$$

然後再比較這兩個值。此步驟通常是貝氏推論裡最困難的一步，誰曉得該如何計算資料的概似度呢？

**概似度**基本上是機率的同義詞，但在統計分析中，兩者其實存在一些微妙的區別，其中的關鍵是：概似度和『已收集到的資料』有關。後面的章節會做更詳細的討論，目前各位只要有以下觀念即可：**要算出某群資料的概似度，就得回溯『收集到該群資料的機率』有多大**。舉個例子，我們都知道撒哈拉沙漠下雨的可能性非常低。假設今天有人收集到以下氣象資料：『某地連續下了七天的雨』，那麼我們就能說『該氣象資料發生在撒哈拉沙漠的機率極低』！

**Wolfram MathWorld**(線上數學百科)：『概似度和機率的不同之處在於：機率考慮的是未來事件，概似度關心的則是已發生且已知結局的事件。』

讓我們將上述觀念應用到本章的作者問題中。這裡的第 54 號文獻就是一個過去事件，且其結局(指資料)已定：文中每一千字就會出現 0.996 個『upon』。我們接下來要回答的是：在這兩種假設下，觀察到每一千字中有 0.996 個『upon』的可能性多高：

- 當漢彌爾頓是作者時，『upon』出現率為每一千字 0.996 的概似度：

$$\Pr(0.996\,|\,漢彌爾頓) \tag{5.9}$$

- 當麥迪遜是作者時，『upon』出現率為每一千字 0.996 的概似度：

$$\Pr(0.996\,|\,麥迪遜) \tag{5.10}$$

> 請注意！概似度的值會隨著假設而改變！在貝氏分析中，概似度即：當某假設成立時，觀察到特定資料的機率為何。

**問 5** 所以概似度到底該怎麼算呢？

**答：**計算觀測資料的概似度是貝氏分析的關鍵。因此，在後續的章節中，讀者將陸續學到各種能用來估計概似度的機率分佈。不過就本例而言，我們的重點會放在建立正確的直覺上、並讓各位確實理解為什麼『作者是漢彌爾頓還是麥迪遜』會影響到資料 (即『upon』出現率等於 0.996) 的概似度。

假設莫斯提勒與華萊士組織了一群學生，請他們檢視 98 篇**已知由漢彌爾頓或麥迪遜所作**的文獻，並記錄下每篇的長度 (字數)、以及兩位作者分別在其中用了幾次『upon』。則最後的結果可能如表 5.1 所示：

**表 5.1** 列出 98 篇中的前 5 篇

| 文獻編號 | 作者 | 長度 | Upon 的數量 | 出現率 | 標準化出現率 (每千字) |
|---|---|---|---|---|---|
| 1 | 麥迪遜 | 1672 | 1 | 0.0006 | 0.598 |
| 2 | 麥迪遜 | 2196 | 2 | 0.00091 | 0.911 |
| 3 | 麥迪遜 | 1690 | 2 | 0.00118 | 1.183 |
| 4 | 漢彌爾頓 | 1013 | 3 | 0.00296 | 2.962 |
| 5 | 麥迪遜 | 1160 | 1 | 0.00086 | 0.862 |

此處的資料集共包括 98 篇文獻，其中 48 篇作者已知為漢彌爾頓，另外 50 篇作者已知為麥迪遜。表 5.1 只列出前 5 篇文獻，且這並非真實資料，只不過是為了讓大家明白計算時需要哪些東西而舉的例子。

如你所見，編號 1 是由麥迪遜所寫，其中『upon』在 1672 個字中共出現 1 次，故其標準化出現率為每千字 0.598 個『upon』。

表 5.2 是莫斯提勒與華萊士總結的標準化出現率資料 (來自 1964 年原始文獻的表 2.3)：

表 5.2

| 出現率 | 漢彌爾頓 | 麥迪遜 |
|---|---|---|
| 0 | 0 | 41 |
| (0,1] | 1 | 7 |
| (1,2] | 10 | 2 |
| (2,3] | 11 | 0 |
| (3,4] | 11 | 0 |
| (4,5] | 10 | 0 |
| (5,6] | 3 | 0 |
| (6,7] | 1 | 0 |
| (7,8] | 1 | 0 |
| | **48** | **50** |

編註：這個表就是將標準化出現率的範圍做區隔，然後將對應的文獻數量填入各區間。

在上表中，不同文獻依照其『upon』的出現率被歸入不同的區間，各區間的範圍在第 1 欄。其中第一區間代表文獻中從未用過『upon』，也就是『upon 的出現率＝0』。

現在你可以看出在所有 48 篇已知作者為漢彌爾頓的文獻中，沒有任何一篇的『upon』出現率為 0、有 1 篇出現率落在 (0,1]、10 篇落在 (1,2]，以此類推。但反觀麥迪遜所寫的 50 篇中有 41 篇的『upon』出現率為 0、有 7 篇的出現率＞0 但 ≤1、有 2 篇的出現率＞1 但 ≤2。

以上資料可以用**次數直方圖**來表示（見圖 5.3）。圖中的水平軸為區間，代表每千字裡『upon』的出現率；垂直軸則表示次數，即對應水平軸區間的文獻數量。

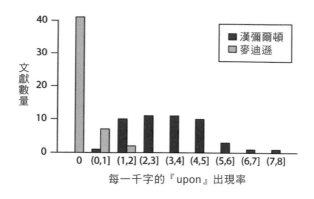

圖 5.3　漢彌爾頓與麥迪遜使用『upon』的頻率分佈

請記得！當前步驟的目標是估算**在各假設下觀察到特定資料的概似度有多少**（ 編註: 不要忘了！這裡的假設一個是漢彌爾頓，一個是麥迪遜）。未簽名之第 54 號文獻的『upon』出現率為 0.996，這與表 5.2 或圖 5.3 的第二個區間對應。換言之，根據表 5.2 或圖 5.3 中第二區間 (0,1] 的數據，可推知 **Pr(0.996|麥迪遜) > Pr(0.996|漢彌爾頓)**，其中：

- 當漢彌爾頓是作者時，『upon』出現率為每一千字 0.996 的概似度為：

$$\mathbf{Pr(0.996|漢彌爾頓)} \tag{5.11}$$

- 當麥迪遜是作者時，『upon』出現率為每一千字 0.996 的概似度為：

$$\mathbf{Pr(0.996|麥迪遜)} \tag{5.12}$$

??

**問 6**　**以本例中的兩個假設而言，何者和觀測資料較符合呢？**

**答：** 直觀上來講，麥迪遜假設和資料較符合。不曉得各位的答案是否一樣？

**問 7**　**如果說概似度只是機率的一種，那麼我們該如何量化概似度呢？**

**答**：好問題！在各位繼續閱讀下去之前，請先思考一下你會怎麼做。

請回頭看看表 5.2，我們注意到以下事實：

- 在以漢彌爾頓為作者的 48 篇文獻中，有一篇的『upon』出現率介於 $(0,1]$。因此，可以把 $1/48 = 0.021$ 當成是在漢彌爾頓假說下觀察到目標資料的概似度。
- 在以麥迪遜為作者的 50 篇文獻中，共有 7 篇的『upon』出現率介於 $(0,1]$。所以，在麥迪遜假說下觀察到目標資料的概似度以 $7/50 = 0.140$ 來估計。

以上方法雖不嚴謹，但可以快速呈現兩位作者使用『upon』的情況，故本章採用此做法。

**問 8**　**第 5 步計算各假設的後驗機率？**

**答**：在有了觀測資料之後，我們就可以用貝氏定理計算後驗機率 $\Pr(漢彌爾頓 \mid 0.996)$ 以及 $\Pr(麥迪遜 \mid 0.996)$。

下面再回顧一下貝氏定理與推論相關的術語 (見圖 5.4)：

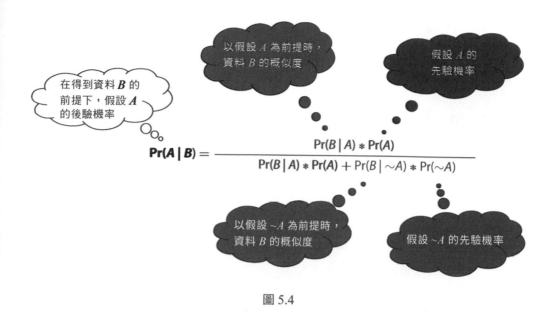

圖 5.4

換句話說，貝氏定理可幫助我們得出作者為漢彌爾頓的後驗機率：

**Pr(漢彌爾頓 | 0.996)**

$$= \frac{\text{Pr}(0.996 | 漢彌爾頓) * \text{Pr}(漢彌爾頓)}{\text{Pr}(0.996 | 漢彌爾頓) * \text{Pr}(漢彌爾頓) + \text{Pr}(0.996 | 麥迪遜) * \text{Pr}(麥迪遜)}$$

(5.13)

上面公式的意思：

- 等號左邊代表：當文獻中每一千字的『upon』出現 0.996 個時，該文獻作者為漢彌爾頓的後驗機率。

- 等號右邊的分子是兩個項的乘積，即：『在漢彌爾頓假設下，觀察到每一千字中出現 0.996 個 upon 的概似度』乘以『漢彌爾頓假設的先驗機率』。

- 分母與分子有部分重複，但另外又加上了和麥迪遜假設有關的項。

當然，由於本例只包含兩項互斥的假設，所以麥迪遜假設的後驗機率就等於 1 減去漢彌爾頓假設的後驗機率。不過為了推論的完整性，這裡還是將其列出：

$$\Pr(麥迪遜 \mid 0.996)$$
$$= \frac{\Pr(0.996 \mid 麥迪遜) * \Pr(麥迪遜)}{\Pr(0.996 \mid 漢彌爾頓) * \Pr(漢彌爾頓) + \Pr(0.996 \mid 麥迪遜) * \Pr(麥迪遜)} \tag{5.14}$$

簡而言之，透過貝氏定理便能估算每項假設的後驗機率。在此請各位暫時將注意力放在漢彌爾頓假設上：

$$\Pr(漢彌爾頓 \mid 0.996)$$
$$= \frac{\Pr(0.996 \mid 漢彌爾頓) * \Pr(漢彌爾頓)}{\Pr(0.996 \mid 漢彌爾頓) * \Pr(漢彌爾頓) + \Pr(0.996 \mid 麥迪遜) * \Pr(麥迪遜)} \tag{5.15}$$

 ??

**問 9　公式中的先驗機率在哪裡？**

**答：** 在下面的式子中，先驗機率的部分被標成了紅色與紫色：

$$\Pr(漢彌爾頓 \mid 0.996)$$
$$= \frac{\Pr(0.996 \mid 漢彌爾頓) * \Pr(漢彌爾頓)}{\Pr(0.996 \mid 漢彌爾頓) * \Pr(漢彌爾頓) + \Pr(0.996 \mid 麥迪遜) * \Pr(麥迪遜)} \tag{5.16}$$

**問 10**　公式中漢彌爾頓假設的後驗機率在哪裡？

答：就是以下式子中等號左邊的紅色部分：

$$\Pr(漢彌爾頓 \mid 0.996)$$

$$= \frac{\Pr(0.996 \mid 漢彌爾頓) * \Pr(漢彌爾頓)}{\Pr(0.996 \mid 漢彌爾頓) * \Pr(漢彌爾頓) + \Pr(0.996 \mid 麥迪遜) * \Pr(麥迪遜)}$$

(5.17)

**問 11**　那每項假設下的觀測資料之概似度又在公式的哪裡呢？

答：以下被標為藍色與綠色的地方即為概似度：

$$\Pr(漢彌爾頓 \mid 0.996)$$

$$= \frac{\Pr(0.996 \mid 漢彌爾頓) * \Pr(漢彌爾頓)}{\Pr(0.996 \mid 漢彌爾頓) * \Pr(漢彌爾頓) + \Pr(0.996 \mid 麥迪遜) * \Pr(麥迪遜)}$$

(5.18)

**本書將貝氏定理中的各項拆開來討論，請務必記住它們來自何處！**

**問 12**　所以漢彌爾頓假設的後驗機率的數字到底是多少？

答：回憶一下，之前已經將漢彌爾頓假設與麥迪遜假設的先驗機率都設為 0.5 了，也就是 $\Pr(漢彌爾頓) = \Pr(麥迪遜) = 0.5$。另外，『upon 出現率等於 0.996』的概似度在漢彌爾頓假設下為 0.021，在麥迪遜假設下則是 0.140 (請複習問 7)。現在，將上面的數字代入貝氏定理：

$$\mathbf{Pr}(漢彌爾頓 \mid 0.996) = \frac{0.021 * 0.5}{0.021 * 0.5 + 0.140 * 0.5} = \frac{0.0105}{0.0805} = 0.1304 \quad (5.19)$$

綜上所述，第 54 號文獻作者為漢彌爾頓的後驗機率為：

$$\mathbf{Pr}(漢彌爾頓 \mid 0.996) = 0.1304 \quad\quad\quad (5.20)$$

因為我們只有兩項假設且彼此互斥，故作者為麥迪遜的後驗機率等於 1–0.1304 = 0.8696：

$$\mathbf{Pr}(麥迪遜 \mid 0.996) = 0.8696 \quad\quad\quad (5.21)$$

此處的結果可以繪製成如下的後驗機率分佈：

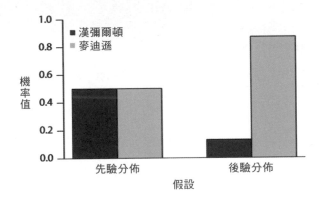

圖 5.5　先驗與後驗機率分佈（先驗機率假設皆為 0.5）

於是，從現有文獻 (與來自其它已知文獻的單字使用率資料) 來看，我們對『聯邦黨人文集的第 54 號文獻是麥迪遜所寫』的信心程度從先驗的 0.5 升高到後驗的 0.8696 了。

**問 13　怎麼決定先驗機率的值？**

**答：** 問得好！我們會在第 6 章對此主題做更深入的討論。這裡就先來看看若使用不同的先驗機率會發生什麼事吧，假設兩個假設的先驗機率為：

$$\Pr(漢彌爾頓) = 0.75 \tag{5.22}$$

$$\Pr(麥迪遜) = 0.25 \tag{5.23}$$

讓我們將其代入貝氏定理中，並計算作者是漢彌爾頓的後驗機率：

$$\Pr(漢彌爾頓 \mid 0.996) = \frac{0.021 * 0.75}{0.021 * 0.75 + 0.140 * 0.25} = \frac{0.01575}{0.05075} = 0.3103 \tag{5.24}$$

可以看到，漢彌爾頓是作者的機率由 0.1304（麥迪遜是 0.8696），變成了 0.3103（麥迪遜是 0.6897）。在以上兩個例子中，貝氏分析都顯示麥迪遜是作者的可能性較高。然而，與前面相比，此處的先驗機率對麥迪遜較為不利，故麥迪遜假設的後驗機率值也相對降低。也就是說，先驗機率的決定非常重要 — 有關此議題更詳細的探討讓我們留待第 6 章再談。

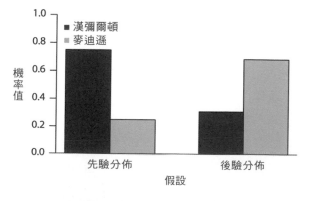

圖 5.6　先驗與後驗機率分佈（先驗機率假設為 0.75：0.25）

## 問 14　假如找到更多由漢彌爾頓和麥迪遜所寫的文獻，那對貝氏分析會有影響嗎？

**答：** 這是我們所樂見的情況！在估計概似度時，手上的資訊越多越好。以本例來說，新文獻的出現能讓我們更精準地推算每位作者使用『upon』的機率有多高。此外，先驗機率的選擇可能也會受到新發現的影響。

## 問 15　不同資料的概似度總和是否也需要等於 1.0？

**答：** 不需要！請絕對不要將機率 (總和必為 1.0) 與概似度混為一談，否則會有麻煩！

---

> 在貝氏分析裡，各假設下的先驗機率和後驗機率一樣，總和都必須是 1.0。
> 但對於不同假設下的觀測資料概似度來說，這點並不成立。

---

由於這個概念非常重要，故在此我們要回顧一下先前的計算，好讓讀者有實際的體會 (見表 5.3)：

**表 5.3**

| 觀察到的出現率 | 假設 | 先驗機率 | 概似度 | 先驗 * 概似度 | 後驗機率 |
|---|---|---|---|---|---|
| 0.996 | 漢彌爾頓 | 0.5 | 0.0210 | 0.0105 | 0.1304 |
| 0.996 | 麥迪遜 | 0.5 | 0.1400 | 0.0700 | 0.8696 |
| | **總和** | **1.0** | **0.1610** | **0.0805** | **1.0000** |

表 5.3 呈現出兩假設先驗機率相等 (皆為 0.5) 時的計算，這些數字和之前描述的相同。這裡要注意的是：先驗機率的總和為 1.00 (滿足上面所說的要求)，但兩假設下的概似度總和只有 0.1610。

再看看我們的第二次分析，也就是兩假設先驗機率不同的狀況 (見表 5.4)。

**表 5.4**

| 觀察到的出現率 | 假設 | 先驗機率 | 概似度 | 先驗 * 概似度 | 後驗機率 |
|---|---|---|---|---|---|
| 0.996 | 漢彌爾頓 | 0.75 | 0.0210 | 0.0158 | 0.3103 |
| 0.996 | 麥迪遜 | 0.25 | 0.1400 | 0.0350 | 0.6897 |
| | **總和** | **1.00** | **0.1610** | **0.0508** | **1.0000** |

概似度的總和和第一次分析時一樣仍是 0.161，先驗的和以及後驗的和則都為 1.00。

**問 16　莫斯提勒與華萊士真的用以上方法進行研究嗎？**

**答**：他們用的雖然也是貝氏定理，不過計算概似度的方法與本書不同。在問 7 中是依照表 5.2 標準化出現率的資料去計算出兩者的概似度，但莫斯提勒和華萊士這兩位統計學家是用**卜瓦松分布** (Poisson distribution) 去計算概似度。本書之後會說明卜瓦松分布；這裡只是讓大家先大致瞭解一下如何量化概似度而已。

> 編註：卜瓦松分佈適合用在欲觀察的事件出現率極低的情況 (例如隨機斷電的機率)，我們觀察表 5.1 中『發生率』那一欄的數值都是 0.00xxx，因此採用卜瓦松分佈來計算概似度有其道理，而非單純用表 5.2 的 1/48 與 7/50 去計算那麼粗略。

**可以對本章的問題做一下總結嗎？**

**答：**沒問題。在本例中，莫斯提勒與華萊士想找出第 54 號文獻的作者是誰。該論文的『upon』標準化出現率 = 每千字 0.996 次。兩人必須計算下面兩項後驗機率(分別對應兩個不同假設)：

- Pr(漢彌爾頓 | 資料) = 在資料中『upon』出現率等於 0.996 的前提下，作者為漢彌爾頓的機率。
- Pr(麥迪遜 | 資料) = 在資料中『upon』出現率等於 0.996 的前提下，作者為麥迪遜的機率。

為解答上述問題，我們需先決定兩項假設為真的先驗機率各是多少。然後從**已知**的文獻(作者確定為漢彌爾頓和麥迪遜)中收集資料，並推估在不同假設下觀察到特定資料的概似度：

- Pr(資料 | 漢彌爾頓) = 當漢彌爾頓假設成立時，『upon』出現率等於 0.996 的概似度。
- Pr(資料 | 麥迪遜) = 當麥迪遜假設成立時，『upon』出現率等於 0.996 的概似度。

然後莫斯提勒與華萊士使用了貝氏定理。該定理能將相反方向的條件機率關聯起來，並以此來更新兩假設的信心程度：

$$Pr(漢彌爾頓 \,|\, 0.996)$$

$$= \frac{Pr(0.996\,|\,漢彌爾頓)*Pr(漢彌爾頓)}{Pr(0.996\,|\,漢彌爾頓)*Pr(漢彌爾頓)+Pr(0.996\,|\,麥迪遜)*Pr(麥迪遜)}$$

$$(5.25)$$

以上使用貝氏定理的方式又稱為**貝氏推論**。推論的意思就是『透過資訊和推理形成某種意見、或得到某種結論』。綜上所述，貝氏推論可以理解為：『透過貝氏定理將先驗知識與新資料連繫起來，進而從一系列互斥且窮盡所有可能的假設中得出結論』的過程。執行該程序後，我們便能對每項假設的機率進行更新。

**問 18** 本章的問題和前一章的乳癌問題有哪些地方相同、哪些地方不同？

**答：**『作者問題』和『乳癌問題』都包含了兩項對立假設 (即：『麥迪遜』與『漢彌爾頓』、『有癌症』與『無癌症』)，且兩者皆使用了貝氏推論。前者的『upon』出現率相當於後者『檢查為陽性』的機率；不過，由表 5.2 可看出『upon』出現率的範圍可以從 0 到 8 多種可能，而乳癌問題中的檢查結果則僅有陽性或陰性兩種可能。

這兩個問題最大的區別其實在於先驗機率的決定方式。在乳癌問題中，題目明確指出：某特定年齡層的婦女乳癌罹患率為 1%，這個 1% 應該是來歷年來的統計資料。但在作者問題裡，莫斯提勒和華萊士並沒有類似的資訊，所以兩人將先驗機率先設為各 0.5。

到了第 6 章，我們會研究一個新問題，同時介紹另一種決定先驗分佈的方法。

# MEMO

# 第 6 章

# 生日問題：
# 包含多個假設的貝氏推論

現在大家對貝氏推論已經有些概念了，接著來看一個新例子，並研究貝氏分析中的兩項關鍵要素：先驗分佈的決定、以及概似度的估計。其中，前者有時候必須由主觀決定所以爭議較大，不過這也是我們無法迴避的問題。

當採用頻率學派觀點時，貝氏定理中的先驗機率其實就相當於邊際機率。但對於貝氏推論而言，『先驗』機率的意義是：**在搜集資料以前，每項假設為真的機率是多少**；請注意！**在沒有先驗分佈的情況下是不可能執行貝氏分析的**。除此之外，我們還得收集資訊，以估計在某項假設下特定資料出現的概似度為何。

讀完本章之後，各位就能瞭解以下這些術語：

- 有資訊先驗機率 (informative prior distribution)
- 無資訊先驗機率 (non-informative prior distribution)
- 客觀先驗 (objective priors)
- 主觀先驗 (subjective priors)
- 先驗靈敏度分析 (prior sensitivity analysis)

本章的問題出自伍德豪斯 (P. G. Wodehouse；吉福斯文集 Jeeves Collection 的作者) 寫的短篇故事：**『出走療法 (Absent Treatment)』**。在該故事中，主人公雷吉‧佩珀嘗試幫助他的友人巴比‧卡度，因為巴比忘記了妻子 (瑪麗) 的生日，導致她離家出走。下面就來看看瑪麗寄給巴比的信、以及雷吉和巴比之間的對話：

---

親愛的巴比，我要離開了。若要我回來，記得在生日當天為我送上祝福。我的地址是：Box 341, London Morning News。— 瑪麗

---

我 (雷吉第一人稱) 將信讀了兩次，然後問道：「所以，你幹嘛不照做？」

「照做什麼？」

「你幹嘛不祝她生日快樂？這點兒要求不過份呀。」

「但是她說要在生日當天給她祝福。」

「那她什麼時候生日？」

「不是，你還不懂嗎？我忘記啦！」巴比回答。

「你忘記了！」我道。

「對，」巴比重複。「忘了！」

「你的忘了是什麼意思？」我向他確認。「是忘記她的生日是二十號還是二十一號嗎？還是怎樣？總之，你記得些什麼？」

「我只知道她的生日在1月1日到12月31日之間，就這樣。」

「拜託你動動腦行不行。」

「動腦？你以為說動腦就有用嗎？你以為我沒思考過嗎？自打開那封信開始，我腦袋都快想破啦！」

→ 續下頁

「然後你還是什麼都想不起來？」

「沒錯。」

我搖了搖鈴，買了幾瓶補藥。

「巴比啊，巴比…」我說。「對像我這樣的業餘人士來說，這個案子可太難了。假如今天有人找上夏洛克·福爾摩斯，然後說：『福爾摩斯先生，有個案件想委託給你 — 請找出我老婆的生日！』我想就連夏洛克也會感到莫名其妙吧。但不管怎麼說，沒有線索不可能進行推理 — 這一點遊戲規則我還是知道的。所以，趕快讓你的腦袋清醒過來，然後想出兩、三條有用的訊息吧。舉個例子，你還記得她上次過生日的情況嗎？當時的天氣如何？這或許能幫助我們將月份確定下來。」

巴比搖了搖頭：「據我所知，當時的天氣很正常。」

「暖和嗎？」

「好像有點暖。」

「冷嗎？」

「嗯，一般冷吧，我猜？想不起來了。」

我又點了兩瓶補藥。對於年輕偵探來說，這似乎是必需品。想事情就像玩高爾夫：有時球無論如何都碰不到目標，有時則輕鬆入洞。我想親愛的老巴比一生中從來在早晨時間思考超過兩件事情，但此刻他做到了。又一杯乾馬丁尼消失在巴比的鬍鬚叢中，然後在你還沒來得及轉身以前，一堆靈感隨著酒湧了出來。

不曉得各位有沒有聽過一系列名為《你生於何時》的小書？每個月份都各有一本。只要四個半便士的價格，就能從中得知自己的性格、才能、優點與缺點等。巴比的點子是：將十二本書全部買回來，並一一翻閱，直到看到符合瑪麗個性的月份為止。如此一來，幾月出生的部分便能確定下來，縮小搜尋範圍。

→ 續下頁

對不怎麼愛思考的巴比而言，這顯然是個非常有吸引力的點子。於是我們立即付諸行動；他拿了其中的六本，我拿另外六本，然後兩人便看了起來。不過，這個方法聽上去雖然妙，在確定月份的時候卻出了問題 — 我們確實找到了許多符合條件的訊息，但似乎每個月份都包含與瑪麗完全相符的敘述。例如：十二月份的書上說『生於十二月的人不易與他人分享祕密，且經常旅行。』嗯，瑪麗的確守著一些祕密沒說，她也常為了滿足巴比的需求而旅行。然後，這套書又說『生於十月的人有許多原創的點子，且靜不下來』，這完美總結了瑪麗這次的離家之旅。此外，生於二月的人擁有『絕佳的記憶力』 — 這正是瑪麗的強項。

我倆休息了一下，然後又把書翻了一遍。

巴比認為答案應該是五月，因為書上說五月生的女人『有善變的傾向，這不利於維持婚後生活的幸福。』但我卻認為答案是二月，因為二月生的女人會『堅持事情要按自己的方式進行，非常認真，並要求其伴侶為她們所有的付出提供回報。』沒有比這更像瑪麗的敘述了。

最終，巴比將整套書撕得粉碎、重重踏了幾腳、將其扔進火裡燒了，然後徑直走回了家。

**這個問題實在太適合當成範例了！此處的目標是：利用貝氏推論去找出瑪麗的出生月份。為方便本章討論，我們假設巴比還記得瑪麗生於 1900 年。**

在開始之前，先注意本問題共有 12 個離散的假設 ($n = 12$)。回憶一下，貝氏定理可以寫成下面這樣：

$$\Pr(H_i \mid 資料) = \frac{\Pr(資料 \mid H_i) * \Pr(H_i)}{\sum_{j=1}^{n} \Pr(資料 \mid H_j) * \Pr(H_j)} \tag{6.1}$$

用白話來說，『當觀察到特定資料時，第 $i$ 項假設的後驗機率』記為 $\Pr(H_i \mid 資料)$。上列公式的分子等於『在假設 $i$ 下觀察到特定資料的概似度 $\Pr(資料 \mid H_i)$』乘上『假設 $i$ 的先驗機率 $\Pr(H_i)$』。分母則是將本例中 12 項假設的概似度與先驗機率相乘，再將結果加總起來。

好了，現在進入具體步驟吧。

**第 1 步**：確立假設。一年共有 12 個月份，它們就是本例中的所有對立假設。請注意，這些假設不但互斥，還窮盡了所有可能性。舉例來說，瑪麗的生日不會同時發生在兩個月份 (如十月和十一月)，故互斥性質成立。另外，也已考慮了所有可能的出生月份，所以假設是窮盡的：

- 出生在一月 = 一月假設
- 出生在二月 = 二月假設
- 出生在三月 = 三月假設
- 以此類推⋯

**第 2 步**：利用先驗機率說明我們對各假設為真的信念有多高。之所以要進行這一步，是因為雷吉和巴比無法百分百確定哪個假設是對的。

- $\Pr(一月)$ = 瑪麗生於一月的先驗機率
- $\Pr(二月)$ = 瑪麗生於二月的先驗機率
- $\Pr(三月)$ = 瑪麗生於三月的先驗機率
- 以此類推⋯

一開始，雷吉和巴比對瑪麗出生的月份完全沒有頭緒。因此，倆人給所有假設賦予了相同的權重。大家應該還記得，一個先驗分佈中的所有先驗機率值總和必須為 1.0，故每個月的機率就是 $1/12 = 0.083$。圖 6.1 呈現出本例的先驗分佈，你可以從中看到每項對立假設的先驗機率：

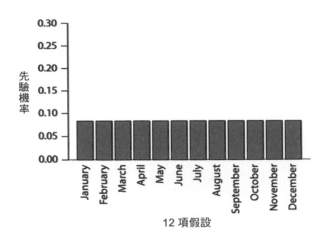

圖 6.1　先驗機率分佈

像上面這樣的狀況（每項假設的機率值皆相同）稱為**無資訊先驗機率**（non-informative priors），這代表瑪麗生於每個月份的先驗機率都一樣，我們也可以用**模糊**（vague）或**散布**（diffuse）先驗來稱之。無資訊先驗機率分佈無法為貝氏推論提供有用的資訊。

話雖如此，《你生於何時》這套書或許能幫助雷吉與巴比建立另一種先驗分佈，即**有資訊先驗機率**（informative prior distribution）。有資訊先驗機率可提供與某變項相關的明確資訊，可能來自於專家的意見或者是先前的研究。

我們稍後會再回頭探討此話題。

> 有資訊先驗機率分佈能為貝氏推論帶來有用資訊。當某人使用有資訊先驗機率時，其目標是讓後驗機率分佈同時受到先驗分佈與資料概似度的影響。

如果雷吉和巴比在參考了《你生於何時》的描述後，認為二月假設和五月假設最有可能是對的，因此就將這兩個月的先驗機率各設為 0.2，其他月份則平均分配剩下來的 0.6（即 $0.6/10 = 0.06$）。因此兩人所設定的有資訊先驗機率就如圖 6.2 所示。圖中所有假設的先驗機率總和仍為 1.00：

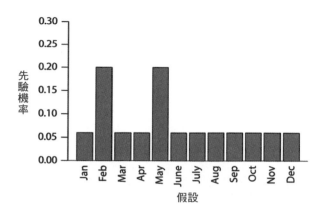

圖 6.2　先驗機率分佈

不過要注意的是，設定有資訊先驗機率時一般會參考過去的科學研究或專家意見，而非來自於《你生於何時》這種閒書或道聽途說。

 ??

**問 1　巴比和雷吉應該使用有資訊的先驗分佈嗎？**

**答**：這是個好問題！所有想進行貝氏分析的人都必須選擇先驗分佈。我的其中一名同事認為：『此步驟最重要的原則是 ─ 先驗分佈必須能代表在獲取資料前，我們所能找到的最佳知識』。根據他的意見，若我們手上已掌握能影響結論（即後驗機率）的關鍵資訊，那就絕對要加以運用而不要使用預設、亂猜、或自動產生的先驗分佈。當然，以上原則的前提是我們的『最佳知識』確實有憑有據，而這一點在本例中似乎不成立！

我們接著下去。

**第 3 步**：收集資料。本問題中有一個確定的資料，即這位瑪麗出生於 1900 年。

既然有了資料，貝氏定理就能提供瑪麗出生月份的後驗機率。讓我們再複習一次貝氏定理的公式：

$$\Pr\left(H_i \mid 資料\right) = \frac{\Pr\left(資料 \mid H_i\right) * \Pr\left(H_i\right)}{\sum_{j=1}^{n} \Pr\left(資料 \mid H_j\right) * \Pr\left(H_j\right)} \tag{6.2}$$

因此，瑪麗出生在一月份的後驗機率就可以寫成：

那她在一月　　如果一個女嬰
出生的機率是　名叫瑪麗

$$\Pr\left(January \mid 瑪麗\right) = \frac{\Pr\left(瑪麗 \mid January\right) * \Pr\left(January\right)}{\sum_{j=1}^{n} \Pr\left(瑪麗 \mid H_j\right) * \Pr\left(H_j\right)} \tag{6.3}$$

其它月份的後驗機率則依此類推。

---

編註：注意！這裡指的是所有名叫瑪麗的女嬰，而不是巴比的妻子瑪麗。但巴比的妻子也是這些名叫瑪麗的女嬰之一，所以適用於 6.3 式的左式。

---

**第 4 步**：現在，巴比和雷吉必須估算在各月份裡觀測到目標資料 (即名叫瑪麗) 的概似度有多大。如前所述，計算各假設下的概似度通常是貝氏推論問題中最難處理的部分。這裡假定我們知道『在 1990 年巴比妻子誕生的郡中，每月各有幾位新生女嬰、其中又有多少人名字為瑪麗』(見表 6.1)，該資料正是我們計算概似度的依據。注意，故事中的那個『瑪麗』就包含在這張表中的某處，但巴比和雷吉無法確定其確切的位置 (但對於貝氏分析而言，不曉得位置無關緊要)！

**表 6.1**

| 月份 | 出生女嬰人數 | 名為『瑪麗』的人數 |
| --- | --- | --- |
| January | 1180 | 57 |
| February | 963 | 14 |
| March | 899 | 22 |
| April | 1190 | 20 |
| May | 862 | 20 |
| June | 976 | 28 |
| July | 1148 | 11 |
| August | 906 | 10 |
| September | 1147 | 8 |
| October | 945 | 80 |
| November | 907 | 95 |
| December | 917 | 100 |

以上原始數據可以用**次數直方圖**來表示；其中水平軸為月份，垂直軸是名為瑪麗的女嬰數量（見圖 6.3）。回憶一下，**次數直方圖即原始資料的分佈圖**。可以看到，對 1900 年來說，『瑪麗』這個名字在冬季頗為流行，而在其它月份中就沒那麼熱門。

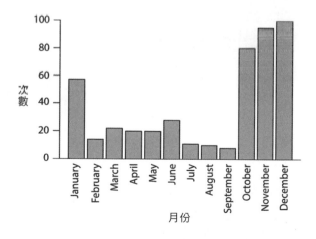

圖 6.3　將每月名為瑪麗的女嬰人數繪製成次數直方圖

下面就來估計每項假設下資料的概似度是多少。本例中要找的是：在每個月裡，我們有多大可能性觀察到名為瑪麗的新生女嬰，也就是：

- Pr(瑪麗 | January)
- Pr(瑪麗 | February)
- Pr(瑪麗 | March)
- Pr(瑪麗 | April)
- 以此類推…

> 請注意！概似度會隨著假設不同而改變！在貝氏分析中，所謂概似度即：當某假設成立時，觀測到特定資料的機率。

每個月份裡，女嬰被命名為瑪麗的概似度其實就等於：當月『名為瑪麗的女嬰人數』除以『女嬰總數』；圖 6.4 顯示出 1900 年每個月份瑪麗出現的概似度。圖 6.4 的垂直軸代表機率(或概似度)，且整張圖的趨勢雖然和次數分佈非常像，卻又並非完全一樣，這是因為每月出生的女嬰數各不相同，而我們必須針對這一點進行修正。舉個例子，四月和五月裡皆有 20 名瑪麗出生，但四月的女嬰總人數達 1190 人，佔比 **20 / 1190 = 0.017**，而五月僅有 862 人，佔比 **20 / 862 = 0.023**。

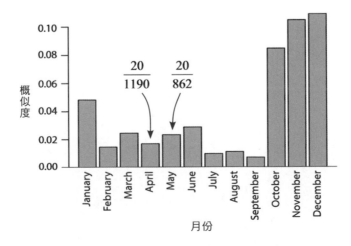

圖 6.4　每月中女嬰被命名為瑪麗的概似度

至此，我們已經知道 1900 年每月裡女嬰被命名為瑪麗的概似度了。依結果來看，在十月、十一月和十二月，『瑪麗』這個名字都是熱門選項。

**第 5 步：**使用貝氏定理計算在給定的資料下 (此處的資料指：在 1900 年，某位名為瑪麗、且後來成為巴比太太的女嬰出生)，算出諸如 $\text{Pr}(\text{January} \mid \text{瑪麗})$、$\text{Pr}(\text{February} \mid \text{瑪麗})$、$\text{Pr}(\text{March} \mid \text{瑪麗})$ 等後驗機率的值。

透過貝氏定理，我們可以將先驗機率與概似度結合起來，最終得到瑪麗生日落在各月份的後驗機率。這裡所用的先驗機率是有資訊的先驗分佈 (參考圖 6.2)。

讓我們先來計算一月假設的後驗機率：

$$\text{Pr}(\text{January} \mid \text{瑪麗}) = \frac{\text{Pr}(\text{瑪麗} \mid \text{January}) * \text{Pr}(\text{January})}{\sum_{j=1}^{n} \text{Pr}(\text{瑪麗} \mid \text{H}_j) * \text{Pr}(\text{H}_j)} \tag{6.4}$$

6.4 式的分子只考慮一月假設的情況，其相當於：『在一月假設下觀察到瑪麗出生的概似度 $\text{Pr}(\text{瑪麗} \mid \text{January})$』與『一月假設之先驗機率 $\text{Pr}(\text{January})$』的乘積。

從圖 6.4 的概似度分佈可得知，一月份女嬰被命名為瑪麗的概似度是 0.048 (57 位瑪麗 / 1180 位女嬰)。接著，將此數值乘上一月假設的先驗機率值 (也就是 0.06)，算完的積等於 0.0029。

相比之下，6.4 式的分母顯得複雜許多 — 我們得先知道在每項假設下觀察到『瑪麗』的概似度是多少、然後把這些概似度乘以各自對應的先驗機率、最後再將所有乘積加總。為了方便對照，在此將 12 項假設的結果列成下表：

**表 6.2**

| 月份 | 先驗機率 | 概似度 | 乘積 | 分母 | 後驗機率 |
|---|---|---|---|---|---|
| January | 0.06 | 0.0483 | 0.0029 | 0.0342 | 0.0848 |
| February | 0.20 | 0.0145 | 0.0029 | 0.0342 | 0.0848 |
| March | 0.06 | 0.0245 | 0.0015 | 0.0342 | 0.0439 |
| April | 0.06 | 0.0168 | 0.0010 | 0.0342 | 0.0292 |
| May | 0.20 | 0.0232 | 0.0046 | 0.0342 | 0.1345 |
| June | 0.06 | 0.0287 | 0.0017 | 0.0342 | 0.0497 |
| July | 0.06 | 0.0096 | 0.0006 | 0.0342 | 0.0175 |
| August | 0.06 | 0.0110 | 0.0007 | 0.0342 | 0.0205 |
| September | 0.06 | 0.0070 | 0.0004 | 0.0342 | 0.0117 |
| October | 0.06 | 0.0847 | 0.0051 | 0.0342 | 0.1491 |
| November | 0.06 | 0.1047 | 0.0063 | 0.0342 | 0.1842 |
| December | 0.06 | 0.1091 | 0.0065 | 0.0342 | 0.1901 |
| | **1.00** | **0.4821** | **0.0342** | | **1.0000** |

這裡有幾點需要留意：

- 上表中整理了每個月份的先驗機率 (來自圖 6.2)、資料概似度 (來自圖 6.4)、以及兩者的乘積。

- 上表最後一列 (橫列) 的數值為各欄總和。可以發現，所有先驗機率加起來等於 1.0，但概似度是 0.4821，不用等於 1.0。

- 所有乘積 (概似度 * 先驗機率) 的總和為 0.0342。此為本問題 6.4 式中貝氏定理的分母，這個分母是個固定值。

- 將各月份的『乘積』除以『分母』，即可算出每個月的後驗機率。請注意，所有假設的後驗機率加起來必須等於 1.0。

- 在先驗分佈中，二月假設和五月假設佔有優勢。但根據資料，大多數名為『瑪麗』的嬰兒出生在十月、十一月和十二月；換言之，在這些月份中資料的概似度較高。因此，在觀測過資料 (圖 6.4) 以後，二月和五月的後驗機率都降低了 (二月由 0.20 降為 0.0848，五月由 0.20 降為 0.1345，而十月、十一月和十二月的後驗機率則相較於先驗分佈有明顯提升。

**問 2**　貝氏定理中的分母一定是常數嗎？

**答**：沒錯。事實上，貝氏定理的分母又稱為**正規化常數**(normalizing constant)。本例中的分母還算簡單，但對其它貝氏統計的案例來說，分母的累加計算往往難以處理。稍後我們便會看到，某些問題裡的分母算起來簡直難如登天，但這就留待未來的章節再談吧。

現在，讓我們將巴比與雷吉的先驗分佈和後驗分佈放在一起比較 (見圖 6.5)：

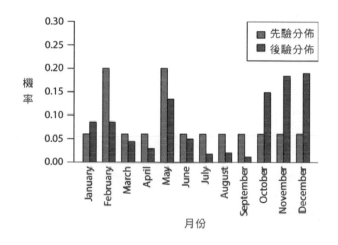

圖 6.5　有資訊先驗機率與後驗分佈

巴比和雷吉先根據《你生於何時》這套書推導出 "有資訊" 的先驗分佈 (譯註：此處將有資訊三個字放在引號裡，是因為巴比和雷吉所用的先驗知識並不可靠)，接著再搜集資料以計算在 1900 年中女嬰被命名為瑪麗的概似度。然後，透過貝氏定理的協助，兩人利用資料檢驗了每一項 (每個月份) 假設；換言之，他們根據資料算出了 12 項假設的後驗機率。

當然，光憑本例中的『瑪麗』資料和《你生於何時》所提供的先驗分佈還不足以解決巴比的麻煩，但你可以發現：後驗分佈和先驗分佈看上去差異頗大。未來若巴比得到了更多有用的資訊，那麼目前的後驗分佈又可以被當成是下一輪貝氏推論的先驗分佈。

**問3** 如果用無資訊先驗機率取代《你生於何時》所提供的分佈會如何？

**答**：讓我們試試看吧。以下計算過程與前面類似，但第 2 欄的先驗機率值全部相等 (見表 6.3)：

**表 6.3**

| 月份 | 先驗機率 | 概似度 | 乘積 | 分母 | 後驗機率 |
|---|---|---|---|---|---|
| January | 0.083 | 0.0483 | 0.0040 | 0.0400 | 0.1000 |
| February | 0.083 | 0.0145 | 0.0012 | 0.0400 | 0.0300 |
| March | 0.083 | 0.0245 | 0.0020 | 0.0400 | 0.0500 |
| April | 0.083 | 0.0168 | 0.0014 | 0.0400 | 0.0350 |
| May | 0.083 | 0.0232 | 0.0019 | 0.0400 | 0.0475 |
| June | 0.083 | 0.0287 | 0.0024 | 0.0400 | 0.0600 |
| July | 0.083 | 0.0096 | 0.0008 | 0.0400 | 0.0200 |
| August | 0.083 | 0.0110 | 0.0009 | 0.0400 | 0.0225 |
| September | 0.083 | 0.0070 | 0.0006 | 0.0400 | 0.0150 |
| October | 0.083 | 0.0847 | 0.0070 | 0.0400 | 0.1750 |
| November | 0.083 | 0.1047 | 0.0087 | 0.0400 | 0.2175 |
| December | 0.083 | 0.1091 | 0.0091 | 0.0400 | 0.2275 |
| | 1.000 | 0.4821 | 0.0400 | | 1.0000 |

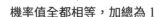

機率值全都相等，加總為 1

和之前一樣，所有假設的先驗機率值相加後需等於 1.00，還有後驗機率加總也是 1.00。稍早也提過，在無資訊先驗機率的問題中，最終結果主要由資料概似度來決定。這裡以一月假設為例來說明 — 若我們完全忽略先驗機率、只考慮觀測資料，則一月假設的後驗機率為 0.0483/0.4821 = 0.1000。在這個例子裡，貝氏定理的分子是 0.0483，代表在一月瑪麗出生的概似度，分母部分則是全部共 12 個概似度值的總和。

我們可以看到，即使將先驗機率排除在外，算出來的後驗機率也和表 6.3 最後一欄所顯示的一樣，這就是『在無資訊先驗機率的問題中，最終結果主要由資料概似度來決定』的真正涵意。但即便如此，若要執行貝氏分析，先驗分佈仍是必不可少的 (編註: 至少要用相等的先驗機率值) ！

圖 6.6 呈現出本例的先驗與後驗分佈：

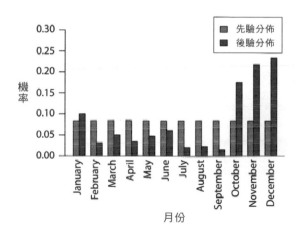

圖 6.6　無資訊先驗機率與後驗分佈

下面讓我們比較一下利用無資訊先驗機率 (機率分佈平坦，譯註: 即所有月份的機率值相同) 和有資訊先驗機率 (參考《你生於何時》中的資訊) 所計算出來的**後驗分佈**，見圖 6.7：

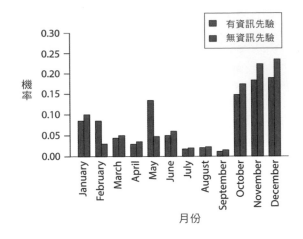

圖 6.7　比較無資訊先驗和有資訊先驗的後驗分佈

 ?₂

問 4　所以選擇先驗分佈的方式真的會影響計算結果囉？

**答：**是的，這就是為什麼先驗分佈的決定至關重要。如果我們手邊有可供參考的可靠資訊，那麼在選擇先驗分佈時就應該使用。不過，我們應該要能為該選擇的正當性提出說明。

圖 6.7 是**先驗靈敏度分析**（prior sensitivity analysis；Berger et al., 2000）的一個實例，透過比較兩個後驗分佈，我們能評估先驗分佈對後驗與結論的影響為何。事實上，先驗靈敏度分析屬於**穩健貝氏分析**（Robust Bayesian Analysis）的一種。

『**穩健**』這個詞的定義是『強壯、健康；精力充沛；結構堅固；在所有或大多數情況下都很牢固、有效』。根據維基百科的解釋，『穩健貝氏分析亦稱為**貝氏靈敏度分析**（Bayesian sensitivity analysis），可用於調查貝氏分析中各種細節的不確定性，進而估計答案的穩健度』(引用自 2017 年 8 月 15 日)。

**問 5** 那是否也存在『先驗機率主導結果』的情況呢？

**答**：這個嘛，請設想以下情況。假如每個月份的新生女嬰人數皆為 1000 人，且其中各有 15 人命名為瑪麗。現在我們觀察到某位瑪麗出生了，那麼該名瑪麗出生於一月 (以及其它月份) 的可能性有多高？在這個例子裡，每項假設的資料概似度都相同 (即 15/1000＝0.015)，故後驗機率分佈會和先驗機率分佈一模一樣！也就是後驗機率由先驗機率主導了。

> 在貝氏分析和科學演繹中，研究人員的首要目標是搜集能區辨不同假設的資料 ( 譯註：此處的『能區辨不同假設』意謂『能說明哪些假設出現機率較高、哪些較低，而不是對所有假設都一樣』)。

**問 6** 決定先驗分佈的困難之處在哪裡？

**答**：當我們手上沒有任何資訊，卻又想盡可能保持客觀時，先驗分佈的選擇就會變得非常困難。在這種狀況下，一般的做法是讓所有假設的先驗機率相等，藉此消除先驗分佈對後驗分佈的影響；但這麼一來，使用其它統計分析法所得到的結論將會和貝氏方法完全相同 (前面已透過包含多項離散假設的生日問題展示了這一點。( 譯註：見『問 3』中將先驗機率移除的討論；少了先驗機率，那就相當於對資料做一般的統計分析而已)。

但即便是這樣，設定完全無資訊的先驗分佈也並非易事。引用 **Zhu & Lu** (2004) 的話來說：『平坦的先驗分佈不一定就沒有資訊，而無資訊的先驗分佈也不一定是平坦的』。以上話題其實有點超出進度了；就目前而言，有興趣的讀者可參考霍布斯 (N. Thompson Hobbs) 與胡頓 (Mevin B. Hooten) 發表於 2015 年的著作，其中關於設定先驗分佈的討論相當易懂且值得一讀。

**問 7**　『客觀 (objective)』和『主觀 (subjective)』這兩個詞彙時不時會在貝氏分析的文章中出現，它們的意思究竟為何？

**答：** 一般而言，『主觀性』與一個人的**信念** (belief) 有關。就某種程度來說，所有先驗分佈都是主觀的，因為我們必須憑藉自己的想法來選擇該用什麼樣的分佈。而**客觀先驗分佈** (objective prior) 則通常是指那些受到理論支持、並與事實一致的先驗分佈；若使用此類分佈，則只要獲得的資訊相同，不同研究人員會得出一致的結論。

事實上，這個問題已遠遠超出了本書的範圍，但我們鼓勵讀者去閱讀更多相關的資料，這對於參與更進階的討論很有幫助。

**問 8**　故事中的巴比和瑪麗最後如何了呢？

**答：** 最終，巴比想起曾在瑪麗生日當天帶她去看過一齣戲，在經過好好回想之後，最終確定瑪麗的生日是五月八日。

於是，巴比和瑪麗從此幸福快樂地生活在一起。故事結束！

# 第 7 章

# 肖像問題：
# 利用聯合概似度進行貝氏推論

貝氏定理這麼出名，但卻沒人知道他長甚麼樣子，請看一眼圖 7.1：

REV. T. BAYES
*Improver of the Columnar Method developed by Barrett.*

圖 7.1　這張圖裡面的人是托馬斯·貝葉斯嗎？

雖然圖 7.1 經常被認定與托馬斯·貝葉斯有關，但其實沒有人能肯定真的就是**那一位**貝葉斯。本章我們要利用貝氏推論嘗試解決這個問題。要注意的是，由於這裡只是做個示範、並非要得出嚴謹的結論，故本例所用的資料**全屬虛構**。

第 7 章想帶給各位的概念是：在使用貝氏推論架構時，我們可以將來自**多個不同源頭的資料**匯整在一起。待讀者讀完之後，以下這些詞就不會陌生了：

- 聯合概似度 (joint likelihood)
- 長版禮服大衣 (frock coat)
- 牧師假髮 (parson's wig)

讓我們回到前面的肖像畫上。**IMS Bulletin** (上面會有來自國際數理統計學會的消息) 的編輯就曾發佈過這張『托馬斯‧貝葉斯』的圖片，並對讀者提出以下挑戰：

- 請問畫中紳士的身份為何？
- 他於何時、何地出生？

誰能提出可靠性最高的答案，誰就能獲得獎勵！

圖 7.1 是取自一本 1936 年出版、名為《人壽保險史 (History of Life Insurance)》的書，作者是特倫斯‧奧唐納 (Terence O'Donnell，芝加哥的美國環境保護聯盟成員)。此圖下方有個標題：『托馬斯‧貝葉斯牧師：此人改進了由貝雷特 (Barrett) 所發展的多欄式記帳法 (Columnar Method)』，不過沒有人知道這張圖片從何而來、以及該標題是誰加上去的。

?？

**問 1** 有人贏得這項挑戰嗎？

**答：**在 IMS Bulletin 編輯室收到的答案中，最有可能的答案是由大衛‧貝爾豪斯 (David R. Bellhouse) 所提供，其為加拿大安大略省西安大略大學的教授。貝爾豪斯寫道：

『有人聲稱 IMS Bulletin 上的圖片應該是托馬斯・貝葉斯，他於1761年去世、享年59歲，因此出生年份是1701或1702年。但我認為該圖片的真實性有問題，故在此加上了「應該」。該結論是根據三項線索推論而得的…為進行比較，讓我們考慮另外三位不順從者（見下頁說明）（Nonconformist）牧師的畫像（見圖7.2）。其中最左邊那一位名叫約書亞・貝葉斯（Joshua Bayes），是托馬斯・貝葉斯的父親（死於1746年）；中間那位是理查・普萊斯（該肖像可追溯至1776年）；至於最右邊的是菲利普・陶德瑞（Philip Doddridge，1702-1751），他是貝葉斯妹夫托馬斯・卡頓（Thomas Cotton）的朋友。』

圖 7.2　約書亞・貝葉斯（左）、理查・普萊斯（中）、菲利普・陶德瑞（右）

貝爾豪斯接著寫：『在觀察托馬斯・貝葉斯的肖像時，首先要注意的是圖片中似乎並未出現假髮（wig）。貝葉斯若戴假髮，其樣式應和陶德瑞的（此種假髮在1740年代退流行）、或普萊斯的（約在同一時期開始流行）類似。

第二件注意的事情是，貝葉斯似乎穿著和父親相似的神職人員長袍、或是高領的長版禮服大衣。如果參考約書亞以外的另兩張圖片，可以看出：上述神職人員長袍在托馬斯那一代已經不流行了，而高領的長版禮服大衣

→ 續下頁

『(frock coat) 更是過時。最後，從圖中可以看出，普萊斯的上衣裝飾著假領 (stock) 或寬領，此種裝飾流行於1730至1770年之間。由於比普萊斯早一個世代的陶德瑞並沒有使用假領或襯衫領，所以我們無法確定托馬斯是否會戴假領。不過，和先前一樣，肖像中那種十八世紀的神職人員衣領在當時早已退流行了。以上資料參考自塞西爾·威爾利特·康寧頓 (C. Willett Cunnington) 和菲麗絲·康寧頓 (P. Cunnington) 於1964年出版的《十八世紀英國服裝手冊》。』

換言之，貝爾豪斯教授是從時尚的觀點進行推理的，其中包括了對假髮使用的討論。文中的長版禮服大衣是一種雙排扣設計、長度及膝的男用大衣款式，現在多於正式場合中出現。另外，所謂的**不順從者**是指一群不遵守 1662 年英國**統一法令** (Act of Uniformity) 的新教教徒。順帶一提，為慶祝托馬斯·貝葉斯誕生三百週年，貝爾豪斯教授還寫過一篇貝葉斯傳。

 ??

**問2　1700 年代的男性為什麼要戴假髮？**

**來自 wiki.answer.com 的答案：**為了遮掩禿頂、擺脫臭蟲、或建立個人形象。

**來自 boston1775.blogspot.com 的答案：**1700 年代的紳士之所以戴白色假髮，不僅是想告訴其它紳士：我也是你們當中的一員，還能彰顯他們的職業。除了商人和農場主所戴的一般款式以外，還有一些是留給專業人士使用。例如，給醫生戴的假髮稱為『醫生假髮 (physick's wig)』，卡琳·卡爾弗特 (Karin Calvert) 將之描述為『看起來像羊毛製品，外觀有趣、如同整齊的鮑伯頭』。另一類專業款式是適用於神職人員的『牧師假髮（parson's wig）』，特徵為『一排排工整的卷毛』。圖 7.3 展示了那個年代各種造型的假髮：

圖 7.3　假髮造型

 ??

**問 3**　那麼，怎樣才能算出『肖像中的人為托馬斯・貝葉斯』的機率？

**答**：這裡的目標是判斷圖片中的人物是否為托馬斯・貝葉斯。何不試著用貝氏推論來解決這個問題呢？

再複習一次！貝氏定理可以表示成下面這樣：

$$\Pr(H_i \mid 資料) = \frac{\Pr(資料 \mid H_i) * \Pr(H_i)}{\sum_{j=1}^{n} \Pr(資料 \mid H_j) * \Pr(H_j)} \tag{7.1}$$

白話來說：要計算第 $i$ 項假設的後驗機率，我們得先將『假設 $i$ 下觀測資料的概似度』與『假設 $i$ 的先驗機率』相乘，然後再把以上結果除以第 $j = 1$ 到 $n$ 項假設的『概似度乘先驗機率』總和。

但具體應該從何處下手？我們請教了在佛蒙特大學研究中世紀聖徒的**安妮・克拉克**(Anne Clark)：『如何才能確定一件來自古代的東西是不是真的？』她回答道：『要在已找到的物件上挖掘線索。』

舉例而言，如果我們有貝葉斯的原始肖像畫，那就可以試著檢驗該幅畫作。

**問 4**　等等，畫作可以提供什麼訊息？

**答**：可以從肖像中的顏料成份推測其繪於何時。這裡假定畫作中所用的白色顏料為『鉛白 (lead white)』。

**問 5**　那鉛白如何幫助我們確定貝葉斯肖像的年代？

**答**：鉛白這種顏料多用於 18 世紀中葉 (就在美國革命之前)。這種推算也和貝葉斯的年齡相符；畫中的『托馬斯』看起來在 35 到 45 歲之間，考慮到其出生年份為 1701 或 1702 年，該畫作的完成時間正好在 1700 年代中期。

**問 6**　太好了！這麼一來就可以計算機率了吧？

**答**：很遺憾，並不能。事實是，那幅原始的肖像畫應該丟失已久了，我們只能在奧唐納的書中找到其影印版，所以無法判斷原畫是否使用鉛白。話雖如此，影印版的圖片也能提供不少線索。下面就讓我們正式開始貝氏推論吧。

本章所用的貝氏分析步驟與前幾章一樣：

1. 確立假設。
2. 以先驗機率表示每項假設為真的信心程度。
3. 搜集資料。
4. 決定觀測資料在各假設下的概似度是多少。
5. 利用貝氏定理計算在現有資料下每項假設的後驗機率。

**問 7　第一步，問題的假設是什麼？**

**答**：此問題的假設有兩個，即：肖像中的人『是托馬斯』與『不是托馬斯』。

**問 8　第二步，各假設的先驗機率為何？**

**答**：請先自己回答看看！你會選擇有資訊還是無資訊的先驗分佈？

我們得先決定所有假設的先驗分佈。本章將『是托馬斯・貝葉斯假設』的先驗機率設為 0.5，『非托馬斯・貝葉斯假設』亦為 0.5，換句話說這是一個無資訊的先驗分佈。

**問 9　第 3 步，要搜集什麼資料？**

**答**：還記得第 5 章的『作者問題』嗎？透過貝氏推論，我們試著找出聯邦黨人文集中某篇無署名文獻的作者是漢彌爾頓還是麥迪遜。當時所用的資料為該文獻裡出現的單字『upon』的次數。而對本章的問題而言，我們會考慮下列出現在『托馬斯・貝葉斯』肖像裡的資料：

- 有無假髮。因為托瑪斯・貝葉斯是牧師，而大多數 1700 年代的牧師都會配戴假髮，所以有無假髮會影響圖片中的人是否托瑪斯・貝葉斯的機率。

- 圖 7.1 的托馬斯・貝葉斯和圖 7.2 的約書亞・貝葉斯之間的相似度有多高？不知道各位是否長得像自己的父親或母親？在某些例子中，雙親和子女可能長得極為相似，但也未必如此。雖然 DNA 鑑定技術在此派不上用場，但本章將假定我們可以測量約書亞・貝葉斯(根據已知的托馬斯父親肖像畫) 和圖 7.1 托馬斯・貝葉斯的眉毛形狀、鼻子寬度、前額寬度等特徵，藉此得出一個**相似性指數**。這裡假設該指數是落在 0 到 100 之間的整數；其中 0 表示完全沒有相似性，100 代表完美複製。因此，圖 7.1 中的人與約書亞的相似性指數越高，其越有可能是托馬斯・貝葉斯。

換言之，此處有兩條證據線要調查。另外，我們假定兩條證據線之間彼此**獨立**，即某條證據線的結論不會影響到另一條。

**問 10**　明白了。所以，關於假髮的觀測資料為何呢？

**答**：該資料非 0 即 1。0 表示沒有戴假髮，1 則表示有戴。**因為圖 7.1 裡的人顯然沒有戴假髮，故此條證據線中的觀測資料為 0。**

**問 11**　那關於面貌相似性的觀測資料又為何？

**答**：本例的相似性指數能顯示兩人的整體相像程度，其依據為諸如眉毛形狀、鼻子寬度、嘴巴形狀等任何可以從圖片中測量出來的臉部特徵。考慮到圖 7.1 裡的『托馬斯』如果戴著假髮，也許更能將注意力擺在五官上，因此我們自己給他合成了一頂假髮 (見圖 7.4)：

圖 7.4　戴假髮的『托馬斯·貝葉斯』（左）；約書亞·貝葉斯（右）

乍看之下，圖中兩人的眉毛和鼻子雖相似，但眼睛與嘴巴卻不像。可能眼睛和嘴巴是『托馬斯』從母親那裡遺傳到的也說不定！

**因此，我們假設相似性指數 = 55。**（ 編註： 在問 9 說過相似性指數是介於 0~100 之間的整數。）

 ??

**問 12** **我們在第 3 步裡得到的資料集最終長什麼樣子呢？**

**答**：本問題所搜集到的資料如下，兩者皆從肖像中觀察而得：

- 假髮 = 0
- 相似性 = 55

> 編註： 小心！這裡假髮 =0 指的是『托瑪斯·貝葉斯是一位牧師且他沒戴假髮』，否則在問 14 和表 7.1 你會覺得為什麼突然多一個牧師的欄位呢？

?? ??

**問 13** **第 4 步，各假設下的觀測資料概似度是多少？**

**答**：這個步驟非常關鍵。

我們現在有兩個資料源，且假定它們互相**獨立**。那麼下一步就是去計算：在不同假設 (圖 7.1 的肖像『是托馬斯・貝葉斯』vs.『不是托馬斯・貝葉斯』) 下觀察到這些資料的概似度為何。

得到兩個概似度值以後，可以進一步算出各假設的**聯合概似度**。各位應該還記得**聯合機率**吧，即多個事件一起發生的機率值；而在此，我們關心的是同時觀測到『無假髮』**和**『相似性指數等於 55』的機率。

下面讓我們先分別探討不同資料在各假設下的概似度為何，然後再透過將兩獨立概似度相乘的方式得出聯合概似度。

## 問 14　那麼，從假髮開始討論吧？

**答：**好的。雖然我們無法直接計算肖像裡的人是否就是托馬斯・貝葉斯，但我們可以算出：在 1750 年代的坐姿肖像畫中，不戴假髮的中年男子為牧師的概似度有多高。

這裡假設我們有辦法搜集到與目標族群 (即 1750 年代坐姿肖像畫裡的中年男性) 有關的資訊，結果如表 7.1：

**表 7.1**　資料集 1

| 人物 | 是否為牧師 | 是否戴假髮 |
|------|-----------|-----------|
| 1 | 0 | 1 |
| 2 | 1 | 0 |
| 3 | 0 | 1 |
| 4 | 0 | 1 |
| 5 | 1 | 0 |
| 6 | 1 | 0 |
| 7 | 1 | 1 |
| 8 | 1 | 0 |
| 9 | 1 | 1 |
| 10 | 0 | 1 |
| ⋮ | ⋮ | ⋮ |

表 7.1 只顯示出 100 筆資料 (我們將其稱為**資料集 1**) 中的前 10 筆。其中第一欄代表不同人物、第二欄指明該人物是否為牧師 (1 = 牧師)、第三欄則說明此人是否戴假髮 (1 = 有戴)。

然後，我們將 100 筆資料整理如表 7.2：

**表 7.2**

|  | 有假髮 | 無假髮 | 總和 |
|---|---|---|---|
| 是牧師 | 8 | 2 | 10 |
| 非牧師 | 15 | 75 | 90 |
| **總和** | **23** | **77** | **100** |

請注意！此表共有四個稱為『象限』的區域。其中左上象限是具體資料，並以深藍色底表示。右上象限 (淺藍色) 記錄了資料集 1 中是牧師 (10) 與非牧師 (90) 的總人數。左下象限 (同為淺藍色) 顯示在坐姿肖像中有假髮 (23) 和無假髮 (77) 的男性人數。而右下象限 (灰色底) 中的數字則代表總人數，即 100。

現在，把所有結果畫在文氏圖中 (見圖 7.5)。其中淡紅色橢圓形是有假髮 (15+8=23 人)，淺藍色是牧師 (8+2=10 人)：

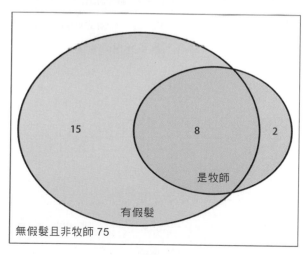

圖 7.5

圖 7.5 最外圍的方框包含資料集 1 裡的所有 100 筆資料。我們可以看到其中有 23%（即 23/100）的男性會在坐姿肖像中戴假髮，另外有 10% 的男性為牧師。是牧師卻又不戴假髮的男性僅佔 2%（即 2/100）。

接著，來看看**在托馬斯・貝葉斯假設下觀測到『無假髮』資料的可能性為何**。此題的答案是 0.02（2/100 = 0.02），相當於 1700 年代中期坐姿肖像畫中的男性『是牧師又不戴假髮』的聯合機率。

那麼，**在非托馬斯・貝葉斯假設下觀測到『無假髮』資料的可能性又為何**呢？這個問題比較難回答，因為畫像中的主角既然不是托馬斯，那就可以是任何人。這裡能找到的最佳解答是 0.77（(2 + 75)/100），相當於 1700 年代中期坐姿肖像畫中的男性『無假髮』的邊際機率。

 ?

**問 15**　『托馬斯・貝葉斯』和約書亞・貝葉斯的相似性又該如何處理？

**答**：回憶一下，前面已經提過『托馬斯』和約書亞之間的相似性指數為 55。**接下來要回答的問題是：在各假設下觀察到『相似性 = 55』的概似度有多大？**假如我們有辦法搜集到 1700 年代中期英國境內 1000 對父子與 1000 對無關聯男性之間的相似性指數，則所得結果的前 10 筆資料可能如表 7.3 所示：

**表 7.3**　相似性資料集（資料集 2）

| 配對組合 | 是否為父子 | 相似性指數 |
| --- | --- | --- |
| 1 | 0 | 31 |
| 2 | 0 | 80 |
| 3 | 0 | 29 |
| 4 | 0 | 71 |

| 5 | 1 | 60 |
| 6 | 1 | 61 |
| 7 | 1 | 26 |
| 8 | 1 | 39 |
| 9 | 1 | 29 |
| 10 | 1 | 75 |
| ⋮ | ⋮ | ⋮ |

表中第一欄顯示每一對男性組合、第二欄記錄該對男性之間是否為父子關係（1 = 是）、第三欄則是兩人之間的相似性指數。我們將表 7.3 稱為**資料集 2**。

然後將 1000 對父子關係的相似性指數的分佈狀況用綠色長條圖畫出來，並將 1000 對無關聯男性的相似性用橘色畫出來（見圖 7.6）。各位會發現，無關聯的男性通常相似性較低。話雖如此，在父子和無關聯群體中的相似性指數還是有重疊之處，例如圖 7.6 裡以黑線標識的 55 分。

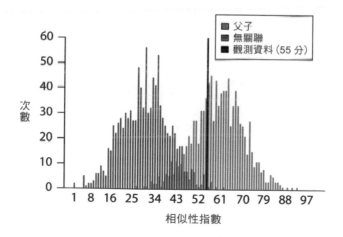

圖 7.6　1700 年代中期，父子之間的相似性指數次數分佈與無關男性之間的相似性指數之次數分佈

## 問 16　該如何計算各假說下相似性資料的概似度呢？

**答：**注意，這裡要估算的並不是正好觀察到 55 分的機率。我們真正想知道的是：本例的觀測資料落在整個分佈中的哪個位置 (譯註：注意，作者真正想算的其實是『相似性指數 ≥ 55 分』的概似度，而非『相似性 = 55 分』的概似度)。

以分數『55』為例，其位於『無關聯男性』分佈 (圖 7.6 橘色分佈) 的最右端，但卻在『父子』分佈 (圖 7.6 綠色分佈) 的偏左區域上。為比較兩假設下的概似度，此處會以代表 55 分的黑線為基礎，計算兩分佈在該線**右邊**的區域面積有多大；也就是說，『55 分』就是我們所關心的最小分數 (譯註：換言之，本例中的相似性概似度就是兩分佈中『大於 55 分的資料』佔所有資料的比例。那為什麼資料集 2 的相似性指數會以面積的概念來計算概似度，而資料集 1 的假髮卻以 0、1 兩種類別的次數比率來算概似度呢？這是因為後者是 0 與 1 的區別，而前者是 0~54 與 55~100 的區別。)。

## 問 17　知道了，所以『相似性指數 55 分或以上』在兩假設下的概似度是多少？

**答：**

- 就『圖 7.1 的肖像是托馬斯・貝葉斯』的這個假設而言，圖 7.4 中的兩人 (即『托馬斯』和約書亞) 應為父子。若觀察圖 7.6 中的綠色分佈，可以發現：其中約有 69% 的相似性分數高於或等於 55 分。**因此，當肖像是托馬斯・貝葉斯假設成立時，相似性指數不低於 55 分的概似度等於 0.69。**

- 如果考慮非托馬斯・貝葉斯假設，則圖 7.4 中的兩人彼此無關係。觀察圖 7.6 中的橘色分佈後可看出：約有 1% 的相似性分數高於或等於 55 分，**故無關係的兩位男性相似性指數不低於 55 分的概似度為 1%。**

 ??

**問 18**　**該如何將各假說下的兩種概似度結合起來呢？**

**答：**如果我們的兩種資料是獨立的，那麼只要將兩概似度相乘即可。

以托馬斯・貝葉斯假設來說 (無假髮的牧師、是父子)：

- 來自假髮的證據 = 0.02 (1700 年代中期坐姿肖像畫中，男性牧師不戴假髮的聯合機率)。
- 來自相似性的證據 = 0.69 (69% 的父子相似性指數不低於 55 分)。

所以，是托馬斯・貝葉斯假設下的資料概似度即以上兩者的乘積：

$$0.02 * 0.69 = 0.0138 \tag{7.2}$$

至於非托馬斯・貝葉斯假設的部分 (無假髮任意男性、兩人沒有關係)：

- 來自假髮的證據 = 0.77 (1700 年代中期坐姿肖像畫中，任意男性不戴假髮的邊際機率)。
- 來自相似性的證據 = 0.01 (無關男性中，有 1% 的相似性指數不低於 55 分)。

以上兩項的乘積就是非托馬斯・貝葉斯假設下的資料概似度：

$$0.77 * 0.01 = 0.0077 \tag{7.3}$$

**問 19** **第 5 步，肖像中的男人是托馬斯·貝葉斯的後驗機率為何？**

**答：**只要使用貝氏定理即可獲得答案！因為本例有兩個假設，故定理公式可寫成：

$$\Pr\left(H_i \mid 資料\right) = \frac{\Pr\left(資料 \mid H_i\right) * \Pr\left(H_i\right)}{\sum_{j=1}^{2} \Pr\left(資料 \mid H_j\right) * \Pr\left(H_j\right)} \tag{7.4}$$

若兩假設的先驗機率皆為 0.5，則肖像中的男人為托馬斯·貝葉斯的後驗機率如表 7.4 所示：

**表 7.4**

|  | 先驗機率 | 資料概似度 | 先驗＊概似度 | 後驗機率 |
|---|---|---|---|---|
| 是托馬斯·貝葉斯 | 0.5 | 0.0138 | 0.0069 | 0.64 |
| 非托馬斯·貝葉斯 | 0.5 | 0.0077 | 0.00385 | 0.36 |
| **總和** | **1.0** |  | **0.01075** | **1.00** |

讓我們一起看一下這張表：

- 其中第 1 列是托馬斯·貝葉斯假設，第 2 列為非托馬斯·貝葉斯假設。
- 第 1 欄的資料是先驗機率，兩個假設皆等於 0.5。請記住！先驗機率的總和必須是 1.0。
- 第 2 欄的資料概似度相當於本例中兩種資料 (即『假髮 = 0』與『相似性指數 ≥ 55』) 在不同假設下的聯合概似度。
- 第 3 欄是先驗和概似度的乘積，其結果分別對應貝氏定理在不同假設下的**分子**。
- 第 3 欄下方的數值總和就是貝氏定理的**分母**。
- 第 4 欄的後驗機率是由『先驗＊概似度』除以上述**分母**而得，分別代表不同假設的後驗機率。請注意！兩者總和必須是 1.0。

因此，以本假想問題中的各種資訊來看，肖像中的男人為托馬斯・貝葉斯的後驗機率等於 0.64、不是的後驗機率為 0.36。在這次貝氏分析中，我們共整合了兩條不同的證據線。

圖 7.7 總結了本章的先驗與後驗分佈。不過請各位記住，上面所用的資料是虛構的！

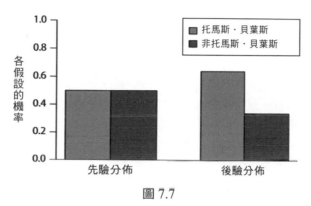

圖 7.7

 ??

問 20　本例所用的兩種資料真的彼此獨立嗎？

答：這得視具體情況而定。一般而言，研究人員需為自己的聯合概似度計算方式辯護。在本章中，我們假定兩資料集（表 7.1、7.3）不僅獨立、且皆有參與概似度的計算。

??

問 21　可以在分析中加入更多獨立資訊嗎？

答：可以。證據線越多，我們能用來計算概似度和比較不同假設的資訊就越多。

## 問 22　那如果資料並不獨立呢？

答：那麼處理起來就比較麻煩了。舉例來說，除了與假髮有關的資料集 1 以外，我們也可以考慮肖像中的長版禮服大衣；但由於這種服飾經常與假髮一同出現，故這麼做可能會擾亂分析。同樣的，在計算概似度時引入與父子相似性互相依賴的資訊也會產生問題。上述情形不在本章的討論範圍內，各位先將其放在心上。

## 問 23　在本例的分析中有什麼假定前提嗎？

答：有很多！說明本問題的主要用意是讓大家明白：貝氏定理可輕鬆整合不同的資料。不過，該考慮哪些資料必須經過審慎評估，為此我們需要許多的前提條件：

- 假髮和相似性指數彼此獨立。
- 目標肖像中的人物並非托馬斯・貝葉斯的親戚（譯註：如果是，那做相似性檢驗就沒有意義了，因為該親戚的外貌也可能和約書亞・貝葉斯類似）。

本例的前提不只這樣，各位屬害的讀者應該能想到更多。

## 問 24　本章想傳達的重點是什麼呢？

答：本章的重點是想告訴大家：貝氏分析具有非常、非常高的彈性。只要你能算出資料在不同假設下的概似度（雖然這在許多例子中並非易事），那麼幾乎所有問題都可以用貝氏推論來回答。

問 25 **回到圖 7.1 的肖像上，圖片下方文字中的『貝雷特 (Barrett)』是否能給我們一些啟示？**

**答：**由於筆者真的很想知道目標肖像中的人物是否就是托馬斯・貝葉斯，因此實際買了一本奧唐納所著的《人壽保險史》來研究。該圖片位於書中的第 335 頁，其標題也與前面所說的一致：『托馬斯・貝葉斯牧師：此人改進了由貝雷特所發展的多欄式記帳法』。我們搜尋了書中的上下文，想找到更多關於托馬斯的敘述，但未能如願。於是，我們把目光投向了圖片標題中的『貝雷特』。

喬治・貝雷特 (George Barrett) 是首位提出以多欄式記帳法計算年金保險的人，其存歿時間為 1752 到 1821 年。根據維基百科的敘述：『貝雷特是惠勒街 (位於薩里的一個小村落) 上一名農夫的孩子。年輕時，因為工作的緣故，無人指導的貝雷特在數學上的造詣突飛猛進；他尤其對與人類壽命相關的問題感興趣。貝雷特有二十五年的期間 (1786-1811) 開始處理一系列人壽保險和年金表格…他將很大一部分收入用於扶養親戚。』奧唐納則寫道：『1810 年，喬治・貝雷特向皇家學會提交了計算人壽保險年金的新方法。但守舊的學會成員認為此方法過於反動，故拒絕發表他的成果。縱然學會不認同，弗朗西斯・貝利 (Francis Baily) 還是將貝雷特的發現納入了其著名年金著作的附錄中，並很快地影響了當時精算師的想法。』

考慮到托馬斯・貝葉斯生於 1701 年、死於 1761 年，其應該沒有機會能改進貝雷特所提出的方法 (貝葉斯死時，貝雷特才 9 歲而已)。所以，即便真的有一位『托馬斯・貝葉斯牧師』曾對貝雷特的方法進行過改良，其也不太可能是我們所熟知的那一位貝葉斯。

??

**問 26**　**我們接下來要做什麼呢？**

**答：**關於貝氏推論的介紹就到此告一段落了。在第 3 篇裡，我們要開始探索機率分佈的世界，相關知識能大大擴展貝氏定理的運用範圍。

# 第 3 篇

# 機率函數

## 簡介

歡迎來到本書第 3 篇！各位已實際做過貝氏推論的範例，是時候來學習更進階的技術了。貝氏定理的其中一項主要應用為**參數估計**（parameter estimation）；但在討論該應用以前，讀者必須對參數和變數有紮實的理解、並知道兩者之間如何透過機率連繫起來。

機率函數主要分兩種，本篇分成兩章來說明：

- 第 8 章介紹機率質量函數（pmf, probability mass functions），其中包括隨機變數的概念、以及**離散隨機變數**的機率分佈。我們會以二項式和伯努利分佈為例來說明，機率質量函數可用來表示貝氏推論中的先驗分佈、概似度、與後驗機率分佈。
- 第 9 章要研究的是機率密度函數（pdf, probability density functions），這是一種和**連續隨機變數**有關的分佈。我們舉的例子為連續型均勻分佈和常態分佈，它們同樣可以表示貝氏推論裡的先驗分佈、概似度、以及後驗分佈。

學習貝氏分析就必須瞭解 pmf 和 pdf，這是因為在推論的過程中，我們會把未知參數視為由某種機率分佈 (譯註: 採用 pmf 或 pdf，要視隨機變數為離散或是連續而定) 所產生的隨機變數，藉此來假定該參數的值。說得更具體一些，pmf 和 pdf 可用來表達：

- 先驗分佈 (prior distributions)
- 概似函數 (likelihood functions)
- 後驗分佈 (posterior distributions)

本篇的內容是在為第 4 和第 5 篇做準備。請各位花點時間慢慢消化，這對掌握貝氏分析技術非常重要。

# 第 8 章

# 機率質量函數 (pmf)

相信讀者對貝氏定理、以及如何利用貝氏推論更新對立假設的信心程度已經有基本的概念了。貝氏推論的其中一項主要應用是**參數** (parameters) 估計；但在深入討論以前，我們得先了解什麼是機率分佈。

本章將為大家介紹離散機率分佈的一般概念，並以二項式和伯努利分佈為例說明**機率質量函數** (pmf, probability mass function)。下一章則會用連續型的常態分佈與均勻分佈來解釋**機率密度函數** (pdf, probability density function)。注意！機率分佈函數的形式眾多，這兩章討論的僅是其中少數幾種，但其基本概念也適用於其它種類的機率分佈。

因為本章篇幅較多，以前沒接觸過相關內容的讀者可能需要多一點時間消化，故在此建議大家每隔一段時間便稍微休息並回想一下剛剛學到了甚麼！

待各位讀完本章之後，就能瞭解下面這些術語的意思：

- 函數 (function)
- 隨機變數 (random variable)
- 機率分佈 (probability distribution)
- 參數 (parameter)
- 機率質量函數 (pmf, probability mass function)
- 二項式機率質量函數 (binomial pmf)

- 伯努利機率質量函數 (Bernoulli pmf)
- 概似度 (likelihood，或稱概度)
- 概似度剖面 (likelihood profile)

本章與函數有關，您應該在國、高中時也學過函數，不過此處我們還是來重新複習一遍：

 **??**

**問 1　什麼是函數與變數？**

**答**：在數學領域中，**函數** (function) 是一種輸入 (input) 和輸出 (output) 之間的對應關係，一般表示為：

$$f(x) = \cdots \tag{8.1}$$

以圖 8.1 的函數為例：

圖 8.1

圖中的函數名稱為 $f$，函數的小括弧內放的是輸入變數 $x$，輸出的部分則是 $x^2$，也就是說本例的函數 $f$ 會將輸入的變數 $x$ 計算平方值後作為輸出。用數學的話來說，函數 $f$ 會將輸入值**映射** (map) 到輸出值。圖 8.2 以視覺化方式說明其關係：

圖 8.2

**牛津統計學詞典** (Upton & Cook, 2014 年版) 對變數的解釋如下：『當進行實驗或觀察時，變數即某項特徵 (如：身高) 的測量值或觀測結果。另外，許多觀測資料本身是不能計算的，例如做家庭財富調查：房子 1 戶、機車 2 輛、手機 3 支、… 這些資料是不能直接運算的 (2 輛機車 ＋ 3 支手機 ＝ ？)，所以我們必須把觀測資料做數值化轉換 (例如全部換成幣值)，這其實就是隨機變數要將樣本點映射到實數值的原因。』。

舉個例子來說明。我們可以用下面的函數將輸入的華氏溫度轉換為輸出的攝氏溫度：

$$f(x) = (x - 32)/1.8 \qquad (8.2)$$

將『華氏 80 度』的 80 做為變數 $x$ 的值代入 $f(x)$ 函數中，則輸出為攝氏 26.7 度：

$$f(80) = (80 - 32)/1.8 = 26.7 \qquad (8.3)$$

 ??

**問 2** **什麼是隨機實驗 (random experiment) 與隨機變數 (random variable)？**

**答：牛津統計學詞典**指出：『當某變數的**數值受隨機因素影響**、或是從一母體中隨機抽出樣本所對應的值，該變數即為**隨機變數** (random variable)，注意！「隨機」這個詞有時會被省略』。 編註：隨機實驗產生的每一個不同結果稱為一個樣本點，而隨機變數就是將每個樣本點對應到實數值的函數。

編註：**複習一下隨機實驗 (random experiment) 與試驗 (trial)**

雖然在第一章問 3 有講過 "實驗"，但沒仔細定義過 "隨機實驗"，此處我們再加以說明。

我們將觀察某個產生不同結果的過程稱為**實驗** (experiment)。如果此實驗的結果 (outcome) 是隨機出現的 (例如擲骰子出現的點數)，則稱為**隨機實驗** (random experiment)。隨機實驗的定義如下：

1. 實驗出現的可能結果為已知，且不止一種。這裡所謂已知，指的是所有可能結果是已知，例如投擲一個硬幣的所有可能結果已知是正面和反面，但到底是正面還是反面則是未知，要做完**試驗** (trial) 才知道。

2. 此實驗在相同條件下可重複執行，每執行一次稱為一個**試驗**。

3. 每次實驗的結果皆為隨機出現，無法被準確預測到。

例如：擲硬幣就是一個隨機實驗，其結果只有正面與反面兩種 (符合定義 1)，可以重覆投擲 (符合定義 2)，且每次出現正面或反面都是隨機出現的 (符合定義 3)。

執行一次**隨機實驗**叫做一次**試驗**，例如：擲一個骰子 "這件事情" 叫做隨機實驗，而擲一個骰子一次，就叫做一次試驗。請看接下來各問答的例子即可明白。

**問 3　能舉個隨機變數的例子嗎？**

**答**：當然可以。假如我們擲一枚公正的硬幣三次，這裡將此三次投擲稱為一次**實驗** (experiment)，並將每次出現正面結果記為『H (head)』、出現反面結果記為『T (tail)』，則所有可能結果如下：

- HHH
- THH
- HTH
- HHT
- TTH
- THT
- HTT
- TTT

因為這個隨機實驗是擲 3 次硬幣，其所有可能的結果 (outcome) 共有 8 種可能。無論此實驗重覆多少次 (trial)，其結果都不出這 8 個之一。

因為投擲了三次、且每次的可能性有兩種 (H 或 T)，故實驗的可能結果一共有 $2^3 = 8$ 種，各位可以數數看是否如此！以上結果構成了本例的**樣本空間** (sample space)。

顯然，擲完三次硬幣後會得到什麼結果是隨機的。就本例來說，實驗的結果並非數字，而是類似於『HHT』這樣的字串，但我們可以設定規則將其數值化。舉例來說，令隨機變數 $Y$ 代表『H』出現的次數，則 $Y$ 對應的值會有 0、1、2、3 等四種可能結果；此外，我們以小寫的 $y$ 表示某一次投擲的結果 (見表 8.1)：

**表 8.1**

| 實驗結果 | | | | | | | |
| --- | --- | --- | --- | --- | --- | --- | --- |
| | HHH | THH | HTH | HHT | TTH | THT | HTT | TTT |
| $y \to$ | 3 | 2 | 2 | 2 | 1 | 1 | 1 | 0 |

實際投三次硬幣，我們雖然不能精確預測 $y$ 究竟會是 0、1、2 還是 3，但可以確定 $y$ 值一定是這幾個整數其中之一，這樣的隨機變數被稱為**離散的** (discrete)。離散隨機變數的結果可以是有限個，而且我們可以為每個結果都指定機率值，如此即可知道出現某一個結果的機率有多少。此外，離散隨機變數的結果也可以是可數無限多個，例如 0, 1, 2, ... 一直數下去。

編註: 上表中的樣本空間是 $\Omega = \{$ HHH, THH, HTH, HHT, TTH, THT, HTT, TTT $\}$，隨機變數 $Y$ 將每一個樣本點對應到數值 $y$，例如 $Y(\text{HHH}) = 3$、$Y(\text{THH}) = 2$。

**問 4**　可以將隨機變數視為函數嗎？

**答：**可以！隨機變數就是一種以實驗結果 (如：『HHT』是一個樣本點) 為輸入，然後對應到數值化輸出 (如：2) 的函數。 編註: 隨機變數本身是一個將樣本點對應到數值的函數，但同時也是機率分佈的變數，因此我們稱『隨機變數』，而不稱『隨機函數』。

**問 5**　瞭解這些對我們有什麼幫助？

**答：**在隨機實驗的所有可能結果中，我們會想知道某些結果出現的機率，而這也就導引出一個很重要的主題：機率論 (probability theory)。

> 機率論是專門分析隨機現象的一支數學。雖然在隨機事件發生之前無人能預測其結局，但其一定會是各種可能結果的其中之一；至於哪一個結果會成真，則是隨機決定 (來源：https://www.britannica.com/topic/probability-theory，引用時間為 2017 年 8 月 17 日)。

**問 6**　接續前面的例子，請問觀察到 $y = 3$ (3 個正面) 的機率有多大？

**答：**若表 8.1 中所列的各種結果出現機率相同 (這代表硬幣是公正的)，則我們可以計算『$y = 3$』在 8 種可能結果中出現了幾次，答案為 1，因此：

$$\Pr(Y = y = 3) = 1/8 = 0.125 \qquad (8.4)$$

或寫成

$$\Pr(Y = 3) = 1/8 = 0.125$$

上式是指隨機變數 $Y$ 對應的值為 $y = 3$ 的機率等於 0.125。

> **編註：** 在統計學領域通常用大寫英文字母表示隨機變數，例如 $Y$。用對應的小寫英文字母表示隨機變數的值，例如 $y$。

?? 

**問 7** 若我們想知道所有 $Y$ 對應值的機率各是多少，該怎麼做？

**答：**我們要考慮的是所有可能 $Y$ 對應值的機率，也就是要計算 $\Pr(Y = y)$，共有 $\Pr(Y = 0)$、$\Pr(Y = 1)$、$\Pr(Y = 2)$、$\Pr(Y = 3)$ 等 4 種情況。表 8.2 的第 1 列是各個 $y$ 在 8 種實驗結果中出現的次數、第 2 列則是它們各自出現的機率。**請注意，所有可能 $Y$ 值的機率總和必須等於 1.0。**

**表 8.2**

$Y(\text{THH}) = Y(\text{HTH}) = Y(\text{HHT}) = 2$

$Y(\text{HHH}) = 3$

| | $y$ | | | |
|---|---|---|---|---|
| | 0 | 1 | 2 | 3 |
| 次數 | 1 | 3 | 3 | 1 |
| $\Pr(Y = y)$ | 0.125 | 0.375 | 0.375 | 0.125 |

有 1 次

有 3 次

> **編註：** $Y(\text{TTT})=0$、$Y(\text{TTH})=Y(\text{HTT})=Y(\text{THT})=1$、
> $Y(\text{THH})=Y(\text{HTH})=Y(\text{HHT})=2$、$Y(\text{HHH})=3$。

**問 8**　表 8.2 得到的結果是否算是機率分佈的一種？

**答**：沒有錯。根據牛津統計學詞典：『機率分佈描述了某隨機變數的可能數值、以及這些數值出現的機率』，而這正是上表提供給我們的訊息。

在上例中，藉由隨機變數 $Y$ 的定義 (即：投擲硬幣三次後，正面出現的次數)，我們將樣本空間切割成了 4 個子集，也就是 {TTT}、{TTH, HTT, THT}、{THH, HTH, HHT}、{HHH}，並分別指定了與這些子集對應的機率。

**問 9**　可以說說這個機率分佈與機率質量函數的關係嗎？

**答**：**牛津統計學詞典**說：『離散隨機變數 $X$ 的機率質量函數 (pmf)，此處以 $p$ 表示即：$p(x_i) = \Pr(X = x_i)$，$x_i$ 為隨機變數 $X$ 的所有可能值』。注意在上面的定義中，$X$ 就相當於前面的 $Y$，函數名稱 $f$ 則以 $p$ 代替。

**維基百科**的解釋如下：『在機率論和統計學中，機率質量函數描述的是某隨機變數等於特定數值的機率』。該定義適用於隨機變數的所有可能數值，且這些數值的機率總和必為 1。

你會發現，表 8.2 中的機率分佈都符合上面的描述。

**問 10**　如果隨機實驗改為擲 10 次硬幣呢？

**答：**如此一來，一次實驗中將包含 10 次投擲，不過我們的處理步驟是一樣的。首先，把所有可能結果都寫出來，並且一一指定它們的 $Y$ 對應到的值，最後再寫出每項可能結果的出現機率。這裡的 $Y$ 仍是正面出現的次數，其數值可以是 0、1、2、…、10。若正面出現 10 次則可記為『HHHHHHHHHH』，0 次正面 (即 10 次反面) 是『TTTTTTTTTT』；另外也可能出現 5 次正面和 5 次反面的情形，或者任何介於中間的組合。由於每一次擲硬幣的潛在結果有兩種 (正面或反面)，因此樣本空間中的可能結果數量一共是 $2^{10} = 1024$ 個！

再複習一次，$Y$ 的值可以是 $y = 0, 1, 2, 3, ..., 10$。下面舉幾個例子：

- HHHHHHHHHH $\rightarrow y = 10$
- TTTTTTTTTT $\rightarrow y = 0$
- HTHTHTHTHT $\rightarrow y = 5$
- HHHHHTTTTT $\rightarrow y = 5$

那麼，該如何得到完整的機率分佈呢？一種做法是真的把所有可能結果列出來，並依照其出現的次數佔比指定其機率值。反正只有 1024 種結果，只要時間充裕就可以全部列出來。

## 問 11　全部列出來！你是認真的嗎？

**答：**開玩笑的！把所有可能結果列出來太辛苦了，其實有更好的方法來描述。

在此我們需要某種**函數**的協助，以便計算與特定 $y$ 值 (如：$y = 5$，代表『在 10 次投擲中出現 5 次正面』) 對應的機率值。以本例而言，因為硬幣每次投擲只有正面與反面兩種可能，因此二**項式機率質量函數** (binomial probability mass function) 是個可行的選擇。

## 問 12　上面的『二項式』是什麼意思？

答：在英文中，『binomial』的『bi』代表『二』、『nomial』意謂『名字』，所以直接翻譯過來就是『兩個名字』。而對機率論而言，『二項式』通常理解為『兩種結果』。換言之，在所有二項式問題中，單次試驗的結果都只有兩種可能性(如：『正面或反面』、『成功或失敗』、以及『出現或未出現』等)。一般來說，人們習慣將兩種可能結果的其中一種標註為『成功』，另一種則為『失敗』。以擲硬幣來說，我們會把正面當做『成功』、反面當成是『失敗』。話雖如此，只要各位能清楚知道『成功』和『失敗』分別代表什麼，那麼你想怎麼標註都行。

## 問 13　什麼時候會用到二項式機率呢？

答：二項式機率函數經常應用於『試驗彼此獨立且次數固定 (假設為 $n$)』、且『每次試驗結果皆只有二擇一』的問題中。統計學教科書都是用擲硬幣的例子來說明二項式的分佈狀況。

讓我們回到擲三次公正硬幣的例子。還記得變數 $Y$ 嗎？其對應的值可能是 $y = 0, 1, 2, 3$。機率分佈如下：

**表 8.3**

| | $y$ | | | |
|---|---|---|---|---|
| | 0 | 1 | 2 | 3 |
| 次數 | 1 | 3 | 3 | 1 |
| $\Pr(Y = y)$ | 0.125 | 0.375 | 0.375 | 0.125 |

那麼，如果是擲 $n$ 次硬幣，則出現正面的次數就有可能是 0, 1, 2, 3, …, $n$，而 $n$ 可以是 1 也可以是很大的整數，這時就很難完整畫出上面的表格了！

**此時，我們就會以二項式機率質量函數來計算。**

 ?？

**問 14　二項式機率質量函數到底長什麼樣子？**

**答**：二項式函數的公式如下所示 (見 8.5 式)，$f$ 是機率質量函數名稱。$f$ 的輸入值在小括號之中 ( 譯註： 8.5 式中的『$\binom{n}{y}$』相當於高中數學教的『$C_y^n$』，代表『總共有 $n$ 個物體，若每次從中取 $y$ 個出來，則有幾種不同的取法』)：

$$f(y; n, p) = \binom{n}{y} p^y (1-p)^{(n-y)}, \; y = 0, 1, \cdots, n \qquad (8.5)$$

這裡的函數為 $f(y; n, p)$，和先前提到的 $f(x)$ 不同。小括號裡的分號意思是『在…前提下』，故以上符號讀作：『在執行了 $n$ 次試驗、且成功 (擲出正面) 機率等於 $P$ 的前提下，某 $y$ 值出現的機率』。也就是說，此處的函數 $f$ 有三項輸入：$y$、$n$、以及 $P$。

---

以上符號有時也寫成 $f(y \mid n, p)$，其中的直槓同樣代表『在…前提下』。但為避免與條件機率混淆，所以本書統一採用分號寫法。

---

上面的 $n$ 和 $P$ 稱為函數的**參數** (parameters)，我們稍後就會看到該術語的意思。

- $n$ ＝ 試驗 (trial) 的總次數 (在本例中，我們擲三次硬幣，因此 $n = 3$ )。
- $p$ ＝ 試驗成功的機率 (在本例中的意思是擲出正面的機率；若硬幣是公正的，則該機率每次都是 0.5 )。

最後一個輸入 $y$ 則是實驗 (experiment) 中出現成功結果的次數。小寫的 $y$ 代表隨機變數對應的數值；以本例來說是離散的整數 0、1、2、$\cdots$、$n$。

將這些輸入代入二項式機率質量函數後，我們便可依據等號右邊的算式計算輸出的機率值。我們可以看看擲 3 次硬幣的例子，計算『在擲 3 次硬幣、且正面出現機率等於 0.5 的前提下，觀測到 2 次正面的機率』為：

$$f\left(y;n,p\right)=\binom{n}{y}p^{y}(1-p)^{(n-y)},\ y=0,1,\cdots,n \tag{8.6}$$

代入 $y = 2,\ n = 3,\ p = 0.5$ :

$$f\left(2;3,0.5\right)=\binom{3}{2}0.5^{2}\left(1-0.5\right)^{(3-2)} \tag{8.7}$$

就相當於：

$$\Pr\left(Y=2\right)=f\left(y=2;n=3,p=0.5\right)=\binom{3}{2}0.5^{2}\left(1-0.5\right)^{(3-2)} \tag{8.8}$$

8.8 式最左邊的 $\Pr\left(Y=2\right)$ 代表『隨機變數 $Y$ 的值為 2』的機率，相當於 $y = 2$、$n = 3$、$p = 0.5$ 時的二項式機率質量函數 (pmf) 得到的機率值。

下面，我們逐一講解 8.8 式右側 (即輸出值計算過程) 的意思：

- 『$p^{y}$』這一項的底數為 $p$ (成功結果或『正面』發生的機率)、指數為 $y$ (『正面』出現的次數)。其相當於『在一次實驗中觀察到 $y$ 次成功的機率』。

- 『$(1-p)^{n-y}$』的底數 $(1-p)$ 為失敗結果 (或『反面』) 發生的機率、指數 $(n-y)$ 則是『反面』出現的次數。這一項的意義是『在一次實驗中觀察到 $(n-y)$ 次失敗的機率』。

在計算『3 次試驗中，正面出現 2 次』的機率時，成功次數 $y = 2$ (兩次正面)、失敗次數 $n-y = 1$ (一次反面)。答案等於：

$$0.5^2 * (1-0.5)^1 = 0.125 \tag{8.9}$$

不過，如同前面所示，擲完三次硬幣後出現『2 正 1 反』的結果並非只有一種可能，而是有三種：

- HHT
- THH
- HTH

在本例中，我們要算的是『擲公正硬幣三次後出現兩次正面』的機率，至於正面和反面的出現順序則不重要。也因為如此，這裡得把上面所列的全部三種可能皆納入。二項式機率質量函數內的括號項『$\binom{n}{y}$』一般稱為**二項式係數** (binomial coefficient)，能幫我們算出『兩次正面、一次反面』的所有可能組合 (combinations) 共有幾種。

二項式係數可以手動計算 ( 譯註: 下式中的驚嘆號代表『階乘 factorial』，所謂 2! 即『$2 \times 1$』、3! 即『$3 \times 2 \times 1$』，依此類推)：

$$\binom{n}{y} = \frac{n!}{y!(n-y)!} \tag{8.10}$$

因此，將 $n = 3, y = 2$ 代入上式：

$$\binom{3}{2} = \frac{3!}{2!(3-2)!} = \frac{3 * 2 * 1}{2 * 1 * (1)} = \frac{6}{2} = 3 \tag{8.11}$$

這代表在 3 次投擲中出現 2 次正面的可能組合有 3 種。現在，將 8.9 式與 8.11 式的結果代回 8.8 式即可得到機率值：

$$f(y;n,p) = \binom{n}{y} p^y (1-p)^{(n-y)}, \quad y = 0, 1, \cdots, n \tag{8.12}$$

$$f(y = 2; n = 3, p = 0.5) = 3*0.125 = 0.375 \tag{8.13}$$

此結果可比對表 8.3 的 $\Pr(Y = 2) = 0.375$。

同理，只要套用相同的二項式機率質量函數，我們也可算出觀察到『0 正 3 反』的機率：

$$f(y;n,p) = \binom{n}{y} p^y (1-p)^{(n-y)} \tag{8.14}$$

$$f(0;3,0.5) = \binom{3}{0} * 0.5^0 * (1-0.5)^3 \tag{8.15}$$

$$f(0;3,0.5) = \frac{3!}{0!(3-0)!} * 0.5^0 * (1-0.5)^3 \tag{8.16}$$

$$f(0;3,0.5) = 1*1*0.125 = 0.125 \tag{8.17}$$

只要依照此方式，再算出 $f(1;3,0.5)$、$f(3;3,0.5)$，即可得到表 8.4 的所有機率值：

**表 8.4** (結果和表 8.3 完全一樣)

|  | y | | | |
|---|---|---|---|---|
|  | 0 | 1 | 2 | 3 |
| 次數 | 1 | 3 | 3 | 1 |
| $\Pr(Y = y)$ | 0.125 | 0.375 | 0.375 | 0.125 |

看來一切都符合預期！希望各位已經瞭解：諸如二項式機率質量函數 (pmf) 之類的機率函數，是能便於計算機率值的小工具。此函數的證明是由**伯努利**(Jakob Bernoulli，圖 8.3) 於 1744 所發表；他生於瑞士，其墓碑上刻有銘文：『雅各·伯努利，無與倫比的數學家』。

圖 8.3　雅各·伯努利

 ??

**問 15　我們如何描述像是擲硬幣之類的隨機變數呢？**

**答：** 每次試驗只有『正面或反面』、『成功或失敗』等兩種結果的隨機變數，例如：$Y$，假設某實驗由 $n$ 個獨立的試驗組成，且試驗成功的機率為常數 $P$，則此隨機變數 $Y$ 會服從二項式分佈 (binomial distribution)，可以表示成：

$$Y \sim \text{Binomial}(n, p) \tag{8.18}$$

以『擲三次公正硬幣產生正面次數』事件的隨機實驗為例，其隨機變數所服從的機率分佈可記為：

$$Y \sim \text{Binomial}(3, 0.5) \tag{8.19}$$

**??**

**問 16**　**那二項式分佈又是什麼？**

**答：**在給定　　和 $P$ 的情況下，二項式分佈顯示出**所有**可能 $y$ 值的對應機率。以投擲 3 次公正硬幣(即：正面機率 = 反面機率 = 0.5)來說，我們可使用二項式函數將 $y = 0,\ 1,\ 2,\ 3$ 的機率值分別算出，如表 8.5 所示：

**表 8.5**

| 成功出現次數 | 機率值 |
| --- | --- |
| 0 | 0.125 |
| 1 | 0.375 |
| 2 | 0.375 |
| 3 | 0.125 |

二項式分佈中，所有可能性的機率總和必須等於 1。表 8.5 中的資料可以繪製成圖 8.4：

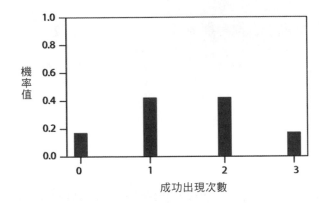

圖 8.4　二項式分佈；$n = 3$、$p = 0.5$

以上二項式分佈的參數為 $n = 3$、$p = 0.5$。其中，橫軸是擲硬幣的所有可能結果，縱軸則呈現各結果的機率。請各位試著從中找出『擲 3 次硬幣出現 2 次正面』的機率值在哪裡？

**問 17**　在硬幣為公正的前提下，『擲 3 次硬幣出現 2.5 次正面』的機率又是多少呢？

**答**：不可能產生 2.5 次正面這種結果。不是樣本空間中的元素，就不會有機率。

**問 18**　機率函數中的『參數』到底是什麼意思？

**答**：依照**牛津統計學詞典**的定義：『參數是機率函數的一部分…它們的數值會影響機率分佈的形狀』。

換言之，機率分佈的外觀受其參數控制；一旦參數值改變，分佈的形狀與位置也就跟著變化。有鑑於此，某些教科書的作者會將參數描述成機率函數的『旋鈕』或『控制鈕』，意思就是機率函數可以由人為調整。

接下來再看看擲 10 次硬幣的例子。圖 8.5 顯示出 $n = 10$ 和 $p = 0.5$ 的二項式分佈：

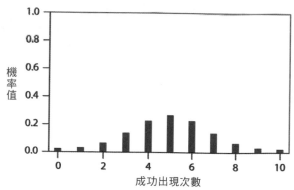

圖 8.5　二項式分佈；$n = 10$、$p = 0.5$

在本例中，隨機變數的數值範圍落在 0 到 10 之間。讀者可以注意到，當 **p** 等於 0.5 時，二項式分佈的外觀是左右對稱的。

然而，分佈的形狀不一定會左右對稱，因為參數不同就會有不同的分佈狀況。舉個例子，圖 8.6 是一個 **n = 100**、 **p = 0.05** (成功機率 **p** 從 0.5 變為 0.05，試驗次數 **n** 則由 10 改為 100) 的二項式分佈：

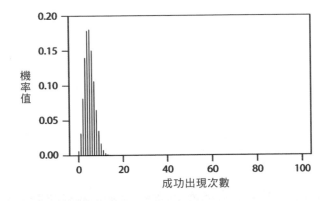

圖 8.6　二項式分佈；**n = 100**、**p = 0.05**

發現到了嗎？儘管圖 8.4、8.5 與 8.6 皆為二項式機率分佈，但因為參數 (**n** 和 **p**) 不一樣，所以三者的外觀也截然不同。分佈圖的橫軸會一直延伸到成功出現次數的最大值為止。縱軸的範圍則仍然在 0 到 1 之間，但高矮程度會變化，如圖 8.6 所示。改變縱軸刻度可以讓分佈圖在顯示時被放大或縮小，但相對比例不會變。

> 無論你使用的縱軸範圍為何，分佈中所有機率值的總和仍需等於 1。

在討論機率質量函數時，指定不同的參數就會是不同的二項式分佈。讀到這裡，各位應該能理解為什麼有人將參數譬喻成『旋鈕』或『控制鈕』了。

**問 19**　二項式機率質量函數有什麼假設前提嗎？

**答**：一共有三項假設。

1. 每次試驗都是獨立的。
2. 每次試驗只有兩種可能結果 (不是成功就是失敗)。
3. 在每次試驗中，成功的機率 (即 $p$ ) 為常數。

『 $p$ 必須為常數』的意思不難解釋：舉例而言，若 $p = 0.5$，則每次投擲時正面的出現率皆為 0.5。而『試驗之間彼此獨立』則代表某次試驗的結果不會對下次試驗的結果產生任何影響。

**問 20**　除了二項式以外，還有其它機率質量函數嗎？

**答**：當然有。下面是馬上聯想到的一些例子：

- **負二項式分佈** (negative binomial distribution) 函數
- **伯努利分佈** (Bernoulli distribution) 函數
- **卜瓦松分布** (Poisson distribution) 函數
- **離散均勻分佈** (discrete uniform distribution) 函數
- **幾何分佈** (geometric distribution) 函數
- **超幾何分佈** (hypergeometric distribution) 函數

本章會講到的是伯努利分佈函數，至於其它分佈函數則留待未來的章節中再行討論。

**問 21** 上題列出的那些函數有什麼共通之處嗎？

**答：** 上述所有分佈函數的隨機變數對應到的數值皆為離散的。在該隨機變數的可能範圍內，函數值 $f(y)$ 代表機率 (此機率的值可記為 $\Pr(Y=y)$ )，故 $f$ 的輸出需介於 0 和 1 之間。此外，根據機率質量函數的定義，所有可能的 $f(y)$ 總和必定等於 1。

**問 22** 那麼，什麼是伯努利分佈？

**答：牛津統計學詞典**對伯努利分佈的說法是：『該分佈的離散隨機變數只有兩種可能數值，即 0 和 1』。

**維基百科**的解釋則是：『在機率論和統計學裡，**伯努利分佈**的隨機變數值可能是 1，代表機率為 $p$ 的成功事件；或者是 0，代表機率為 $q=1-p$ 的失敗事件』。

**簡言之，伯努利分佈是二項式分佈中的一個特例，其試驗次數** $n=1$。假如我們只擲一次硬幣 ($n=1$) 且硬幣為公正的 ($p=0.5$)，則正面 ($y=1$) 出現的機率可由二項式機率函數計算而得：

$$f(y;n,p)=\binom{n}{y}p^y(1-p)^{(n-y)}, \ \ y=0,1,\cdots,n \tag{8.20}$$

$$f(1;1,0.5)=1*0.5^1*(1-0.5)^0=0.5 \tag{8.21}$$

若硬幣並不公正 (如：正面出現的機率為 0.4)，那麼結果將變成：

$$f(y;n,p) = \binom{n}{y} p^y (1-p)^{(n-y)} \tag{8.22}$$

$$f(1;1,0.4) = 1 * 0.4^1 * (1-0.4)^0 = 0.4 \tag{8.23}$$

上面的討論有一些值得關注的點。首先，在只進行 1 次試驗的情況下，原本的二項式係數 $\binom{n}{y} = \binom{1}{1} = 1$。

讓我們先來看成功機率的計算過程：

- 若試驗次數為 1、且結果是成功，則『 $p^y$ 』項的值等於 $p^1 = p$ ；且『 $(1-p)^{n-y}$ 』項的值等於 $(1-p)^{1-1} = 1$。
- 因此 8.20 式成功的機率會等於 $1 * p * 1 = p$。

接著，來看看失敗機率的計算過程：

- 若試驗次數為 1、且最終得到失敗結果，則『 $p^y$ 』項的值等於 $p^0 = 1$ ；且『 $(1-p)^{n-y}$ 』項的值等於 $(1-p)^{1-0} = (1-p)$。
- 因此 8.20 式失敗的機率會等於 $1 * 1 * (1-p) = (1-p)$。

綜上所述，執行單次試驗時，成功事件的機率就是 $p$，而失敗事件的機率則是 $(1-p)$。因此，伯努利分佈的機率函數通常會寫成：

$$f(y;1,p) = p^y (1-p)^{1-y} \tag{8.24}$$

和之前一樣，伯努利分佈也包含了所有可能結果的對應機率值。但因為只進行 1 次試驗，所以可能結果總共只有兩種；整個分佈如圖 8.7 所示：

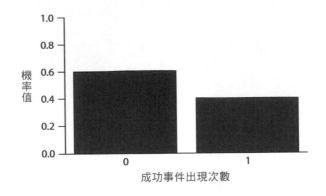

圖 8.7　伯努利分佈；$n = 1$、$p = 0.4$

各位可以將二項式分佈想像成一連串獨立伯努利試驗的組合。這裡之所以要提到伯努利分佈，是因為本章稍後以及未來章節都會用到。

## 概似度 (Likelihood)

現在，讓我們開始探討概似度 (likelihood) 在機率質量函數下的意義為何。各位應該還記得，概似度是貝氏推論中的一項重要概念。圖 8.8 是貝氏定理的其中一種表達方式：

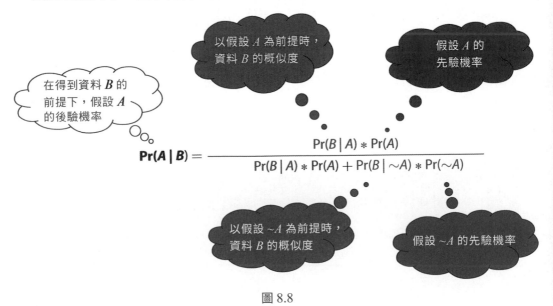

圖 8.8

倘若假設的數量多於兩個，則我們可以用『$H_i$』表示第 $i$ 項假設，並將圖 8.8 的公式擴展成：

$$\Pr(H_i \mid 資料) = \frac{\Pr(資料 \mid H_i) * \Pr(H_i)}{\sum_{j=1}^{n} \Pr(資料 \mid H_j) * \Pr(H_j)} \tag{8.25}$$

意思就是，假設 $i$ (記為 $H_i$) 的後驗機率等於『在假設 $i$ 下觀測到特定資料的**概似度** (8.25 式的綠色部分) 與假設 $i$ 之先驗機率的乘積』，除以『假設 $j = 1$ 到 $n$ 的**概似度** * 先驗機率值總和』( 譯註: 這裡的 $n$ 代表總共的假設數量)。

> 注意！概似度會隨著假設的不同而改變！在貝氏推論中，概似度的定義為：
> 在某假設下觀測到特定資料的機率大小。

在前面的章節中，我們試著幫讀者建立粗淺的概似度觀念，現在是時候進行更深入的探索了。

 ??

## 問 23　所以，概似度到底是什麼呢？

**答**：本書將概似度視為機率的另一種說法。話雖如此，概似度和機率在統計分析中還是有著微妙的區別。其中，『機率』是在已知參數值為何的情況下，去預測未來事件發生的可能性；而『概似度』是觀察已收集到的資料，再回頭檢視當某組參數成立時，能得到這些資料的可能性。

編註: 舉個簡單的例子：已知一個公正的硬幣，假設參數 $p = 0.5$ (這個機率是確定的)，則擲 2 次皆出現正面的機率為 0.25。另一個例子：如果觀察到擲 2 次都出現正面，我們可以反過來推估硬幣的參數 $p = 0.6$ (這個假設成立下)，出現兩次正面的概似度為 $0.6 * 0.6 = 0.36$。

??

概似度很重要！
後面會一直用到。

**問 24** 為什麼概似度這麼重要？

**答：**如先前所述，貝氏定理的其中一項即 $\Pr(\text{data} \mid \text{H})$，其意義為『在某假設下獲得特定資料的機率』。假如此處的資料是我們已經掌握的，則上句話裡的機率通常會以『概似度』取代。因為如此，當在貝氏定理中遇見 $\Pr(\text{data} \mid \text{H})$ 這種條件機率時，就代表我們必須進行概似度計算。

---

本書一律將貝氏定理中的概似度表示為『$\Pr(\text{data} \mid \text{H})$』(這裡的假設是離散的)。但當實際估算概似度的值時，我們會改用以下符號『$\mathcal{L}(\text{data}; \text{H})$』；其中『$\mathcal{L}$』代表『概似度』、分號則意謂『在…前提下』。透過這種寫法，我們可以清楚區別貝氏定理與實際計算中的概似度。

---

如果是以前曾經讀過**最大概似估計法** (maximum likelihood methods) 的讀者，請閱讀以下的備註：

---

各位或許曾看過概似度被表示成『給定資料下的參數機率值』。例如，在資料為 $y$ 的前提下，參數 $\theta$ 的概似度可記為 $\mathcal{L}(\theta; y)$ 或 $\mathcal{L}(\theta \mid y)$。雖然以上表示法很常見，但在討論貝氏定理時可能會造成誤解。但無論所用符號為何，要計算概似度都必須有 $\theta$ 和 $y$ 值。

---

**??**

**問 25** 關於概似度，還有什麼需要注意的事情嗎？

**答**：之前已經說過，貝氏分析中的先驗機率的總和以及後驗機率的總和都必須是 1.0，而概似度的總和並不需要等於 1.0，這一點請絕對不要忘記！

 **??**

**問 26** 你能證明一下『概似度總和不需為 1.0』嗎？

**答**：當然可以。若我們已觀測到資料『擲 3 次硬幣出現 2 次正面』、但卻不知道 $p$ 值為何，可以將多個不同 $p$ 值 (一個 $p$ 值相當於一項假設) 代入二項式 pmf 中即可算出資料的概似度 (見表 8.6)：

**表 8.6** ($n=3$，$y=2$ 時)

| $p$ | 概似度 |
| --- | --- |
| 0 | 0 |
| 0.1 | 0.027 |
| 0.2 | 0.096 |
| 0.3 | 0.189 |
| 0.4 | 0.288 |
| 0.5 | 0.375 |
| 0.6 | 0.432 |
| 0.7 | 0.441 |
| 0.8 | 0.384 |
| 0.9 | 0.243 |
| 1 | 0 |

> 編註：為了避免迷失方向，讀者請試著自行計算表 8.6 的幾個概似度，看看是怎麼算出來的，會很有幫助！此例的概似度就是 $f(y;n,p)$ 在 $y$、$n$ 固定下，代入不同的 $p$ 值計算出來的。

上表左欄列出了 11 種 $p$ (成功事件的出現機率) 的假設數值，右欄則顯示在特定 $p$ 值下出現『擲 3 次硬幣中有 2 次正面』的概似度。

這裡我們必須指出幾件事情：

- 由於 $p$ 可以是 0 到 1 之間的任何實數，所以會有無限多種可能。上表只檢視了其中的 11 種可能性。
- 當成功的機率值為 $p=0$ 時，『擲 3 次硬幣出現 2 次正面』的概似度為 0。換言之，如果投出正面的機率等於 0，那我們自然看不到任何正面結果！
- 當成功的機率值為 $p=1.0$ 時，『擲 3 次硬幣出現 2 次正面』的概似度為 0。這是因為：若硬幣總是正面朝上，則我們一定見不到任何反面結果！ 編註: 意思是這種骰子擲 3 次都一定會是正面，所以出現 2 次正面與 1 次反面的概似度為 0。
- 顯然上表第 2 欄中的數值加起來等於 2.475，已經超過 1.0，更何況有無限多個 $p$ 都有概似度。

讓我們把所有可能 $p$ 值的概似度畫出來吧（見圖 8.9）：

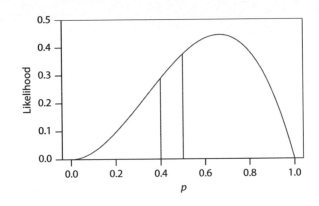

圖 8.9　概似度分佈 $(n=3, y=2)$

以上就是二項式函數在 $n=3$、$y=2$ 時的**概似度剖面**（likelihood profile，我們在下一章會再做說明）；其中橫軸代表範圍落在 0 到 1 之間的參數 $p$，縱軸則是概似度的值。圖 8.9 呈現出在 $n=3$、$y=2$ 條件下觀測到的概似度。下面來做一點兒練習：

- 找出『當 $p = 0.4$ 時，$y = 2$ 的概似度』位於表 8.6 的何處，並將結果對應到圖 8.9。

- 找出『當 $p = 0.5$ 時，$y = 2$ 的概似度』位於表 8.6 的何處，並將結果對應到圖 8.9。

- 請參考圖 8.9 中的灰線提示。在稍後的內容中，我們會回頭對上述問題進行討論。

這裡還得指出幾項重點：

- 我們可以把任何介於 0 和 1 之間的數值代入 $p$ 中，並算出特定參數下的資料概似度。

- 也就是說，橫軸上的數值共有無限多種可能性。例如你可以找到與 0.3、0.301、或者 0.302 等 $p$ 值對應的概似度。

- 當橫軸描述的參數為連續時，概似度剖面一般以曲線表示，而非長條圖。

- 概似度曲線下的面積不等於 1.0。

 ??

**問 27　以上知識在貝氏推論中能發揮什麼作用？**

**答：** 是時候將目前學到的東西整合在一起了！

來看一個僅包含兩項假設的簡單範例。回憶一下，貝氏定理可以表達成下面這樣，其中與概似度有關的部分標記成綠色：

$$\Pr(\mathrm{H}_i \mid 資料) = \frac{\Pr(資料 \mid \mathrm{H}_i) * \Pr(\mathrm{H}_i)}{\sum_{j=1}^{n} \Pr(資料 \mid \mathrm{H}_j) * \Pr(\mathrm{H}_j)} \tag{8.26}$$

實際上我們也可以把貝氏定理寫成以下形式 (儘管這並非常見的表示法)：

$$\Pr(H_i \mid 資料) = \frac{\mathcal{L}(資料 \mid H_i) * \Pr(H_i)}{\sum_{j=1}^{n} \mathcal{L}(資料 \mid H_j) * \Pr(H_j)} \tag{8.27}$$

本例的**兩項假設**與硬幣是否公正有關。假設有個人給了你一枚硬幣，並告訴你：這枚硬幣只有 2 種可能，假設 1：$p = 0.5$、假設 2：$p = 0.4$，此外沒有其他的可能。

如此一來，假設 1 的後驗機率就可以用分母展開的貝氏定理來描述：

$$\Pr(H_1 \mid 資料) = \frac{\Pr(資料 \mid H_1) * \Pr(H_1)}{\Pr(資料 \mid H_1) * \Pr(H_1) + \Pr(資料 \mid H_2) * \Pr(H_2)} \tag{8.28}$$

這裡來複習一下貝氏分析的步驟：

### 第 1 步：假設是什麼？

● $H_1$ 代表『公正假設』：由於硬幣是公正的，故正面出現的機率為 0.5 (即 $p = 0.5$)。

● $H_2$ 代表『非公正假設』：硬幣偏向某種結果，正面出現的機率僅 0.4 ($p = 0.4$)。

以上兩項假設為離散的，且除此之外沒有其它可能性。

### 第 2 步：每項假設的先驗機率為何？

● 讓我們令每項假設的先驗機率值都等於 0.5。換句話說，硬幣的『公正假設』和『非公正假設』權重是一樣的。就本例而言，沒有任何先驗理由足以表示某項假設的可能性高於另一項。

綜上所述，我們的先驗分佈樣貌如圖 8.10 所示：

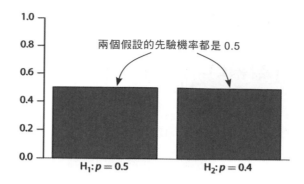

圖 8.10　擲硬幣時正面出現機率的先驗分佈

此處兩項對立假設（$p = 0.5$ 與 $p = 0.4$）的先驗機率是透過**伯努利分佈**來決定的，所以每項假設的機率值皆為 0.5（譯註：這邊的 0.5 是假設的先驗機率，請不要和擲硬幣時出現正面的 $p = 0.5$ 混淆）。注意！與第 5 章『漢彌爾頓假設』以及『麥迪遜假設』不同之處在於本例的對立假設描述的是**參數值**。

**第 3 步：收集資料。**

● 假定你擲了 3 次硬幣，並獲得 2 次正面。

**第 4 步：計算在每項假設下觀測到上述資料的概似度。**

● 對『公正假設（$p = 0.5$）』而言：

$$\Pr\left(\text{資料} \mid H_1\right) = \mathcal{L}\left(\text{資料}; H_1\right) = \binom{n}{y} p^y \left(1-p\right)^{(n-y)} \tag{8.29}$$

$$\Pr\left(\text{資料} \mid H_1\right) = \mathcal{L}\left(\text{資料}; H_1\right) = \binom{3}{2} 0.5^2 \left(1-0.5\right)^{(3-2)} = 3 * 0.5^2 * 0.5^1 = 0.375$$

$$\tag{8.30}$$

● 對『非公正假設 $(p = 0.4)$』而言：

$$\Pr(\text{資料} \mid H_2) = \mathcal{L}(\text{資料}; H_2) = \binom{n}{y} p^y (1-p)^{(n-y)} \tag{8.31}$$

$$\Pr(\text{資料} \mid H_2) = \mathcal{L}(\text{資料}; H_2) = \binom{3}{2} 0.4^2 (1-0.4)^{(3-2)} = 3 * 0.4^2 * 0.4^1 = 0.288 \tag{8.32}$$

各位可以使用圖 8.9 的概似度剖面來驗證以上計算結果。

**第 5 步：利用貝氏定理將先驗分佈更新成後驗分佈。**

接下來只要將數字代入公式中即可。

● 對『公正假設 $(p = 0.5)$』而言：

$$\Pr(H_1 \mid \text{資料}) = \frac{\Pr(\text{資料} \mid H_1) * \Pr(H_1)}{\Pr(\text{資料} \mid H_1) * \Pr(H_1) + \Pr(\text{資料} \mid H_2) * \Pr(H_2)} \tag{8.33}$$

$$\Pr(H_1 \mid \text{資料}) = \frac{0.375 * 0.5}{0.375 * 0.5 + 0.288 * 0.5} = 0.566 \tag{8.34}$$

● 對『非公正假設 $(p = 0.4)$』而言：

$$\Pr(H_2 \mid \text{資料}) = \frac{\Pr(\text{資料} \mid H_2) * \Pr(H_2)}{\Pr(\text{資料} \mid H_1) * \Pr(H_1) + \Pr(\text{資料} \mid H_2) * \Pr(H_2)} \tag{8.35}$$

$$\Pr(H_2 \mid \text{資料}) = \frac{0.288 * 0.5}{0.375 * 0.5 + 0.288 * 0.5} = 0.434 \tag{8.36}$$

所以，在擲完 3 次硬幣並得到 2 次正面後，我們對於『硬幣公正』的信心程度由先驗機率 0.5 **更新**成後驗機率 0.566，而『硬幣不公正』的信心程度則從先驗機率 0.5 **更新**為後驗機率 0.434 (見圖 8.11)：

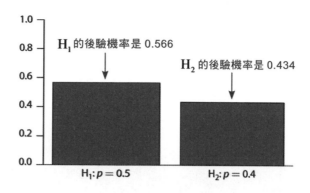

圖 8.11　後驗機率分佈

希望各位都能理解以上說明！在本例中，我們得到了一枚硬幣，其可能是 $p = 0.5$ 或 $p = 0.4$。這兩種可能性構成了此處的兩項假設，且它們的先驗機率值相同。然後，我們開始收集資料，結果在 3 次投擲中得到 2 次正面。

在算出各假設成立時觀測到目標資料的概似度後，我們透過貝氏定理得到了每一項假設的後驗機率。這些分析步驟雖然無法明確排除掉某一假設，但其結論指出：$H_1$ 為真的可能性比 $H_2$ 來得高。

本例中兩個對立假設 (對應不同 $p$ 值) 的後驗分佈也是伯努利分佈。

 ??

**問 28　能用圖像的方式來解釋以上問題嗎？**

**答：**可以。圖 8.12 展現出上述範例的概觀：

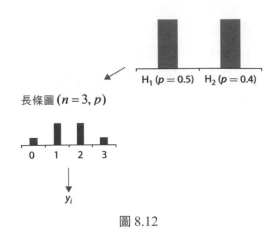

$H_1 (p = 0.5)$　　$H_2 (p = 0.4)$

長條圖 $(n = 3, p)$

0　1　2　3

$y_i$

圖 8.12

上圖呈現先驗分佈和概似度分佈之間關聯性的圖示法 (Kruschke 圖)，是因約翰‧克魯斯克 (John Kruschke) 於著作《實作貝氏資料分析 (Doing Bayesian Data Analysis；Kruschke, 2015)》中使用而廣為人知。

此圖最下方的 $y_i$ 為觀測資料，其來自於 $n = 3$ 的二項式分佈 (紅色)。該分佈還有一項數值未定的參數 $p$，此即本例中待估算的目標。這裡我們以伯努利分佈 (藍色) 來說明**兩項**假設 (即兩種可能 $p$ 值) 的『權重 (藍色條形的高度)』；換言之，圖 8.12 裡的藍色分佈是一種先驗分佈，代表我們對兩項假設的信心程度。

不過，關於上圖藍色分佈的意義還有第 2 種解釋，我們可將 $p$ 視為某個服從伯努利分佈的隨機變數的值，$p = 0.5$ 與 $p = 0.4$ 只是由該伯努利分佈產生的兩個值。如此一來，問題的目標就變成：找出 $p$ 到底是由哪個伯努利分佈產生的。而藉由貝氏定理，我們就能根據新資料將先驗伯努利分佈更新為後驗伯努利分佈。

編註：注意！第 1 種解釋中的 $p$ 值是固定的，要麼 0.5，不然就 0.4。而第 2 種解釋方法則將 $p$ 視為未知的隨機變數值。

但不管採用哪一種解釋，我們的目的都一樣，即：**以機率的語言表示對不同 $P$ 值的信心程度、並以分佈的形式呈現，然後再利用新資料來更新上述信心程度。**

**問 29**　能比較一下之前的作者問題和本章的範例嗎？

**答**：這兩個問題都包含兩項假設。『作者問題』的假設分別為『麥迪遜假設』與『漢彌爾頓假設』；而本章範例的假設則涉及不同參數值，也就是『 $p = 0.5$ 』和『 $p = 0.4$ 』。

另外，在『作者問題』中，透過分析兩位候選作者的其它作品，我們得以用一種較不正式的方法算出不同假設下的資料概似度 (即『upon』這個單字的使用率)。相反的，本章則是利用**機率質量函數**來計算各假設成立時的資料概似度，這種做法在貝氏分析中相當常見 (但如你所見，也不是非得如此)。

**問 30**　如果我們以 0 到 1 之間的所有可能 $P$ 值為假設、而非只考慮兩種可能性，那會發生什麼事呢？

**答**：若是這樣，那 $P$ 的先驗分佈就會從離散分佈變成**連續分佈** (continuous distribution)。第 9 章會談到描述連續分佈的**機率密度函數** (probability density function)，以及處理此類問題所需的背景知識。

**問 31**　請總結一下這一章的內容？

**答**：沒問題。在本章中：

- 我們介紹了函數的概念。提供輸入值後，函數可以按一系列指示將其轉變為輸出值。

- 還學到了什麼是二項式機率質量函數，並知道此類函數的輸入有 $n$ (試驗次數)、$p$ (每次試驗中，成功事件的出現機率) 以及 $y$ (執行完 $n$ 次試驗後，成功事件出現的總次數)：

$$f\left(y; n, p\right) = \binom{n}{y} p^{y} \left(1 - p\right)^{(n-y)} \tag{8.37}$$

- 在上式中，$n$ 和 $P$ 為參數，$y$ 則是離散的隨機觀測值。二項式分佈 (機率質量函數) 能將隨機變數 $Y$ 的所有可能數值映射到對應的機率值上。

- 我們知道機率分佈的形狀是由參數操控的：改變了參數值，則分佈的形狀和位置也會發生變化。

- 接著，我們把重點轉向『概似度 (likelihood)』，這是機率的另一種說法，適用於手上已握有資料的情況。

- 由於貝氏定理中的『$\Pr(資料 \mid 假設)$』代表『資料在特定假設下的概似度』，故我們一再強調概似度計算對貝氏分析而言是不可或缺的。

- 本章最後以一個簡單的貝氏推論範例作結，示範了從建立兩項假設、收集二項式資料、到使用貝氏定理將先驗分佈更新為後驗分佈的整個過程。**實際上，能用於貝氏分析的機率質量函數還有好幾種；它們需要的輸入各不相同，但輸出皆為機率，且所有輸出結果的總和必為 1。雖然此處只介紹了二項式 pmf，但其背後的概念也適用於其它函數上。**

**問 32** 　**那麼接下來要討論什麼呢？**

**答**：第 9 章會帶大家研究**機率密度函數**，這是貝氏方法中的另一項重要工具。

# 第 9 章

# 機率密度函數 (pdf)

本章要討論的是**連續**隨機變數的分佈函數，也就是**機率密度函數** (pdf, probability density function)。我們會以連續型均勻分佈和常態分佈為例。雖然這裡只會講到上述兩種分佈，其背後的概念同樣適用於其它連續型機率分佈。本章篇幅很多，可能需要多讀幾次才能消化吸收，建議讀者每隔一段時間就回想一下前面學到的東西。待各位仔細閱讀之後，就能熟悉下面的術語了：

- 隨機變數 (random variable)
- 機率分佈 (probability distribution)
- 參數 (parameter)
- 機率密度 (probability density)
- 概似度 (likelihood，或稱概度)
- 概似度剖面 (likelihood profile)

我們在第 8 章介紹的是離散隨機變數以及機率質量函數 (pmf, probability mass function)，在本章我們要接著介紹連續隨機變數以及機率密度函數 (pdf, probability density function)。

**問 1** 可以給我一個連續隨機變數的例子嗎？

**答：**當然可以，這裡用來自**維基百科**(引用自 2017 年 8 月 17 日)的例子來做說明。假如某種細菌一般能活 4 到 6 個小時，則我們可以用大寫的隨機變數 $X$ 表示細菌個體的壽命。由於『壽命』可以是特定區間內的任何數值(以 4 到 6 小時這個區間來說，$X$ 的值有可能是 4.1、4.23、5.9999 等等)，故 $X$ 是一種**連續隨機變數** (continuous random variable)，其可能結果如下表示：

$$4 \leq X \leq 6 \tag{9.1}$$

**問 2** 請問一個細菌個體『剛好』存活 5 小時的機率是多少呢？

**答：**此問題的答案實際上是 0。我們會發現，許多細菌的存活時間會落在 5 小時附近，但某細菌個體**剛好**在 5.0000000000... 小時死亡的機率是微乎其微的。

有鑑於此，我們得換個方式發問，例如：細菌個體在 5 小時到 5.01 小時**之間**死亡的機率為何？我們假設答案等於 0.02 (即 2%)。那麼在 5 小時和 5.001 小時之間死亡的機率又是多少呢？因為此區間的時間長度是前一個區間的十分之一，所以答案有可能是 0.002。同理，細菌在 5 小時和 5.0001 小時之間死亡的機率也許是 0.0002，以此類推。我們可以看到，隨著時間範圍的縮小，機率值也相應地越變越小；而當範圍等於 0 時(即：某特定時間點)，機率會變為 0。如此看起來，細菌不就在所有特定時間點死亡的機率都是 0 了嗎？顯然不合理！

**問 3**　那麼，這種機率有甚麼方法可以計算出來呢？

**答**：對於這種**連續隨機變數**，我們就不能用機率質量函數 (pmf) 來計算機率，而必須改用**機率密度函數** (pdf)。

**問 4**　可以舉個機率密度函數 (pdf) 的例子嗎？

**答**：沒問題！下面就是一例：

$$f(x) = 0.5 \tag{9.2}$$

以上函數名稱為 $f$，輸入變數為 $x$。該函數的傳回結果代表機率密度 (probability density)，不論 $x$ 的值是多少，此函數的輸出值永遠等於 0.5。

**問 5**　明白了。那麼上述 **pdf** 會產生怎麼樣的分佈呢？

**答**：9.2 式無論變數 $x$ 是多少，輸出值都等於 0.5，這種分佈稱為**均勻分佈** (uniform distribution)。此處假定 $x$ 的輸入範圍在 4 到 6 之間，這樣的機率密度函數可表示為：

$$f(x) = 0.5, \quad 4 \leq x \leq 6 \tag{9.3}$$

請注意！在 9.3 式中我們以逗號分隔開函數『$f(x) = 0.5$』與其限制條件『$4 \leq x \leq 6$』。

隨機變數 $X$ 可以表示為：

$$X \sim \mathrm{U}(4,6) \tag{9.4}$$

上式裡的『~』符號意思是『服從...』；所以整條式子可翻譯成：『隨機變數 $X$ 在 [4, 6] 區間服從均勻分佈 (Uniform distribution)』。均勻分佈一般以大寫的 U 來表示，兩個參數分別為隨機變數的最小值 (一般記為 $a$) 與最大值 (一般記為 $b$)，也就是說我們可以用 $\mathrm{U}(a,b)$ 來描述均勻分佈的範圍。

現在來檢視一下圖 9.1 的均勻分佈。圖中小寫的 $x$ 代表隨機變數 $X$ 的真實數值，也就是變動的範圍，中間的藍色橫線就是機率密度函數 $f(x) = 0.5$，縱軸稱為『密度 (density)』。如果所有 $x$ 對應的密度值皆相同，則均勻分佈的 pdf 也就等於一個**常數**。

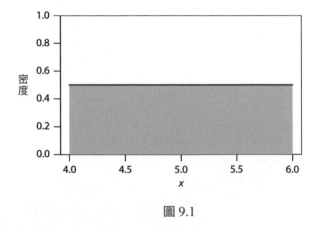

圖 9.1

編註：提醒！在機率質量函數 (pmf) 分佈圖的縱軸是『機率』，而在機率密度函數 (pdf) 分佈圖的縱軸是『機率密度』。到底要用哪一個？取決於資料分佈是屬於離散型 (用 pmf) 或連續型 (用 pdf)。讀者一定要分清楚，後面的章節中還會經常出現。

問 6  均勻分佈的機率總和也會等於 1.0 嗎？

**答：**如同二項式分佈中每條機率質量的總和需為 1.0 一樣，**機率密度函數 $f(x)$ 曲線下的面積也必須等於 1.0**。讓我們仔細研究一下這件事。

均勻分佈因為其外觀呈現矩形，因此也叫做**矩形分佈** (rectangular distribution)。而只要將該矩形在『橫軸上的**寬度**』乘以『縱軸上的**高度**』，便能算出其**面積**。以本例來說，矩形寬度相當於最大值 6.0 減掉最小值 4.0 的差，也就是 2.0。**由於均勻分佈的曲線下面積代表機率，所以我們知道：該矩形的總面積一定等於 1.0**。綜上所述，已知本例中均勻分佈的：

● 面積 = 1.0
● 寬度 = 2.0

故其高度 (代表**密度**) 可由以下方式求得：

$$面積 = 寬度 * 高度 \qquad (9.5)$$

$$1.0 = 2.0 * 高度 \qquad (9.6)$$

$$高度 = \frac{1.0}{2.0} = 0.50 \qquad (9.7)$$

請記得！機率分佈在每個 $x$ 點上的高度稱為**密度** (density, 見圖 9.1 中的藍線)，而該分佈的總面積必須要是 1.0 (對應圖 9.1 中的灰色區域)。能夠輸出上述密度值的函數就稱為**機率密度函數**。**此函數的曲線 (均勻分佈則為矩形) 下面積一定是 1.0**，也就表示隨機變數 $X$ 的值落在 4 到 6 之間的機率為 1.0，或者寫為：

$$\Pr(4 \le X \le 6) = 1.00 \qquad (9.8)$$

**?₂**

**問 7** 我想看看均勻分佈的機率密度函數長甚麼樣子？

**答：** 看來我們很有默契，現在就來了！如前所述，均勻分佈的 **pdf** 有兩個參數，分別稱為 $a$ 和 $b$；其中 $a$ 代表分佈的下限，$b$ 則是上限，因此可表示為：

$$f(x;a,b) = \frac{1}{b-a} \tag{9.9}$$

以上就是均勻分佈的 pdf 公式。就前面的例子而言，因為 $a = 4$ 且 $b = 6$，所以 pdf 為：

$$f(x;4,6) = \frac{1}{6-4} = \frac{1}{2} = 0.5 \tag{9.10}$$

另外，也別忘了把限制條件寫出來！因此，均勻分佈 pdf 的正式定義如下：

$$f(x;a,b) = \begin{cases} \dfrac{1}{b-a} & \text{for } a \leq x \leq b \\ 0 & \text{for } x < a \text{ or } x > b \end{cases} \tag{9.11}$$

將此處的例子套到上式中，可得：

$$f(x;4,6) = \begin{cases} 0.5 & \text{for } 4 \leq x \leq 6 \\ 0 & \text{for } x < 4 \text{ or } x > 6 \end{cases} \tag{9.12}$$

上式的意思就是：當 $x$ 在 [4, 6] 區間時，機率密度等於 0.5；而當 $x$ 在 [4, 6] 區間以外的任何數值時，機率密度皆等於 0。

**問 8**　在本例的均勻分佈中，$x$ 落在 4.5 和 5.5 小時內的機率
是多少？

**答：**本例的均勻分佈參數為 $a = 4$ 和 $b = 6$，而隨機變數 $X$ 的值落在 4.5
到 5.5 之間的機率如圖 9.2 所示：

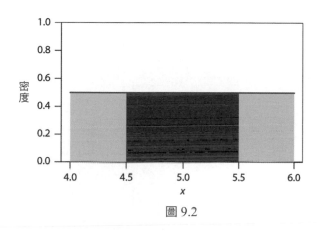

圖 9.2

從直觀上來看，若圖 9.2 中 4.0 到 6.0 區域的總面積為 1.0，那麼紅色區
域的面積即佔總面積的 1/2，故 $x$ 來自 4.5 到 5.5 區間內的機率就是 0.5。
注意！這裡說的 0.5 是 **機率** (紅色方形佔全部面積的比例) 而非 **機率密度**，
不過機率值的計算確實與密度有關。圖中紅色方形區域的面積為：

● 寬度 $= 5.5 - 4.5 = 1$
● 高度 (代表機率密度) $= 0.5$
● 面積 $=$ 寬度 $*$ 高度 $= 0.5$

也就是說，細菌個體的壽命介於 4.5 到 5.5 之間的機率等於 0.5，用符號
可記為：

$$\Pr(4.5 \leq X \leq 5.5) = 0.5 \tag{9.13}$$

**問 9**　那麼，$x$ 值剛好等於 5 小時的機率又是多少呢？

**答**：和前面問 2 的答案一樣，機率為 0。假如此處的『5』指的就是 5 這**個特定時間點**(並非趨近於 5 的一個小範圍)，則對應所求機率的圖形就會是一條線，而不是一塊矩形。眾所週知，一條線的面積是 0，所以這裡的機率值就是 0。有鑑於此，當某人問『連續隨機變數值 $x = 5$ 的機率為何』時，其一般指的是 $x$ 落在 5 周圍一段狹小區間內的機率，而非剛剛好 5 這個特定點。

**問 10**　還有其它種機率密度函數嗎？

**答**：還有很多種！

我們繼續以壽命落在 4 到 6 個小時的細菌為例。之前已經用均勻分佈探討過此問題了，但下面我們要改以**常態分佈**(normal distribution) 來處理。為此，我們假設：**大多數細菌的平均存活時間在 5 小時左右，只有少數個體接近 4 或 6 小時**。

**問 11**　咦？常態分佈是什麼？

**答**：根據《**線上統計學教育**》(Lane, 2011 年版) 的描述：『在統計學中，常態分佈是最重要、也最常被使用的分佈。其函數形狀左右對稱如同**鐘形曲線** (bell curve)』。總的來說，常態分佈 (或者叫作高斯分佈 Gaussian distribution) 是一種很常見的**連續機率分佈** (continuous probability distribution)。

 ??

**問 12** 上面提到的『高斯 (Gaussian)』是指？

**答：**常態分佈亦稱為『高斯分佈』，來自德國數學家**高斯** (Carl Friedrich Gauss)。此人『在數學、科學等多個領域皆做出傑出貢獻，並被認定為歷史上最具影響力的數學家之一』(見圖 9.3)。高斯的許多研究成果在其過世後於 1863 年才集結出版。

圖 9.3　高斯

## 問 13　常態(高斯)分佈長什麼樣子呢？

**答**：圖 9.4 就是常態分佈的範例：

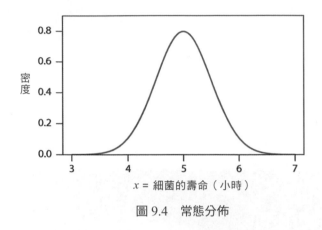

圖 9.4　常態分佈

此處我們考慮的變數是細菌的壽命，見圖 9.4 的 $x$ 軸。至於 $y$ 軸則是『密度』，這一點和均勻分佈的 pdf 相同。我們可以看到，常態分佈確實是一種鐘形曲線；該曲線的中心點位於**平均值**(mean 或 average；以希臘字母 $\mu$ 表示，讀音為『mu』)，而其寬度則由**標準差**(standard deviation；以希臘字母 $\sigma$ 表示，讀音為『sigma』)控制。上圖中的 $\sigma = 0.5$。

請各位記住以下幾點：

● 第一，常態分佈的高峰集中在 $\mu$ 上。曲線整體是**對稱於平均值的左右兩側**；也就是說，常態分佈的平均值和中位數 (median) 是一樣的。

● 第二，常態分佈是以平滑曲線表示，而不是離散的長條狀。這表示分佈曲線下方的 $x$ 值為連續的 (非離散)。

● 第三，$x$ 軸上的數字可以是負值！上圖並沒有把這一點呈現出來，但請注意：常態分佈可用來描述包含正、負值的任意範圍。

● 第四，常態分佈的寬度取決於標準差 $\sigma$。$\sigma$ 的值越大，則分佈寬度越廣。

**問 14**　那麼，常態分佈的兩個參數要怎麼看出影響？

**答：**如果平均值 ($\mu$) 或標準差 ($\sigma$) 改變了，分佈曲線的中心位置、寬度也會跟著變化。回憶一下，前面說過機率分佈的參數就像『控制旋鈕』一樣。以常態分佈而言，$\mu$ 稱為**位置參數** (location parameter)，它可以決定常態分佈的中心出現在 $x$ 軸上的哪個位置；而 $\sigma$ 則稱做**規模參數** (scale parameter)，其能控制分佈的寬度 (也就影響其形狀)。

有時，人們也會用 $\mu$ 和 $\sigma^2$ 來表示一個常態分佈 pdf。這裡的 $\sigma^2$ 就是標準差 $\sigma$ 平方的意思，一般稱為分佈的**變異數** (variance)。圖 9.5 呈現出幾種不同參數設定下的分佈例子：

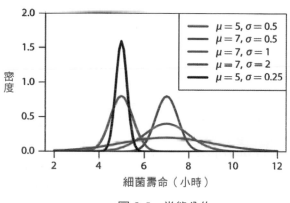

圖 9.5　常態分佈

讓我們仔細觀察其中的一些細節：

- 在圖 9.5 中，我們先看紅、紫、以及藍色分佈的平均值 $\mu$ 皆等於 7；換言之，它們之間的差異只有標準差 $\sigma$。紅色分佈的標準差是三者中最小的 (即 0.5)，而藍色分佈的標準差則最大 (2.0)。
- 再看綠色和黑色分佈的平均值也相同 (5.0)。綠色分佈的標準差為 0.5，黑色分佈的則是 0.25。

● 綠色和紅色分佈的標準差是一樣的 (0.5)，但兩者的平均值不同：綠色
分佈的平均值是 5，紅色分佈的則是 7。

**問 15** 上圖的常態分佈是如何產生的呢？

**答**：這些圖的生成方式如下 ── 首先將來自一定範圍內的一系列小時數
(以本例而言，最小值為 0 小時，每次增加 0.01，直到最大值 15 小時為
止) 代入**常態機率密度函數** (normal probability density function) 中，再把
輸出結果畫成圖。此圖的 $y$ 軸代表密度，這是因為常態機率密度函數的傳
回值為機率密度。注意！圖 9.5 任一鐘形分佈曲線下的面積都等於 1。

**問 16** 所謂常態機率密度函數到底是什麼？

**答**：常態機率密度函數 (常態 pdf) 亦稱為高斯機率密度函數。此函數的
公式如下：

$$f\left(x;\mu,\sigma\right)=\frac{1}{\sqrt{2\pi}\sigma}e^{-(x-\mu)^2/(2\sigma^2)} \tag{9.14}$$

這個函數共有三項輸入。其中兩項為參數：平均值 ($\mu$) 和標準差 ($\sigma$)；
第三項輸入 $x$ 則代表某種可能觀測**結果** (outcome)，如：細菌的壽命等。

常態分佈圖與公式在德國馬克 (Deutsche Mark，譯註：德國在 2002 年使
用歐元以前的法定貨幣) 紙鈔上都可以看到 (見圖 9.6)：

圖 9.6　德國馬克

 ??

**問 17** 能用範例說明一下如何使用常態 pdf 嗎？

**答**：此處假設細菌個體的平均壽命為 5 個小時。如果我們想算出 $x = 4.5$ 小時的機率密度，便能套進公式計算 (以平均壽命 $\mu = 5$、標準差 $\sigma = 0.5$ 為例)：

$$f(x;\mu,\sigma) = \frac{1}{\sqrt{2\pi}\sigma} e^{-(x-\mu)^2/(2\sigma^2)} \tag{9.15}$$

$$f(4.5;5,0.5) = \frac{1}{\sqrt{2\pi}*0.5} e^{-(4.5-5)^2/(2*0.5^2)} = 0.4839414 \tag{9.16}$$

請務必注意！機率密度函數得到的結果不是機率，而是機率密度！所以 9.16 式算出來的 0.4839414 是密度。

## 問 18　是不是只要代入許多 $x$ 值，就能畫出常態分佈圖形了？

**答：**沒錯！圖 9.7 中的藍色曲線就是 $\mu = 5$、$\sigma = 0.5$ 的常態分佈，請讀者從虛線找到 $x = 4.5$ 的密度值(也就是 9.16 式的計算結果)。另外，我們還畫了 $\mu = 5$、$\sigma = 0.25$ (黑色曲線) 的常態分佈以供比較：

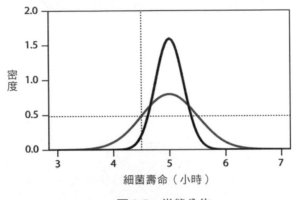

圖 9.7　常態分佈

此處有一項重點請大家留意：雖然圖 9.7 中的兩條曲線皆來自常態 pdf，但兩者的參數是不同的。圖中每條曲線 (無論藍色還是黑色) 的曲線下面積都相同，也就是 1.0。由於黑色曲線的標準差 $\sigma$ 比藍色曲線小，所以其寬度較窄，機率密度值也相應地被擠高了。此外，機率密度值可以大於 1.0。

編註：$\sigma$ 的值越小，表示分佈越集中在平均值附近，圖形就會越高越窄，兩側會下降得越快；而 $\sigma$ 的值越大，表示分佈越廣，圖形會越寬、越平坦，兩側則緩慢下降。

**問 19**　在常態 pdf 的問題中，我們怎樣利用機率密度來求得機率值呢？

**答：**我們複習一下，還記得計算連續型均勻分佈**密度值**的方法嗎？以細菌為例，我們先令其壽命符合均勻 pdf(範圍在 4 到 6 小時之間) 的描述，即：$X \sim U(4,6)$。已知此分佈下的矩形區域面積為 1.0、寬度為 2.0，故我們只要算出該矩形的高度便能得到密度。在此之後，我們考慮了細菌壽命落在 4.5 到 5.5 小時之間的機率，實際做法為：計算『$U(4,6)$ 在 $4.5 \le x \le 5.5$ 範圍下的矩形區域面積』佔『整個矩形面積』的比例。

上述邏輯也適用於常態分佈，只不過我們需要考慮的矩形區域變多了。下面讓我們把注意力放在圖 9.7 的藍色曲線分佈區域（$\mu = 5$、$\sigma = 0.5$），並於其上添加幾個矩形，如下圖所示：

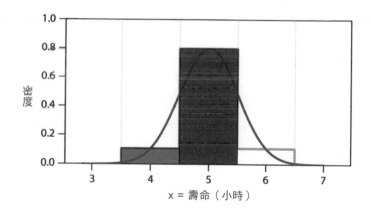

圖 9.8　$\mu = 5$、$\sigma = 0.5$

在本例中，$x$ 軸被劃分成出 5 個矩形區域；每個區域的寬度皆為 1、高度則對應常態 pdf 的密度值(注意，分佈圖最左和最右側的兩個尾端上也有矩形，只是高度太小而不明顯)。我們用這 5 個矩型粗略地去趨近藍色曲線下的面積！

請大家試著找出代表『細菌壽命落在 3.5 和 4.5 小時之間』的矩形區域在哪裡。你會發現，上述區域(即圖 9.8 中的藍色矩形)的高度(或密度)等於 0.1079819，而其面積(機率值)則是寬度(1.0)乘以高度(0.1079819)＝ 0.1079819。

> 編註：由圖 9.8 可看出藍色矩形的高度就是當 $x = 4$ 時的高度，我們可以將 $x = 4$、$\mu = 5$、$\sigma = 0.5$ 代入 9.15 式計算出 $f(4;5,0.5)$ 的密度值；也可以在 Excel 的儲存格中輸入『＝NORMDIST(4,5,0.5,False)』得出。

 **??**

## 問 20　那細菌壽命在 4.5 到 5.5 小時間的機率是多少呢？

**答**：請先找到介於 4.5 和 5.5 小時之間的矩形區域。此區域(圖 9.8 的紅色矩形)的密度為 0.7978846，故所求面積等於寬度(1.0)＊高度(0.7978846)＝ 0.7978846。

> 編註：同樣可觀察紅色矩形的高度就是當 $x = 5$ 時的高度，我們可以代入 9.15 式計算 $f(5;5,0.5)$ 的密度值，或者用 Excel 計算『＝NORMDIST(5,5,0.5,False)』的值。

請注意！這是我們第一次計算細菌壽命落在 4.5 到 5.5 小時間的機率。**請各位先記一下這個答案，我們之後會再回頭比較。**

 **??**

## 問 21　常態分佈曲線下的面積真的是 1.0 嗎？

**答**：若將圖 9.8 中的 5 個矩形面積全部加起來，原則上其總和會接近 1.0，但畢竟用那 5 個矩形去趨近曲線下的面積還是會有些許誤差。我們實際算算看！圖 9.8 裡總共有 5 個矩形，它們的寬度都是 1，高度則由密度值決定。最後算出來的結果大約是：

$$1.0143838 \tag{9.17}$$

編註：最左側高度非常小的矩形可以用 $f(3;5,0.5)$ 求得等於 0.0002677，因此 5 個矩形總面積約等於 0.7978846+2(0.1079819)+2(0.0002677)=1.0143838。

此結果還算不錯。如果我們把本例中的矩形數量從 5 個增加到 41 個，那麼結果應該會更精確才對。請看圖 9.9：

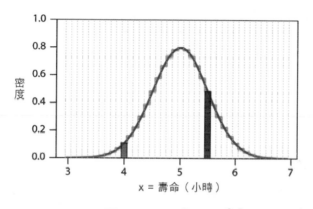

圖 9.11　$\mu = 5$、$\sigma = 0.5$

- 上圖的 $x$ 軸被平分成了 41 段，每段的寬度為 0.1 小時。
- 請試著找出對應『壽命落在 3.95 到 4.05 小時之間』的藍色矩形區域。可以算出其密度為 0.1079819，因此其面積等於 0.1 * 0.1079819 = 0.0107982。
- 接著，讓我們來看『壽命落在 5.55 到 5.65 小時之間』的紅色矩形區域。可以算出其密度是 0.3883721，故面積為 0.1 * 0.3883721 = 0.0388372。

為了找出該曲線下的面積，我們可以對全部 41 個小矩形區域重複上面的計算步驟，然後再將答案加總起來。最終的結果是 ...

$$0.9999599 \qquad (9.18)$$

請注意！相較於只區分 5 個矩形的例子，這個答案與 1.0 的差距更小了。

### 問 22　如何以數學語言表達上述過程呢？

**答：** 假設我們有 41 個**離散**的矩形，則所有矩形的面積總和可表示為：

$$總面積 = \sum_{j=1}^{41}(寬度_j * 密度_j) \qquad (9.19)$$

此處的大原則是：切分的矩形寬度越細，對常態 pdf 下方面積的近似程度就越高。

### 問 23　在 41 個矩形區域的例子中，細菌存活時間在 4.5 到 5.5 小時之間的機率為何？

**答：** 下面是解題的步驟：首先，分別找到中軸位於 4.5 和 5.5 之上的兩個矩形區域，計算它們的面積、並將答案除以二 (因為這兩個矩形各有一半區域落在目標範圍外)。接下來，將位於 4.5 和 5.5 之間的所有矩形區域面積相加，得到的和即代表機率，其值等於：

$$0.6810742 \qquad (9.20)$$

編註：意思就是套用 9.15 式算出每一個 $x$ 值的高度，再乘以每個矩形的寬度 0.1，加總即為總共的機率值（頭尾兩個矩形的寬度要除以 2）：
$$0.1*((f(4.5;5,0.5)+f(5.5;5,0.5))/2)+0.1*(f(4.6;5,0.5)+f(4.7;5,0.5)+\ldots+f(5.4;5,0.5))$$

好，我們回憶一下以 5 個矩形進行近似時所獲得的答案為 (在問 20)：

$$0.7978846 \tag{9.21}$$

請各位讀者把這兩個數字 (9.20、9.21 式) 記下來，稍後我們還會再回答一次相同的問題！

問 24　**若我們的矩形變得非常、非常細，則曲線下總面積會變為多少呢？**

答 ：當每個矩形區域的寬度都**趨近於 0** 時，我們便可用**積分符號** (integral symbol)『$\int$』取代累加符號『$\sum$』。如此算出來的曲線下面積就會正好等於 1.0。因此我們可以用數學式子表示為：

$$\int_{-\infty}^{\infty} f(x)\,dx = 1.0 \tag{9.22}$$

在此通式中：

- $f(x)$ 為任何一個 pdf。到目前為止，我們介紹過均勻 pdf 與常態 pdf。
- 我們的目標是算出『特定 $x$ 值所在範圍內的曲線下面積』。上述範圍會寫在積分符號上，下方是下限 (上式為『負無限大』)、上方是上限 (上式為『正無限大』)，也就是說 9.22 式的 $x$ 所在的範圍包含了所有可能的值！

- 積分符號表示的意義為：『求出指定 $x$ 值範圍內的曲線下面積』。由於上式已包括所有可能的 $x$ $(-\infty < x < \infty)$，故面積一定等於 1.0。

- 注意在 pdf 右方還有一個符號『$dx$』；這代表每個矩形區域的寬度 (其值很小很小，趨近於 0)。如你所見，$dx$ 是矩形的寬度、$f(x)$ 是矩形的高度，所以 $f(x)dx$ 就如同一個矩形的面積了。

- 等號右邊的數值為 1.0，其意思為：$x$ 值從負無限大到正無限大的範圍內，所求之曲線下面積等於 1.0。

**問 25**　所有機率密度函數的曲線下面積皆為 1.0 嗎？

**答**：是的，連續隨機變數的機率密度函數的性質是：$f(x) \geq 0,\ -\infty < x < \infty$，且 $\displaystyle\int_{-\infty}^{\infty} f(x) = 1$。也就是 $f(x)$ 曲線下的面積會等於 1.0。

**問 26**　若使用常態 pdf，則上述積分會變成什麼模樣？

**答**：很簡單，只要將 9.22 式中的 $f(x)$ 改為常態 pdf 即可：

$$f(x; \mu, \sigma) = \frac{1}{\sqrt{2\pi}\sigma} e^{-(x-\mu)^2/(2\sigma^2)} \tag{9.23}$$

對 $x$ 的範圍 $(-\infty, \infty)$ 做積分會等於 1.0，即：

$$\int_{-\infty}^{\infty} f(x; \mu, \sigma)\,dx = 1.0 \tag{9.24}$$

$$\int_{-\infty}^{\infty} \frac{1}{\sqrt{2\pi}\sigma} e^{-(x-\mu)^2/(2\sigma^2)}\,dx = 1.0 \tag{9.25}$$

**問 27** 現在，細菌壽命落在 4.5 到 5.5 小時之間的機率是多少呢？

**答：**前面的作法是將分佈圖切割成數個矩形區域，再加總矩形面積求得機率值。現在，我們要用積分的方式求 pdf 曲線下的面積。

我們要計算的是 $4.5 \leq x \leq 5.5$ 的機率值，也就是對 pdf 在指定範圍內 [4.5, 5.5] 做積分：

$$\Pr\left(4.5 \leq x \leq 5.5\right) = \int_{4.5}^{5.5} \frac{1}{\sqrt{2\pi}\sigma} e^{-(x-\mu)^2/(2\sigma^2)} dx \tag{9.26}$$

想得到答案，我們就得處理 9.26 式。此處計算解答的過程稱為**積分** (integration)，而最終結果則代表**機率**。各位應該也看到等號左邊我們用了 $\Pr(4.5 \leq x \leq 5.5)$ 代表右側積分出來的值是機率。

**問 28** 那麼積分問題該如何處理呢？

**答：**我們手上已有 pdf、且已知該函數的圖形為何，而積分正是求出曲線下特定範圍面積的工具 (該面積即是機率值)。對於常態 pdf 而言，各位只需知道：這裡要進行的積分稱為**高斯積分** (Gaussian integral) 就行了，其具體細節已超出本書的討論範圍，且我們其實沒必要手動計算答案。

由於常態分佈極為常用，只要藉助電腦軟體或程式的幫忙，在給定常態 pdf 參數 $\mu = 5$ 且 $\sigma = 0.5$ 的情況下，即可算出細菌壽命落在 4.5 到 5.5 小時之間的機率為 0.6826895。之前使用 41 個矩形進行近似的結果為 0.6810742 就挺接近答案了。

> 編註：上面的機率值 0.6826895 可用 Python 程式計算 $4 \leq x \leq 5$ 的定積分，讀者可從本書資源網址取得程式 Ch09-1.py。

**?₂**

**問 29** 有沒有關於積分的參考資料呢？

**答**：有的，我們知道一些不錯的資源。不過要聲明的是，閱讀本書時讀者不需要先學習任何東西，你只需要對數學邏輯有基礎的直覺就行了。

下面是我們的推薦清單：

- 網站 Khan Academy 的線上課程 (http://www.khanacademy.org/math/)。
- 線上書籍 Better Explained (http://betterexplained.com/calculus)。
- Eli Pine 的 YouTube 影片『How to Enjoy Calculus』(http://www.youtube.com/watch?v=GSV-AuGOjsg)。

**?₂**

**問 30** 除本章提到的以外，還有哪些機率密度函數？

**答**：還有非常多種！下面只列出了一小部分，或許有些分佈函數讀者曾經見過：

- 標準常態 (standard normal) 分佈。
- 對數常態 (log-normal) 分佈。
- beta 分佈。
- gamma 分佈。
- 指數 (exponential) 分佈。
- 韋伯 (Weibull) 分佈。
- 柯西 (Cauchy) 分佈。

未來的章節會對上述分佈中的其中一些進行討論。此外，我們鼓勵讀者自行查閱相關的維基百科條目，說不定你日後就會用到它們了！

# 概似度 (Likelihood)

下面讓我們再次將重點轉向概似度。由於概似度是貝氏推論中的關鍵概念，所以我們得多花點時間研究它。

> 編註：我們在第 8 章就討論過概似度，此處為何又要看一次呢？先提醒您，pmf 的概似度是代表機率，而在 pdf 的概似度是代表機率密度，雖然名稱都是概似度，但意義不同，後面就可以看出來了。

## 問 31　好的，概似度在 pdf 有甚麼區別？

答：第 8 章估算概似度時，我們首先得收集資料 (變數)，然後估算在給定的假設之下取得這些資料的機率或機率密度是多少。

第 8 章已經提過，離散的貝氏定理可以寫成如下形式；其中紅色的部分為概似度、藍色為先驗機率、紫色則是後驗機率：

$$\Pr\left(\mathrm{H}_i \mid 資料\right) = \frac{\Pr\left(資料 \mid \mathrm{H}_i\right) * \Pr\left(\mathrm{H}_i\right)}{\sum_{j=1}^{n} \Pr\left(資料 \mid \mathrm{H}_j\right) * \Pr\left(\mathrm{H}_j\right)} \tag{9.27}$$

現在，考慮『假設數量有無限多個』的情況；此時，貝氏定理的公式改變了。我們把無限多個假設用統稱為 $\theta$ 的參數來表示，不同的 $\theta$ 值代表不同的假設，如果 $\theta$ 是連續的參數，那 $\theta$ 的值就有無限多個，因此就有無限多個假設了。則貝氏定理可寫成：

$$P\left(\theta \mid 資料\right) = \frac{P(資料 \mid \theta) * P(\theta)}{\int P(資料 \mid \theta) * P(\theta) d\theta} \tag{9.28}$$

> 編註：此處 $\theta$ 是一個統稱，例如在 9-25 頁我們就會看到 $\theta$ 變成常態分佈的 $\mu$ 和 $\sigma$ 兩個參數了。

換言之，當以 pdf 表示單一參數 $\theta$ 在給定資料下的後驗分佈時，貝氏定理的通式就會變成上式。讀者可比對 9.27、9.28 兩式中相同顏色的項，其中離散版本貝氏定理的概似度是 $\mathrm{Pr}(資料 \mid \mathrm{H}_i)$，而連續版本貝氏定理的概似度是 $\mathrm{P}(資料 \mid \theta)$。

> 請注意！$P(\theta \mid 資料)$ 表示 $\theta$ 的後驗分佈，此處的 $P$ 表示機率密度。其中先驗 $P(\theta)$ 與後驗分佈 $P(\theta \mid 資料)$ 皆為 pdf。在離散版本的貝氏定理中，先驗和後驗機率分佈都是用 pmf 來表示，其符號是用 $\mathrm{Pr}$。所以要記住：$\mathrm{P}$ 是機率密度，$\mathrm{Pr}$ 是機率。

這裡的概似度符號可以用 $P(資料 \mid \theta)$ 或 $\mathrm{Pr}(資料 \mid \mathrm{H}_i)$，要使用哪一個得視你要解決的問題而定。

> 在實際計算概似度時，本書一律用 $\mathcal{L}(資料 ; \theta)$ 取代貝氏定理公式中的 $P(資料 \mid \theta)$，透過此做法，我們便能將貝氏定理中的概似度與實際估算過程中的概似度區分開來。

在本章稍早的時候，我們使用了平均值為 $\mu$、標準差為 $\sigma$ 的常態 pdf 來計算得到 $x$ 的機率密度：

$$f(x;\mu,\sigma) = \frac{1}{\sqrt{2\pi}\sigma} e^{-(x-\mu)^2/(2\sigma^2)} \tag{9.29}$$

注意！以上計算是在資料觀測**之前**進行的。在討論概似度時情況則恰好相反，即：變數 (資料) 為已知，但至少有一項參數的值是未知的。為了獲得觀測資料的概似度，我們首先得要對資料的產生方式進行假設 — 這裡假設資料是由常態分佈生成的；若令 $X$ 為隨機變數，代表細菌個體的存活小時數，$X$ 呈常態分佈的假設可記為：

$$X \sim \mathrm{N}(\mu, \sigma) \tag{9.30}$$

如果 $\mu = 5.0$、$\sigma = 0.5$；且我們隨機抽出了一細菌個體，其壽命 $x = 4.5$ 小時。那麼，我們問：『在 $\mu = 5.0$、$\sigma = 0.5$ 的前提下，$x = 4.5$ 的概似度是多少呢？』該問題的答案可利用常態 pdf 來獲得，也就是 (實際估算時本書用 $\mathcal{L}$ 符號)：

$$\mathcal{L}(x = 4.5; \mu = 5.0, \sigma = 0.5) = \frac{1}{\sqrt{2\pi}\sigma} e^{-(x-\mu)^2/(2\sigma^2)} \tag{9.31}$$

現在將數字代入，並算出結果：

$$\mathcal{L}(x = 4.5; \mu = 5.0, \sigma = 0.5) = \frac{1}{\sqrt{2\pi} * 0.5} e^{-(4.5-5.0)^2/(2*0.5^2)} = 0.4839414$$
$$\tag{9.32}$$

以上答案為一機率密度。請在圖 9.10 中找到其所在的位置。

若我們把平均值改為 $\mu = 4.1$ ($\sigma$ 則仍是 0.5)，那麼概似度會變成：

$$\mathcal{L}(x = 4.5; \mu = 4.1, \sigma = 0.5) = \frac{1}{\sqrt{2\pi} * 0.5} e^{-(4.5-4.1)^2/(2*0.5^2)} = 0.5793831 \tag{9.33}$$

同樣請在圖 9.10 中找出其位置。

如你所見，$\mu$ 的數值有無限多種可能性。然而，只要藉由不斷將數字代入、再把函數的形狀畫出來，我們便能產生如圖 9.10 的**概似度剖面**：

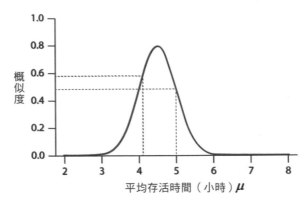

圖 9.10　$\mu$ 的概似度剖面

有幾件事情要注意：

● 第一，請注意圖 9.10 的縱軸為『概似度』，而非『密度』；這表示我們所畫的機率密度與某未知參數值的變化有關。橫軸則是參數 $\mu$ 而非 $x$。

● 第二，能夠產生圖 9.10 曲線的函數稱為概似函數 (likelihood function)。本例的資料是以隨機變數的形式存在的。假如我們觀測到 $x = 4.5$，且令 $\sigma = 0.5$，那麼不同 $\mu$ 值出現的可能性就可以用常態 pdf 來回答。

● 第三，概似函數的曲線下面積**不需要**等於 1.0！這一點和第 8 章所講的一樣。

 ??

**問 32**　**如果我們不知道 $\sigma$ 等於 0.5 呢？**

**答：**我們可以用 $\mu$ 和 $\sigma$ 這兩個參數作為變項去找出概似度的值，然後畫出概似函數的曲面 (likelihood surface) 即可。換句話說，我們可以同時對 $\mu$ 和 $\sigma$ 進行前面的代入數字遊戲。

為進行說明，這裡假定我們隨機觀察到三隻細菌，它們的存活時間分別是 **3.6、4.7 和 5.8 小時**。以上就是本例的觀測資料，而此處的目標則是推估產生這些觀測資料的分佈具有怎麼樣的 $\mu$ 和 $\sigma$。對於**每一個資料點** (即 3.6、4.7 和 5.8 這三筆資料) 而言，我們都能計算它們出現的概似度是多少。

本例的估算基礎仍是常態 pdf：

$$f\left(x;\mu,\sigma\right)=\frac{1}{\sqrt{2\pi}\sigma}e^{-(x-\mu)^2/(2\sigma^2)} \tag{9.34}$$

讓我們舉個例子。若 $\mu=5.0$、$\sigma=1.0$，則觀測到 $x=3.6$ 的概似度等於：

$$\mathcal{L}\left(x=3.6;\mu=5.0,\sigma=1.0\right)=\frac{1}{\sqrt{2\pi}\left(1.0\right)}e^{-(3.6-5.0)^2/(2(1.0)^2)} \tag{9.35}$$

$$\mathcal{L}\left(x=3.6;\mu=5.0,\sigma=1.0\right)=0.1497275 \tag{9.36}$$

如果 $x=4.7$，那麼：

$$\mathcal{L}\left(x=4.7;\mu=5.0,\sigma=1.0\right)=\frac{1}{\sqrt{2\pi}\left(1.0\right)}e^{-(4.7-5.0)^2/(2(1.0)^2)}=0.3813878$$

$$\tag{9.37}$$

要是 $x=5.8$，則可以得到：

$$\mathcal{L}\left(x=5.8;\mu=5.0,\sigma=1.0\right)=\frac{1}{\sqrt{2\pi}\left(1.0\right)}e^{-(5.8-5.0)^2/(2(1.0)^2)}=0.2896916$$

$$\tag{9.38}$$

**假如以上三個資料點相互獨立，則將 9.36 式、9.37 式和 9.38 式的結果相乘，就會等於『在 $\mu=5,\ \sigma=1$ 的條件下觀測到完整資料集 (即同時觀測到 $x=3.6$、4.7、5.8)』的概似度：**

$$\mathcal{L}(資料; \mu = 5.0, \sigma = 1.0)$$
$$= 0.1497275 * 0.3813878 * 0.2896916 = 0.01654262$$

(9.39)

繼續嘗試其它不同的 $\mu$ 和 $\sigma$ 值組合，我們最終將能畫出如圖 9.11 的**概似度曲面**(likelihood surface)：

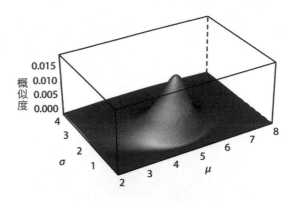

圖 9.11　概似度曲面圖

以上就是未知參數 $\mu$ 與 $\sigma$ 的概似度曲面，請試著從中找出 $\mu = 5$、$\sigma = 1$ 時的概似值。如果我們的計算正確，其值應該是 0.01654262。

本例的觀測資料集包含 3 個壽命長度：3.6、4.7 和 5.8。該資料集的平均值等於 4.7、標準差則是 1.1。各位應該會發現，**概似度最高**的地方正好對應上述兩個參數值。

---

編註：我們前面曾經看過概似度剖面，這裡又出現概似度曲面，兩者的關係可視為在概似度曲面上，固定一個 $\sigma$ 的值一刀切下去，那麼三維圖形就會變成二維剖面（橫軸是 $\mu$，縱軸是概似度）。

---

編註：圖 9.11 的概似度曲面是同時觀察那 3 隻細菌存活時間畫出來的，其實不管觀察幾隻細菌，也都能夠畫出對應的概似度曲面圖。

---

**問 33** 如何將以上知識用在貝氏推論中呢？

**答**：當然，我們不會跳過這個重點。

假如我們想估計單一參數 $\theta$，則貝氏定理可以表示如下 (還記得吧，這就是 9.28 式)：

$$P(\theta \mid 資料) = \frac{P(資料 \mid \theta) * P(\theta)}{\int P(資料 \mid \theta) * P(\theta) d\theta} \tag{9.40}$$

在給定觀測資料、且單一參數的後驗分佈以 pdf 表示的情況下，上式便是貝氏定理的通式。其中：

- 後驗分佈是由 $P(\theta \mid 資料)$ 決定。注意！**這裡的 $P$ 指的是機率密度 (不是機率)**，等號左邊的積分必須等於 1。
- 在等號右邊的分子，我們將『參數 $\theta$ 的先驗機率**密度** $P(\theta)$』乘上『在特定 $\theta$ 值假設下觀測到目標資料的**概似度** $P(資料 \mid \theta)$』。
- 在等號右邊的分母，『$\int$』可理解成：『把所有微小的 $\theta$ 變化 (即 $d\theta$ ) 的區域面積累加起來』；換言之，分母做的計算即：先算出所有可能 $\theta$ 值假設下的『先驗機率密度 * 概似度』，然後再將所得乘積加總。

注意！雖然此公式只能處理單一參數 $\theta$，但實際上貝氏定理也可以對多個參數進行估算。關於這一點，我們會在未來的章節中討論。

**問 34** 是否有可能找出某特定 $\theta$ 值的出現機率呢？

**答**：不能！由於 $P(\theta \mid 資料)$ 是 pdf，所以任何特定 $\theta$ 值的對應機率皆為 0。這和之前的範例一樣：每個細菌個體剛好存活 5.0000000 小時的機率等於 0。

**問 35** 所以，我們沒辦法討論特定的某個假設囉？

答：因為此處的假設有無限多個、且沒有辦法計算特定假設的出現機率，故我們**只能同時考慮所有假設**！也就是說，這裡必須對整個後驗分佈進行計算。

**問 36** 可以讓我們見識一下有無限多個假設的貝氏推論問題嗎？

答：好的！讓我們將目前學到的東西統整一下。

在下面的例子裡，讀者將探討一未知平均值 $\mu$（此參數來自某常態分佈）的各種假設值。這裡假定 $\mu$ 代表細菌個體的平均壽命，且目標分佈的標準差 $\sigma$ 已知為 0.5。

如此一來，貝氏定理可表示為：

$$P(\mu \mid 資料) = \frac{P(資料 \mid \mu) * P(\mu)}{\int P(資料 \mid \mu) * P(\mu) d\mu} \tag{9.41}$$

又看到這個公式了！

本例中的假設 $\mu$ 值共有無限多種可能性，而我們的目標是：先收集資料，再藉此更新對各假設的信心程度。這裡就來複習一下貝氏分析的各步驟：

## 第 1 步：建立的假設為何？

此處 $\mu$ 的數值會有無限多種可能，因此就會有無限多項假設。但即便如此，我們仍可限制 $\mu$ 值的範圍。

## 第 2 步：每項假設的先驗機率為何？

由於假設數量無限多，故使用 pdf 來表示先驗分佈是很合理的作法。若假設 $\mu$ 的範圍落在 4 到 6 之間，則我們可用均勻分佈來說明：在考慮資料以前，每項假設的『權重』是相同的，即各假設的機率密度等於 0.5，見圖 9.12：

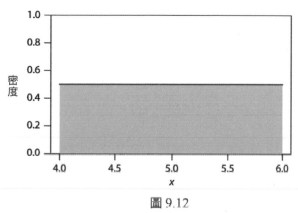

圖 9.12

以上就是我們的先驗分佈。因為其機率密度函數積分等於 1，所以該分佈也稱為**正常先驗分佈** (proper prior)。

## 第 3 步：收集資料。

假定在某次隨機觀測中，我們找到一個存活了 4.7 小時的細菌個體。

## 第 4 步：計算目標資料在各假設底下的概似度。

現在，是時候練習代入數字的遊戲了。此處需以常態 pdf 來估算：在各種不同 $\mu$ 值下觀測到 $x = 4.7$ 的概似度是多少。為了舉例，先前已令分佈的標準差 $\sigma = 0.5$。

首先，寫出常態 pdf 公式：

$$f(x;\mu,\sigma) = \frac{1}{\sqrt{2\pi}\sigma} e^{-(x-\mu)^2/(2\sigma^2)} \tag{9.42}$$

下面我們改用『$\mathcal{L}$』表示。接著來看計算式；以下是某個特定 $\mu$ 值 ($\mu = 4.0$) 對應的概似度：

$$\mathcal{L}(x = 4.7; \sigma = 0.5, \mu = 4.0) = \frac{1}{\sqrt{2\pi}(0.5)} e^{-(4.7-4.0)^2/(2(0.5)^2)} = 0.2994549 \tag{9.43}$$

利用這種方法對多個 $\mu$ 值進行估算，即可得到如圖 9.13 的結果：

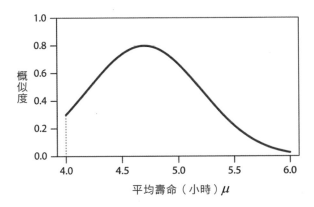

圖 9.13　某未知平均數的概似度剖面

上圖即代表『4.0 到 6.0 之間的不同假設 $\mu$ 值下，觀測到 $x = 4.7$ 的概似度』。因為只有觀測一個資料點 (即 $x = 4.7$)，所以概似度曲線的最高點會出現在假設『$\mu = 4.7$』的位置 ( 編註： 也就是 $\mathcal{L}(x = 4.7; \sigma = 0.5, \mu = 4.7)$ $= 0.797884561$ 的位置)，這就是最可能觀測到 $x = 4.7$ 的概似度；而且由曲線可看出在橫軸 $\mu = 4.7$ 左右得出的概似度也都很接近最高點。至於曲線最低點則出現在假設『$\mu = 6.0$』的位置。

**第 5 步：利用貝氏定理將先驗分佈更新成後驗分佈。**

適用本例的貝氏定理公式為：

$$P(\mu \mid 資料) = \frac{P(資料 \mid \mu) * P(\mu)}{\int P(資料 \mid \mu) * P(\mu) d\mu} \tag{9.44}$$

複習一下，我們的**先驗分佈為均勻 pdf**，該函數對應式子中的藍色部分：

$$P(\mu \mid 資料) = \frac{P(資料 \mid \mu) * P(\mu)}{\int P(資料 \mid \mu) * P(\mu) d\mu} \tag{9.45}$$

**概似函數則由常態 pdf 產生**，即下式的紅色部分：

$$P(\mu \mid 資料) = \frac{P(資料 \mid \mu) * P(\mu)}{\int P(資料 \mid \mu) * P(\mu) d\mu} \tag{9.46}$$

後驗分佈則屬於另一種 pdf，該函數在下式中標註為紫色：

$$P(\mu \mid 資料) = \frac{P(資料 \mid \mu) * P(\mu)}{\int P(資料 \mid \mu) * P(\mu) d\mu} \tag{9.47}$$

至此，剩下來的工作就是實際做出來了。

請試著自己做做看！

編註：　**實際找出後驗分佈的 pdf**

我們來實際做一遍。先列出已知的先驗分佈的密度，因為假設是均勻分佈，因此 $\mu$ 在 4 到 6 之間的密度為 $P(\mu) = 0.5$。

接著概似度是常態分佈，即 9.47 式，我們將資料點 $x = 4.7$、$\sigma = 0.5$ 代入分母，而 $\mu$ 仍為未知參數，可得到分母為：

$$\int P(資料 \mid \mu)P(\mu)d\mu = \int_{\mu=4}^{6} \left( \frac{1}{\sqrt{2\pi}(0.5)} * e^{\frac{-(4.7-\mu)^2}{2(0.5)^2}} * 0.5 \right) d\mu \qquad (9.48)$$

$$= \frac{1}{\sqrt{2\pi}(0.5)} \int_{\mu=4}^{6} e^{\frac{-(4.7-\mu)^2}{0.5}} * 0.5 \, d\mu = \frac{1}{\sqrt{2\pi}(0.5)} * 1.42842866$$

由於上式中的定積分結果會是個數值，因此我們用 Python 程式計算出定積分的值為 1.42842866（程式碼下載 Ch09-2.py）。

然後我們就可以將上面已知的項目都代入 9.47 式：

$$P(\mu \mid x = 4.7) = \frac{\left( \dfrac{1}{\sqrt{2\pi}(0.5)} \right) * e^{\frac{-(4.7-\mu)^2}{2(0.5)^2}} * 0.5}{\dfrac{1}{\sqrt{2\pi}(0.5)} * 1.42842866} = 0.350035 * e^{\frac{-(4.7-\mu)^2}{2(0.5)^2}} \qquad (9.49)$$

這個結果就是後驗分佈的 pdf。如果對此函數做 $4 \le \mu \le 6$ 範圍的定積分，可得到積分值（也就是機率）為 1.0（程式碼下載 Ch09-3.py），符合我們對於後驗機率加總要為 1.0 的要求。之後如果觀測到新證據時，就可以將此後驗 pdf 當作先驗 pdf 做下一輪的概似推估。

**問 37** 能用圖像的方式來解釋以上問題嗎?

**答:**可以。下面就以如同第 8 章的方式,把上述問題的觀念轉換成圖示 (稱為 Kruschke 圖,見下圖)。請記住!本圖示法的主要目的為呈現**先驗 分佈**和**概似度分佈**之間的結構性關聯:

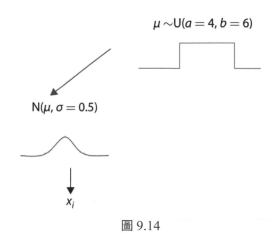

圖 9.14

在上圖最下方的是觀測資料 $x_i$,其由參數 $\mu$ 未知、 $\sigma = 0.5$ 的常態分佈所 產生。本問題的目標即是估計參數 $\mu$。另外,我們使用了參數 $a = 4$、$b = 6$ 的均勻分佈來指定對立假設 (各種可能 $\mu$ 值) 的『權重』;換言之,上圖 中的藍色分佈為先驗分佈,其值相當於我們對各假設 $\mu$ 值的信心程度 (或 當前知識)。

上面的解釋方式呼應了桑德・格林蘭 (Sander Greenland) 於 2006 年寫下 的敘述:『人們經常 (錯誤地) 指出:參數對於頻率學派而言是常數、但對 貝氏學派而言則為隨機。事實上,無論是頻率學派或貝氏學派,參數值都 有可能從一開始就是固定的、或者源自於某種隨機程序;而在上述兩種情 況中,我們都假定參數最後會落於一特定數值上,且該數值即是所求目標。貝氏學派會利用正式的機率模型來描述個人對參數值的不確定程度；注意此不確定性並非參數的性質之一(但其應該要能精準反映出該參數之產生機制的一些特性)。』

取自桑德・格林蘭《國際流行病學期刊(International Journal of Epidemiology)》(2006) 的章節『I. 基本原理與方法』: 765-74。

除此之外，圖 9.14 裡的藍色分佈還有另一種解釋方式，即：未知參數 $\mu$ 是源於均勻分佈的**隨機變數**。就本例而言，目標 $\mu$ 值應介於 $\mu = 4$ 和 $\mu = 6$ 之間。而透過貝氏定理，我們便能憑資料將先驗分佈更新成後驗分佈。

 ??

**問 38**　如果我們無法對常態分佈進行積分，那貝氏定理的分母該如何處理呢？

**答：**如前所述，貝氏定理的分母確實難以積分！而在這些情況下，我們必須放棄以數學方式找出**封閉解**(closed-form solution，又稱解析解，指可以在有限步驟內、以常見的數學運算解出來)，轉而利用一項特別的『工具』來推估後驗分佈，此即為**馬可夫鏈蒙地卡羅**(Markov Chain Monte Carlo, MCMC)，本書之後的章節會介紹到。

不過，我們在某些特殊案例中可以選擇特定的 pdf 做為先驗分佈、收集感興趣的資料、進而推導出後驗 pdf。對這些案例而言，描述先驗和後驗 pdf 會同屬一類的機率密度函數，但兩者的**參數值**可能不同。此處的先驗分佈稱為**共軛先驗**(conjugate prior；Raiffa & Schlaeffer, 1961)，且資料造成的影響可以用參數值的變化來說明(Upton & Cook, 2014)。

以下舉出一些例子：

- **beta pdf 的先驗分佈**＋二項式資料 → beta pdf 的後驗分佈
- **gamma pdf 的先驗分佈**＋卜瓦松資料 → gamma pdf 的後驗分佈
- **常態 pdf 的先驗分佈**＋常態資料 → 常態 pdf 的後驗分佈
- **狄利克雷 (Dirichlet) pdf 的先驗分佈**＋多項式資料 → 狄利克雷 pdf 的後驗分佈

我們會在第 4 篇深入探討以上例子。

終於讀完機率質量函數 (pmf) 與機率密度函數 (pdf)，站起身來動一動休息一下吧。

# MEMO

# 第 4 篇

# 貝氏共軛
# (Bayesian Conjugates)

簡介

歡迎來到本書第 4 篇！如前所述，貝氏推論的其中一項主要用途為參數估計。在本篇中，我們將介紹三項對於參數估計有很大幫助的貝氏共軛 (Bayesian conjugates)；你會發現，三者都屬於第 9 章問 38 所講的特殊案例，即：只要所收集的資料呈現特定分佈，我們便能將先驗 pdf 順利更新為後驗 pdf。

對這些特別的狀況而言，你不但能找到更新先驗分佈所需的解析解 (又稱為封閉解)，還可以避開貝氏定理分母的積分。此外，在討論過程中，各位還會學到兩種機率密度函數 (beta 和 gamma)、以及卜瓦松 (Poisson) 機率質量函數。

● 第 10 章的主題為 beta － 二項式共軛 (beta－binomial conjugate)。在本章的『白宮問題』裡，所有參數 $P$ 假設值的先驗分佈皆以 beta 分佈描述，其中 $P$ 的意義是：知名人士能在未受邀的情況下進入白宮的機率。接著，我們會收集二項式分佈的資料，以便瞭解：某位名人企圖闖入白宮的嘗試有幾次以成功收場，並依此新資訊將先驗更新為後驗分佈。在此先簡述一下結論：未知參數 $P$ 的 beta 先驗分佈 ＋ 二項分佈資料 → 未知參數 $P$ 的 beta 後驗分佈。

- 第 11 章會探討 **gamma － 卜瓦松共軛** (gamma – Poisson conjugate)。在『鯊魚攻擊問題』中，單位時間 (例如：年) 的平均鯊魚攻擊次數以 $\lambda$ 表示，其先驗分佈則由 gamma 分佈描述。然後，為了知道目標年份中鯊魚攻擊發生的次數，我們需要收集卜瓦松分佈的資料，並依此新資訊將先驗更新為後驗分佈。總的來說：gamma 先驗分佈 ＋ 卜瓦松分佈資料→ gamma 後驗分佈。

- 第 12 章要研究的是**常態 － 常態共軛** (normal – normal conjugate)。在『楓糖漿問題』裡，我們會用貝氏方法估計常態分佈的兩項參數：$\mu$ 與 $\sigma$。為了利用上述共軛性質，我們假定 $\sigma$ 為已知、並將注意力放在 $\mu$ 上；這裡的 $\mu$ 代表一年內在美國佛蒙特州生產了多少加侖的楓糖漿，其先驗分佈為常態分佈。接下來，我們會檢視多個年份的糖漿生產量 (假設 $\sigma$ 已知、且資料符合常態分佈)，並依此新資訊將先驗更新為後驗分佈。簡言之：常態先驗分佈 ＋ 常態分佈資料→常態後驗分佈。

其實，如上的共軛組合還有很多種，但本書內容只會用到以上三種常用的例子。本篇各章都會用一個有趣的問題做為開頭，之後再帶領大家利用共軛解將未知參數的先驗分佈更新為後驗分佈。到了第 5 篇，我們會重新再談一次本篇討論過的問題；到時候，各位將學會用另一種方法 (MCMC，馬可夫鏈蒙地卡羅) 來完成後驗分佈的估算。

---

編註：共軛 (conjugate) 一詞可能會讓人摸不著頭腦，這裡大概解釋一下。以數學二項式來說，例如 $a+b$ 與 $a-b$、$2+\sqrt{x}$ 與 $2-\sqrt{x}$ 彼此可配成共軛的一對，也就是看起來很像，差別只在改變了一個正負號。

如果換到貝氏定理來看，我們在前面用 pdf 計算後驗機率時，就有例子原本先驗是均勻分佈，運算之後的後驗分佈變成另外一種分佈。這一方面會遇到積分的困難，再者先驗與後驗分佈若變來變去，更新參數的循環就會相當複雜。如果先驗分佈經過運算後的後驗分佈仍然與先驗屬於相同的分佈，這樣就可以節省運算成本 (也就是容易計算)，在做貝氏定理運算時，某些資料的分佈函數剛好有對應的函數，使得選用這種函數做為先驗分佈時，其後驗函數仍屬相同分佈，這種對應性就叫做共軛，例如：Poisson － Gamma、Binomial － Beta 和 Normal － Normal… 等等。本篇就是要討論具有這種特性的貝氏共軛，其很重要的一點就是避開了分母的積分。

# 第 10 章

# 白宮問題：
# Beta – 二項式共軛

希望各位讀完前面各章已對機率分佈建立非常清楚的觀念了。本章 (以及接下來的兩章) 將告訴大家：如何利用貝氏定理估算某機率分佈的參數。事實上，**參數估計** (parameter estimation) 本來就是貝氏推論的一項常見應用，此類分析過程會涉及機率密度函數 (pdf)。

讀完本章後，各位會具備下面的知識：

- beta 分佈 (beta distribution)
- 二項式資料 (binomial data)
- 超參數 (hyperparameters)
- 共軛先驗 (conjugate prior)
- 信賴區間 (credible intervals)

要說明如何以貝氏定理估算參數，最簡單的方法就是研究範例。下面就讓我們看一個與參數估計有關的貝氏推論問題吧。

此問題來自於**邁克・懷斯的廣播節目** (The Mike Wise Radio Show) (取自 2017 年 8 月 18 日)：

> NBA 球星俠客・歐尼爾 (Shaquille O' Neal) 與其友人打賭說：他能在未預約的情況下闖入白宮，賭輸的人要做 1000 次伏地挺身。

如果讀者不知道歐尼爾，圖 10.1 就是他的照片；其身高 216 公分、體重約 147 公斤，且在 NBA 身涯中獲得過無數獎項。除此之外，他還是個饒舌歌手，並擁有博士學位。這場賭注發生在歐巴馬 (Barack Obama) 任職美國總統期間；歐尼爾知道歐巴馬是一位籃球迷兼教練，因此他有自信能見總統一面。

圖 10.1　俠客・歐尼爾

本章會將問題的範圍訂得更廣一些，我們想知道的是：『任何一位名人（如：歐尼爾），能在未預約狀況下進入美國白宮的機率有多高？』

??

問 1　請問，歐尼爾闖入白宮的機會有多大？

答：這題由各位先猜猜看！

 ??

問 2　歐尼爾的賭注應該要用哪一種機率函數來描述？

答：這就要來研究一下。歐尼爾企圖闖入白宮的嘗試可以視為一次**試驗**
(trial)，試驗結果只可能是成功或失敗 (他自認成功機率挺高)，而該結果
將決定誰是賭注的最後贏家。這段敘述不曉得有沒有讓你想起什麼？

是的，這就是一個二項式問題。各位應該還記得，**二項式機率質量函數**
(pmf) 的公式如下：

$$f(y; n, p) = \binom{n}{y} p^y (1-p)^{(n-y)} \quad y = 0, 1, \cdots, n \tag{10.1}$$

其中，試驗次數為 $n$、觀測到的成功次數為 $y$、成功事件的出現機率則是
$p$。

假如我們**已知**歐尼爾闖入白宮的機率為 0.7 (舉例)，且其只有一次嘗試的
機會，那麼每項可能試驗結果的機率便可用二項式 pmf 算出。以下就是
他成功 ($n = 1$、$y = 1$、$p = 0.7$) 的機率：

$$f(1; 1, 0.7) = \binom{1}{1} 0.7^1 (1-0.7)^{(1-1)} = 0.7 \tag{10.2}$$

失敗 ($n = 1$、$y = 0$、$p = 0.7$) 的機率則是：

$$f(0;1,0.7) = \binom{1}{0} 0.7^0 (1-0.7)^{(1-0)} = 0.3 \tag{10.3}$$

將以上結果畫成如圖 10.2 的機率分佈：

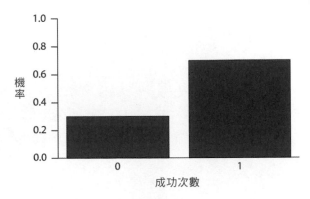

圖 10.2　二項分佈：$n = 1$、$p = 0.7$

在只進行一次嘗試的情況下，成功闖入的機率為 0.7、不成功的機率則是 0.3；兩者的總和等於 1.0。提醒！只包含一次試驗的二項分佈又稱為**伯努利分佈**，我們在第 8 章講過。

現在假定歐尼爾有三**次**嘗試的機會 ($n = 3$)、各次成功機率 $p = 0.7$，則我們可以分別算出觀測到 0 次、1 次、2 次、3 次成功事件 ($y = 0, 1, 2, 3$) 的機率：

$$f(y;3,0.7) = \binom{3}{y} 0.7^y (1-0.7)^{(3-y)} \tag{10.4}$$

$n = 3$、$p = 0.7$ 的二項分佈外觀如圖 10.3 所示：

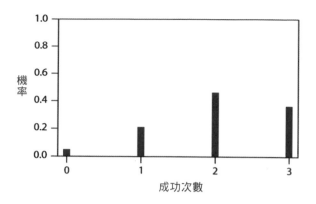

圖 10.3　二項分佈：$n = 3$、$p = 0.7$

換句話說，當『嘗試次數三次、且各次成功機率 $p = 0.7$』時，歐尼爾完全不得其門而入的機會非常低，3 次試驗中 0 次成功的機率為 0.027 (請自己算算看)。

 ??

問 3　**本問題中的每次試驗是獨立的嗎？**

**答：**各位可能回想起來了，二項分佈有一項重要的前提條件，即：不同試驗之間彼此獨立。如果歐尼爾真的企圖闖入白宮三次，則我們可以合理認為：這三次嘗試應該不是獨立的才對。

有些人可能會說：假如白宮警衛會輪班、以致於歐尼爾從未遇上同一批警衛，這樣不同試驗之間不就獨立了嗎？但若真是這樣，那麼又要考慮到：不同警衛對於不請自來的訪客可能有不同標準，這會使情況更加複雜！萬幸的是，本章的問題不必符合真實情況，就讓我們假定每次試驗都是獨立的吧！

**問 4　與歐尼爾打賭的友人又會怎麼看這件事情呢？**

**答：**該名友人相信歐尼爾闖入白宮的機會顯著小於 0.7。這裡假定其所認定的 $p$ 為 0.1，則我們得到的結論將與之前大相逕庭。圖 10.4 就是 $n=3$、$p=0.1$ 時的二項分佈：

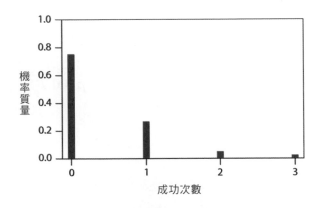

圖 10.4　二項分佈：$n=3$、$p=0.1$

將上述條件 $n=3$、$y=0$、$p=0.1$ 代入 10.4 式計算失敗的機率，也就是 $f(0;3;0.1)$，則歐尼爾失敗的機率值為 0.729。

**這裡就是白宮問題的關鍵：我們實際上並不知道 $p$ 值 (成功機率) 等於多少！很明顯，歐尼爾與他的朋友對 $p$ 有不同想法，否則他們也不會打賭了！換言之，我們面對的是一個參數估計問題。**

說得更具體一些，**此處的目標為：利用貝氏推論法估算出參數 $p$，也就是某位名人 (如：歐尼爾) 在未受邀情況下成功闖進白宮的機率。本章所遵循**的步驟和前幾章相同：

1. 建立假設 — 本題的對立假設為所有可能的 $p$ 值，範圍從 0 到 1.00。
2. 以先驗機率密度表達我們對不同假設為真的信心程度。

3. 收集資料 — 讓歐尼爾進行嘗試，結果可能為成功或失敗。

4. 決定在各假設為真的前提下，觀測資料的**概似度**為何。

5. 透過貝氏定理算出每個可能 $p$ 值的後驗機率密度 (即：後驗機率分佈)。

下面讓我們一步步來討論。

問 5　第一步，$p$ 的假設值是甚麼？

答：我們知道：符合二項分佈的成功機率 $p$，其數值必落在 0 和 1.0 之間；歐尼爾或許有自信的先驗機率 $p$ 接近 1.0，而他的朋友則認為此先驗機率值應接近 0.01 才對。以上兩者僅為 $p$ 的兩種可能假設而已。實際上，我們沒有理由不考慮從 0 到 1 的完整區間，這樣會產生**無限多個**假設 $p$ 值 (如：$p = 0.01$、$p = 0.011$、$p = 0.0111$…等等)。

問 6　第二步，每項假設的先驗機率密度分佈為何？

答：我們必須為每個假設 $p$ 值指定先驗機率密度。本例會使用 **beta 分佈** (beta distribution) 來決定上述先驗值，圖 10.5 則是 beta 機率分佈的範例：

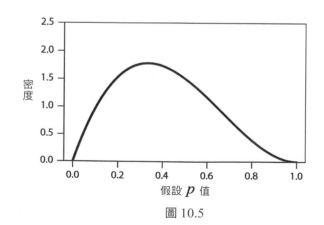

圖 10.5

> 編註：這是個重要的轉折關鍵！之前我們學到的假設是有限的 2 個或 12 個之類的，但這裡的 $p$ 值是連續值且有無限多個，因此必須用機率密度來描述 $p$ 值的先驗分佈。

以上 beta 分佈的 $x$ 軸範圍是 0 到 1；也就是說，若一隨機變數符合 beta 分佈，則其數值必須落在 0 與 1 之間。$y$ 軸則是前一章介紹過的**機率密度**。請記得！機率密度曲線的曲線下面積一定要是 1.0，因此**機率密度絕不等於機率**，但你可以將它們視為每個假設 $p$ 值的『**權重**』。以圖 10.5 的 beta 分佈為例，我們可以看到：0.2 到 0.6 之間的假設 $p$ 值的權重要高於其它 $p$ 值的權重。

 ??

問 7　beta 分佈是什麼？

**答：**根據牛津統計學詞典，beta 分佈『經常被當成比率值的先驗分佈』。而維基百科則說：『在機率論與統計學裡，beta 分佈是一種定義域為區間 $(0,1)$ 的連續型機率分佈。其外觀受兩個參數操控，通常記為 alpha $(\alpha)$ 與 beta $(\beta)$。當某比率的數值不可能等於 0 或 1 時，我們便可拿 beta 分佈當做該比率的統計模型。』

綜上所述，beta 分佈就是一種 $x$ 軸範圍落在 0 到 1 區間內的統計分佈，其形狀與位置受兩個參數控制 (名稱分別是 $\alpha$ 和 $\beta$)。圖 10.5 中 beta 分佈的參數 $\alpha = 2$、$\beta = 3$。

從 beta 分佈抽樣得來的觀測值亦介於 0 和 1 之間，這可以用符號表示為：

$$X \sim \text{beta}(\alpha, \beta) \qquad (10.5)$$

這裡的 $X$ 為一連續隨機變數，服從參數為 $\alpha$ 和 $\beta$ 的 beta 分佈。

beta 機率密度函數的公式如下所示：

$$f(x; \alpha, \beta) = \frac{1}{B(\alpha, \beta)} x^{\alpha-1} (1-x)^{\beta-1} \qquad 0 < x < 1 \qquad (10.6)$$

> 這裡的 $x$ 就是我們要估計的 $p$ 值，請參考 10-23 頁

請各位先找找參數 $\alpha$ 與 $\beta$ 位於上式何處？上式中的分母 $B(\alpha, \beta)$ 是 **beta 函數**（beta function；符號為 $B$）相當於正規化常數，其作用是確保密度曲線下面積等於 1。注意！請不要將 beta 函數與 beta 機率密度函數混淆在一起：beta 函數只有 $B(\alpha, \beta)$，而 beta 機率密度函數是整個 10.6 式！

> 編註：$B(\alpha, \beta)$ 的公式是 $\int_0^1 t^{\alpha-1}(1-t)^{\beta-1}dt$，這是一個定積分，其數值由指定的 $\alpha$、$\beta$ 而定。讀者可以用補充資源 Python 程式 Ch10-1.py 試試用不同的 $\alpha$、$\beta$ 值計算 $B(\alpha, \beta)$。

??

**問 8　可以讓我們看看其它 beta 分佈的範例嗎？**

答：當然沒問題。圖 10.6 呈現出更多例子：

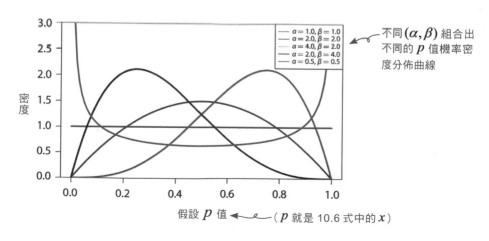

> 不同 $(\alpha, \beta)$ 組合出不同的 $p$ 值機率密度分佈曲線

假設 $p$ 值 ◄——（$p$ 就是 10.6 式中的 $x$）

圖 10.6

考慮到歐尼爾和其友人對於 $p$ 值有很極端的看法 (歐尼爾認為接近 1.0，但友人認為只有 0.01)，我們觀察上圖發現或許將先驗設定為 $\alpha = 0.5$、$\beta = 0.5$ 的 beta 分佈 (即圖中呈現 U 形的藍色分佈曲線) 會是個不錯的選擇 ( 編註：我們要估計的是 $p$ 值，而不是 $\alpha$、$\beta$。歐尼爾和友人對 $p$ 值的看法，基本上就是對 $p$ 的先驗值的估計，所以我們就調整 $\alpha$、$\beta$ 的值來符合兩人對 $p$ 的預期，也就是 U 形的藍色分佈曲線。)。

 ??

**問 9**　能說明一下參數 $\alpha$ 和 $\beta$ 如何影響 beta 分佈的位置與形狀嗎？

**答**：一般而言，$\alpha$ 的值相對於 $\beta$ 來說越大，整條曲線的**權重**大的部分越偏右 (例如圖 10.6 的綠色曲線)；反之，要是 $\beta$ 的值相對於 $\alpha$ 來說越大，則曲線的**權重**越偏左 (例如圖 10.6 的黑色曲線)，這樣應該瞭解了吧。

除此之外，$\alpha$ 與 $\beta$ 還有另一項意義 — 可以用它們來計算 beta 分佈的平均值，又稱為『第一動差』或『第一矩』(first moment， 編註：有關動差的說明，請自行參考基礎數理統計學)：

$$\mu = \frac{\alpha}{\alpha + \beta} \tag{10.7}$$

以及變異數：

$$\sigma^2 = \frac{\alpha * \beta}{\left(\alpha + \beta\right)^2 * \left(\alpha + \beta + 1\right)} \tag{10.8}$$

 ??

**問 10**　能以實例說明問 9 中提到的平均值和變異數該如何用嗎？

**答：**沒問題。假定**你認為**歐尼爾成功闖入白宮的平均機率為 $p = 0.10$；
但其它 $p$ 值亦有可能發生，故這裡將標準差 $\sigma$ 設為 0.05。請記住！所謂
標準差就是變異數 $\sigma^2$ 的平方根。現在，將這些數字代入 10.7、10.8 式
中，並將參數 $\alpha$ 與 $\beta$ 解出來（ 編註：將 $\alpha$、$\beta$ 視為兩個變數，解出上面兩
個聯立方程式，雖然有點麻煩，但確實可解出下面兩式）：

$$\beta = \mu - 1 + \frac{\mu*(1-\mu)^2}{\sigma^2} = 0.1 - 1 + \frac{0.1*(1-0.1)^2}{0.05^2} = 31.5 \qquad (10.9)$$

$$\alpha = \frac{\beta*\mu}{1-\mu} = \frac{31.5*0.1}{1-0.1} = 3.5 \qquad (10.10)$$

由上述參數值 $\alpha$、$\beta$ 產生
的 $p$ 值的 beta 分佈如圖
10.7 所示（有興趣的讀者
也可以利用網站『http://
www.wolframalpha.com/』
畫出）：

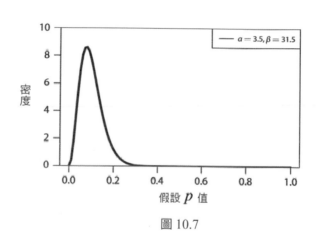

圖 10.7

這種利用平均值與標準差來設定 beta 分佈參數的小技巧名為**動差匹配**
（moment matching）。

 ??

問 11　歐尼爾和其友人最終選擇的先驗分佈為何？

**答**：讓我們假定兩人最後選用了 $\alpha$ 與 $\beta$ 皆為 0.5 的 beta 分佈（即如問 8 所述，歐尼爾與友人的意見相左：一個認為接近 1，另一個認為接近 0）。上面的參數可以記為 $\alpha_0 = 0.5$ 和 $\beta_0 = 0.5$，其中的下標 0 是提醒我們：這些參數屬於先驗分佈。從技術上來說，$\alpha_0$ 和 $\beta_0$ 被稱為 **超參數**（hyperparameters）。

 **??**

**問 12　超參數又是什麼東西？**

**答**：在貝氏統計中，超參數是先驗或後驗分佈自身所具有的參數。之所以使用該名稱，是為了將『先驗或後驗分佈的參數』和『我們想估計的目標參數』區分開來（見圖 10.8，也就是圖 10.6 的藍色曲線）。 編註： 超參數是參數分佈曲線的參數，可由人為指定與調整，以我們的例子而言，$\alpha$、$\beta$ 是超參數，$p$ 則是我們真正要估計的參數。

當前的討論重點在於：用來估計參數 $p$ 的先驗分佈應使用什麼樣的超參數。要執行貝氏推論，歐尼爾與友人必須選擇一個先驗分佈；為此，兩人可能進行了激烈的辯論。圖 10.8 裡的先驗分佈很可能是數小時熱議後的結果；當然，歐尼爾與友人也可以請求 FBI 協助，探聽其他名人在未受邀情況下闖入白宮的資訊！

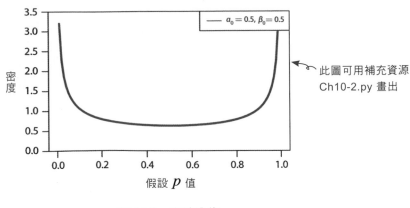

圖 10.8　先驗分佈

> 編註：這是很重要的關鍵！原本我們是要推論假設 $p$ 的機率分佈（離散）或機率密度分佈（連續），但因為調整超參數 $\alpha$、$\beta$ 的值可以改變 $p$ 的分佈，因此接下來我們就把目標轉成推論超參數 $\alpha$、$\beta$ 的值，只要調 $\alpha$、$\beta$ 的值，$p$ 的分佈就會跟著被改變了！我們可以把 $\alpha$、$\beta$ 想成是調控 $p$ 分佈的『旋鈕』。

## 問 13　第三步 ... 現在該做甚麼？

**答：** 第三步是收集資料，別忘記了！**此處假定：歐尼爾已進行過一次嘗試，且失敗了。**若以二項式函數的話來說，即試驗次數 $n=1$、成功次數則是 $y=0$。

下面讓我們以圖示來說明資料產生的過程 (見圖 10.9)：

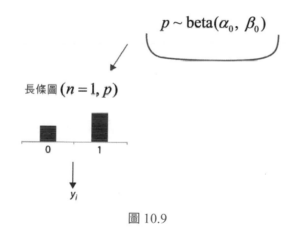

圖 10.9

位於圖 10.9 最底端的即觀測資料 $y_i$。若歐尼爾僅嘗試過一次，則該筆資料便是由參數為 $n=1$ 和 $p$ 的二項分佈生成 (各位應該還記得，$n=1$ 的二項分佈又叫做伯努利分佈)。上圖中的未知參數 $p$ 就是我們要估計的對象；這裡使用 beta 分佈來決定每個假設 $p$ 值的『權重』(請參考上面的編註說明)。

問 14　第四步，那麼接下來呢？

答：在第四步中，我們要計算：在各假設為真的前提下，觀測資料發生的概似度是多少。

此處就是二項式機率質量函數派上用場的地方了。注意，由於資料 (即：嘗試了一次，並以失敗告終) 已經在手上了，故這一步算出的可能性大小稱為『概似度』。以下就是計算所需的二項式 pmf 公式：

$$\mathcal{L}\left(y;n,p\right)=\binom{n}{y}p^{y}\left(1-p\right)^{(n-y)} \tag{10.11}$$

上式中的 $n$ 為試驗次數、$y$ 是觀測到的成功次數、而 $p$ 則是各次成功的機率。

**於是我們可以算出在各種假設 $p$ 值下，得到資料『一次試驗，零次成功』的二項式概似度是多少。**

在此隨意舉一個 $p=0.3$ 的例子，我們觀察到『一次試驗，零次成功』的概似度會是：

$$\mathcal{L}\left(y=0;n=1,p=0.3\right)=\binom{1}{0}0.3^{0}\left(1-0.3\right)^{(1-0)}=0.7 \tag{10.12}$$

問 15　各位有發現這種做法的問題嗎？

答：請讀者先想一下哪裡有問題？

大家可能注意到一個大問題：由於 $P$ 是介於 0 到 1 之間的連續變數，所以 $p$ 值假設不會只有一個而已，而是有無限多個！

**問 16**　那怎麼辦呢？

**答：**我們必須採用**連續隨機變數**版本的貝氏推論法。以估計單一參數 $\theta$ 為例，假如該參數是連續的，則其假設數值便會有無限多個；適用於這種狀況的貝氏定理公式如下：

$$P(\theta \mid 資料) = \frac{P(資料 \mid \theta) * P(\theta)}{\int P(資料 \mid \theta) * P(\theta) d\theta} \tag{10.13}$$

在給定觀測資料、且單一參數的後驗分佈以 pdf 表示的情況下，10.13 式便是貝氏定理的通式。上式等號左邊的後驗分佈 $P(\theta \mid 資料)$，其中的 『$P$』**代表機率密度，而不是機率**，請各位務必小心！至於等號右邊的分子，我們需將『參數 $\theta$ 的先驗機率**密度**(記為 $P(\theta)$)』與『在特定 $\theta$ 值假設下的目標資料**概似度**(記為 $P(資料 \mid \theta)$)』相乘。

回到歐尼爾的問題上，我們得將上式的 $\theta$ 改為 $P$，因此貝氏定理公式會變成下面這樣(先驗機率以藍色標識、概似度為紅色、後驗機率則是紫色)：

$$P(p \mid 資料) = \frac{P(資料 \mid p) * P(p)}{\int_0^1 P(資料 \mid p) * P(p) dp} \tag{10.14}$$

**但這裡我們又遇到了一個困難：上式分母中的積分處理起來通常很麻煩，有時甚至根本積不出來！**

**問 17**　所以要如何突破積分的困境呢？

**答**：就很用力的積呀！

**問 18**　你是認真的嗎？

**答**：開玩笑的！我們很幸運，這個問題毋須進行積分。只要使用下面列出的捷徑 (shortcut)，將先驗更新為後驗分佈便能在彈指之間完成，請看：

- $\alpha_{後驗} = \alpha_0 + y$
- $\beta_{後驗} = \beta_0 + n - y$

> 編註：讀者可能會想：這個所謂的捷徑是哪來的？先不要著急，我們先順順的看下去，到了問 22 就會回頭解釋。

以白宮問題來說，我們所選的先驗 beta 分佈為 $\alpha_0 = 0.5$、$\beta_0 = 0.5$。歐尼爾做了一次嘗試，所以 $n = 1$；他失敗了，所以 $y = 0$。於是將以上數值代入就可以得到後驗分佈的參數了：

- $\alpha_{後驗} = \alpha_0 + y = 0.5 + 0 = 0.5$
- $\beta_{後驗} = \beta_0 + n - y = 0.5 + 1 - 0 = 1.5$

提醒！以上兩參數一開始是由人為指定的（$\alpha_0$、$\beta_0$），又稱為**超參數**（精確來說應該叫『先驗超參數』）。

現在我們有了先驗超參數 $\alpha_0$、$\beta_0$，以及後驗超參數 $\alpha_{後驗}$、$\beta_{後驗}$，來看看參數 $P$ 的先驗和後驗機率密度分佈有何變化(圖 10.10)：

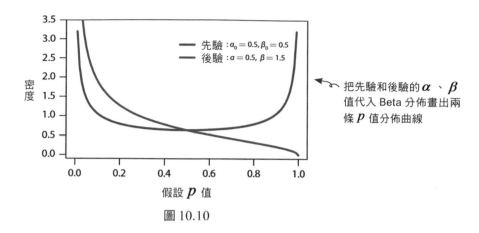

圖 10.10

本例最初的先驗分佈以藍色表示，其反映了：歐尼爾與其友人認為在未受邀情況下進入白宮的可能性要嘛很高、要嘛很低。接著，我們收集到二項式資料，並得到『一次嘗試、以失敗告終』的結果。最後，透過捷徑的幫助算出後驗 $\alpha$、$\beta$，並產生了所有假設 $P$ 值的後驗分佈。

歐尼爾的失敗為每個假設 $P$ 值提供了 **新線索**。各位可以發現，圖 10.10 裡的後驗分佈(紫色曲線) $P$ 值較低的地方權重明顯變高了。

---

編註：上圖可參考補充資源程式 Ch10-3.py。

回顧一下！第 8 章在處理離散型隨機變數時，我們清楚瞭解如何用收集到的資料更新假設 1、假設 2、… 的先驗機率以得到後驗機率。在第 9 章處理連續型隨機變數時，則是用收集到的資料更新 $P$ (無限多個連續假設值)的先驗機率密度分佈，而得到後驗分佈。現在我們只要用收集到的資料算出 $\alpha$、$\beta$ 的後驗值，$P$ 的後驗分佈 (圖 10.10 的紫色曲線) 就算出來了。也就是說計算 $\alpha$、$\beta$ 的後驗值是為了要更新 $P$ 的分佈。

---

**問 19**　若歐尼爾等人採用不同的先驗分佈，最終的後驗分佈會有所不同嗎？

**答**：會的！這裡再花個幾分鐘討論一下先驗吧。

假定歐尼爾與友人打算採用無資訊先驗分佈，即將所有 $p$ 值的權重設為相同，如下圖中的藍色分佈 ($\alpha_0 = 1$、$\beta_0 = 1$) 所示。若考慮到之前『已試著闖入白宮 1 次、且成功 0 次』($n = 1$、$y = 0$)，則用上述先驗分佈計算而得的後驗超參數會等於：

- $\alpha_{後驗} = \alpha_0 + y = 1 + 0 = 1$
- $\beta_{後驗} = \beta_0 + n - y = 1 + 1 - 0 = 2$

我們將先驗分佈在下圖中用藍色實線、後驗分佈則用紫色實線呈現。另外，我們也將圖 10.10 的結果以虛線呈現於圖中以利比較。這兩組曲線的不同，充分證明了：先驗分佈的選擇會影響後驗分佈。

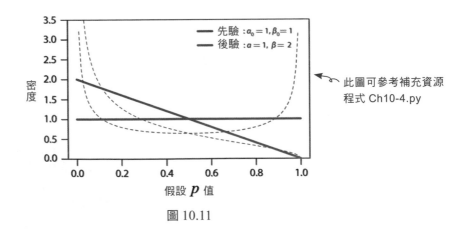

此圖可參考補充資源
程式 Ch10-4.py

圖 10.11

**問 20**　上一個問題中扁平的先驗分佈真的無資訊嗎？

**答**：答案為否。這裡有件很奇怪的事情：本章問 12 使用的 U 形先驗 ($\alpha$ 與 $\beta$ 值皆為 0.5) 其實要比問 19 的『扁平先驗 (flat prior)』($\alpha$ 與 $\beta$ 值皆為 1.0) 更沒有資訊 (更加模糊)。從上面的共軛解可以看出，當先驗分佈的超參數值越小，其對後驗分佈的影響力相較於資料的影響力就越弱 (即：beta 後驗分佈的超參數主要是由資料決定的)。

綜上所述，就 beta 分佈而言，所謂的無資訊先驗分佈指的是 $\alpha$ 和 $\beta$ 值特別小的情況。以 **Zhu & Lu** (http://ww2.amstat.org/publications/jse/v12n2/zhu.pdf) 的話來說：『扁平的先驗分佈不一定就沒有資訊，而無資訊的先驗分佈也不一定是扁平的』。這裡向大家推薦霍布斯 (N. Thompson Hobbs) 與胡頓 (Mevin B. Hooten) (2015 年) 的著作，其中有關於設定先驗機率的詳細討論。其中，霍布斯與胡頓喜歡用『模糊先驗』一詞來取代無資訊先驗；這是因為當待估計參數為連續時，先驗分佈很難 (或不可能) 會毫無資訊。

**問 21**　假如歐尼爾又試了一次呢？

**答**：為回答此問題，讓我們回到第一個先驗分佈 ($\alpha_0$ 和 $\beta_0 = 0.5$)，並以『1 次失敗』的結果對其進行更新 (更新後 $\alpha_0 = 0.5$、$\beta_0 = 1.5$，見問 18)。接下來，我們會以該更新後的分佈為先驗，並收集更多資料。這裡假定：**歐尼爾又失敗了一次**；如此一來，**下一次更新的後驗分佈超參數**就變成了：

- $\alpha_{後驗} = \alpha_0 + y = 0.5 + 0 = 0.5$
- $\beta_{後驗} = \beta_0 + n - y = 1.5 + 1 - 0 = 2.5$

現在，來檢視一下 $p$ 值的先驗與後驗分佈，見圖 10.12：

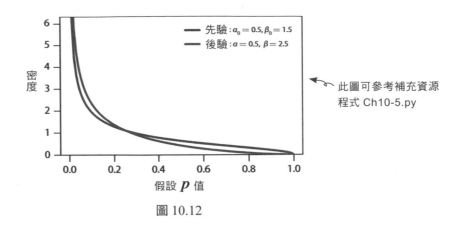

此圖可參考補充資源
程式 Ch10-5.py

圖 10.12

各位可以藉由這個例子看出貝氏推論的好處：隨著手上的資料變多，我們對不同假設的信心程度也將不斷更新。整個過程從決定先驗分佈開始、然後是收集資料、接著再利用貝氏定理來產生後驗分佈；最後，這些後驗分佈又會在下一輪的資料收集中變為先驗分佈，依此循環。只要追蹤信心程度 (此例為後驗之 $p$ 值分佈) 在此過程中的變化，我們便能瞭解自己的**學習歷程**。

**問 22　上面介紹的捷徑 (shortcut) 為什麼成立呢？**

**答**：beta 分佈是一種可以被二項式資料更新的共軛分佈，這也是本章叫做『beta－二項分佈共軛』的原因。本章所述的捷徑首次出現在**霍華德・瑞法** (Howard Raiffa，圖 10.13 左) 與**羅伯特・施賴弗** (Robert Schlaifer，圖 10.13 右) 關於貝氏決策理論 (Bayesian decision theory) 的作品中。這本出版於 1961 年的經典著作名為《Applied Statistical Decision Theory》。

圖 10.13

霍華德・瑞法（左，取自 HBS 照片檔案集：哈佛商學院—
貝克圖書館—教職員與員工 (olvwork376291)）。
羅伯特・施賴弗（右，HBS 照片檔案集：哈佛商學院—
貝克圖書館—教職員與員工 (olvwork383065)）。

---

編註： **捷徑之所以成立的原因，從數學觀點來看！**

各位應該還記得前面講到貝氏定理公式時，我們一直不斷強調分子與分母
有一個共同的項目，也就是『概似度乘以先驗機率』，以下將連續版本的貝
氏定理 10.13 式再寫一遍，因為式中的 $\theta$ 為參數的通稱，此處二項式分佈
的真正參數是 $p$ ，所以我們將原式中的 $\theta$ 換成 $p$ ：

$$P(p\,|\,資料) = \frac{P(資料\,|\,p) * P(p)}{\int P(資料\,|\,p) * P(p)\,dp}$$

上式的先驗 $P(p)$ 在本章是 beta 分佈 pdf，$P(資料\,|\,p)$ 就是二項式 pmf，
兩者相乘經過運算後得到的後驗 $P(p\,|\,資料)$ 也會是 beta 分佈 pdf，
WHY？本章用了一個所謂捷徑的技巧，我們來實際將兩者相乘看看 (此處
僅大致讓讀者瞭解捷徑的由來，嚴謹的推導過程請參考附錄 A1)：

→ 續下頁

由 10.6 式可知：$P(p) = \dfrac{1}{\mathrm{B}(\alpha, \beta)} p^{\alpha-1}(1-p)^{\beta-1}$

由 10.1 式可知：$P(資料 \mid p) = \begin{pmatrix} n \\ y \end{pmatrix} p^{y}(1-p)^{n-y}$

將上面兩式相乘：

$$\frac{1}{\mathrm{B}(\alpha, \beta)} p^{\alpha-1}(1-p)^{\beta-1} \cdot \begin{pmatrix} n \\ y \end{pmatrix} p^{y}(1-p)^{n-y}$$

$$= \frac{1}{\mathrm{B}(\alpha, \beta)} \begin{pmatrix} n \\ y \end{pmatrix} p^{\alpha+y-1}(1-p)^{\beta+n-y-1}$$

在已取得資料 $(n, y)$ 並設定超參數 $(\alpha, \beta)$ 之下，$\dfrac{1}{\mathrm{B}(\alpha, \beta)} \begin{pmatrix} n \\ y \end{pmatrix}$ 是個常數，影響的是後驗 p d f 圖形的高度變化。所以我們要看的是 $p^{\alpha+y-1}(1-p)^{\beta+n-y-1}$。和上面的 $P(p)$ 公式比較一下，可看出只要做個代數代換就可以變成跟 beta 分佈 pdf 相同的形式，也就是：

$$\alpha' = \alpha + y$$
$$\beta' = \beta + n - y$$

還記得嗎？上面兩式就是問 18 中所說的捷徑，於是得到：

$$p^{\alpha+y-1}(1-p)^{\beta+n-y-1} \quad \Rightarrow \quad p^{\alpha'-1}(1-p)^{\beta'-1}$$

這個意思就是說，只要先驗分佈是 beta 分佈，而收集的資料是二項式分佈，則經過這個捷徑的代換，我們就可以讓後驗分佈也是 beta 分佈 (先驗與後驗兩者的 $\alpha$、$\beta$ 值不同，所以圖形會有差異)。這樣的好處是每當收集到新資料時，只需要將新資料與新的超參數代入同樣的先驗函數，就可以快速做到參數估計而得到後驗分佈了，這對寫程式求解會非常有幫助。

讀者可以從『貝氏共軛』的**維基百科**頁面查到各種共軛捷徑。圖 10.14 即是來自上述頁面的『beta－二項式共軛』圖示：

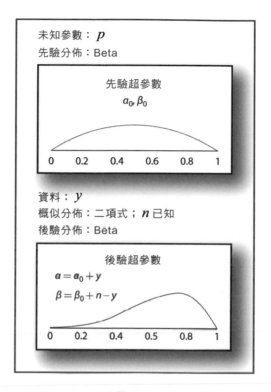

圖 10.14

在此，我們可以將歐尼爾的每次嘗試視為一次實驗，其結果非成即敗；但記得在實際嘗試前，先為 $p$ 決定一個先驗分佈。在第一次實驗裡，我們觀察到歐尼爾闖入白宮的行動失敗了，並利用這項新資訊得到了更新後的後驗分佈。該分佈稍後會變成歐尼爾第二次嘗試時的先驗分佈，而且第二次的結果仍為失敗；該資訊同樣也會被當成更新先驗的依據，進而產生下一個後驗分佈。

**問 23**　歐尼爾有可能在我們更新先驗以前便完成了兩次嘗試嗎？

**答**：有此可能。如果是這樣，那麼我們同樣以先驗分佈為起點，只是更新前的試驗次數需改為 2 次 (皆以失敗告終)。下面來確認一下結果：

- 先驗分佈：
  - $\alpha_0 = 0.5$ 且 $\beta_0 = 0.5$
- 資料：
  - $n = 2$
  - $y = 0$
- 後驗分佈：
  - $\alpha = 0.5 + 0 = 0.5$
  - $\beta = 0.5 + 2 - 0 = 2.5$

這個答案和之前經過兩輪計算的結果相同。

**問 24**　『共軛 (conjugate)』這個詞到底是什麼意思？

**答**：首先，根據 **Dictionary.com**，『共軛』這個詞有幾種不同的定義，其中與此處有關的是代表『結合』，特別是有『配成一對』的意思；因此，該詞常用在『將兩樣東西連在一起』的場合。

第 9 章已提過『共軛』的統計學意義了 — 對某些情況而言，只要選擇特定 pdf 做為先驗分佈 (例如 beta 分佈)、並收集具有特定分佈的資料 (例如二項式分佈)，我們便能順利推導出後驗分佈的 pdf (例如 beta 分佈)。而在這些特殊的情況中，先驗與後驗的 pdf 函數形式會是相同的，但兩者的**超參數**可能不一樣。

當以上條件符合時，先驗分佈即稱為該資料分佈的**共軛先驗**(Raiffa & Schlaeffer, 1961)，而資料所產生的效果則可以用超參數的變化來解釋 (Upton & Cook, 2014)。[編註:]用適當的資料分佈(即概似函數)搭配先驗分佈，這兩者組成一個共軛關係。

就白宮問題來說，我們先把假設 $P$ 值(表示名人在未受邀情況下闖入白宮的機率)的先驗設定為 **beta 分佈**，並收集二項式資料。接著，我們透過『共軛捷徑』產生參數 $P$ 的後驗分佈，而不必透過貝氏定理進行計算。

**問 25　採用共軛捷徑的好處為何？**

**答：**這裡再次引用維基百科：『共軛先驗是一種能產生相同後驗分佈的簡便代數技巧；若不使用該技巧，則我們可能需要處理非常困難的積分』。也就是說，上述共軛捷徑所提供的解與藉由貝氏定理得到的解是相同的，但卻能幫助我們避開貝氏定理中的積分運算。

**問 26　除了二項式資料以外，beta 分佈是否還能成為其它資料類型的共軛先驗？**

**答：**可以。根據維基百科：『在貝氏推論中，beta 分佈可做為伯努利、二項式、負二項式、以及幾何分佈的共軛先驗。beta 分佈對百分比或比率類的隨機行為而言是非常合適的模型』。以上所有分佈都是倚賴數值範圍介於 0 到 1 之間的參數 $P$。

**問 27** **後面還有機會練習其他的共軛先驗嗎？**

**答**：有的！第 11 和 12 章會帶各位練習下面兩種共軛技巧：

- gamma 先驗＋卜瓦松資料 → gamma 後驗
- 常態先驗＋常態資料 → 常態後驗

注意！並非所有的問題都有共軛先驗可用，此時便需要採用另一種技巧來迴避貝氏定理分母的積分。這項技巧名為馬可夫鏈蒙地卡羅 (Markov Chain Monte Carlo, MCMC)，其為第 5 篇的介紹主題。

**問 28** **假如我已經完成分析並得到後驗分佈了，那麼該如何呈現結果呢？**

**答**：一圖勝過千言萬語，如果你能像前面問 18～21 那樣將後驗分佈畫出來最好。

除了直接畫圖之外，我們通常會將後驗分佈的一些常用統計量列出來，包括：平均值 (mean)、中位數 (median)、眾數 (mode) (三者的功能都在於估計分佈的中間位置)，另外再加上分位數 (quantiles)。

對於像 beta 分佈這樣著名的機率分佈，只要上 **Wolfram Mathworld** 網站便能查到各種重要的統計量，以下我們僅列出平均值、眾數、變異數的公式：

- 平均值　$\text{Mean} = \dfrac{\alpha}{\alpha + \beta}$

- 若 $\alpha$ 和 $\beta > 1$，眾數 $\text{Mode} = \dfrac{\alpha - 1}{\alpha + \beta - 2}$

> 小心！不要被 $\alpha$、$\beta$ 搞混了！此處我們是在算 $p$ 值分佈的平均值、眾數、變異數。

- 變異數 Variance $= \dfrac{\alpha * \beta}{(\alpha + \beta)^2 (\alpha + \beta + 1)}$

讓我們將上述公式套用到白宮問題上。本章所得的後驗分佈為 $\alpha = 0.5$ 與 $\beta = 2.5$，故計算結果如下：

- 平均值 $=$ Mean $= \dfrac{0.5}{0.5 + 2.5} = 0.1667$

- 因為 $\alpha < 1$，不符合眾數公式！

- 變異數 Variance $= \dfrac{0.5 * 2.5}{(0.5 + 2.5)^2 * (0.5 + 2.5 + 1)} = 0.0617$

 ??

## 問 29　該如何表示我對不同假設 $p$ 值的信心程度呢？

**答：**可以用『信賴區間 (credible intervals)』來呈現，這項資訊在與參數估計有關的貝氏推論問題裡經常出現。依照牛津社會學研究方法辭典 (Elliot et al., 2016 年版)，**信賴區間**即是『後驗或預測分佈的一段區域。以 95% 信賴區間為例，就表示在給定資料與模型的條件下，真實參數值落於該區間內的機率達到 95%』。

**維基百科描述了三種決定信賴區間的策略 (也請參考 Kruschke, 2015)：**

- **策略一：**選擇最窄的區間；對於單峰值的 (unimodal) 分佈而言，這意謂著我們只選那些對應機率密度最大的參數值 (其中必包含眾數)。像這樣的區間有時也稱為『最高後驗密度區間 (the highest posterior density interval)』。

- **策略二：**選擇一區間，使目標參數值小於與大於該區間的機率相等。這樣的區間必包含中位數，且有時也稱為『等尾區間 (equal-tailed interval)』。

- **策略**三：假如分佈存在平均值，則選擇一區間使得平均值位於該區間的中點。

下面讓我們以策略二來決定最近一次 $p$ 值估計結果（考慮歐尼爾失敗過兩次）的 90% 信賴區間。此處的後驗分佈是 beta 分佈，超參數為 $\alpha = 0.5$ 和 $\beta = 2.5$。我們必須找到一區間，使得右尾的曲線下面積等於 5%、左尾的面積亦等於 5%（ 編註： 90% 信賴區間就表示區間以外面積佔 10%，我們可以假設最左與最右邊各佔 5%）。讀者可以使用任何適合的軟體來進行計算，結果是：該區間的下限位於 $p = 0.00087$、上限位於 $p = 0.57$，請見圖 10.15 中的兩條垂直的綠色虛線：

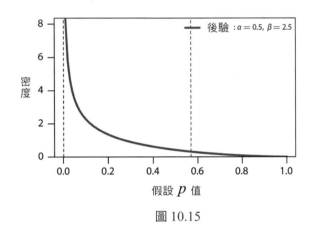

圖 10.15

以白話來說就是：參數 $P$ 的值落在 0.000867 左邊的面積（機率）為 5%；$p$ 值落在 0.57 右邊的面積（機率）為 5%，亦即落在 0.000867 到 0.57 之間的面積（機率）為 0.90。

 **??**

**問 30**　　本章講了好多東西，能幫我做個重點整理嗎？

**答：**當然可以。

- 本章開頭提到：歐尼爾曾和友人打賭說自己可以在未受邀的情況下溜進白宮。

- 然後，我們又將賭注的範圍拓寬了一些，並問：『任意一位名人在未受邀的條件下闖入白宮的機率是多少？』

- 我們使用 **beta 分佈**做為假設 $P$ 的先驗 pdf，$P$ 代表成功機率。要小心的是，beta 分佈對應 $P$ 傳回的值為機率密度，而不是機率。接著，我們選擇了適當的 **beta 分佈超參數**，以同時反映歐尼爾與友人對闖入成功率的看法。

- 在這之後是二項式資料的收集。歐尼爾嘗試了一次，但未能進入白宮。

- 我們試著算出：在各假設 $P$ 下，觀察到上述**資料的概似度**為何。

- 然而，假設 $P$ 有無限多種可能性，這就是貝氏定理的分母會有積分運算的原因。但是！積分這條路不好走。

- 為了便於得到答案，我們走了捷徑 — 即：在共軛解的協助下，利用資料 (共嘗試 1 次、且失敗 1 次) 將先驗 beta 分佈更新成後驗 beta 分佈。

- 然後我們讓歐尼爾再試第二次。此時，先前得到的後驗分佈變成了先驗分佈，而第二次試驗的結果則用來更新該分佈。我們還提到，這種更新程序可用來表達我們的『學習過程』。

- 最後，我們討論了結果呈現的方式，其中包含計算信賴區間的策略。

 ??

---

**問 31** **真實世界中的歐尼爾怎麼樣了？**

**答：**即使他非常有名，但還是沒能進去。他曾向**華盛頓郵報**的體育記者描述這段經歷 (取自 2017 年 8 月 17 日)：

『我走到白宮大門口，他們很親切地跟我說：「歐尼爾，我們不能放你進去。」我回道：「瞭解，我明白。」』

該名體育記者接著說：『週日，歐尼爾非常失落地離開了賓夕法尼亞大道1600 號，並欠下 1,000 次伏地挺身。據歐尼爾說，他接下來只要有空便一次做 20 或 30 下。我們週一在節目導播室見到他時，他已完成約 100 下伏地挺身了。』

 ??

**問 32**　**後面還有機會見到歐尼爾嗎？**

**答**：我們會在第 5 篇中再次回顧此問題，說明如何用另一種方法來估算後驗分佈。不過現在，請各位將重點轉向第 11 章要介紹的 gamma－卜瓦松共軛。在此先警告大家，下一章的內容充滿了血腥味！

# 第 11 章

# 鯊魚攻擊問題：
# Gamma －卜瓦松共軛

在這裡為讀者們插播一則來自**國家郵報**(National Post) 的新聞快訊：

**鯊魚攻擊屬於卜瓦松隨機爆發事件**

好一個標題，是吧？這則新聞出自 2001 年 9 月 7 日的國家郵報。當時，
在美國佛羅里達海岸邊發生異常多的鯊魚襲擊事件，引發了人們的熱議

－ 攻擊頻發的原因為何？我會是下個受害者嗎？在該報導中，來自賓州州立大學的凱爾頓博士 (Dr. David Kelton) 提出了如下的說明：

> 『當你觀察到某事件突然 (如最近的鯊魚攻擊一樣) 頻繁發生時，並不代表背後一定有某個具體的原因在作祟。像這種突然爆發的模式其實是隨機過程的一項特色。』

不曉得這樣的說法是否能讓你安心呢？若再問得詳細一點，我們想知道：凱爾頓博士所指的『隨機過程』到底是哪一種？根據本章開頭的快訊，此問題的答案為**卜瓦松過程** (Poisson process)。各位可能會猜：這種的機率分佈是不是用來描述某事件發生的次數 － 確實如此！本章就帶大家以貝氏框架來探討鯊魚攻擊的問題。

讀完本章後，各位應該就能定義並應用以下知識了：

- 卜瓦松分佈
- 卜瓦松機率質量函數
- gamma 機率密度函數
- gamma－卜瓦松共軛 (gamma-Poisson conjugate)

 ??

## 問 1　那麼，卜瓦松分佈是什麼？

**答**：由於鯊魚攻擊屬於公衛 (public health) 議題，讓我們來看看**牛津公衛辭典** (Last, 2007 年版) 對卜瓦松分佈的解釋吧：『這是一種用來描述事件在空間或時間連續體 (continuum) 上之樣本計數 (如：罕見疾病病例數) 的分佈函數。』

以鯊魚攻擊問題而言，凱爾頓博士的說法如下：『機率論中有一種名為卜瓦松過程的東西，可以描繪此類隨機獨立事件在單位時間內 (每天、每

月、…) 發生的模式，例如：一間快餐店每天的來客數、行星每秒被宇宙
射線打到的次數等，而這其中可能也包括了某地區每年的鯊魚攻擊次
數。』注意，因為攻擊事件的次數並非連續的，所以我們在此要使用的是
某種機率質量函數 (pmf)。

> 卜瓦松分佈是一種能為『事件發生次數』指定『機率值』的數學規則。

?<small>?</small>

**問 2**　『卜瓦松 (Poisson)』指的是什麼？

**答：**卜瓦松分佈是以法國數學
家**西梅翁 · 卜瓦松**（Simeon
Poisson，見圖 11.1) 的名字來
命名的，此人於 1837 年推導
出了該分佈 (這一年也是英國維
多利亞女王繼承王位的年份)。
巧合的是，『poisson』在法文
裡是『魚』的意思，與本章的
鯊魚問題不謀而合！

圖 11.1　西梅翁 · 卜瓦松

## 問 3　那麼卜瓦松機率質量函數長什麼樣子呢？

答：卜瓦松機率質量函數長下面這樣：

$$\Pr(X = x; \lambda) = \frac{\lambda^x e^{-\lambda}}{x!} \qquad x = 0, 1, 2, \ldots \qquad (11.1)$$

公式中的 $\lambda$ 代表『特定時間段內目標事件發生的平均次數』，$x$ 是『觀測到的目標事件次數』。至於 $e$ 是自然常數 (其值為 2.718…的無理數)，又稱為**歐拉數** (Euler's number)。等號左邊代表：『在給定 $\lambda$ 的情況下，隨機變數 $X$ 的值等於 $x$ 的機率』。

請注意！上式 $x$ 的範圍並非有限個 ( 0, 1, …, $n$ )，而是『可數無限多個 (countably infinite)』0, 1, 2, … 。

## 問 4　此函數的參數為何？

答：卜瓦松 pmf 只有**一個參數**『$\lambda$』(唸做 lambda)，其控制卜瓦松分佈的形狀與位置。$\lambda$ 的意義是：單位時間段內目標事件發生的平均次數，例如：每天的平均接生數、每月的工廠意外平均次數、或者每年的鯊魚攻擊事件平均次數等。如此 $\lambda$ 一定要大於 0，否則相當於目標事件從未發生過。$\lambda$ 同時也是卜瓦松分佈的變異數。

下面就透過一個實例來瞭解卜瓦松 pmf 吧。表 11.1 告訴我們：在佛羅里達州，每年鯊魚攻擊事件的平均發生次數為 2.1 次 / 年。

表 11.1

| 年份編號 | 攻擊次數 |
| --- | --- |
| 1 | 1 |
| 2 | 0 |
| 3 | 2 |
| 4 | 1 |
| 5 | 1 |
| 6 | 3 |
| 7 | 2 |
| 8 | 3 |
| 9 | 4 |
| 10 | 4 |

那麼，『明年會發生 10 次攻擊事件』的機率有多大呢？有了上表的資訊，便可用卜瓦松機率質量函數預測出來。

我們將 $x = 10$ 代表明年會發生 10 次襲擊，$\lambda = 2.1$ 表示過去 10 年每年平均發生次數，代入卜瓦松 pmf，就可以得到『明年會發生 10 次攻擊事件』的機率：

$$\Pr(x; \lambda) = \frac{\lambda^x e^{-\lambda}}{x!} \tag{11.2}$$

$$\Pr(10; 2.1) = \frac{2.1^{10} e^{-2.1}}{10!} = 0.0000563 \tag{11.3}$$

?? 

問 5 那『$\lambda = 2.1$、發生 3 次攻擊』的機率呢？

**答：**易如反掌！答案在此：

$$\Pr\left(x;\lambda\right) = \frac{\lambda^{x}e^{-\lambda}}{x!} \qquad\qquad (11.4)$$

$$\Pr\left(3;2.1\right) = \frac{2.1^{3}e^{-2.1}}{3!} = 0.189 \qquad\qquad (11.5)$$

我們可以將攻擊發生 0 次、1 次、2 次、3 次、4 次、5 次、6 次、7 次、… 的機率全部算出來，並且將結果畫成**卜瓦松機率分佈**（Poisson probability distribution），如圖 11.2：

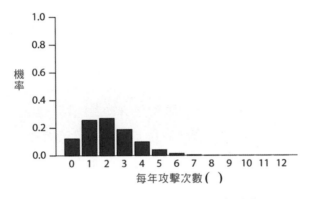

圖 11.2　$\lambda = 2.1$ 的卜瓦松分佈

請讀者從中找出對應『3 次攻擊』與『10 次攻擊』的位置與對應的機率。請注意！這裡的 $y$ 軸是『機率』，因此每個長條的數值總和需等於 1.0。而 $x$ 軸只包含非負整數，並可以一直向右無限延伸，只是越靠右邊的機率值越接近於 0。

圖 11.2 是用長條圖的形式呈現，以表示本例的可能結果為離散的；也就是說，不可能觀測到像是某一年『發生 2.5 次鯊魚攻擊』這樣的數字。說得更清楚一點，可能結果 $x$ 只能是非負整數，但平均值 $\lambda$ 則可以是任何大

於零的數字 (如：2.1)。由於以上這些性質，卜瓦松函數即為一種機率質量函數 (pmf)。

此機率分佈只有一個可做為『旋鈕』調整的參數，也就是 $\lambda$。讓我們比較一下 $\lambda = 1, 3, 7$ 的卜瓦松分佈：

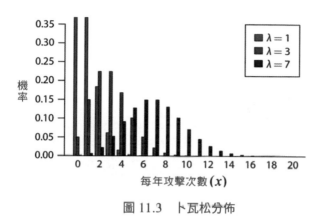

圖 11.3　卜瓦松分佈

從上圖可以清楚看出卜瓦松機率分佈僅受單一參數 $\lambda$ 操控。此外，你可能已經注意到了以下三件事情：

● 首先，分佈的平均值發生在 $\lambda$ 上。
● 其次，$\lambda$ 越大，卜瓦松分佈看起來越接近常態分佈。
● 第三，該分佈的分散程度 (或變異數) 等於 $\lambda$，亦即 $\lambda$ 上升，則卜瓦松分佈越分散。讀者是否能從圖 11.3 中看出這一點？

 ??

問 6　為什麼說卜瓦松過程和『爆發』有關？

答：回顧一下本章的新聞標題：『鯊魚攻擊屬於卜瓦松隨機爆發事件』。現在，讓我們再次來研究 $\lambda = 2.1$ 的卜瓦松分佈，如圖 11.4 所示。我們可

以看到鯊魚攻擊事件數為 1、2 和 3 次的可能性相當高,而 0、4 和 5 次
也有一定發生機會。至於攻擊數超過 7 次的狀況,比平均數 2.1 次低很
多,雖然較為罕見,但並非完全不可能 (因為還是有機率值)。

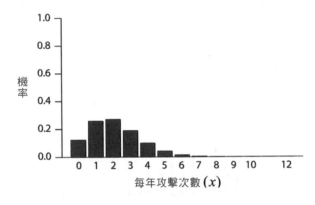

圖 11.4 $\lambda = 2.1$ 的卜瓦松分佈

下面來嘗試一項實驗:我們會從圖 11.4 ($\lambda = 2.1$) 的卜瓦松分佈中隨機抽
取 **50 次觀測結果**,並將其記錄在一張 **5×10** 的表格中 (見表 11.2)。抽取
的順序是先抽到『2 次』、然後是『1 次』、接著又是『1 次』、再來是『3
次』,依此類推 ( 譯註: 對應下表最左行的前面 4 個數字),填滿這張表
格:

**表 11.2**

| | | | | |
|---|---|---|---|---|
| 2 | 4 | 2 | 2 | 3 |
| 1 | 3 | 1 | 1 | 0 |
| 1 | 2 | 1 | 1 | 1 |
| 3 | 1 | 3 | 1 | 3 |
| 3 | 4 | 2 | 1 | 3 |
| 2 | 1 | 3 | 3 | 3 |
| 5 | 2 | 3 | 1 | 0 |
| 5 | 2 | 4 | 5 | 1 |
| 4 | 5 | 0 | 4 | 1 |
| 7 | 2 | 3 | 1 | 3 |

以上就是隨機卜瓦松過程的一個範例,我們可以拿它來描述新聞中提到的
鯊魚攻擊事件 – 其中,觀測到的發生次數 $x$ 由卜瓦松分佈決定;換句話

說，隨機變數 $X$ 代表每年鯊魚攻擊案件的數量，而該隨機變數服從卜瓦松分佈：

$$X \sim \text{Poisson}(\lambda)$$ (11.6)

現在，請各位將注意力放在表 11.2 第 1 行的最後四個結果：5, 5, 4, 7，以及第 2 行的第一個結果：4。你發現了嗎？這幾次抽到的攻擊案件數特別高。假如我們不知道這些數字來自 $\lambda = 2.1$ 的卜瓦松分佈，很可能會產生『因為鯊魚族群數量增加，導致攻擊事件變得頻繁』的爆發性錯覺。事實上，隨機變數經常會出現一連串看上去『並不隨機』的結果，儘管它們本質上是貨真價實的隨機數字。不知道這樣說大家是否能接受？

**問 7** 卜瓦松 pmf 和貝氏分析有什麼關聯呢？

答：問到重點了！

假如你是貝殼海灘巡邏隊的一員 (這裡的『貝』剛好是『貝氏』的『貝』)，且今年共發生了 5 起鯊魚攻擊事件。你的長官懷疑目前的估計值『$\lambda = 2.1$』已經不準確了，因此他指示你去調查最新的鯊魚年攻擊估計值。因為這屬於參數估計的範疇，故你打算採用貝氏的方法來解決。

**問 8**　所以 λ 的估計值是多少呢？

**答**：請各位先猜一下！

以本例而言，我們只得到了一項新的觀測結果，即：今年共發生 5 次攻擊，而這樣的結果可能出現在各種 λ 值的卜瓦松分佈中。請看圖 11.5，並從中找出 λ = 2、5 或 7 時，『發生 5 次攻擊』的機率分別為何：

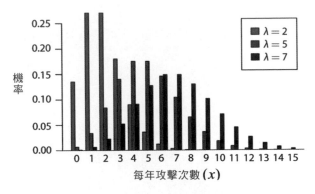

圖 11.5　卜瓦松分佈

由於『發生 5 次鯊魚襲擊』的機率在這三種卜瓦松分佈裡皆不為零，也就是 λ 等於多少都有可能。所以我們應當考慮所有可能的 λ 值（這些值即是本問題的假設），然後再以手上的資料（即：5 次攻擊）來檢驗各項假設。

這裡我們想知道的是：**在每一項假設 λ 值下觀測到『鯊魚每年攻擊 5 次』的概似度是多少？** 請再看一次問 3，由於 λ 可以是大於 0 的任何實數，因此我們不能只看上圖中的 3 種 λ 種，而可能的 λ 其實有無限多個，也就是有無限多個假設，因此我們需要知道 λ 的機率分佈。

這明顯是一個貝氏推論問題。而在此類問題中，我們得先選擇一種先驗分佈來表達對各個可能 λ 值的『信心』、並且算出資料概似度，如此才能生成所求的後驗分佈。趕快來看看要怎麼做吧。

**問 9　那麼，該從何處下手呢？**

答：延續上一個問題，我們要選一種先驗分佈來表達對各 $\lambda$ 值的信心。
還記得嗎？$\lambda$ 值的範圍是從 0 到無限大，故 $\lambda$ 是連續型隨機變數，因此各
種可能 $\lambda$ 值的分佈必須要用機率密度來表達。

---

**編註：**提醒！鯊魚攻擊事件發生次數是離散的非負整數，因此卜瓦松分佈是機率質
量函數（pmf），但是卜瓦松分佈的參數 $\lambda$ 是連續實數，因此 $\lambda$ 的分佈會是機率密
度函數（pdf）。請比較圖 11.5 和圖 11.6。

---

圖 11.6 是一種可能的假設 $\lambda$ 值先驗分佈。當然，你也可以選擇其它分佈
做為先驗：

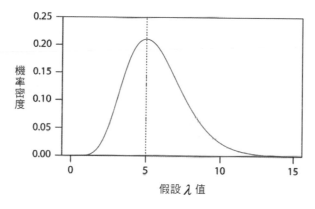

圖 11.6　$\lambda$ 的先驗機率分佈

**問 10　應該使用哪一種機率分佈來設定本問題的先驗呢？**

**答**：複習一下。在第 10 章中，我們是估計 $P$ 參數的後驗分佈 (即：諸如歐尼爾之類的名人在未受邀情況下成功闖進白宮的機率)。當時我們是使用 **beta 分佈**來指定各個可能 $P$ 值的先驗機率 (由於 $P$ 是成功率，故範圍在 0 和 1 之間)，而資料部分則來自二項式實驗 (計算在總試驗數中，有幾次以成功告終) – 藉由以上兩項資訊，我們成功得到了參數 $P$ 在新資料下的後驗分佈。

不過對本章的問題而言，beta 分佈並不適用。為什麼呢？這是因為 $\lambda$ 值可以大於 1。萬幸的是，有另一種分佈符合我們的需求，那就是 **gamma 分佈** (gamma distribution)。

 ?

**問 11**　**什麼是 gamma 分佈？**

**答**：**Wolfram** 網站與**牛津統計學辭典** (Upton & Cook, 2014 年版) 都為 gamma 分佈提供了解釋。但若讀者實際去查看這些解釋，會發現它們表達 gamma 分佈的方法並不一致。這一點在**維基百科**的條目上有說明 (取自 2017 年 8 月 17 日)：『在機率論與統計學中，gamma 分佈是一種擁有兩項參數的連續機率分佈家族。常見的參數設定方式有三種：

- 兩參數分別為**形狀** (shape) 參數 $k$，與**尺度** (scale) 參數 $\theta$。
- 兩參數分別為**形狀**參數 $\alpha = k$，與**比率** (rate) 參數 $\beta$ (也就是尺度參數 $\theta$ 的倒數：$\beta = \dfrac{1}{\theta}$)。
- 兩參數分別為**形狀**參數 $k$，與**平均** (mean) 參數 $\mu = \dfrac{k}{\beta}$。

其中，第二種參數設定方式 (即 $\alpha$ 與 $\beta$) 較常出現在貝氏統計裡。其中 $\beta$ 比率 (rate) 參數代表單位時間或空間的發生量，例如確診率、放射線衰變率、每月出生率… 等各種『率』，而像是指數分佈與卜瓦松分佈中的 $\lambda$ 即為比率參數。因而 gamma 分佈一般會做為這一類分佈的**共軛先驗分佈**（conjugate prior distribution）。

### 問 12　太複雜了！能講得簡單一點嗎？

**答**：gamma 分佈是一種連續型機率分佈；換言之，其水平軸是連續（非離散）的，且範圍從 0 到無限大。產生 gamma 分佈的方式有三種；在貝氏分析中，我們感興趣的 gamma 分佈具有兩個控制形狀和位置的參數（其實是超參數啦！我們就簡稱為參數）：其一為形狀參數 $\alpha$、其二為比例參數 $\beta$。

---

**若**各位想閱讀其它參考資料，請特別留意：不同的應用領域有可能會以不同的名字來稱呼形狀、比率和尺度參數。本書統一將形狀參數稱為 $\alpha$、比率參數稱為 $\beta$、尺度參數則稱為 $\theta$。

---

讓我們來看幾組 $\alpha$、$\beta$ 組合畫出來的 gamma 分佈圖（見圖 11.7）：

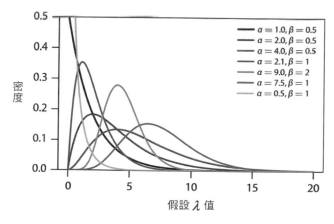

圖 11.7　Gamma 分佈

編註：請和圖 10.6 比較，圖 10.6 是用 beta 分佈的 $\alpha$、$\beta$ 超參數來調控 $p$ 值的先驗機率密度分佈，圖 11.7 是用 gamma 分佈的 $\alpha$、$\beta$ 超參數來調控 $\lambda$ 值的先驗機率密度分佈。當然兩者的 $\alpha$、$\beta$ 是不一樣的，只是名字稱呼相同而已 (見問 13)。

請注意！該分佈的外觀是連續函數圖形 (需繪製成曲線，而非長條圖)，這顯示出 gamma 分佈是一種**機率密度函數** – 也就是說，假設 $\lambda$ 值 (每年的平均鯊魚攻擊次數) 總共有**無限多種**可能性。

**問 13**　這裡的 $\alpha$ 和 $\beta$ 是否與第 10 章中 beta 分佈的 $\alpha$ 與 $\beta$ 有關？

**答**：完全沒有關聯。純粹是因為 $\alpha$ 和 $\beta$ 通常會用來作為各種機率函數的 (超) 參數名稱，就如同許多人會把毛小孩命名為『來福』或『小白』，雖然名字一樣，但完全沒有關係。

**問 14**　在三種參數設定方法中，為什麼我們選擇了第二種呢？

**答**：各位應該可以看出來，上述三種參數設定法是環環相扣的。第一種方法的兩個參數分別是形狀與尺度參數，第二種方法的比率參數只是尺度參數的倒數，而第三種方法的平均則等於形狀參數除以比率參數！

**至於應該使用哪一種參數設定法，取決於你想解決的問題為何**。在估計卜瓦松分佈裡的 $\lambda$ 值時，第二種參數設定 (即：形狀參數 $\alpha$ 與比率參數 $\beta$) 特別常用；畢竟 $\lambda$ 本身就是一個比率！

**問 15　該如何用 gamma 分佈來估算機率呢？**

**答：**這個嘛，因為 gamma 分佈是機率密度函數，所以我們無法算出某個值的機率為何。不過，計算機率密度是可行的。

給定一個 gamma 分佈 (如：$\alpha = 2$、$\beta = 1$)，則與特定值 (如：$x = 3$) 對應的**機率密度**可由以下公式求出：

$$g(x;\alpha,\beta) = \frac{\beta^{\alpha} x^{\alpha-1} e^{-\beta x}}{\Gamma(\alpha)} \quad 0 \le x < \infty \tag{11.7}$$

以上就是 gamma 分佈的機率密度函數。我們可以看到函數名稱為 $g$、輸入包括 $x$、$\alpha$ 和 $\beta$。注意這裡的隨機變數 $X = x$，其值必須大於或等於 0，而 $\alpha$ 和 $\beta$ 則必須為正數。該函數的輸出值相當於『$x$ 在給定 $\alpha$ 與 $\beta$ 下的機率密度』。

回到前面的計算。當 $\alpha = 2$、$\beta = 1$ 時，我們觀察到 $x = 3$ 的機率密度可以如下代入機率密度函數：

$$g(x;\alpha,\beta) = \frac{\beta^{\alpha} x^{\alpha-1} e^{-\beta x}}{\Gamma(\alpha)} \tag{11.8}$$

$$g(3;2,1) = \frac{1^2 3^{2-1} e^{-1*3}}{\Gamma(2)} \tag{11.9}$$

**問 16　那個奇怪的希臘符號『$\Gamma$』又是怎麼一回事呢？**

**答**：11.7 式分母中的『Γ』是希臘字母 G (讀作 gamma)，它代表的是 **gamma 函數**。請讀者注意！切勿將此 Γ 函數與描述 gamma 分佈的機率密度函數 (即 11.7 式) 混為一談！這裡會除以一個 Γ 函數的目的是讓 gamma 機率密度函數的積分等於 1.0 (編註：其作用就像 10.6 式的 $B(\alpha, \beta)$ 一樣)。

 ??

**問 17** 但 11.9 式中的『Γ(2)』該如何處理呢？

**答**：當 $\alpha$ 為**正整數**時，$\Gamma(\alpha) = (\alpha - 1)!$ ( 此『!』為階乘符號 )。就本例而言，$\Gamma(2) = (2-1)! = 1! = 1$，故 11.9 式可化簡為：

$$g(3;2,1) = \frac{1^2 3^{2-1} e^{-1*3}}{\Gamma(2)} \tag{11.10}$$

$$g(3;2,1) = \frac{1^2 3^{2-1} e^{-1*3}}{(2-1)!} \tag{11.11}$$

$$g(3;2,1) = 1^2 3^{2-1} e^{-1*3} = 0.14936 \tag{11.12}$$

假如 $\alpha$ 不是正整數，則可用網路上的計算機來算出 Γ 函數的值。請用瀏覽器搜尋『gamma function calculator』，挑選一個計算機輸入 $\alpha$ 值，即可算出 $\Gamma(\alpha)$。

編註： 如果 $\alpha$ 不是整數，則 $\Gamma(\alpha) = \int_0^\infty t^{\alpha-1} e^{-t} dt$。

下圖呈現的是 $\alpha = 2$、$\beta = 1$ 的 gamma 分佈，請讀者試著從中找出 $x = 3$ 的機率密度：

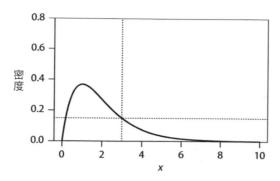

圖 11.8　Gamma 分佈：$\alpha = 2$、$\beta = 1$

這裡要再次強調！gamma 分佈是一種機率密度函數；其縱軸是密度，而橫軸則為一連續變數。

**問 18**　該如何將 **gamma** 分佈應用在鯊魚攻擊問題中呢？

**答**：在本例中，**我們的目標是以貝氏推論方法估計每年的鯊魚平均攻擊率，即 $\lambda$。**

本章遵循的分析步驟和前幾章都一樣：

1. 建立假設 – 此處的假設為可能的 $\lambda$ 參數值，範圍從 0 到無限大。
2. 以先驗機率密度來表示我們對每個假設 $\lambda$ 值的信心程度。
3. 收集資料 – 本例的資料為：一年中發生 5 次鯊魚攻擊事件。
4. 找出在各假設為真的情況下觀測到目標資料的**概似度**。
5. 利用貝氏定理來計算每個可能 $\lambda$ 值的後驗機率密度 (即：後驗分佈)。

在進入細節以前，讓我們先畫一張圖來說明本例資料的生成過程 (見圖 11.9)：

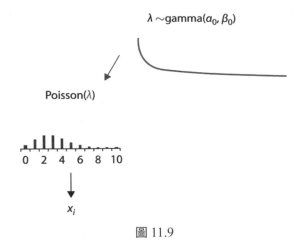

圖 11.9

上圖最下方的 $x_i$ 代表觀測到的資料，這是從卜瓦松分佈中 (該分佈由參數 $\lambda$ 定義) 隨機觀測而得的。這裡的未知參數 $\lambda$ 就是待估計的目標；我們使用了 gamma 分佈來表示每個假設 $\lambda$ 值的可能性『權重』，這使得未知參數 $\lambda$ 相當於由 gamma 分佈所產生的隨機變數 (或稱參數 $\lambda$ 是服從 gamma 分佈的隨機變數)。

> 編註：提醒！本章的先驗是 gamma 分佈，資料是來自卜瓦松分佈，而後驗也會是 gamma 分佈。

至此，我們已經將問題說明清楚，是時候討論各個步驟了。

 ?₂

**問 19** 第一步，參數 $\lambda$ 的假設值範圍為何？

**答：** 請各位先自行回答！

前面說過，gamma 分佈的 $\lambda$ 值可以是 0 到無限大之間的任何實數，故 $\lambda$ 的假設值有無限多個。

**問 20** 第二步，$\lambda$ 的先驗機率密度是甚麼？

**答**：為了進行貝氏分析，必須為所有可能的假設 $\lambda$ 值指定先驗機率密度。在之前的內容中，我們已選擇了 **gamma 分佈**做為本例的先驗機率分佈；此外，我們還依照需求替該分佈決定了適當的超參數設定方法，即使用『形狀（$\alpha$）』與『比率（$\beta$）』超參數。

**問 21** 上面提到的 $\alpha$ 和 $\beta$ 值應該各是多少？

**答**：請各位想想看！

如果毫無頭緒，可翻閱記載了過去 10 年鯊魚攻擊數據的表 11.1，看看能得到甚麼資訊？

**問 22** 但我們只知道表 11.1 的平均值為 2.1 呀！該怎麼把此平均值轉換成 gamma 分佈的 $\alpha$ 和 $\beta$ 值呢？

**答**：**Wolfram MathWorld**、**牛津統計學辭典**或**維基百科**上提供的機率分佈資訊在這裡非常有用。舉例而言，圖 11.10 呈現出 gamma 分佈的基本資訊，其中和本章參數設定有關的地方已用紅框標出：

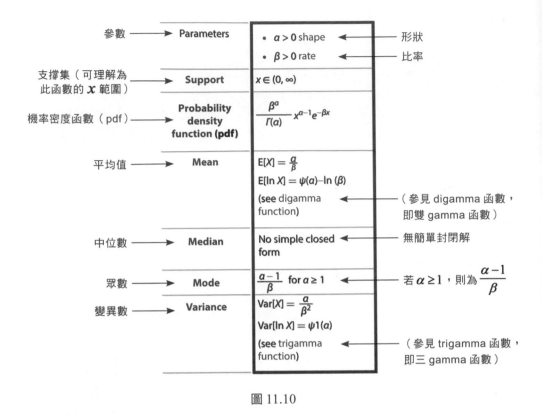

圖 11.10

上述資訊總結了 gamma 分佈（使用 **α** 與 **β** 參數設定）的平均數、中位數與變異數等等資訊。從中可以得知 gamma 分佈的平均數為：

$$\mu = E[X] = \frac{\alpha}{\beta} \tag{11.13}$$

眾數是（在 **α ≥ 1** 的前提下）：

$$\frac{\alpha - 1}{\beta} \tag{11.14}$$

變異數是：

$$\frac{\alpha}{\beta^2} \tag{11.15}$$

實際上，$\alpha$ 和 $\beta$ 的**相對關係**要比各自的數值來得重要。舉個例子，如果某 gamma 分佈的平均數（11.13 式）是 2.1，則我們可以將 $\alpha$ 設為 2.1、$\beta$ 設為 1.0，或者也可以把 $\alpha$ 設為 4.2、$\beta$ 設為 2.0，兩者的平均數都會相同。

同樣地，如果分佈的眾數（即峰值，11.14 式）落在 2.1，則我們可以讓 $\alpha$ 等於 3.1、$\beta$ 等於 1.0，也能讓 $\alpha$ 等於 31、$\beta$ 等於 14.3（見圖 11.11）：

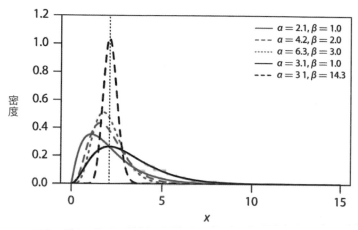

圖 11.11　不同超參數下的 Gamma 分佈

> 編註：此圖各曲線的顏色太接近不易區別，在補充資源的 Ch11-1.py 已將顏色明顯區隔開。我們可看出 $\alpha$ 是控制形狀（shape）的陡峭程度，$\beta$ 則是控制圖形寬高比率（rate），也就是 $\beta$ 越小則散佈範圍就越低矮寬鬆、越大則越緊密瘦窄。

關於圖 11.11，有幾項重點必須強調：

● 五種 gamma 分佈的曲線下面積皆為 1.0。

● 隨著 $\alpha$ 和 $\beta$ 的值上升，分佈曲線看起來會越來越窄。

● 圖中所有藍色分佈（有三條線）的 $\alpha$ 和 $\beta$ 皆以『平均值等於 2.1』為前提推導而得。不過請注意，由於分佈在右尾上有『權重值』，故此處的平均不與曲線的最高點對應。

- 當 $\alpha$ 與 $\beta$ 的值是根據眾數來設定時 (圖中的黑色分佈，有二條線)，分佈曲線的最高點即代表眾數。

圖 11.11 清楚地告訴我們：即便已有先驗知識 － 每年平均發生 2.1 次鯊魚攻擊事件，在設定先驗分佈時，我們仍需引入一定程度的主觀選擇。在決定 $\alpha$ 與 $\beta$ 值時，我們也能同時參考表 11.1 算出變異數，這一點就留待第 13 章再行說明。

 ??

**問 23**　所以說，本例的 gamma 分佈應該怎麼選才好？

**答：** 就讓我們將本例的先驗分佈設為 $\alpha_0 = 2.1$、 $\beta_0 = 1$ (對應圖 11.12 中的藍色實線) 的 gamma 分佈吧，其中的鯊魚平均攻擊率為 2.1。注意，這裡我們為 $\alpha$ 和 $\beta$ 加上了『下標 0』，以強調它們是先驗分佈的超參數。如下圖所示：

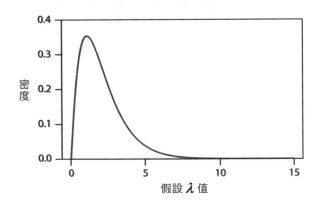

圖 11.12　先驗分佈： $\alpha_0 = 2.1$、 $\beta_0 = 1$

 ??

**問 24**　可以複習一下『超參數』這個詞嗎？

**答：**在貝氏統計中，所謂超參數 (hyperparameter) 就是某種能控制先驗／後驗分佈形狀與位置的參數 ( 編註: 一開始的先驗分佈超參數是由人為指定)。使用超參數一詞的目的是為了與待估計的未知參數 (以本例而言即　) 做出區分。

**問 25** 第三步要做什麼？

**答：**收集資料！根據我們的觀察，今年共發生 5 起鯊魚攻擊事件。

**問 26** 第四步又是什麼呢？

**答：**第四步是要算出在各假設下觀測到目標資料的概似度有多大。

**現在，我們要來計算在各假設 $\lambda$ 值下，觀測到『一年中發生 5 次鯊魚攻擊事件』的卜瓦松概似度為何。**

本章開頭已介紹過卜瓦松機率質量函數 pmf；在給定參數 $\lambda$ 的前提下，可以利用該 pmf 算出觀測到 0 次、1 次、2 次、3 次、... 攻擊的機率。而在本例中，我們已有觀測資料 $x$ (5 次)，現在要做的事情是：利用卜瓦松 pmf 找出在各種假設 $\lambda$ 值下觀測到資料 $x$ 的**概似度**是多少。

以『$\lambda = 2.1$』的假設為例，我們觀測到五起鯊魚攻擊事件的概似度如下：

$$\mathcal{L}\left(X = x; \lambda\right) = f\left(x; \lambda\right) = \frac{\lambda^x e^{-\lambda}}{x!} \tag{11.16}$$

$$\mathcal{L}\left(x = 5; \lambda = 2.1\right) = \frac{2.1^5 e^{-2.1}}{5!} = \frac{(40.84 * 0.12)}{120} = 0.04167704 \tag{11.17}$$

將一定範圍內的多個 $\lambda$ 值代入 $\mathcal{L}(x=5;\lambda)$ 概似函數畫成圖形，所得結果稱為概似度剖面 (likelihood profile)，見圖 11.13：

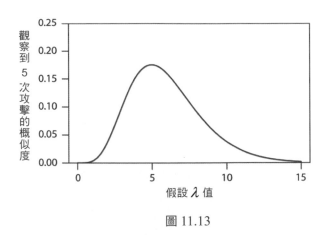

圖 11.13

 **??**

**問 27**　第五步呢？

**答**：最後一步是利用貝氏定理算出每個假設 $\lambda$ 值的後驗機率。如同第 10 章，此處的貝氏推論問題是屬於**連續隨機變數**。

假如我們想估算單一參數 $\theta$、且 $\theta$ 是連續的，則其假設值將有無限多個；在這種情況下，貝氏定理的公式為：

$$P(\theta \mid 資料) = \frac{P(資料 \mid \theta) * P(\theta)}{\int P(資料 \mid \theta) * P(\theta) d\theta} \tag{11.18}$$

當給定資料、且單一參數的後驗分佈以 pdf 表示時，11.18 式即為貝氏定理的通式。等號左邊是後驗分佈記為 $P(\theta \mid 資料)$，其中 $P$ 代表機率密度。至於等號右邊，分子部分等於『$\theta$ 的先驗**機率密度**，記為 $P(\theta)$』乘以『在特定假設 $\theta$ 值下觀測到目標資料的概似度，記為 $P(資料 \mid \theta)$』。就

11.18 的貝氏定理通式而言，這裡的概似度可以是 pdf 或 pmf；而本章的資料概似度符合卜瓦松分佈，故此處為 pmf。

11.18 式的分母部分與分子包含相同的項，只不過分母要做的事為：先算出所有可能 $\theta$ 值假設下的『先驗機率密度*概似度』，然後再將所得乘積合併(積分)起來。

回到本章的鯊魚攻擊問題上，我們需把公式中的 $\theta$ 替換為 $\lambda$，因此貝氏定理會變成下面這樣(後驗分佈標為紫色、先驗為藍色、概似度則是紅色)：

$$P(\lambda \mid 資料) = \frac{P(資料 \mid \lambda) * P(\lambda)}{\int_0^\infty P(資料 \mid \lambda) * P(\lambda) d\lambda} \tag{11.19}$$

請記住！以上公式的計算結果為**機率密度**，而非機率。因為在使用 pdf (適用於連續隨機變數) 的條件下，任何特定 $\lambda$ 值的機率皆為 0 (請複習第 9 章的內容)，所以我們必須一次考慮所有可能的 $\lambda$ 值，也就是**整個後驗分佈**。

**但此處有一項難題：11.19 式分母的積分算起來非常困難！**

**問 28** **所以該如何克服上述難題呢？**

**答**：幸好就本問題而言，積分運算並不是必要的！只要使用一項捷徑，我們很容易便能完成從先驗到後驗分佈的更新程序。

先總結一下，本例的先驗分佈設定為 $\alpha_0 = 2.1$、$\beta_0 = 1$。另外，我們的觀測資料顯示：一年中發生了 5 起鯊魚攻擊事件，故 $x = 5$；若令 $n$ 代表觀測的次數，則 $n = 1$ (本例是每年觀測 1 次)。

> 譯註：卜瓦松處理的是某事件的發生次數，而『發生次數』需要有一個『時間窗』
> (如：『一年』發生幾次、或『一個月』發生幾次)。換言之，如果將時間窗訂為 1 年，
> 那就相當於將『一年中發生的次數』視為『一筆資料』，而此處的 $n$ 代表的正是『有
> 幾筆資料』，例如：每年觀測看發生幾次，共觀測了 3 年，共 3 筆資料，故 $n = 3$。
> 讀者可參考問 33 在 11-30 頁的例子，那個例子中 $n = 5$，就會比較清楚了。

一切就緒，**以下就是本章的捷徑。**

更新後的 $\alpha$ 等於『$\alpha_0$ 加上卜瓦松觀測資料的總和』：

$$\alpha_{後驗} = \alpha_0 + \sum_{i=1}^{n} x_i \tag{11.20}$$

這裡我們僅有 1 筆觀測資料 (5 起攻擊)，因此上式的累加項只有 $x_1 = 5$，
所以：

$$\alpha_{後驗} = 2.1 + 5 = 7.1 \tag{11.21}$$

至於更新後的 $\beta$ 則是『$\beta_0$ 加上 $n$』，$n$ 代表『進行了幾次卜瓦松觀測』：

$$\beta_{後驗} = \beta_0 + n \tag{11.22}$$

$$\beta_{後驗} = 1 + 1 = 2 \tag{11.23}$$

上面所列的 $\alpha_{後驗}$ 與 $\beta_{後驗}$ 稱為後驗超參數。現在，可以來比較 $\lambda$ 的先驗與後驗分佈了 (見圖 11.14)：

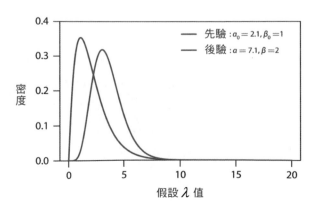

圖 11.14　Gamma 先驗與後驗分佈

圖 11.14 中的藍色先驗分佈就是分析的起點。接著我們收集了一筆資料
(即：5 次攻擊)，該資料屬於卜瓦松隨機變數。最後再利用捷徑找出所有
假設 $\lambda$ 值的後驗分佈。

在以上過程中，資料改變了我們對每個可能 $\lambda$ 值的信心程度，而這個新的
信心程度由上圖中的紫色後驗分佈表示。我們由問 3 知道 $\lambda$ 是平均發生次
數，而 $x$ 是觀測到的發生次數，因此當觀測到 $x_1 = 5$ 之後，$\lambda$ 的後驗分佈
有朝著觀測資料方向移動的傾向。

 ??

## 問 29　以上捷徑為什麼成立？

**答：** 因為 gamma 分佈是一種可以透過卜瓦松資料來更新的共軛分佈
(Raiffa & Schlaeffer, 1961)，這也是本章名稱為『gamma－卜瓦松共軛』
的原因。

前面已經講過共軛分佈的統計學定義了，我們再複習一遍：『在某些問題
中，只要選擇特定 pdf 做為先驗分佈、並收集具有特定分佈的資料，我們
便能順利推導出後驗 pdf 的封閉解 (或稱解析解)。對這些特殊情況而言，
先驗與後驗的機率密度函數會是同一種，但兩者的**超參數**可能不一樣。符
合以上敘述的先驗分佈稱為**共軛先驗**，而資料所產生的效果則可以用分佈
超參數的變化來解釋 (Upton & Cook, 2014)。』如同第 10 章問 26 所說，
beta 分佈可以是伯努利分佈的共軛先驗，此處的 gamma 分佈也是卜瓦松
分佈的共軛先驗。

為解決鯊魚攻擊問題，我們使用了 **gamma 分佈**來設定所有假設 $\lambda$ 值 (代
表每年的鯊魚攻擊率) 的先驗分佈，並透過表 11.1 提供的資訊為上述先驗
gamma 分佈選擇適當超參數。接著，我們收集到一筆卜瓦松資料 (觀察到
5 起鯊魚攻擊事件)，再利用捷徑推導出 $\lambda$ 值的後驗分佈為何。

讀者可以輕易在貝氏共軛的維基百科上找到由 Raiffa 與 Schlaeffer 所提出的 gamma－卜瓦松共軛（1961 年），圖 11.15 便是來自該網頁的總結資訊：

一起來研究一下圖 11.15 吧。其中最上方的欄位指出：我們感興趣且未知的參數為 $\lambda$，其為一平均比率（如：每年出生率）。先驗是 gamma 分佈，屬於此先驗分佈的超參數為 $\alpha_0$ 與 $\beta_0$。而本例中要收集的資料則需符合卜瓦松分佈，故用來描述概似度的函數為卜瓦松 pmf。有了以上條件，我們便能用圖中給出的**共軛捷徑**算出後驗分佈的超參數了。

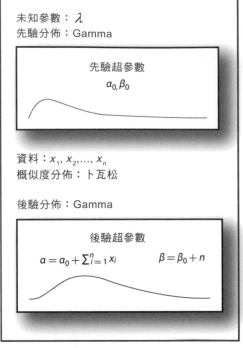

未知參數：$\lambda$
先驗分佈：Gamma

先驗超參數
$\alpha_0, \beta_0$

資料：$x_1, x_2, \ldots, x_n$
概似度分佈：卜瓦松

後驗分佈：Gamma

後驗超參數
$$a = a_0 + \sum_{i=1}^{n} x_i \qquad \beta = \beta_0 + n$$

圖 11.15

 ??

**問 30**　能瞭解一下數學證明嗎？

**答**：沒問題！請參考本書的附錄 A2。

 ??

**問 31**　如果選擇了不同的先驗分佈，那結果將會如何呢？

**答**：你也可以選擇其它的先驗分佈，而這可能使得後驗分佈的推論結果發生變化。但無論如何，我們都應該為自己（或此領域專家）所選的先驗提出合理說明！在本例中，由於有過去幾年的鯊魚攻擊資訊，因此我們使用了有資訊的先驗；反過來說，若刻意忽略上述歷史資料反而有違科學方法。

**問 32** 為什麼要用貝氏推論解決本章的問題呢？在表 11.1 中加入最新的觀測結果 (即：今年發生了 5 起鯊魚攻擊事件) 不就好了嗎？

**答：**這樣做當然也可以，但如此一來，我們便無法追蹤學習過程、也不能考慮其它可能的 $\lambda$ 值了。右表是在表 11.1 的資料集最下方多加了一筆今年觀測到的 5 起鯊魚攻擊)：

**表 11.3**

| 年份編號 | 攻擊次數 |
| --- | --- |
| 1 | 1 |
| 2 | 0 |
| 3 | 2 |
| 4 | 1 |
| 5 | 1 |
| 6 | 3 |
| 7 | 2 |
| 8 | 3 |
| 9 | 4 |
| 10 | 4 |
| 11 | 5 |

由上表可以得知此資料集的平均數為 2.36。該結果的確也能用來估計 $\lambda$；只要請一位統計學家協助，我們便可憑上述樣本推測佛羅里達州的平均鯊魚攻擊率為何。然而，這樣的推論無法提供其它潛在 $\lambda$ 值有關的訊息。反之，在貝氏分析中，我們感興趣的是 $\lambda$ 值的機率分佈，其中每個假設 $\lambda$ 值所對應的機率密度皆能用來衡量該 $\lambda$ 值『出現的機會權重』。這種推論過程非常符合科學方法；在取得新資料後，我們便能以貝氏分析來優化每項 $\lambda$ 值假設的可能性。

**問 33** 假如我又收集了幾筆新資料，後驗分佈會變成什麼樣呢？

**答：** 動手試一下就知道了！前面已算出加入『5 起攻擊事件』後的後驗分佈為：$\alpha = 7.1$、$\beta = 2$（見問 28），而該分佈就是此處的先驗分佈。

假定接下來我們又獲得了另外 5 年的鯊魚攻擊率資料，它們分別以隨機變數 $X_1$ 到 $X_5$ 表示。這 5 年的觀察結果如下表所示：

**表 11.4**

| 年份編號 | 攻擊次數 |
| --- | --- |
| 12 | 1 |
| 13 | 2 |
| 14 | 0 |
| 15 | 3 |
| 16 | 4 |

注意！這裡多了 5 筆來自卜瓦松分佈的隨機觀測資料，故 $n = 5$。另外，11.20 式中的累加項 $\sum_{i=1}^{n} x_i$ 會等於 $10\,(1+2+0+3+4)$。

再重申一次，現在的先驗分佈變成了 $\alpha_0 = 7.1$、$\beta_0 = 2$。接下來，讓我們考慮表 11.4 中的 5 筆資料 $(n = 5)$ 吧（見圖 11.16）：

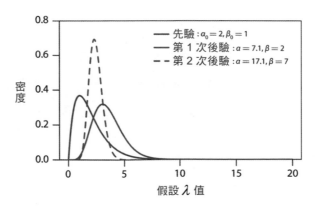

圖 11.16　Gamma 先驗與後驗分佈

更新後的 $\alpha$ 參數等於『先驗的 $\alpha_0$ 加上卜瓦松觀測資料的總和』：

$$\alpha_{後驗} = \alpha_0 + \sum_{i=1}^{n} x_i \tag{11.24}$$

$$\alpha_{後驗} = 7.1 + 10 = 17.1 \tag{11.25}$$

更新後的 $\beta$ 參數則是『先驗的 $\beta_0$ 加上 $n$』，$n$ 代表卜瓦松觀測的數量：

$$\beta_{後驗} = \beta_0 + n \tag{11.26}$$

$$\beta_{後驗} = 2 + 5 = 7 \tag{11.27}$$

請讀者們注意以下幾件事：

- 圖 11.16 中的藍色曲線代表最初的先驗分佈。
- 我們使用了某一年的資料 (5 起鯊魚攻擊事件) 來更新上述藍色分佈，如此得出的後驗分佈朝右偏移。但由於僅使用了一筆資料，故後驗的範圍看起來十分寬廣。
- 接著，我們收集了 5 年的資料，並發現：在這 5 年當中，一共發生了 10 起攻擊事件。這些資料使得後驗分佈朝左偏移，且其範圍明顯變窄了。
- 最新的後驗分佈平均值為 $\dfrac{\alpha}{\beta} = \dfrac{17.1}{7} = 2.44$ (見 11.13 式)。
- 變異數為 $\dfrac{\alpha}{\beta^2} = \dfrac{17.1}{7^2} = 0.35$ (見 11.15 式)。
- 標準差 (變異數開根號) 則是 0.59。

當然，你可能還需報告貝氏信賴區間，請自行練習 (請參考第 10 章問 29)。

## 問 34　若想使用無資訊先驗，那麼 $\alpha_0$ 和 $\beta_0$ 該如何設定呢？

**答：** 假如我們並未得到表 11.1 的資訊而想用無資訊先驗 (即模糊先驗)，則可以把 $\alpha_0$ 和 $\beta_0$ 的值設得非常小，例如：0.01。下面就以 $\alpha_0$ 與 $\beta_0$ 皆等於 0.01 的先驗分佈、以及『5 起鯊魚攻擊事件』的資料再進行一次計算吧。

此處的新 $\alpha$ 參數等於『先驗 $\alpha_0$ 加上卜瓦松觀測資料的總和』：

$$\alpha_{後驗} = \alpha_0 + \sum_{i=1}^{n} x_i \tag{11.28}$$

$$\alpha_{後驗} = 0.01 + 5 = 5.01 \tag{11.29}$$

新 $\beta$ 參數則是『先驗的 $\beta_0$ 加上 $n$』，$n$ 代表卜瓦松觀測的數量：

$$\beta_{後驗} = \beta_0 + n \tag{11.30}$$

$$\beta_{後驗} = 0.01 + 1 = 1.01 \tag{11.31}$$

若我們沒有前面 10 年的歷史資料，只憑目前的觀測資料 (5 次攻擊) 來推估平均攻擊率，很顯然 $\lambda$ 就等於 5.0。而使用貝氏分析方法後可發現，此處的後驗分佈平均值與 5.0 非常接近：

$$\frac{\alpha}{\beta} = \frac{5.01}{1.01} = 4.96 \tag{11.32}$$

從這個結果可以明顯看出：以上先驗對於後驗沒有什麼影響 (見圖 11.17)：

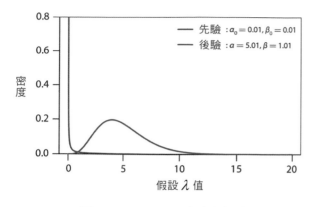

編註：此圖可解釋成『先驗分佈與後驗分佈幾乎是各走各的毫無關連』，所以先驗對後驗沒什麼影響。

圖 11.17　Gamma 先驗與後驗分佈

雖然圖 11.17 中的先驗並不『扁平』（譯註：若先驗中所有假設 $\lambda$ 值對應的機率密度皆相同，我們會稱該先驗分佈扁平），但由於其 $\alpha_0$ 與 $\beta_0$ 實在太小了，因此該先驗與後驗分佈的形狀幾乎沒有關連。但這裡必須強調的是，當有表 11.1 所提供的歷史資料時，我們就沒有理由選擇無資訊先驗分佈。

**問 35**　**那麼我該如何呈現貝氏推論的結果呢？**

**答**：如果你能將先驗與後驗分佈畫出來就太棒了！此外，還可以參考維基百科的 gamma 分佈頁面，並依上面的公式將後驗分佈的平均數、變異數等性質計算出來。最後，別忘了再附上信賴區間！

**問 36**　**可以選擇 gamma 分佈以外的先驗分佈嗎？**

**答**：可以！我們也能以**對數常態分佈**(log-normal distribution) 來設定假設 $\lambda$ 值的先驗。這種分佈共有兩個超參數($\mu$、$\sigma$)，圖 11.18 顯示出幾個例子：

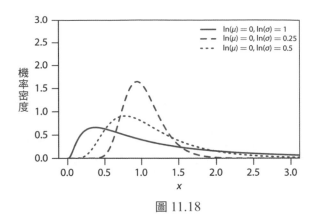

圖 11.18

我們可以看到，對數常態分佈的 $x$ 軸範圍是 $0 \sim \infty$。儘管該分佈在許多分析問題中非常有用，但由於其並非共軛分佈的一員，故無法透過捷徑算出後驗分佈。此時，我們可以改用 MCMC (馬可夫鏈蒙地卡羅) 分析法來估計後驗，但這件事就留到以後再談吧。 編註： 這個例子告訴我們，先驗分佈可以視狀況來選用，但若和資料的分佈不成共軛，則計算上可能會產生困難，這時就要靠電腦幫忙了，例如用 MCMC (詳本書第 5 篇)。

 ??

問 37　能總結一下本章的內容嗎？

答：沒有問題！

- 本章開頭引用了一篇文章，其內容指出：過去所發生的一連串鯊魚攻擊事件其實只是隨機過程的結果。
- 我們介紹了卜瓦松分佈的機率質量函數；其有一個 $\lambda$ 參數，該參數在本例中代表：每年的平均鯊魚攻擊率。另外，我們還展示了：即使在 $\lambda$ 相對而言很小的情況下，攻擊事件數也可能發生爆發性上升的情況。
- 然後我們描述了新的貝氏推論問題，即：估計參數 $\lambda$。

- 為設定假設 $\lambda$ 值(即：每年的平均鯊魚攻擊率)的先驗，我們接著介紹了 gamma 分佈；請注意！該分佈傳回的是機率密度，而非機率。在過往數據的幫助下，我們最終選擇了一個有資訊先驗分佈。

- 接下來我們收集了一筆新資料，即：某一年的鯊魚攻擊事件數，一共 5 起。

- 我們計算了在某個假設 $\lambda$ 值下觀測到上述新資料的概似度有多高。

- 但是，此處的假設 $\lambda$ 值有無限多個，故貝氏定理的分母須進行積分運算。

- 我們為了迴避積分而使用了捷徑，即一種可以幫助我們憑資料將先驗 gamma 分佈更新為後驗 gamma 分佈的解析解。

- 最後，我們又收集了五年的資料，並以這些新資料更新了之前得到的後驗(在本次更新中，該後驗變成了先驗)。這個過程相當於以貝氏推論法表示我們的『學習歷程』。

待各位讀到本書關於 MCMC 的篇章時，我們會再回頭研究本章的問題，並嘗試以不一樣的方法估算出後驗分佈。但現在，請大家把注意力轉向下一章。本篇還剩下最後一個共軛關係要介紹；為此，我們要來探討一個『黏手的』問題。到時候見吧！

# MEMO

# 第 12 章

# 楓糖問題：常態－常態共軛

本章要再次見到**常態分佈**(normal distribution) 了，這裡要研究的是利用常態分佈進行參數估計的貝氏推論問題。各位應該還記得常態分佈有**兩個參數**，即：**平均值**(符號為 $\mu$，讀作 mu) 與**標準差**(符號為 $\sigma$，讀作 sigma)，它們分別控制分佈的位置與寬度。下面的範例會帶大家瞭解，怎麼處理常態分佈中兩個參數的**聯合分佈**(joint distribution)；換言之，我們得為 $\mu$ 值和 $\sigma$ 值這兩者的組合指定先驗機率。

> 編註：在第 10 章要估計的只有一個參數 ($p$)，第 11 章估計的也只有一個參數 ($\lambda$)，本章則出現兩個參數 ($\mu, \sigma$)。

我們要探討的問題與估計常態分佈中的兩個參數有關。首先會考慮 10 組離散的 $\mu$ 與 $\sigma$ 值假設，好讓讀者理解如何以貝氏定理計算聯合先驗機率 (joint prior)；然後，再討論有無限多個假設的情形，進而找出連續型的聯合先驗分佈。

當然，後一個例子的分析過程要比前一個複雜許多，但和前兩章一樣會用到**共軛捷徑**(conjugate shortcut) 的技巧，只不過該捷徑僅在『常態分佈其中一個參數為已知』的條件下才奏效；為此，我們會假定 $\sigma$ 值是已知的 (也就是說，此處的重點其實是估計未知參數 $\mu$)。本書第 5 篇會再次談到本章的問題；等到那個時候，我們會告訴大家怎麼以 MCMC 中的 Gibbs 抽樣 (Gibbs sampling) 來處理 $\mu$ 和 $\sigma$ 皆未知的情況。

讀完本章後，各位就能掌握以下概念：

- 用『平均值與標準差 ($\mu$ 和 $\sigma$)』、或『平均值與精密度 ($\mu$ 和 $\tau$)』來定義常態分佈的機率密度函數 (pdf)。
- 常態－常態共軛。

編註：常態分佈的 $\tau$ (精密度，precision，唸做 tau) 是變異數 ($\sigma^2$) 的倒數。

現在，讓我們從波雷爾 (Brendan Borrell) 在 2013 年發表於彭博商業周刊 (Bloomberg Business) 上的一篇文章開始聊起吧：

那人順著一排桶子爬到接近桶堆頂部的位置，其中一個還因為他的體重而搖了一下，害得他差點跌下來。重新取得平衡後，他晃了一下桶子說道：這桶很輕，因為裡面是空的。很快地，他又發現了更多的空桶。那人跑去向『楓糖生產商聯盟』的幾位代表示意，並與他們一同返回檢查這些大桶。這群人扭開了其中一個滿載的桶子，結果裡面的液體既不黏稠、顏色也不金黃，更少了那冬日特有的、摻雜著香草、牛奶糖、與童年氣息的芬芳。那些液體稀薄、且無色無味，這根本就是水 ... 百分之六十 (相當於六百萬磅) 的楓糖漿就這麼不翼而飛了！若以批發價來計算，其價值約1,800萬美元。

譯註：楓糖生產商聯盟是由同業組成的獨占聯盟 (即壟斷集團)，其目的在於避免過度競爭導致整體利益下降。

很驚人的故事吧！事實上，這也引起**好萊塢**的興趣！不過在繼續討論之前，我們還有一些問題要回答。

**問 1**　楓糖漿 (maple syrup) 究竟是什麼？

**答**：一想到楓糖便讓人口水直流呢！

來看看**大英百科全書** (Encyclopedia Britannica) 對這個詞的解釋吧：『楓糖漿是北美洲某些特定種類楓樹所產的甜樹液。其中最主要的種類為糖楓 (sugar maple)，學名是 *Acer saccharum*；但也有可能來自黑楓 (black maple)，學名 *Acer nigrum*。在歐洲殖民者到來以前，該食品一般由居住在五大湖與聖羅倫斯河區域的印地安人所使用。如今，全世界只剩下北美洲還在產楓糖漿。

製作楓糖漿用的甜樹液與樹木生長所需的循環樹液不同。當楓樹處於休眠期時，甜樹液會從樹木的任何傷口 (如：因敲擊造成的小洞) 流出；這些樹液總是會先凍結一段時間，之後再經歷一段解凍期。甜樹液中含有 1.5 到 3% 的固體 (通常是蔗糖)，但其並不具有楓糖特有的顏色和氣味；事實上，楓糖的色澤和味道是樹液在大鍋中蒸發濃縮後才產生的。製作一加侖的糖漿大約需要 30 到 50 加侖 (相當於 115 到 190 公升) 的樹液。』

**問 2**　為什麼加拿大會有楓糖獨占聯盟？

**答**：這個問題的答案可參考喬許‧桑德伯恩 (Josh Sandburn) 發表於時代雜誌 (Time Magazine) 的文章：

加拿大具有楓糖產業的獨占聯盟或許讓人覺得很奇怪，但我們可以這麼想：魁北克生產了全球約 77% 的楓糖漿；從這個角度來看，魁北克就像是楓糖界的沙烏地阿拉伯 (最大石油輸出國)，而 FPAQ (魁北克楓糖生產商聯盟) 就相當於 OPEC (石油輸出國組織)，其功能就是讓楓糖漿的價格維持相對穩定。

楓糖產業的問題在於：每年的自然產量非常不固定。麥基爾大學 (McGill University，位於蒙特婁) 的農業經濟學家，帕斯卡·特里奧 (Pascal Theriault) 解釋道：「楓糖漿的產量非常依賴天氣。」而根據華盛頓郵報 (Washington Post) 最近的一篇文章：「要產生足夠的樹液，楓樹需要非常理想的氣候條件 — 晚上要冷，但白天得溫暖。這種條件可遇不可求，因此每年春季的楓糖漿產量會變動，有時甚至變化極大。」

 ??

**問 3**　**我瞭解了，但要如何將貝氏推論應用於此問題上呢？**

**答：** 在本例中假定魁北克的楓糖生產商聯盟發現了糖漿短缺的窘境，因此**聯盟想透過與美國佛蒙特州合作來解決問題**；畢竟佛蒙特州不但與魁北克是鄰居，還擁有一大片茂盛的糖楓林 (見圖 12.1)：

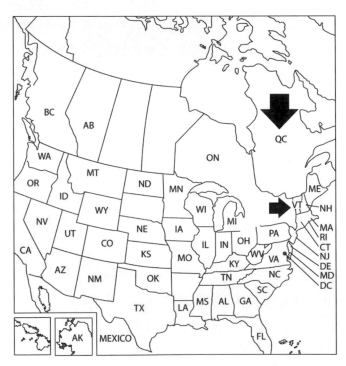

圖 12.1　圖中大箭頭所指的『QC』代表魁北克，小箭頭所指的『VT』則是佛蒙特

假如魁北克楓糖生產商聯盟真的想採購佛蒙特州所產的楓糖漿，則它們勢必得對佛蒙特每年的平均產量進行估計；此外，不同年份的產量變動程度也需要被量化才行。

??

**問 4**　那麼，該如何利用機率分佈來達成上述目的呢？

**答：** 我們可以使用**常態分佈**（ 編註: 要使用哪種機率分佈必須視資料來源的性質而定，此處假設資料 (即隨機變數) 是服從常態分佈)。因為第 9 章已經提過此函數，這裡僅簡單複習一下 (請參考圖 12.2 的範例)。

令符合常態分佈的隨機變數 $X$ 代表楓糖漿生產量 (單位為百萬加侖)，則產生該常態分佈的函數稱為**常態機率密度函數** (normal probability density function)，代表平均值的符號為 $\mu$、而標準差則以符號 $\sigma$ 表示：

$$f\left(x;\mu,\sigma\right) = \frac{1}{\sqrt{2\pi}\sigma} e^{-\frac{(x-\mu)^2}{2\sigma^2}} \qquad -\infty < x < \infty \qquad (12.1)$$

我們實際來算算看吧。假如每年的平均楓糖生產量 (單位是百萬加侖) $\mu = 10.0$、標準差 $\sigma = 2.3$，則觀察到產量為 6.2 百萬加侖 (即變數 $x = 6.2$) 的機率密度如下：

$$f\left(x;\mu,\sigma\right) = \frac{1}{\sqrt{2\pi}\sigma} e^{-\frac{(x-\mu)^2}{2\sigma^2}} \qquad (12.2)$$

$$f\left(6.2;10,2.3\right) = \frac{1}{\sqrt{2\pi}*2.3} e^{-\frac{(6.2-10)^2}{2*2.3^2}} \qquad (12.3)$$

$$f\left(6.2;10,2.3\right) = \frac{1}{5.765} e^{-\frac{14.44}{10.58}} = 0.044 \qquad (12.4)$$

請看下圖中虛線的 $x = 6.2$ 與對應的機率密度值：

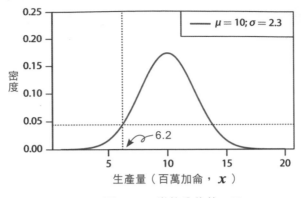

圖 12.2　常態分佈的 pdf

??

**問 5**　那如果是觀察到 **4.8** 百萬加侖的機率密度又是多少呢？

**答**：要算出答案並不困難！只需要將 $\mu = 10.0$、$\sigma = 2.3$、$x = 4.8$ 代入 12.5 式：

$$f(x;\mu,\sigma) = \frac{1}{\sqrt{2\pi}\sigma} e^{\frac{(x-\mu)^2}{2\sigma^2}} \tag{12.5}$$

$$f(4.8;10,2.3) = \frac{1}{\sqrt{2\pi}*2.3} e^{\frac{(4.8-10)^2}{2*2.3^2}} = 0.0135 \tag{12.6}$$

請從圖 12.3 的分佈中找出與 4.8 百萬加侖對應的機率密度：

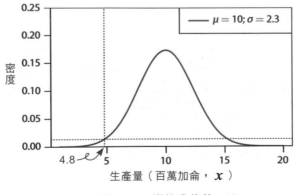

圖 12.3　常態分佈的 pdf

## 問6　所以說，瞭解常態分佈 pdf 能有甚麼幫助？

**答：**各位可以先想想常態分佈的特性！

依照本章的設定，楓糖生產商聯盟想要購入佛蒙特州的楓糖漿(當然，這件事是虛構的)。為此，他們需要知道該州的平均楓糖漿產量 $\mu$、以及產量的標準差 $\sigma$ 為何；換言之，聯盟想確定的是：**哪一個常態 pdf**(譯註：也就是哪一組常態 pdf 參數)能最準確地描述佛蒙特的楓糖生產狀況。有了新的糖漿來源，楓糖儲備量便能穩定下來；如此就有助於訂價與決策的進行。

**總的來說，本章的目標即估算出常態分佈的兩個參數：$\mu$ 和 $\sigma$，好讓在現有的觀測資料下，該分佈最能用來預測佛蒙特州的楓糖漿生產狀況。**

準備好面對另一道
貝氏推論問題了嗎？

## 問7　我們該如何開始呢？

**答：再重複一次我們的目標：以貝氏推論法估算出常態分佈的兩個參數，包括平均值 $\mu$、以及標準差 $\sigma$。這一點與第 10、11 章不大相同，這兩章**

的 pdf 分佈都只有一個參數需要估計 (白宮問題的待估計參數為 $p$ 、而鯊魚攻擊問題的待估參數是 $\lambda$)。

為方便說明，讓我們先考慮 10 項離散的假設，它們分別代表 10 組不同的 $\mu$ 值與 $\sigma$ 值組合。

本章所用的步驟與前幾章並無二致：

1. 建立假設 — 即各種可能的 $\mu$ 與 $\sigma$ 值。
2. 以先驗機率分佈來表示我們對每項假設的信心程度。
3. 收集資料。
4. 找出在各假設為真的情況下觀察到目標資料的**概似度** (likelihood)。
5. 利用貝氏定理算出每項假設的後驗機率 ( 譯註： 由於作者在此會先討論 10 組『離散』假設，故此處寫的是『後驗機率』，而非『後驗機率密度』。但常態分佈實際上是連續的，因此本章後面會介紹如何處理機率密度，詳見正文)。

下面就一步步來進行分析吧。

 ？？

**問 8　第一步，$\mu$ 值與 $\sigma$ 值的假設為何？**

**答**：一起來動動腦吧。先令以下敘述為真：

● 目標分佈的平均值落在每年 5 到 15 百萬加侖之間。
● 標準差落在 1.2 到 2.8 百萬加侖內。

現在，為了能開始進行分析，讓楓糖生產商聯盟的 10 位成員提供他們認為有機會代表佛蒙特州楓糖生產狀況的 $\mu$ 與 $\sigma$ 值組合，然後繪製出這張包括 10 個離散數據點的散佈圖：

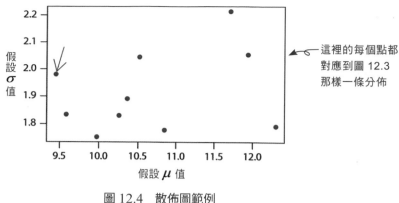

圖 12.4　散佈圖範例

換句話說，上圖中的每個點皆表示聯盟對所求平均值與標準差**組合**的一項預期（假設）。舉個例子，圖中箭頭指到左邊那一個點代表：其中一位聯盟成員相信所求平均值約為 9.45、標準差約為 1.98。

再提醒一次！上圖中的 10 個點分別代表了 10 項離散的 $\mu$ 與 $\sigma$ 值假設。

**問 9　第二步，每項假設的先驗機率是多少？**

**答：** 此處的關鍵是，我們要為 $\mu$ 和 $\sigma$ 的**組合**指定先驗機率；也就是說，**兩參數得一起考慮**。由於每個點皆是一項假設，因此若令所有數據點的權重相同，則它們對應的先驗機率值就會等於 1/10 或者 0.1。這種先驗分佈是無資訊的，且因為是離散資料，因此要用用**機率質量函數 (pmf)** 來描述。

**問 10　第三步，接下來呢？**

**答：** 該收集資料了！假定聯盟實際走了一趟佛蒙特州，並得知去年該州共生產了 **10.2 百萬加侖的楓糖漿**。

## 問 11　第四步，然後呢？

**答**：第四步即找出在各聯合假設（ 譯註： 即同時考慮了 $\mu$ 與 $\sigma$ 值的假設）為真的前提下，觀察到目標資料的**可能性**有多高。

下面就來實際算一下，**對每一組 $\mu$ 和 $\sigma$ 值的組合來說，觀測到『一年生產10.2 百萬加侖』的概似度有多高。**

本章開頭已經示範過：在給定常態分佈參數的情況下，可以藉由常態 pdf 算出在該分佈中觀察到特定數值的機率密度為何。而就本例而言，我們要利用上述 pdf 找出在某 $\mu$、$\sigma$ 組合下得到觀測資料 $x$ (10.2 百萬加侖) 的概似度是多少。

這裡舉一個例子。假如我們從本例的 10 項假設中挑出一項：$\mu = 9.45$、$\sigma = 1.98$ (此即圖 12.4 中箭頭所指的數據點)，則接下來的問題是：從 $\mu = 9.45$、$\sigma = 1.98$ 的常態分佈中觀測到 $x = 10.2$ 的概似度有多大？答案是：

$$\mathcal{L}(x; \mu, \sigma) = \frac{1}{\sqrt{2\pi}\sigma} e^{-\frac{(x-\mu)^2}{2\sigma^2}} \tag{12.7}$$

$$\mathcal{L}(x = 10.2; \mu = 9.45, \sigma = 1.98) = \frac{1}{1.98\sqrt{2\pi}} e^{-\frac{(10.2-9.45)^2}{2*1.98^2}} = 0.1875 \tag{12.8}$$

我們可以對其它假設組合進行相同的運算。下表列出這 10 項假設的計算結果 (12.8 式所得的數字對應到表中的假設編號 6)：

**表 12.1**

| 假設編號 | $\mu$ | $\sigma$ | $x$ | 先驗機率 | 概似度 ($\mathcal{L}$) | $\mathcal{L}*\mathrm{Pr}$ | 貝氏定理分母 | 後驗機率 |
|---|---|---|---|---|---|---|---|---|
| 1 | 9.97 | 1.75 | 10.2 | 0.1 | 0.2260 | 0.0226 | 0.1842 | 0.1227 |
| 2 | 10.26 | 1.83 | 10.2 | 0.1 | 0.2179 | 0.0218 | 0.1842 | 0.1183 |
| 3 | 11.94 | 2.05 | 10.2 | 0.1 | 0.1357 | 0.0136 | 0.1842 | 0.0738 |
| 4 | 10.85 | 1.78 | 10.2 | 0.1 | 0.2097 | 0.0210 | 0.1842 | 0.1140 |
| 5 | 9.58 | 1.83 | 10.2 | 0.1 | 0.2058 | 0.0206 | 0.1842 | 0.1118 |
| 6 | 9.45 | 1.98 | 10.2 | 0.1 | 0.1875 | 0.0188 | 0.1842 | 0.1021 |
| 7 | 11.71 | 2.21 | 10.2 | 0.1 | 0.1429 | 0.0143 | 0.1842 | 0.0776 |
| 8 | 10.51 | 2.04 | 10.2 | 0.1 | 0.1933 | 0.0193 | 0.1842 | 0.1048 |
| 9 | 12.3 | 1.79 | 10.2 | 0.1 | 0.1120 | 0.0112 | 0.1842 | 0.0608 |
| 10 | 10.36 | 1.89 | 10.2 | 0.1 | 0.2103 | 0.0120 | 0.1842 | 0.1140 |

讓我們仔細檢視這張表的各個欄位：

- 前三欄清楚說明了本例中的 10 項假設。請記住，每項假設同時包含了 $\mu$ 和 $\sigma$ 值。
- 第 4 欄 ($x$) 代表本例的觀測資料 (即：佛蒙特州去年共生產了 10.2 百萬加侖的糖漿)。
- 第 5 欄是每項假設的先驗機率值。就本例而言，採無資訊先驗，所有假設的權重皆相等。
- 第 6 欄為在各假設下觀測到目標資料的概似度 $\mathcal{L}$，由常態 pdf 計算而得。

請看到此處的讀者先暫停一下。我們建議各位拿出紙、筆、計算機 (或者開啟 Excel 試算表)，並試著驗證一下表 12.1 中的結果 (至少嘗試練習幾項吧)。

## 問 12　第 5 步是？

**答：** 這是最後一步，即利用貝氏定理算出每項 $\mu$ 和 $\sigma$ 值組合的後驗機率。在此就不列出計算過程了。(編註:算出每一個假設的概似度之後，即可算出 $\mathcal{L} * \mathbf{Pr}$，將 10 個 $\mathcal{L} * \mathbf{Pr}$ 加總就是貝氏定理的分母 0.1842。再接著用每一項假設的 $\mathcal{L} * \mathbf{Pr}$ 除以分母 0.1842，即可算出每個假設的後驗機率。再複習一下！先驗機率的加總會等於 1.0，後驗機率加總也要等於 1.0，但概似度加總不用等於 1.0。)

## 問 13　上面介紹的方法可行嗎？

**答：** 上述方法會遇到一個很大的問題 — 本章問題待估計的常態分佈參數，其假設的數量絕非僅 10 個 (離散) 而已，而會有無限多個 (連續) 才是。因此，我們的先驗與後驗分佈應該要顯示 $\mu$ 與 $\sigma$ 值組合的**機率密度**才對。

## 問 14　所以我們得修改圖 12.4 囉？

**答：** 沒錯！只畫幾個點根本不夠。現在假設聯盟成員可以操作的點有無數個，每個點仍代表一項 $\mu$ 和 $\sigma$ 值的聯合假設，則最終的先驗分佈結果可能會像右圖這樣：

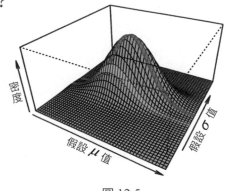

圖 12.5

> 編註：這張圖除了有無限多的 $\mu$ 和 $\sigma$ 之外，還多了一個機率密度的維度，所以是立體的，圖 12.4 是平面的散佈圖。並且，先驗分佈必須依照我們的經驗、專業知識來預估，並不一定就是常態分佈。只不過此處為了講解常態－常態共軛，圖 12.5 才畫成這樣。

注意！本例的先驗分佈具有**體積**(volume)。就任意一組參數組合($\mu$、$\sigma$)而言，其在上圖中所對應的高度代表**機率密度**；換言之，這是一個由兩個連續變化的參數所組成的二變量 (bivariate) 分佈，且前面討論過的 10 項假設就包含在圖 12.5 中 $\mu-\sigma$ 平面的某幾個地方。注意！此分佈其中位於隆起部分的假設具有較高的權重，這暗示該先驗分佈屬於**有資訊先驗**。

除此之外，圖 12.5 還告訴我們：**$\mu$ 的先驗分佈形狀會隨著 $\sigma$ 值的不同而有所變化**。舉個例子，若把 $\sigma$ 的值固定在『紅色範圍』內，則對應的 $\mu$ 值分佈將如圖中的紅色緞帶狀區域所示；若把 $\sigma$ 的值固定在『綠色範圍』內，則 $\mu$ 值分佈就會變成圖中的綠色區域。由於上述兩區域是從 $\sigma$ 軸上不同位置所切出來的剖面，故它們一般被稱為『切片 (slices)』－ 不同 $\sigma$ 值所產生的 $\mu$ 值先驗分佈切片是不一樣的。請各位先將這一點放在心上，後面很快就會用到。

 ??

**問 15**　**我瞭解了，那接下來該做什麼呢？**

**答**：既然有了圖 12.5 的先驗分佈，聯盟的下一步便是收集資料、並利用貝氏定理推導出後驗分佈。也就是說，在獲得新資料以後，圖 12.5 中的『沙丘』形狀將發生改變。

讀者應該還記得，我們在前幾章介紹過**單一連續變數**的貝氏定理通式：

$$P\big(\theta \mid 資料\big) = \frac{P\big(資料 \mid \theta\big) * P\big(\theta\big)}{\int P\big(資料 \mid \theta\big) * P\big(\theta\big) d\theta} \tag{12.9}$$

說得更清楚一點，上式適用於只有單一待估參數時。現在，讓我們更上一層樓。楓糖問題的**待估計參數共有兩個**，即：$\mu$ 與 $\sigma$。在這種狀況下，能考慮到每一項 $\mu$ 與 $\sigma$ 值假設的貝氏定理公式如下 (其中，後驗分佈為紫色、先驗為藍色、而概似度則是紅的)：

$$P\big(\mu, \sigma \mid 資料\big) = \frac{P\big(資料 \mid \mu, \sigma\big) * P\big(\mu, \sigma\big)}{\iint P\big(資料 \mid \mu, \sigma\big) * P\big(\mu, \sigma\big) d\mu d\sigma} \tag{12.10}$$

給定一組 $\mu$ 和 $\sigma$ 的假設值，12.10 式中的貝氏定理公式便能傳回 $\mu$ 與 $\sigma$ 的**聯合後驗機率密度**。為此，我們得計算在各 $\mu$ 與 $\sigma$ 值假設下觀測到目標資料的概似度 $P(資料 \mid \mu, \sigma)$、再將其乘以 $\mu$ 與 $\sigma$ 的先驗機率密度 $P(\mu, \sigma)$；注意！你必須對無限多個可能的參數值進行上述計算才行，而且因為有兩個未知參數，所以會遇到雙重積分。

 ??

**問 16**　**這麼複雜的問題該如何處理呢？**

**答**：別擔心，本章標題就已經給出提示了 – 此處有共軛解可以使用。

> 為簡化問題，這裡採取的主要方法為：令兩參數的其中之一已知，進而將注意力放在估計另一個參數上。

在常態 – 常態共軛關係中，我們會先將待估計平均數 $\mu$ 的先驗設為常態分佈，然後再收集來自常態分佈的資料，並把上述先驗更新為後驗分佈 (同樣也是常態分佈)。要注意的是，在此過程中，$\sigma$ 必須為已知的；換言之，我們得選擇一個特定的 $\sigma$ 值 (例如：圖 12.5 中的綠色或紅色部分)。

在此我們固定 $\sigma = 2.0$，每個 $\mu$ 值都會是對立假設。接著，只要把這些連續的 $\mu$ 值放在水平軸上，即可將對應的楓糖生產量分佈給畫出來。

下圖呈現出 5 個假設 $\mu$ 值的例子：

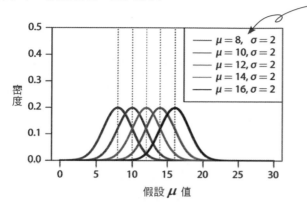

編註：這 5 個點就和圖 12.4 裡頭的點一樣，每個點都對應到圖 12.3 那樣的一條常態分佈曲線，共有 5 條。這裡因為 $\sigma$ 都是 2，所以曲線的形狀都一樣，而曲線的中心點則跟著 $\mu$ 的值而移動。

圖 12.6　5 組 $\mu$、$\sigma$ 值的每年楓糖漿生產量的分佈

讀者應記得我們在問 9 假設圖 12.4 裡每組 $(\mu, \sigma)$ 的先驗機率是一樣的，都是 1/10。但是現在我們設定給上圖的 5 個假設 $\mu$ 值出現的權重是不一樣的。**在常態－常態共軛方法中，我們會用常態 pdf 為各假設 $\mu$ 值設定權重** (即機率密度)，**如圖 12.7 所示：**

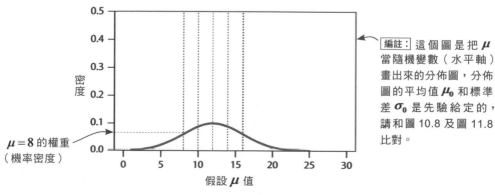

$\mu = 8$ 的權重 (機率密度)

編註：這個圖是把 $\mu$ 當隨機變數 (水平軸) 畫出來的分佈圖，分佈圖的平均值 $\mu_0$ 和標準差 $\sigma_0$ 是先驗給定的，請和圖 10.8 及圖 11.8 比對。

圖 12.7　$\mu$ 值的先驗分佈

也就是說，未知參數 $\mu$ 的先驗分佈也是一個**常態分佈**（ 譯註： 未知參數 $\mu$ 所來自的常態分佈、和估計該 $\mu$ 值所用的先驗常態分佈是不同的。前者代表佛蒙特每年的楓糖生產狀況，這也是聯盟想知道的資訊；而後者則是我們估計 $\mu$ 這個參數的先驗機率密度分佈超參數。前者等同於前兩章的 $p$ 或 $\lambda$，後者則等同於 $\alpha$、$\beta$ 之類的超參數）。

## 問 17　等一下，我亂了！能說得更清楚一點嗎？

**答**：這裡的確很容易搞亂。圖 12.7 的意思是說：我們相信『佛蒙特的年平均楓糖生產量 (即 $\mu$) 落在 10 到 15 百萬加侖之間』的機會，要比落在 5 或者 25 百萬加侖 (舉例) 更高一些。請不要忘記，本例是經過簡化的 – 我們只專注於討論 $\mu$ 值 (之前已經將標準差 $\sigma$ 值假定為 2 百萬加侖了)。

事實上，圖 12.7 中藍色分佈的平均值與標準差分別為 $\mu_0 = 12$、$\sigma_0 = 4$；它們被稱為先驗分佈的**超參數**。這組超參數還可以寫成：$\mu_0 = 12$、$\tau_0 = 0.0625$。

編註： **如果讀者也覺得很亂！請看下表：**

| | 先驗超參數 | 先驗參數 | 資料分佈之參數 | 後驗超參數 | 後驗參數 | 共軛函數 |
|---|---|---|---|---|---|---|
| 白宮問題 | $\alpha_0, \beta_0$ | $p \sim \text{Beta}(p; \alpha_0, \beta_0)$ | $x \sim \text{Bernoulli}(p)$ | $\alpha_{後驗}, \beta_{後驗}$ | $p \sim \text{Beta}(p; \alpha_{後驗}, \beta_{後驗})$ | Beta-Binomial |
| 鯊魚問題 | $\alpha_0, \beta_0$ | $\lambda \sim \text{Gamma}(\lambda; \alpha_0, \beta_0)$ | $x \sim \text{Poisson}(\lambda)$ | $\alpha_{後驗}, \beta_{後驗}$ | $\lambda \sim \text{Gamma}(\lambda; \alpha_{後驗}, \beta_{後驗})$ | Gamma-Poisson |
| 楓糖問題 | $\mu_0', \sigma_0'$ | $\mu \sim \text{N}(\mu_0', \sigma_0')$ | $x \sim \text{N}(\mu, \sigma = 2)$ | $\mu_{後驗}', \sigma_{後驗}'$ | $\mu \sim \text{N}(\mu_{後驗}', \sigma_{後驗}')$ | Normal-Normal |

→ 續下頁

那麼混亂的來源在哪裡呢？來源在常態－常態共軛！因為白宮問題和鯊魚問題是由不同的函數構成共軛關係，所以先驗超參數和資料分佈之參數很明顯完全不同，例如 $\alpha_0$, $\beta_0$ 和 $p$ 。但是在楓糖問題兩個共軛函數都是常態分佈，因此這個 $\mu$ 和那個 $\mu$ 就混亂了！建議讀者用 $\mu'$ 和 $\mu$ 來標示超參數和資料分佈之參數就會清楚了！

**問 18　這裡的參數 $\tau$ 指的是什麼？**

**答**：一個常態分佈的分散程度可以用幾種不同的參數設定來表示：

- 第一種方法是透過標準差，符號記為 $\sigma$ 。
- 你也可以用變異數 $\sigma^2$ 來呈現分散程度。假如 $\sigma = 4.0$ ，則 $\sigma^2 = 16.0$ 。
- 或者使用精密度 (precision) 來表達分散程度，符號為希臘字母 $\tau$ （英文讀音寫成 tau，與『濤』同音），相當於變異數的倒數 $\dfrac{1}{\sigma^2}$ 。倘若 $\sigma^2 = 16.0$ ，則 $\tau = \dfrac{1}{16} = 0.0625$ 。

我們後面會用超參數 $\mu_0$ 和 $\tau_0$ （ 編註：因為捷徑是用 $\tau$ ，而不是 $\sigma$ ，在問 20 會看到）來定義未知參數 $\mu$ 的先驗分佈 (換言之，有下標者為待估計參數 $\mu$ 的超參數)。此外，已知的參數 $\sigma = 2$ 也需改為 $\tau = 0.25$ ，即 $\dfrac{1}{2^2}$ 。

**問 19　為什麼本章叫做『常態－常態共軛』？**

**答**：設想一下，我們想要估計某常態分佈的未知參數 $\mu$ 、並且令該分佈的另一個參數 $\sigma$ 為已知 (當然，也可以反過來估計 $\sigma$ 、並令 $\mu$ 為已知)。

此時，若將上述未知參數 $\mu$ 的先驗設為另一個常態分佈 $N(\mu_0, \sigma_0)$、然後再收集 (來自常態分佈的) 觀測資料，則我們便能利用共軛捷徑產生未知參數 $\mu$ 的後驗分佈 (也是一個常態分佈)。

圖 12.8 的說明有助於讀者理解整個過程：

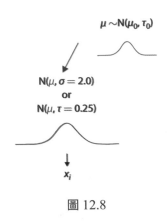

圖 12.8

位於上圖最下方的就是觀測資料 $x_i$，其來自平均數 $\mu$ 未知、且已知標準差 $\sigma = 2.0$ 的常態分佈；注意！我們也可以說該常態分佈的平均數 $\mu$ 未知、但已知精密度 $\tau = 0.25$。這裡的參數 $\mu$ 就是待估計的目標。至於每一項 $\mu$ 值假設的可能性『權重』則由先驗的常態分佈來描述，其超參數記為 $\mu_0$ 和 $\tau_0$。

 ??

問 20 那麼，上面提到的共軛捷徑到底長什麼樣子呢？

答：是時候來看一個範例了。在此之前，同樣再複習一下貝氏分析的步驟：

1. 建立假設 – 即各種可能的平均值假設 (要使用本章的共軛捷徑，$\mu$ 或 $\sigma$ 其中之一必須為已知；這裡令 $\sigma$ 已知)。

2. 以先驗分佈 (pdf) 來表示我們對每項假設的信心程度。一般而言，常態分佈的 $\mu$ 值範圍在 $-\infty$ 到 $\infty$ 之間；話雖如此，本例的 $\mu$ 值必須為正的，故我們得選擇一條曲線在 $\mu < 0$ 的下方面積小到可忽略的先驗分佈。

3. 收集資料。

4. 找出在各假設為真的情況下，觀測到此目標資料的概似度。

5. 利用貝氏定理算出後驗分佈 (同樣是 pdf)。

**第一步：** 建立平均值的假設值。在本例中，我們令 $\tau$ 為**已知**(請將這一點放在心上)，其值等於 0.25。如此一來，未知參數就只剩下 $\mu$ 了，$\mu$ 的可能假設值必為正數、且數量共有連續無限多個。

**第二步：替未知參數 $\mu$ 建立先驗分佈** － 記住！這裡的先驗為常態分佈 ( 編註: 為什麼是常態分佈呢？首先要確認資料本身的分佈 (即概似度分佈) 是接近常態分佈，才能利用常態－常態的共軛關係，把先驗分佈 "設為" 常態分佈！這純粹是配合資料的分佈而設的！如果資料是二項式分佈，那先驗就設為 Beta 才能造出共軛效果。讀者要掌握這個要點才不會霧煞煞！)。

雖然美國佛蒙特州很可能有記錄他們的各年糖漿生產量，不過加拿大的楓糖生產商聯盟並未取得，因此在前面的例子是使用『繪製散佈圖』的方式『獲取』聯盟成員對佛蒙特州楓糖漿生產量的看法 (即此領域的專家意見)，這是獲取先驗分佈的一種方法。

> 小訣竅：『採用專家意見時，要做到以下這一點：當他們的見解正確，我們能得到好處；而當他們的見解錯誤，我們也沒有損失。』－ C.R. 拉奧

事實上，『獲取』先驗分佈的方法有很多，但這已超出本書的討論範圍。在這裡，就讓我們假定聯盟所選擇的先驗為某常態分佈 (如圖 12.8 中的藍色曲線)，其超參數 (我們用下標 0 表示) 如下：

- $\mu_0 = 12$
- $\tau_0 = 0.0625$

**第三步：收集資料。據觀測，佛蒙特州去年的糖漿生產量為 10.2 百萬加侖。**

我們可以將觀測資料總結如下：

$$\sum_{i=1}^{n} x_i \tag{12.11}$$

上式中的 $n$ 是樣本數量 (本例的 $n$ 等於 1，因為只觀測到一年)，而索引 $i$ (從 1 到 $n$ 的整數) 則表示年份，故此處的 $x_i = x_1 = 10.2$。

如果一次收集了七年的資料，則 $n = 7$，索引 $i$ 就會是 1、2、...、7。我們可以將它們加起來處理：

$$\sum_{i=1}^{7} x_i \tag{12.12}$$

**第四與第五步：**在這兩步驟中，我們需找出在各假設下觀測到目標資料的概似度、再利用貝氏定理算出每項假設的後驗機率密度。

不過，就本例而言，由於可以用分析捷徑來完成從先驗到後驗的更新，故並不需要直接用貝氏定理做積分來更新。下面就是本章所說的捷徑，請各位特別留意每個變項的下標！

在先驗超參數 $\mu_0 = 12$、$\tau_0 = 0.0625$ 下，未知參數 $\mu$ 的後驗分佈平均值等於：

$$\mu_{後驗} = \frac{\tau_0 \mu_0 + \tau \sum_{i=1}^{n} x_i}{(\tau_0 + n * \tau)} = \frac{0.0625 * 12 + 0.25 * 10.2}{0.0625 + 1 * 0.25} = 10.56 \tag{12.13}$$

至於未知參數 $\mu$ 對應的後驗精密度 $(\tau)$ 則是：

$$\tau_{後驗} = \tau_0 + n * \tau = 0.0625 + 1 * 0.25 = 0.31 \tag{12.14}$$

圖 12.9 畫出本例的先驗與後驗分佈：

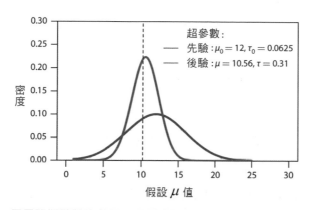

圖 12.9　每年的楓糖漿生產量，此處僅顯示假設 $\mu$ 值（單位：百萬加侖）

未知參數 $\mu$ 的先驗分佈為 $\mu_0 = 12$、$\tau_0 = 0.0625$ 的常態分佈（上圖中的藍色曲線）。在收集了某一年的佛蒙特楓糖產量資料（10.2 百萬加侖，即圖 12.9 中的虛線）後，我們得到了後驗分佈；其也是一個常態分佈，且後驗超參數為 $\mu = 10.56$、$\tau = 0.31$（紫色曲線）。讀者應該注意到了，後驗分佈曲線不但變窄了，還朝左方移動了一點。

---

編註：**先驗與後驗常態分佈 pdf 是甚麼樣子？**

原本常態分佈中的參數 $\sigma$ 被換成 $\tau$，而 $\tau = \dfrac{1}{\sigma^2}$，因此常態分佈 pdf 公式也要更換。以下先列出常態分佈 pdf 公式：

$$f(x; \mu, \sigma) = \frac{1}{\sigma\sqrt{2\pi}} e^{-\frac{(x-\mu)^2}{2\sigma^2}} \tag{12.15}$$

→ 續下頁

將 $\sigma$ 換成 $\tau$，則函數中的 $\sigma$ 換成 $\sqrt{\dfrac{1}{\tau}}$：

$$f(x;\mu,\tau) = \frac{1}{\frac{1}{\sqrt{\tau}}\sqrt{2\pi}}e^{-\frac{(x-\mu)^2}{2\frac{1}{\tau}}} = \sqrt{\frac{\tau}{2\pi}}e^{-\frac{\tau(x-\mu)^2}{2}} \tag{12.16}$$

由問 19，因先驗的 $\mu \sim \mathrm{N}(\mu_0,\tau_0)$，我們將上式的符號更換為：

$$f(\mu;\mu_0,\tau_0) = \sqrt{\frac{\tau_0}{2\pi}}e^{-\frac{\tau(\mu-\mu_0)^2}{2}} \tag{12.17}$$

代入先驗的 $\mu_0 = 12$，$\tau_0 = 0.0625$，則先驗常態分佈 pdf 為：

$$f(\mu;12,0.0625) = \sqrt{\frac{0.0625}{2\pi}}e^{-\frac{0.0625(\mu-12)^2}{2}} \tag{12.18}$$

而後驗的 $\mu \sim \mathrm{N}(\mu_{後驗},\tau_{後驗})$，則後驗常態分佈 pdf 為：

$$f(\mu;\mu_{後驗},\tau_{後驗}) = \sqrt{\frac{\tau_{後驗}}{2\pi}}e^{-\frac{\tau(\mu-\mu_{後驗})^2}{2}} \tag{12.19}$$

代入經過捷徑算出來的後驗超參數 $\mu_{後驗} = 10.56$，$\tau_{後驗} = 0.31$，可得：

$$f(\mu;10.56,0.31) = \sqrt{\frac{0.31}{2\pi}}e^{-\frac{0.31(\mu-10.56)^2}{2}} \tag{12.20}$$

我們將 12.18、12.20 式畫出來就可得到圖 12.9 了。請參考補充資源 Ch12-1.py。

**問 21**　**上述捷徑為何成立呢？**

**答：** 這是由貝氏定理推導出來的，請參考本書的附錄 A3。你會發現儘管捷徑的樣子看起來十分簡潔，但推導過程卻非常繁雜。

我們用下圖作為常態－常態共軛的總結資訊：

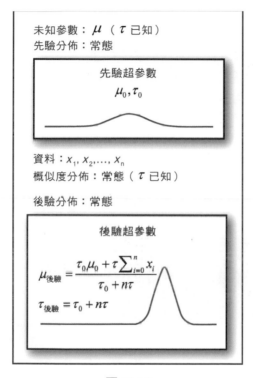

未知參數：$\mu$（$\tau$ 已知）
先驗分佈：常態

先驗超參數
$\mu_0, \tau_0$

資料：$x_1, x_2, \ldots, x_n$
概似度分佈：常態（$\tau$ 已知）

後驗分佈：常態

後驗超參數

$$\mu_{\text{後驗}} = \frac{\tau_0 \mu_0 + \tau \sum_{i=0}^{n} x_i}{\tau_0 + n\tau}$$

$$\tau_{\text{後驗}} = \tau_0 + n\tau$$

圖 12.10

一起來研究一下圖 12.10 吧。其中最上方的欄位指出：我們感興趣的模型參數為 $\mu$，其代表平均值。先驗需為常態分佈，由先驗超參數 $\mu_0$ 和 $\tau_0$ 定義。本例中要收集的資料也需符合常態分佈，變數 $n$ 代表樣本數。資料的概似度得用常態 pdf 描述，且 $\tau$ 需為已知。有了以上條件，我們便能得知

未知參數 $\mu$ 的後驗分佈了 (其為一常態分佈，計算超參數所需的共軛捷徑如圖 12.10 所示)。

 ??

**問 22**　**如果我們又收集了幾筆新資料，後驗分佈會變成怎樣呢？**

**答：**來試試看吧！假定你收集了另外五年的楓糖生產量資料，如表 12.2 所示：

表 12.2

| 年份編號 | 百萬加侖 |
| --- | --- |
| 1 | 7 |
| 2 | 10 |
| 3 | 10 |
| 4 | 8 |
| 5 | 4 |
| | **39** |

由於這裡有五筆來自常態分佈的觀測資料，故 $n = 5$。此外，它們的**總和**等於 39 百萬加侖。這一次，我們要將未知參數 $\mu$ 的先驗分佈超參數設為 $\mu_0 = 10.56$、$\tau_0 = 0.31$ (此即為前一輪算出來的後驗超參數)，**並假定 $\tau$ 的值仍是 0.25**。現在重複一次前面的共軛計算，則 $\mu$ 的後驗平均值將變成：

$$\mu_{後驗} = \frac{\tau_0 \mu_0 + \tau \sum_{i=1}^{n} x_i}{(\tau_0 + n * \tau)} = \frac{0.31 * 10.56 + 0.25 * 39}{0.31 + 5 * 0.25} = 8.35 \qquad (12.21)$$

未知參數 $\mu$ 的後驗精密度 ($\tau$) 則是：

$$\tau_{後驗} = \tau_0 + n * \tau = 0.31 + 5 * 0.25 = 1.56 \qquad (12.22)$$

$$\sigma^2_{後驗} = \frac{1}{\tau} = \frac{1}{1.56} = 0.641 \qquad (12.23)$$

$$\sigma_{後驗} = \sqrt{\sigma^2} = \sqrt{0.641} = 0.801 \qquad\qquad (12.24)$$

接下來，把這個最新的後驗分佈畫到圖上 (以紫色虛線表示，見圖 12.11)：

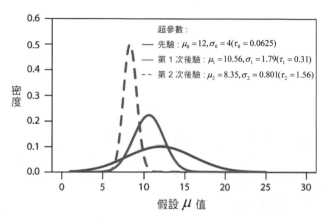

圖 12.11　每年的楓糖漿生產量，此處僅顯示假設 $\mu$ 值

---

編註：上圖可參考補充資源 Ch12-2.py。

---

上圖即代表了我們對於佛蒙特州楓糖漿**平均**生產量的**學習歷程**。這裡有幾件事值得討論：

- 圖中的藍色曲線代表最初的有資訊先驗分佈，其產生的依據為專家的主觀意見。

- 我們先以某一年份的資料 (當年佛蒙特的楓糖漿產量為 10.2 百萬加侖) 來更新上述先驗。如此得出的後驗分佈 (紫色實線) 位置向左偏了一些；但由於只考慮了一年的資料，故分佈範圍看起來仍十分寬廣。

- 接著，我們又收集了五年的生產量資料，其總和為 39 百萬加侖。更新以後，可以看到後驗分佈左移的更明顯了 (紫色虛線)、且其範圍明顯變窄。

以上變化非常符合人們的學習歷程：隨著得到的資料越來越多，我們也越來越確定參數 $\mu$ 的真實數值為何（ 編註： 再次強調，我們是不斷在更新超參數的值 $\mu_0 \rightarrow \mu_1 \rightarrow \mu_2$，使得 $\mu$ 的分佈形狀越來越窄，也因此 $\mu$ 的值就越來越確定了）。當然，此處的結論仍包含著不確定性，但可以肯定的是：資料收集有助於我們更新對事物的信心程度。**最後再提醒一下！本例的假定前提為『生產量的 $\sigma$ 是確定且已知的』！**

## 問 23　為什麼本章的捷徑不用 $\sigma$，而是改用 $\tau$？

**答：** 事實上，無論使用變異數（$\sigma^2$）還是精密度（$\tau = \dfrac{1}{\sigma^2}$），我們都能利用捷徑推導出後驗。讀者可以在貝氏共軛的維基百科頁面上找到由瑞法和施賴弗所提出的共軛解（1961 年）；讓我們再看一次和本章有關的部分，同時列出更多細節（見圖 12.12）：

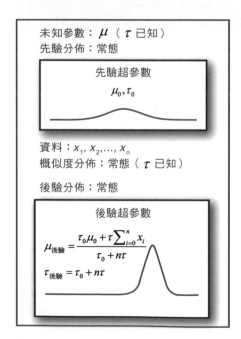

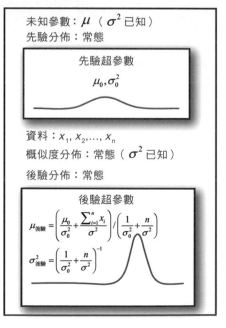

圖 12.12

- 圖 12.12 左側為假定 $\tau$ 已知的情況。此時，未知參數 $\mu$ 的先驗分佈是由超參數 $\mu_0$ 和 $\tau_0$ 定義的；圖中還列出了後驗超參數的計算方法。本章所用的共軛解正是這個版本，且未來還會再用到。

- 圖 12.12 右側為假定 $\sigma^2$ 已知的情況。此時，未知參數 $\mu$ 的先驗分佈是由超參數 $\mu_0$ 和 $\sigma_0^2$ 定義的；圖中同樣列出了後驗超參數的計算方法。

- 我們可以看到，左邊的公式寫起來比右邊簡潔一些，這也是我們使用 $\tau$ 的原因。話雖如此，兩邊得出的結果是完全一樣的（ 編註： 只是數學符號簡化而已）。

 ??

**問 24　假如今天是 $\mu$ 已知、而 $\sigma$ 或 $\tau$ 待估計呢？**

**答：** 這類問題也有共軛捷徑可用，但『**不是**』常態 － 常態共軛！『給定 $\mu$、估計 $\sigma^2$ 或 $\tau$ 』所需的共軛解如圖 12.13 所示：

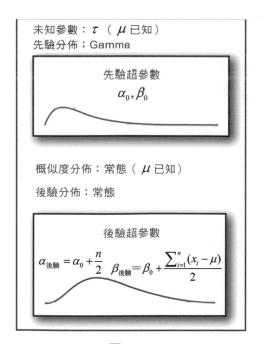

未知參數：$\tau$ （ $\mu$ 已知）
先驗分佈：Gamma

先驗超參數
$\alpha_0, \beta_0$

概似度分佈：常態（ $\mu$ 已知）

後驗分佈：常態

後驗超參數

$$\alpha_{後驗} = \alpha_0 + \frac{n}{2} \quad \beta_{後驗} = \beta_0 + \frac{\sum_{i=1}^{n}(x_i - \mu)}{2}$$

圖 12.13

此處最大的不同在於：未知參數的先驗分佈不再是常態 pdf 了。說得更詳細一點，$\sigma^2$ 的先驗分佈必須是**逆 gamma 分佈**（inverse gamma distribution）或者**縮放逆卡方分佈**（scaled inverse chi-square distribution）；而 $\tau$ 的先驗則需設為 **gamma 分佈**。本書並未介紹過前兩種分佈，但我們曾在研究鯊魚攻擊問題時學過 gamma 分佈（這也是圖 12.13 中所顯示的分佈）。

第 16 章將再次回顧楓糖問題；屆時，在 Gibbs 抽樣（Gibbs sampling）的幫助下，我們將利用 gamma 分佈來對 $\tau$ 進行估計。總之，請讀者記住：在決定常態分佈參數的共軛解時，你的選擇是有彈性的。

## 問 25　可以總結一下本章的內容嗎？

**答：**沒問題。

- 本章開頭提到有 60% 的魁北克產楓糖漿被盜了，而楓糖生產商聯盟想透過購入佛蒙特的糖漿來解決問題。
- 我們使用常態 pdf 來量化佛蒙特州楓糖生產量的年平均值與變異量。
- 常態分佈共有兩個參數：平均值 $\mu$ 與標準差 $\sigma$，兩者必須聯合起來估計才行。
- $\mu$ 和 $\sigma$ 值的假設共有無限多個，故必須以連續分佈來描述。此外，一個參數的估計結果會受到另一個參數的影響，這使得情況變得更加複雜。
- 為成功解題，我們令常態分佈的其中一個參數為已知。本例假定 $\sigma$ 等於 2.0。
- 常態分佈的分散程度可以用不同的方法來表示，包括：標準差（$\sigma$）、變異數（$\sigma^2$）、以及精密度（$\tau = \dfrac{1}{\sigma^2}$）。

- 接著，我們為待估計的常態分佈參數 $\mu$ 設定了一個先驗分佈。該先驗分佈也是一個常態分佈，超參數記為 $\mu_0$ 和 $\tau_0$。
- 下一步是搜集資料。聯盟成員觀測到：佛蒙特去年生產了 10.2 百萬加侖的楓糖漿。
- 為順利地用資料將先驗更新為後驗，我們使用了捷徑（ 編註: 因為我們把先驗分佈設為常態，造成共軛對應，才能用捷徑計算）。這裡的後驗分佈代表了我們對每項 $\mu$ 值假設的新看法。
- 最後，我們又收集了五年的資料，並以這些新資料更新了剛剛取得的後驗（在本次更新中，該後驗變成了先驗）。這個過程相當於以貝氏推論法表示我們的『學習歷程』。

 ??

問 26　接下來要研究什麼呢？

答：關於貝氏共軛的篇章到此就結束了。我們可以看出對特定問題（特定資料分佈）而言，這些共軛『捷徑』非常方便。在本書第 5 篇中，我們將告訴你如何用馬可夫鏈蒙地卡羅（MCMC）的方法，解決第 4 篇中的所有問題。

# MEMO

# 第 5 篇

# 馬可夫鏈蒙地卡羅 (MCMC)

## 簡介

歡迎來到第 5 篇！在此，我們將學習如何利用 MCMC (Markov Chain Monte Carlo，馬可夫鏈蒙地卡羅) 方法來估計目標參數的後驗分佈。

- 第 13 章會重新探討第 11 章的 gamma－卜瓦松共軛。第 11 章的目的是估計卜瓦松分佈的參數 $\lambda$ (鯊魚攻擊平均次數)，我們用 gamma 分佈設定 $\lambda$ 的先驗分佈、接著再收集服從卜瓦松分佈的資料、最後用共軛解將先驗更新為後驗 (同為 gamma 分佈)；換言之，就是『gamma 先驗 ＋ 卜瓦松資料 → gamma 後驗』。而第 13 章會改用 MCMC 的 Metropolis 演算法來估計 $\lambda$ 的後驗分佈，並將所得結果與共軛解的結果做比較。

- 許多原因可能造成 MCMC 分析出錯，因此身為分析者的你必須處處小心謹慎，以確保最終的後驗分佈能符合預期。第 14 章會為讀者介紹一些常用的偵錯技巧。

● 第 15 章會帶大家回顧第 10 章談到的 beta－二項式共軛。之前，為估計未知參數 $p$，我們先以 beta 分佈來設定 $p$ 的先驗分佈、再搜集二項式資料、最後利用共軛解將先驗更新為同樣是 beta 分佈的後驗；就是『beta 先驗 ＋ 二項式資料 → beta 後驗』。而第 15 章會告訴大家如何以 MCMC 與 Metropolis－Hastings 演算法估計目標參數的後驗分佈，並將所得結果與共軛解的結果做比較。

● 第 16 章要再探第 12 章討論的常態－常態共軛。之前，為了估計常態分佈的其中一項參數 (即平均值 $\mu$)，我們將另一項參數 (精密度 $\tau$) 假定為已知，並且藉助以下共軛關係求得答案：『常態先驗 ＋ 常態資料 → 常態後驗』。而在第 16 章裡，我們進一步處理常態分佈的兩項參數 $\mu$、$\tau$ 皆為未知的情況，並且估算出兩者的聯合後驗分佈。此處所用的方法為 MCMC 中的 Gibbs 抽樣 (Gibbs sampling)。

---

**小編補充：　蒙地卡羅法、馬可夫鏈是什麼？**
　　　　　　**它們各在做什麼？合起來又可以做什麼？**

Markov Chain Monte Carlo (簡稱 MCMC) 是由兩個機制構成的，就是 Markov Chain ＋ Monte Carlo，一般書本或網路課程在講解 MCMC 的過程都沒有點出哪裡用到 Markov Chain？哪裡用到 Monte Carlo？就一股腦的操作下去，造成不求甚解的狀況。因此，在使用馬可夫鏈蒙地卡羅法 (MCMC) 之前，我們必須先瞭解蒙地卡羅法 (第二個 MC) 與馬可夫鏈 (第一個 MC) 個別的意義與用途。

→ 續下頁

## 什麼是蒙地卡羅法？

蒙地卡羅法是**從一個已知的分佈隨機產生 (generate) 資料的方法**，讀者可以參考 StataCorp LLC 的 Youtube 影片 https://www.youtube.com/watch?v=OTO1DygELpY 的 1 分 07 秒到 2 分 03 秒這段內容，此段影片是將常態分佈當作建議分佈 (proposal distribution) 來大量產生隨機樣本（關於建議分佈的原理，讀者可參考拒絕抽樣 (rejection sampling) 的相關資訊）。我們可以看到影片左側 Density (機率密度) 會隨著樣本的產生而持續變化。因此，只要產生的樣本數夠多就可以把機率分佈描繪出來。這裡要注意的是，蒙地卡羅法的分佈其參數 (此例影片中是常態分佈的平均值 $\mu$ ) 並不會改變，因此產生的樣本只會取自這個分佈，不會產生新資訊。

> 此處我們稱**產生**樣本，而不稱**抽樣**，是因為所謂的抽樣是經由實際的試驗（trial）得到觀察值 (obervation) 的過程，因此要有大量的既存的資料且抽樣成本低廉才適合抽樣，若資料極少或取得成本極高，例如核子彈不能經常試爆、罕見疾病案例難求，則只能用**模擬**的方式來 " **產生** " 母體的樣本。這時就是蒙地卡羅法發揮功能的時候了！不過，習慣上除非特別強調，一般會把產生樣本、抽樣、模擬混著使用，只是讀者要小心前後文，自行判斷其代表的意思。本書作者也是用抽樣 (sampling) 這個詞的。

我們舉個簡單的例子。企業經營最重要的是淨利，而影響淨利的因素包括**營收、成本、費用**這三項，其關係如下：

**營收 – 成本 = 毛利**
**毛利 – 費用 = 淨利**

因此，**淨利 = 營收 – 成本 – 費用**

由於營收、成本、費用這三個項目雖然可以根據過去經驗來估計，但都會因景氣因素、經營環境、突發事件、競爭因素……而無法確定，因此可以

→ 續下頁

視為三個隨機變數 $X$、$Y$、$Z$，並服從各自的分佈。為簡單起見，我們假設三者都服從均勻分佈 (uniform distribution)，也就是：

營收：$X \sim U(a,b)$，成本：$Y \sim U(c,d)$，費用：$Z \sim U(e,f)$

那麼，要如何知道淨利分佈的樣貌呢？我們可以利用蒙地卡羅法分別在營收、成本、費用這三個分佈中隨機大量產生樣本，再用淨利公式得出淨利的分佈狀態與範圍。

以這邊假設三者都是均勻分佈來看，假設三者的參數 $(a,b)(c,d)(e,f)$ 都是固定不變的，淨利很明顯會介於 $b-c-e$ (營收最高、成本最低、費用最低的情況，淨利處於最大值) 與 $a-d-f$ (營收最差、成本最高、費用最高，淨利處於最小值) 之間。如此一來，瞭解淨利最差與最佳的狀況，就能控制經營風險。

但是，最佳和最差的情況是極端且不常發生。統計學並不只是在評估最佳或最差的情況，它還要評估"可能的情況"以及"該可能情況的機率"。所以蒙地卡羅必須依分佈"產生"大量隨機變數的值，然後代入到上述的淨利公式 $X, Y, Z$ 當中，而這樣淨利就變成一個分佈，然後我們就可以算出各種統計量，例如：平均值、標準差、95% 信心水準的區間估計…等等。

以下我們用 Python 程式來實際算算看淨利的分佈。假設：

營收：$X \sim U(1600000, 2000000)$

成本：$Y \sim U(580000, 700000)$

費用：$Z \sim U(700000, 850000)$

請注意！這三個均勻分佈並未做正規化處理。我們從三個均勻分佈中隨機各抽出十萬個數字，也就有十萬組 $x, y, z$ 的隨機變數值，然後套用淨利公式算出十萬個淨利數字，再將之區分成 60 個小區塊畫成直方圖，即可看出淨利的分佈介於 5～72 萬之間 (程式請參考補充資源 Ch13-02.py)：

→ 續下頁

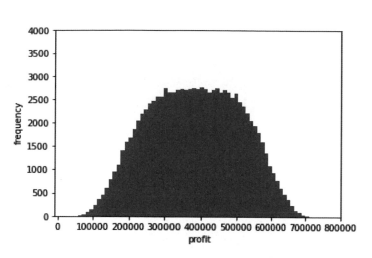

模擬十萬次淨利畫出的次數分佈圖。

以上例子，清楚說明蒙地卡羅法是以產生隨機變數的方法來模擬統計量的估計值。

此處所謂產生 (generate) 隨機變數，指的是依隨機變數的機率分佈來產生隨機變數的值，以機率密度分佈而言，密度較高的區域其對應的隨機變數值出現的機率也較高。如何依機率分佈來產生隨機變數也是一門學問，不過現在各類套裝軟體以及各種程式語言的套件都有亂數產生器的函式可以使用，所以這邊就不多做介紹。

因此，蒙地卡羅法基本上就是 "依照已知的機率分佈，把隨機變數的值隨機產生出來"。例如上例，我們已知營收、成本、費用的機率分佈，然後用蒙地卡羅法模擬出淨利的分佈圖。

## 什麼是馬可夫鏈？

馬可夫鏈是一種狀態轉換的模型，馬可夫鏈的狀態轉移只會受當前狀態影響，而與之前經歷過的狀態無關，也就是 $\Pr(x_{t+1} \mid x_t, x_{t-1}, ..., x_1) =$

→ 續下頁

$\Pr(x_{t+1} \mid x_t)$，其中 $x_t$ 表示當前狀態，$x_{t+1}$ 表示下一個狀態，這就是馬可夫鏈『無記憶』性質 (但其實 $x_{t+1}$ 還是和 $x_t$ 有關，所以有人又稱其為短記憶：short memory)，亦稱為馬可夫性質 (Markov Property)。符合馬可夫性質的狀態移轉過程 (process) 就叫做馬可夫鏈。

馬可夫鏈有各種用途，例如馬可夫鏈·蒙地卡羅 (即 MCMC) 可以利用馬可夫狀態移轉機率 $\Pr(x_{t+1} \mid x_t)$ 由 $x_t$ 已知來縮小 $x_{t+1}$ 的探索範圍 (可參考圖 2.8 及前後文說明)，以增加蒙地卡羅的抽樣效率。不過，MCMC 只是增進抽樣效率而已，仍然是 "由已知分佈產生隨機變數值的方法"。

本書我們進一步的以 MCMC 做為貝氏推論的抽樣工具，由一已知的建議分佈 (proposal distribution) 抽樣，然後用貝氏定理篩選抽樣值 (例如：13.26 式)，讓馬可夫鏈將參數分佈導入穩定分佈狀態 (stationary distribution)，這時由穩定分佈抽樣出來的成千上萬隨機變數值即能用來描繪所求之機率分佈以及計算各種統計量。底下做一簡單說明。

MCMC ＋ 貝氏推論就是以手上現有的資料為依據，以 MCMC 為工具進行貝氏推論，找出參數的分佈。一開始在後驗分佈未知的情況下，假設我們要產生第一個參數值 $\lambda$ 的時候，一般會先參考專家意見 (即貝氏推論中的有資訊先驗)，看看此值要選哪一個比較好，若參數先驗值挑得準的話，馬可夫鏈的收斂也會比較快。小編在此用 $\lambda_1$ 表示是此參數的第一個值，並假設其位於建議分佈的中心點。在此用常態分佈圖做為建議分佈 (實際上不一定是常態，只要是對稱函數即可)。建議分佈不是隨便選的，它要符合一定的特性，即所謂的 detailed balance，這樣才能使馬可夫鏈進入穩定分佈狀態，我們會在第 15 章提到。

以下用圖解來說明馬可夫鏈的運作方式。我們假設真實的後驗分佈是中心點在 4.0 的黑色曲線 (但目前並不知道)。因此我們先從後驗分佈可能的範圍內選出一個值 2.2 (有資訊先驗，例如專家會議的共識)，並以此做為當前後驗分佈的中心點：

→ 續下頁

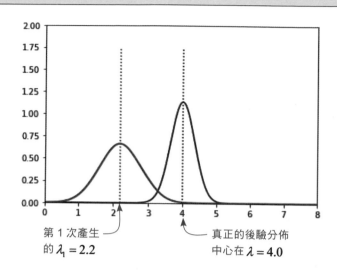

第 1 次產生的 $\lambda_1 = 2.2$　　　真正的後驗分佈中心在 $\lambda = 4.0$

並記錄在 $\lambda$ 參數的起始點：

接下來，我們再以 2.2 做為新建議分佈的中心點隨機產生一個新的建議參數值 3.4（請注意！只有第 1 次的值是有資訊先驗，之後都是用建議分佈隨機產生），並讓當前建議分佈的中心點 $\lambda_1 = 2.2$ 移動到 $\lambda_2 = 3.4$：

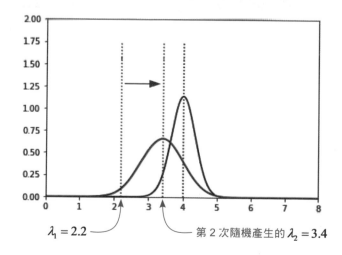

$\lambda_1 = 2.2$　　　第 2 次隨機產生的 $\lambda_2 = 3.4$

→ 續下頁

現在我們有 2 個 $\lambda$ 值：

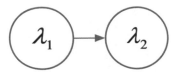

我們再用 3.4 做為建議分佈的中心點隨機產生一個新參數值 4.8，並讓當前建議分佈的中心點由 $\lambda_2 = 3.4$ 移動到 $\lambda_3 = 4.8$（讀者是否已感受到與貝氏推論由先驗推出後驗，再將後驗當成先驗的循環）：

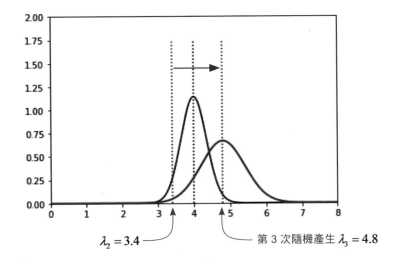

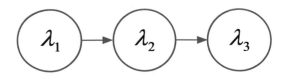

$\lambda_2 = 3.4$　　　　　　第 3 次隨機產生 $\lambda_3 = 4.8$

現在有 3 個 $\lambda$ 值：

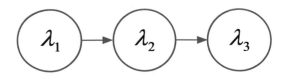

→ 續下頁

我們再用 4.8 做為建議分佈的中心點隨機產生一個新值 4.3，並讓當前建議分佈的中心點由 $\lambda_3 = 4.8$ 移動到 $\lambda_4 = 4.3$：

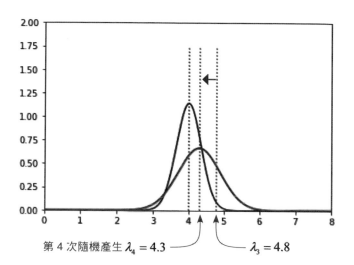

第 4 次隨機產生 $\lambda_4 = 4.3$　　　　$\lambda_3 = 4.8$

現在有 4 個 $\lambda$ 值：

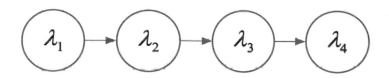

我們期望大量產生樣本之後，$\lambda$ 的分佈能夠收斂成真實分佈，也就是當 $\lambda_n$ 的 $n$ 夠大時，各 $\lambda$ 所描繪出來的分佈真的會如上圖以 4.0 為中心的黑色分佈曲線嗎？

以目前來講，建議分佈的中心點會轉移到哪裡是隨機產生的，因此是一個 random walk（隨機遊走），也就是中心點會亂跑，這樣就難以產生有用的資訊。

→ 續下頁

## 蒙地卡羅法、馬可夫鏈的檢討

1. 蒙地卡羅法只是單純地將初始建議參數的分佈模擬出來，由於參數沒有變化，因此也並未提供任何新的資訊。我們可以視之為**拒絕所有參數轉移的可能**（就是參數不變，例如 $\mu$ 固定在 2.3）。

2. 馬可夫鏈是用上一輪的參數做為建議分佈的中心點產生新值，且以此新值做為下一輪的參數，但由於參數的產生是 random walk，並且**無條件接受參數**，所以不能由資料取得有用的資訊。

以上兩種方式就好像 AI 強化學習常見的拉 bar 機（吃角子老虎）的例子：如果一直在原地拉 bar 而不探索新的機台，就挖掘不了新資訊（找不出賺錢機率高的那一台）。但若一直漫無目的在換拉 bar 機，則又累積不了經驗，兩種方法的績效一定都不好！

## 引進 Metropolis - Hastings 演算法

蒙地卡羅拒絕所有新參數，而馬可夫鏈又無條件接受所有新參數，既然兩者效果都不好，於是 Metropolis（第 13 章）引進了一個有效的方法，也就是**從資料學習**！用資料來決定 MCMC 接受新參數與否的條件。

我們分別用新參數 $\lambda_p$（亦稱為建議（proposal）參數）和當前（current）參數 $\lambda_c$ 來計算後驗機率：

$$P(\lambda_p | 資料) \propto P(資料 \mid \lambda_p) \cdot P(\lambda_p) \longleftarrow \text{新參數的後驗機率}$$

$$P(\lambda_c | 資料) \propto P(資料 \mid \lambda_c) \cdot P(\lambda_c) \longleftarrow \text{當前參數的後驗機率}$$

這是資料決定 MCMC 走向的關鍵處

→ 續下頁

1. 我們運用收集到的資料來判斷 $\lambda_p$ 和 $\lambda_c$ 誰的後驗機率較高，若 $\lambda_p$ 的較高，表示新參數更接近資料密集區，則採用 $\lambda_p$。

2. 若新參數 $\lambda_p$ 的後驗機率低於當前參數 $\lambda_c$ 的後驗機率，並不會立刻被捨棄，而是給一個『抽獎的翻身機會』。例如，當前參數 $\lambda_c$ 的後驗機率是 $0.7$，而新參數 $\lambda_p$ 的後驗機率是 $0.6$，由於 $\mathbf{0.6 < 0.7}$，因此會保留 $\frac{0.6}{0.7} = \frac{6}{7}$ 的機會給新參數，其原理請參考第 13 章的內文。

讀者可以參考 StataCorp LLC 的 Youtube 影片 https://www.youtube.com/watch?v=OTO1DygELpY 的 2 分 04 秒到 2 分 29 秒，此段影片呈現出馬可夫鏈因狀態轉移而不斷移動分佈的中心點位置，影片中的建議分佈 (以常態分佈為例) 中心點 $\mu$ 會隨機變動，其結果就呈現在左側的 Density 機率密度圖 (很幸運地，看起來它收斂了)。

我們在前面幾篇已經學過貝氏統計以及貝氏推論，某些情況下可以用貝氏共軛來快速從先驗轉換到後驗，然而大多數情況沒有那麼簡單，因此貝氏推論就必須靠 MCMC 來進行，也因為產生新參數的輪數成千上萬，計算相當複雜，就非常需要寫程式用電腦來輔助，也需要各種演算法來提昇效率。

"MCMC 貝氏推論" 在機器學習領域大量被使用，值得大家進一步學習。不過這裡頭包含：1. 隨機抽樣原理，2. 蒙地卡羅法，3. 馬可夫鏈，4. 貝氏統計，所以要花些時間才能融會貫通。本文用短短幾頁做提綱挈領的引導，在閱讀第 5 篇各章時可隨時回頭參考或有幫助。

在瞭解蒙地卡羅法與馬可夫鏈的基本觀念之後，我們接下來就要進入 MCMC 的領域囉 小編補充結束 。

編註：本書作者、譯者、編輯花了十足的功夫，希望讀者能順利學習，並將一般書籍、網路講不清楚的地方，能紮紮實實、豁然開朗的吸收到知識。

本書是以問答方式進行，好處是平易近人、容易閱讀吸收。但是一些重點、綱要則散見各處，容易見樹不見林。因此，建議讀者在每讀完一章之後，能夠將一些重點、心得整理下來，對於知識的學習會有很大的幫助。

我們在每一章的開頭都會列出所要學習的新主題、專有名詞，讀者可以此為基礎來發展出自己的筆記大綱，也是不錯的方法。

# 第 13 章

# 回顧鯊魚攻擊問題：
# 以 Metropolis 演算法進行
# MCMC 分析

承如前面所見，貝氏推論的其中一項重要用途就是參數估計。我們回憶一下，當估計某單一參數 $\theta$ 時，我們所用的貝氏定理公式如下：

$$P(\theta \mid 資料) = \frac{P(資料 \mid \theta) * P(\theta)}{\int P(資料 \mid \theta) * P(\theta) d\theta} \tag{13.1}$$

上式適用於給定觀測資料、且單一參數的後驗分佈需以機率密度函數 (pdf) 描述的情況。這個式子之前已經出現過好幾次了！

不曉得各位對第 11 章的鯊魚攻擊問題 (即：估算出一年的平均鯊魚攻擊事件數) 還有沒有印象？當時我們的目標是：估計**卜瓦松分佈**的參數 $\lambda$，其代表意義為『平均發生率』。這裡所謂的『發生率』可以是『每年發生在十字路口的交通事故數量』、或者『天文望遠鏡每秒接收到的光子數』等；而在鯊魚攻擊問題裡，$\lambda$ 代表的是『每年的平均鯊魚攻擊事件數』，其最小值為 0、最大值理論上可達無限大。當然，實際上的鯊魚攻擊次數不可能為無限大，此處真正的意思是 — 鯊魚攻擊數的上限可以是任何合理的數值；因此，在給定的範圍內，$\lambda$ 值的假設共有無限多種可能性。我們可以將 13.1 式中的 $\theta$ 換成 $\lambda$，並將貝氏定理公式寫成下面這樣：

$$P(\lambda \mid 資料) = \frac{P(資料 \mid \lambda) * P(\lambda)}{\int_0^\infty P(資料 \mid \lambda) * P(\lambda) d\lambda} \tag{13.2}$$

讀者應該還記得鯊魚攻擊問題的解題步驟：我們先設定了一個有資訊的先驗（**gamma 分佈**），以反映每個 $\lambda$ 值假設的先驗信心程度。接著再收集資料（不同年份的鯊魚攻擊事件數），並使用共軛解將先驗更新為後驗，藉此避開貝氏定理分母的積分運算。最後產生的後驗也是一個 gamma 分佈，代表了我們對 $\lambda$ 值的最新認知。

遺憾的是，以上方法無法套用到任何問題上；只有在共軛關係存在的特殊案例中，才有可能透過解析解計算出答案。但別擔心，我們還有一個更富創意與彈性的方法，幾乎能應付任何參數估計問題，該方法名為**馬可夫鏈蒙地卡羅（MCMC）模擬**。

本章的主題便是介紹如何利用 MCMC 來估計後驗分佈。我們會先快速複習一下 gamma－卜瓦松共軛處理鯊魚攻擊問題的過程，**然後再以 MCMC 法解一次相同問題，好方便讀者比較兩種做法。**

在 MCMC 中，我們會使用另一個版本的貝氏定理。回憶一下，之前曾提過：13.2 式分母部分的積分結果實際上為一常數（ 譯註：請參考第 6 章的問 2 － 貝氏定理的分母又稱為正規化常數）。正因為如此，貝氏定理有時會被寫成：

$$P(\lambda \mid 資料) \propto P(資料 \mid \lambda) * P(\lambda) \tag{13.3}$$

『 $\propto$ 』符號的意思是『正比於（proportional to）』，故整條式子可解讀成：『給定資料時的參數 $\lambda$ 後驗機率密度』正比於『給定參數 $\lambda$ 時的資料概似函數』乘以『 $\lambda$ 的先驗機率密度』。在本章中，我們將會用到上式很多次！若各位能認真讀到最後，就能熟悉以下概念：

- 蒙地卡羅 (Monte Carlo)
- 馬可夫鏈 (Markov chain)
- Metropolis 演算法 (Metropolis algorithm)
- 調校參數 (tuning parameter)
- MCMC 推論 (MCMC inference)
- 軌跡圖 (traceplot)
- 動差匹配 (moment matching)

現在就從複習鯊魚攻擊問題開始吧。

**問 1** **再描述一次鯊魚攻擊問題吧？**

**答**：此處的目標是利用貝氏推論去估算每年的平均鯊魚攻擊次數 $\lambda$。解決該問題的步驟與前幾章相同（ 編註：本書藉由反覆演練貝氏分析的流程以加深讀者印象，因此在問到每一步要做甚麼時，請不要立刻看答案，而是先回想一下每個步驟）：

1. 建立假設，列出所有對立假設的參數值或範圍。
2. 以先驗機率密度來表示我們對每個假設參數值的信心程度。
3. 收集資料。
4. 找出在各假設為真的情況下，觀測到目標資料的**概似度** (likelihood)。
5. 利用貝氏定理來計算每個假設參數值的後驗機率密度。

下面來快速回顧一下每個步驟在做甚麼事。

**問 2** **第一步，卜瓦松分佈的參數 $\lambda$ 假設值有哪些？**

**答**：我們知道，$\lambda$（卜瓦松分佈裡的平均次數發生率參數）的值可以是 0 到無限大之間的任何數。由於 $\lambda$ 是**連續的**，故有**無限多種可能**（如：$\lambda = 0.01$、$\lambda = 0.011$、$\lambda = 1.234$、$\lambda = 6.076$ 等等）。

**問 3**　第二步，每項假設 $\lambda$ 值的先驗機率密度為何？

**答**：之前使用了 gamma 分佈來設定每項假設 $\lambda$ 值的先驗機率密度。gamma 分佈是一種連續型機率分佈；說得更清楚一點，其水平軸為連續（非離散）、且範圍從 0 到無限大。gamma 分佈的形狀受兩個參數控制：其中之一為形狀參數 alpha（$\alpha$）、另一個為比率參數 beta（$\beta$）。圖 13.1 呈現出幾種不同的 gamma 機率分佈實例，我們需從中挑選一個來當做 $\lambda$ 值的先驗。一個假設對應的機率密度越大，分析者認為該假設為真的信心程度也越高：

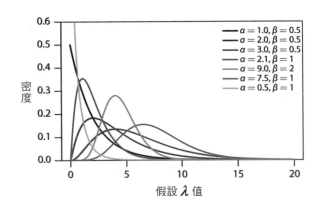

圖 13.1　Gamma 分佈

仔細看一下圖 13.1。雖然圖中的水平軸範圍只有 0 到 20，但其實際上可延伸至 0 到 100、0 到 1000、或甚至更長；這裡之所以僅畫到 20，是因為在此之後的機率密度很明顯接近於 0。至於垂直軸則代表機率密度。每條曲線下的總面積皆等於 1.0；機率密度越高，表示相應假設獲得的信心越大。

以鯊魚攻擊問題而言，我們選擇的是 $\alpha_0 = 2.1$、$\beta_0 = 1$ 的有資訊先驗 (見圖 13.2)，其根據為先前的鯊魚攻擊次數統計數據：

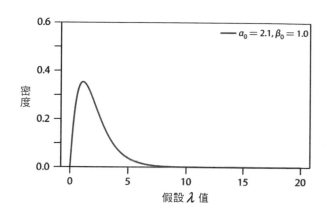

圖 13.2 先驗分佈：$\alpha_0 = 2.1$、$\beta_0 = 1$

上圖的先驗分佈表明：每年發生 1 到 2 次鯊魚攻擊事件的可能性、較一年發生 (舉例而言) 6 次的可能性大。

 ??

問 4　第三步，接下來應該要做什麼？

答：收集資料！我們觀察到：今年共發生了 5 起鯊魚攻擊事件。

 ??

問 5　第四步，然後呢？

答：第四步是算出：在各假設 $\lambda$ 值底下，觀測資料發生的概似度為何。

**答：**第五步是利用 13.2 式的貝氏定理產生待估參數 $\lambda$ 的後驗分佈。之前提過，貝氏定理公式的分母積分處理起來可能很困難、有時甚至積不出來。但當先驗為 gamma 分佈、且所收集的資料為卜瓦松資料 (某段時間內特定事件發生的次數) 時，我們便可利用解析捷徑來得到後驗分佈、且該後驗的分佈類型與先驗一樣是 gamma 分佈。

---

簡言之：gamma 先驗 ＋卜瓦松資料 → gamma 後驗

---

有了上述解析捷徑 (Raiffa & Schlaeffer, 1961)，把先驗更新成後驗的過程將變得易如反掌。先回憶一下，此處的先驗分佈為 $\alpha_0 = 2.1$、$\beta_0 = 1$，並且有一筆觀測資料：一年中發生 5 起鯊魚攻擊。假如將觀測資料視為一隨機變數、$n$ 代表觀測資料筆數，則 $n = 1$、隨機變數值等於 5。**以下就是解析捷徑：**

後驗分佈的 $\alpha$ 參數相當於 $\alpha_0$ 加上卜瓦松觀測資料的總和。由於我們只有一筆觀測資料、且其值等於 5，故：

$$\alpha_{後驗} = \alpha_0 + \sum_{i=1}^{n} x_i \tag{13.4}$$

$$\alpha_{後驗} = 2.1 + 5 = 7.1 \tag{13.5}$$

$\beta$ 參數的後驗值則是 $\beta_0$ 加上 $n$ (卜瓦松觀測資料的筆數)：

$$\beta_{後驗} = \beta_0 + n \tag{13.6}$$

$$\beta_{後驗} = 1 + 1 = 2 \tag{13.7}$$

現在，可以來比較一下 $\lambda$ 的先驗與後驗分佈了，見圖 13.3：

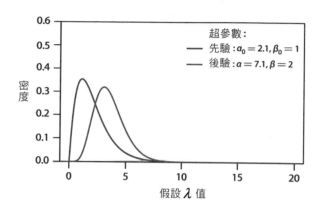

圖 13.3　Gamma 先驗與後驗分佈

圖中的藍色先驗分佈就是分析的起點。接著，我們收集了一筆資料 (即：5
次攻擊)，該資料屬於卜瓦松隨機變數。最後再利用捷徑找出假設 $\lambda$ 值的
後驗分佈，如圖 13.3 裡的紫色曲線所示。由於得到了新資料，我們對每
項假設 $\lambda$ 值的可能性產生了**新的**認知。

鯊魚攻擊問題的圖解如圖 13.4 所示。

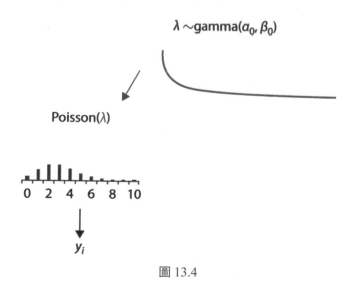

圖 13.4

**問 7** 那麼該如何使用馬可夫鏈蒙地卡羅法 (MCMC) 得出所求的後驗分佈呢？

**答**：進入正題！下面就為各位說明。

在貝氏推論中，MCMC 的主要概念為：透過從後驗分佈中取樣，將該分佈產生出來。換言之，我們將以一種全新的方式使用貝氏定理，以便從零開始**建構出**如圖 13.3 裡的紫色曲線。

本章開頭曾把貝氏定理寫成這樣：

$$P(\lambda \,|\, 資料) = \frac{P(資料 \,|\, \lambda) * P(\lambda)}{\int_0^\infty P(資料 \,|\, \lambda) * P(\lambda) d\lambda} \tag{13.8}$$

因為 13.8 式的分母部分必為常數 (考慮了所有 $0 \sim \infty$ 的 $\lambda$ 值假設，所以從 0 積分到 $\infty$，這是個定積分，所以是常數)，故其亦可改寫成：

$$P(\lambda \,|\, 資料) \propto P(資料 \,|\, \lambda) * P(\lambda) \tag{13.9}$$

若換成貝氏理論的術語：

$$後驗 \propto 概似度 * 先驗 \tag{13.10}$$

上面式子的意思翻譯成白話為：『某假設的後驗機率密度』**正比於**『該假設下的觀測資料概似度』乘以『該假設的先驗機率密度』。各位稍後便能看到 13.10 式的應用；為方便區分其中的每個項，讓我們給予它們不同的顏色 (紅色為概似度、藍色為先驗，後驗是由紅藍混合而成的紫色)：

$$後驗 \propto 概似度 * 先驗 \tag{13.11}$$

『從零開始建構一個分佈』可能讓人覺得有些不可思議，畢竟我們無從得知自己取樣的分佈長什麼樣子（本例是個例外，因為各位已經知道我們的目標是建構出圖 13.3 裡的紫色分佈曲線了）。但請讀者先別急，繼續看下去就對了。下面讓我們先大致介紹一下整個流程；待大家有概念後，再詳細討論每一個步驟。

我們在本章要使用名為 **Metropolis** 的**演算法**（algorithm）來進行 MCMC 分析。Metropolis 演算法一共是由八個步驟組成，如下所示：

1. 先從後驗分佈中隨便挑一個數字出來；任何數字都行，只要其有可能來自後驗分佈即可。在這裡，**就讓我們以 3.100 做為起點吧**。重申一次，該數字是隨意決定的，用來代表**當前的**參數 $\lambda$ 值。我們可以說：3.100 是從後驗分佈中取樣而得的 $\lambda$ 值。

---

編註：還記得貝氏推論就是在算後驗 $P(\theta\,|\,$資料$)$，所以這裡挑一個數字就是指挑一個 $\theta$ 值，在鯊魚攻擊的例子就是卜瓦松參數 $\lambda$ 值。但現在我們連後驗分佈長什麼樣子都不知道，所以只能根據經驗估計一個合理的 $\lambda$ 值即可，例如用歷年的記錄來估計。

---

2. 下一步是計算在給定觀測資料的情況下，當前假設（$\lambda = 3.100$）的後驗機率密度為何。回憶一下，剛才提過 －『後驗密度』正比於『概似度』與『先驗』相乘：

$$\text{後驗} \propto \text{概似度} * \text{先驗} \tag{13.12}$$

- 為了得到所求答案，我們需要問以下問題：『當 $\lambda = 3.100$ 時，觀測到 5 起鯊魚攻擊事件（$x = 5$）的概似度有多少？』希望讀到這裡的讀者能立刻想到**卜瓦松機率質量函數**！該函數只有一個**參數** $\lambda$。當 $\lambda = 3.100$，則目標**概似度**等於：

$$\mathcal{L}(x; \lambda) = \frac{\lambda^x e^{-\lambda}}{x!} \tag{13.13}$$

$$\mathcal{L}(5; 3.100) = \frac{3.100^5 e^{-3.100}}{5!} = 0.1075 \tag{13.14}$$

- 接下來的問題是：『在**先驗分佈**中，3.100 出現的機率密度是多少？』這一次，希望各位能想到 **gamma 機率密度函數**！該函數能告訴我們：在給定先驗超參數的情況下，從先驗分佈中隨機抽選到 3.100 的機率密度為何。前面說過，本例中的先驗超參數為 $\alpha_0 = 2.1$、$\beta_0 = 1$；現在，將它們代入 gamma pdf 中，並令 $x$ 等於 $\lambda$：

$$g(x; \alpha, \beta) = \frac{\beta^\alpha x^{\alpha-1} e^{-\beta x}}{\Gamma(\alpha)} \tag{13.15}$$

$$g(3.100; 2.1, 1) = \frac{1^{2.1} 3.100^{2.1-1} e^{-1*3.100}}{\Gamma(2.1)} = 0.1494 \tag{13.16}$$

- 因此，對我們的第一次猜測 (當前 $\lambda = 3.100$，下一輪可能會變動) 而言，其後驗機率密度值**正比於**『13.14 式的概似度』乘以『13.16 式的先驗』：

$$P(\lambda = 3.100 \mid 5) \propto 0.1075 * 0.1494 = 0.0161 \tag{13.17}$$

- 13.17 式的計算結果為特定假設 $\lambda$ 值的後驗機率密度。在後面的內容中，我們會將其稱為 $P(\lambda_{當前} \mid 資料)$（譯註：這裡的『當前』英文為『current』，本章之後會將其稱為『$\lambda_c$』)。

3. 接著，從一個中心位置位在當前 $\lambda$ 值 ($\lambda = 3.100$) 的**對稱建議 (proposed) 分佈**中隨機抽選出第二個 $\lambda$ 值。在本例中，我們所用的對稱分佈為常態分佈，其平均值 $\mu = \lambda_c$、$\sigma = 0.5$。注意！此處的『$\sigma$』被稱為**調校參數** (tuning parameter)，本章後面會討論到。現在，**假定我們隨機抽選而得的數值為 $\lambda = 4.200$**。

---

編註：請注意！我們是用一個對稱的建議機率分佈，以 $\lambda_c$ 為中心，來產生建議參數 $\lambda_p$，這個建議分佈只要是對稱的就可以，一般是用常態分佈來當做建議分佈，當然你也可以用其它的對稱分佈，但效率可能會不一樣。

---

4. 現在，利用下面的步驟算出 $\lambda = 4.200$ 的後驗機率密度：

$$後驗 \propto 概似度 * 先驗 \tag{13.18}$$

- 首先，我們要回答：『當 $\lambda = 4.200$ 時，觀測到 5 起鯊魚攻擊事件 ($x = 5$) 的概似度有多少？』和之前一樣，希望讀者能想到**卜瓦松機率質量函數**！此處所求的概似度等於：

$$\mathcal{L}(x; \lambda) = \frac{\lambda^x e^{-\lambda}}{x!} \tag{13.19}$$

$$\mathcal{L}(5; 4.200) = \frac{4.200^5 e^{-4.200}}{5!} = 0.1633 \tag{13.20}$$

- 下一個問題是：『在**先驗分佈**中，4.200 出現的機率密度是多少？』希望各位能再次想起 **gamma 機率密度函數**！該函數能告訴我們：在給定先驗超參數的情況下，從先驗分佈中隨機抽選到 4.200 的機率密度為何。和之前相同，先驗的超參數值為 $\alpha_0 = 2.1$、$\beta_0 = 1$：

$$g(x; \alpha, \beta) = \frac{\beta^\alpha x^{\alpha-1} e^{-\beta x}}{\Gamma(\alpha)} \tag{13.21}$$

$$g(4.200; 2.1, 1) = \frac{1^{2.1} 4.200^{2.1-1} e^{-1*4.200}}{\Gamma(2.1)} = 0.0695 \tag{13.22}$$

- 對於此次所提出的 $\lambda = 4.200$，其後驗機率密度值**正比於**『概似度』乘以『先驗』：

$$P\left(\lambda = 4.200 \mid 資料\right) \propto 0.1633 * 0.0695 = 0.0113 \tag{13.23}$$

- 在後面的內容中，我們會將 13.23 式的計算結果稱為 $P\left(\lambda_{建議} \mid 資料\right)$（ 譯註： 這裡的『建議』英文為『proposed』，故本章之後會稱為『$\lambda_p$』）。

5. 到此為止，我們已從後驗分佈取樣出兩個假設 $\lambda$ 值（即 $\lambda = 3.100$ 和 $\lambda = 4.200$）、並算得它們的後驗機率密度了。**請務必記得！上述後驗密度值是透過貝氏定理得到的！而不是用捷徑。**

  - 兩個假設 $\lambda$ 值的後驗機率密度分別為（ 編註： $\lambda_c$ 是當前的值，而 $\lambda_p$ 是建議的值）：

$$P\left(\lambda_c = 3.100 \mid 資料\right) \propto 0.0161 \tag{13.24}$$

$$P\left(\lambda_p = 4.200 \mid 資料\right) \propto 0.0113 \tag{13.25}$$

  - 我們的下一步是：**決定哪一個 $\lambda$ 值比較可信？較可信的要保留，較不可信的要丟棄**。那麼是保留原本的 $\lambda = 3.100$ 、還是後面提出的 $\lambda = 4.200$ ？

  - 為了做出決擇，我們會利用 **Metropolis 演算法**算出『應該接受（或者說『移動到』）建議 $\lambda$ 值（也就是 4.200）的機率』有多高。具體方法為：先計算『建議 $\lambda$ 值（$\lambda_p$）與當前 $\lambda$ 值（$\lambda_c$）之後驗機率密度的比值』是多少，並挑出『上述比值』和『1』之間最小的值，作為接受建議 $\lambda$ 值的機率：

$$p_{移動} = min\left(\frac{P\left(\lambda_p \mid 資料\right)}{P\left(\lambda_c \mid 資料\right)}, 1\right) \tag{13.26}$$

> 這個公式看起來有點嚇人！其實仔細閱讀接下來的說明就可以理解了。千萬不要被卡住了！

$$p_{移動} = min\left(\frac{0.0113}{0.0161}, 1\right) \tag{13.27}$$

$$p_{移動} = min(0.7019,1) = 0.7019 \longleftarrow \boxed{\begin{array}{l}\lambda_p \text{的機率密度比} \lambda_c \text{小，}\\ \text{那} P_{移動} \text{的機率就跟著}\\ \text{比值變小了！}\end{array}} \qquad (13.28)$$

意思是移動到建議 $\lambda$ 值($\lambda_p$) 的機率為 0.7019。

● 如果 $\lambda_p$ 的後驗密度高於 $\lambda_c$ 的後驗密度，則 13.26 式的 $p_{移動}$ 必然等於 1，也就是 100% 毫無疑問選擇留下 $\lambda_p$ 而丟棄 $\lambda_c$。不過，若 $\lambda_p$ 的後驗密度比 $\lambda_c$ 的來得小 (就像本例的情況 $p_{移動} = 0.7019$)，那我們就不一定會移動到 $\lambda_p$ 上了 ( 編註： 但仍保留一個機率 $P_{移動}$ 給 $\lambda_p$ )。

6. 因此為了決定到底要不要接受建議的 $\lambda_p$，接下來我們利用 U$(0,1)$ 這個**均勻分佈**抽出一個 0 和 1 之間的隨機數字。假如該隨機數字的值小於移動機率 $p_{移動}$，那就接受 $\lambda_p$；若大於 $p_{移動}$，則繼續使用 $\lambda_e$。也就是說，接受與否取決於在 U$(0,1)$ 抽到的隨機數字是多少。**這裡假定我們抽到的隨機數字為 0.8204**；因為該值大於 0.7019，所以我們不接受 $\lambda_p$ (4.200) 而保留 $\lambda_c$ (3.100)。這個 $\lambda = 3.100$ 就是下一輪 MCMC 分析的 $\lambda_c$。

編註： 如果接受的是 $\lambda_p$，則 $\lambda_p$ 就作為下一輪的 $\lambda_c$。另外，為什麼抽到大於 0.7019 的數就不接受 $\lambda_p$ 呢？因為在 U$(0,1)$ 抽樣時，抽到 0～0.7019 的機會為 0.7019，抽到大於 0.7019 的機會為 $1 - 0.7019 = 0.2981$，所以小於 0.7019 就接受 $\lambda_p$，大於 0.7019 則放棄 $\lambda_p$，這等於是給了 $\lambda_p$ 有 $p_{移動} = 0.7019$ 的機會。

7. 將以上過程 (3～6) 不斷重複，相同的循環做上百、乃至上千次！

8. 把每一輪中我們接受的 $\lambda$ 值記錄下來，畫成分佈的形式、並算出該分佈的統計量。

Metropolis 演算法的名字來自芝加哥出生的物理學家**尼古拉斯·梅特羅波利斯** (Nicholas Metropolis)。不過,最早提出該演算法的論文其實還有其他共同作者,包括:

亞莉安娜·羅森布魯特 (Arianna W. Rosenbluth)、馬歇爾·羅森布盧特 (Marshall N. Rosenbluth)、奧古斯塔·泰勒 (Augusta H. Teller)、以及愛德華·泰勒 (Edward Teller)。有時,Metropolis 演算法也被稱為 $M(RT)^2$ 演算法,此名稱是由五位作者的姓氏首字母組成。

感謝洛斯阿拉莫斯國家實驗室
(Los Alamos National Laboratory)
提供原始照片

圖 13.5　尼古拉斯·梅特羅波利斯

 ??

**問 8**　**在哪裡可以學到和 Metropolis 演算法有關的數學概念呢?**

**答:**約翰·克魯施克 (John Kruschke) 在他 2015 年出版的著作《動手做貝氏資料分析 (Doing Bayesian Data Analysis)》中,對 Metropolis 演算法進行了精彩、非技術性的討論。而如果你想知道更多數學細節,可參考克里斯托夫·安德里厄 (Christophe Andrieu) 等人在 2003 年發表的文章『介紹機器學習領域中的 MCMC (An introduction to MCMC for machine learning)』(搜尋英文名稱即可看到):該文章的第一句話就是:『在最近的一篇調查中，Metropolis 演算法被列為 20 世紀對科學發展和工程實踐影響最大的十個演算法之一。』可見其評價有多高！

 ?﹖

問 9　**可以演示一遍 MCMC 的過程嗎？**

**答：**當然可以。回顧一下問 7 中的第 7 點：進行 MCMC 分析時，我們得不斷重複相同的循環，如下頁圖 13.6 所示。

讓我們嘗試執行 10 次試驗吧 (結果見表 13.1)。**請記住，決定 $\lambda_p$ 時所用的對稱分佈標準差為 0.5：**

表 13.1

| 試驗編號 | 資料 攻擊次數 | 先驗 $\alpha_0$ | $\beta_0$ | 後驗 $\lambda_c$ | $P_c$ | $\lambda_p$ | $P_p$ | 決策 比值 | $p_{移動}$ | 隨機數字 | 接受的 $\lambda$ |
|---|---|---|---|---|---|---|---|---|---|---|---|
| 1 | 5 | 2.1 | 1 | 3.100 | 0.0161 | 4.200 | 0.0113 | 0.7019 | 0.7019 | 0.8204 | 3.100 |
| 2 | 5 | 2.1 | 1 | 3.100 | 0.0161 | 2.360 | 0.0134 | 0.8323 | 0.8323 | 0.5716 | 2.360 |
| 3 | 5 | 2.1 | 1 | 2.360 | 0.0134 | 2.637 | 0.0151 | 1.1269 | 1.0000 | 0.2159 | 2.637 |
| 4 | 5 | 2.1 | 1 | 2.637 | 0.0151 | 2.306 | 0.0129 | 0.8543 | 0.8543 | 0.3645 | 2.306 |
| 5 | 5 | 2.1 | 1 | 2.306 | 0.0129 | 2.435 | 0.0139 | 1.0775 | 1.0000 | 0.0979 | 2.435 |
| 6 | 5 | 2.1 | 1 | 2.435 | 0.0139 | 2.674 | 0.0153 | 1.1007 | 1.0000 | 0.1749 | 2.674 |
| 7 | 5 | 2.1 | 1 | 2.674 | 0.0153 | 2.166 | 0.0117 | 0.7647 | 0.7647 | 0.5066 | 2.166 |
| 8 | 5 | 2.1 | 1 | 2.166 | 0.0117 | 2.629 | 0.0151 | 1.2906 | 1.0000 | 0.4551 | 2.629 |
| 9 | 5 | 2.1 | 1 | 2.629 | 0.0151 | 2.035 | 0.0104 | 0.6887 | 0.6887 | 0.0251 | 2.035 |
| 10 | 5 | 2.1 | 1 | 2.035 | 0.0104 | 2.616 | 0.0150 | 1.4423 | 1.0000 | 0.6145 | 2.616 |

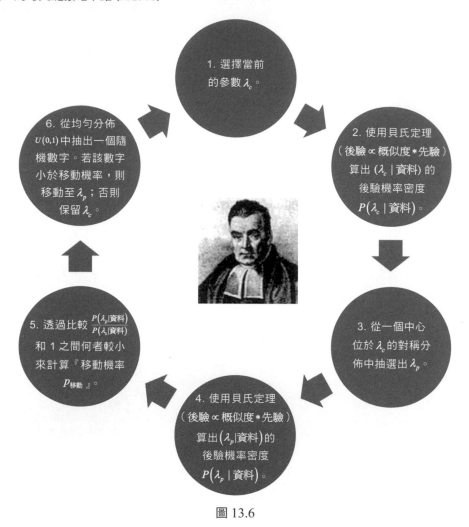

圖 13.6

表 13.1 的第 1 欄為試驗編號。第 2 欄則是觀測資料,即『5 起鯊魚攻擊事件』;10 次試驗所用的觀測資料皆相同。除此之外,先驗分佈的超參數 $\alpha_0$ 與 $\beta_0$ (分別記於第 3 和第 4 欄) 在 10 次試驗中也都一樣。現在請看歸在 **後驗** 標籤下的四欄結果。其中,當前的 $\lambda$ 值記為 $\lambda_c$,其所對應的後驗機率密度 (以紫色底色標註) 為 $P_c$;建議 $\lambda$ 值則表示成 $\lambda_p$,相應的後驗機率密度 (同樣以紫色底色標註) 則是 $P_p$。然後是 **決策** 標籤下的四個欄位。**比值** 一欄記錄的是兩排紫色底色數字之間的比值,至於移動到建議 $\lambda$ 值的機率 (即 $P_{移動}$) 則是『1』和『比值』之間較小的那一個數。**隨機數字** 一欄顯

示從均勻分佈中抽出來的亂數，範圍在 0 到 1 之間。最後，我們使用 Metropolis 決策原則來決定應該保留哪一個後驗 $\lambda$ 值 ($\lambda_c$ 或 $\lambda_p$)，其結論記錄在 **接受的** $\lambda$ 那一欄。

下面，請大家把注意力放在第 1 列 (即第 1 次試驗，見表 13.2)；這一列的結果呼應我們在問 7 中討論過的例子：

**表 13.2**

| 試驗編號 | 資料 攻擊次數 | 先驗 $\alpha_0$ | $\beta_0$ | 後驗 $\lambda_c$ | $P_c$ | $\lambda_p$ | $P_p$ | 決策 比值 | $P_{移動}$ | 隨機數字 | 接受的 $\lambda$ |
|---|---|---|---|---|---|---|---|---|---|---|---|
| 1 | 5 | 2.1 | 1 | 3.100 | 0.0161 | 4.200 | 0.0113 | 0.7019 | 0.7019 | 0.8204 | 3.100 |

- 此處的當前 $\lambda$ 值 ($\lambda_c$) 等於 3.100。該值由分析者 (也就是各位讀者) 自行選定，也是我們分析的『起點』。
- $\lambda = 3.100$ 的後驗機率密度 ($P_c$) 是兩個數字的乘積，即：『觀測資料 (5 起攻擊事件) 在 $\lambda = 3.100$ 時發生的卜瓦松概似度』、以及『從先驗分佈中抽出 $\lambda = 3.100$ 的 gamma 機率密度』。相乘後，得到的答案為 0.0161 (在問 7 的 13.17 式)，這麼做的根據源自於貝氏理論中的一句名言：『後驗正比於概似度乘以先驗』。
- 接下來，我們從一個中心位於 $\lambda_c$、標準差等於 0.5 的常態分佈中隨機抽選一數字 4.200，此即本例的建議 $\lambda$ 值 ($\lambda_p$)。
- $\lambda = 4.200$ 的後驗機率密度 $P_p$ 同樣是兩數字的乘積：『觀測資料 (5 起攻擊事件) 在 $\lambda = 4.200$ 時的卜瓦松概似度』、以及『從先驗分佈中抽出 $\lambda = 4.200$ 的 gamma 機率密度』。相乘後的答案為 0.0113 (在問 7 的 13.23 式)，這裡的計算亦是基於貝氏定理。
- 將 $\lambda_p$ 的後驗機率密度除以 $\lambda_c$ 的機率密度，以得到兩者的比值 (記錄於表格中的 **比值** 欄)。依照之前的手算結果，該比值等於 0.7019 (在問 7 的 13.28 式)。

- 移動機率 ($p_{移動}$) 則是『1』和『比值』中較小的那一個數字。由於 0.7019 小於 1.0，故此處的移動機率 (即接受 $\lambda_p$ 的機率) 即是 0.7019。

- 接著，由均勻分佈產生一個 0 到 1 之間的隨機數字，並記在**隨機數字**欄中；本例的隨機數字為 0.8204。

- 根據上一步得到的隨機數字來決定 $\lambda$ 值 – 若該數字小於 $p_{移動}$，則接受 $\lambda_p$；若大於 $p_{移動}$，則維持 $\lambda_c$。因為 0.8204 大於 0.7019，所以我們選擇了 $\lambda_c = 3.100$ (見**接受的** $\lambda$ 欄位)；該 $\lambda$ 值就是下一輪 MCMC 試驗的 $\lambda_c$。

現在，我們不厭其煩繼續研究表 13.1 的第二列。請看表 13.3：

**表 13.3**

| 試驗編號 | 資料攻擊次數 | 先驗 $\alpha_0$ | $\beta_0$ | 後驗 $\lambda_c$ | $P_c$ | $\lambda_p$ | $P_p$ | 決策 比值 | $p_{移動}$ | 隨機數字 | 接受的 $\lambda$ |
|---|---|---|---|---|---|---|---|---|---|---|---|
| 1 | 5 | 2.1 | 1 | 3.100 | 0.0161 | 4.200 | 0.0113 | 0.7019 | 0.7019 | 0.8204 | 3.100 |
| 2 | 5 | 2.1 | 1 | 3.100 | 0.0161 | 2.360 | 0.0134 | 0.8323 | 0.8323 | 0.5716 | 2.360 |

- 第 2 輪分析的當前 $\lambda$ 值 ($\lambda_c$) 仍是 3.100。

- $\lambda_c = 3.100$ 的後驗機率密度 ($P_c$) 為兩數字的乘積，即：『觀測資料 (5 起攻擊事件) 在 $\lambda = 3.100$ 時的卜瓦松概似度』、以及『從先驗分佈中抽出 $\lambda = 3.100$ 的 gamma 機率密度』。相乘後可得到 0.0161 (同 13.17 式)。

- 接下來，我們從一個中心位於 $\lambda$ (3.100)、標準差等於 0.5 的常態分佈中隨機抽選出建議 $\lambda$ 值：$\lambda = 2.360$ ($\lambda_p$)。

- $\lambda_p = 2.360$ 的後驗機率密度 ($P_p$) 同樣是兩數字的乘積，即：『觀測資料 (5 起攻擊事件) 在 $\lambda = 2.360$ 時的卜瓦松概似度』、以及『從先驗分佈中抽出 $\lambda = 2.360$ 的 gamma 機率密度』。相乘後的答案為 0.0134。 編註：提示：$P_p$ 等於 $\mathcal{L}(5; 2.360) * g(2.360; 2.1, 1)$，請自行用 13.19、13.21 式練習一下。

- 將 $\lambda_p$ 的後驗機率密度除以 $\lambda_c$ 的密度，得到兩者的比值（記錄於表格中的**比值**欄），即 $0.0134 / 0.0161 = 0.8323$。

- 移動機率（$p_{移動}$）是『1』和『上述比值』中較小的那一個數字。由於本例的比值等於 $0.8323$，故此處的 $p_{移動}$（即接受建議 $\lambda$ 值的機率）即是 $0.8323$。

- 接著，由均勻分佈產生一個 0 到 1 之間的隨機數字，並記在**隨機數字**欄中；我們的隨機數字為 $0.5716$。

- 根據上一步得到的隨機數字來決定 $\lambda$ 值 — 若該數字小於 $p_{移動}$，則接受 $\lambda_p$；若大於 $p_{移動}$，則維持 $\lambda_c$。因為 $0.5716$ 小於 $0.8323$，所以我們接受了 $\lambda = 2.360$（見**接受的** $\lambda$ 欄）；該 $\lambda_p$ 值將變成下一輪 MCMC 試驗的 $\lambda_c$。

在 MCMC 分析中，我們讓兩個後驗機率密度彼此競爭。假如『建議參數值的後驗密度』高於『當前參數值的後驗密度』，則接受建議參數值；若並非如此，則用 $U(0,1)$ 產生的亂數由兩個後驗機率密度比值來決定是否選擇建議參數值。透過不斷重複以上過程，最終的結果將收斂到某分佈上，而該分佈就是我們對所求後驗分佈的合理估計，很神奇吧！

 ??

## 問 10　Metropolis 演算法有哪些需要注意的特性呢？

**答：** Metropolis 演算法的確有一些特殊要求：

- 產生建議參數值（ 譯註： 例如 $\lambda_p$ ）的分佈必須是對稱分佈。

- 一般而言，建議參數值是從某**常態分佈**（其中心位置為當前參數值 $\lambda_c$）抽出來的亂數。分析者可自行為該常態分佈設定標準差，以決定我們能抽出怎樣的建議參數，本例所用的標準差為 $0.5$。

- 設定標準差並不簡單；且為了使結果能收斂到後驗分佈上，我們必須對其進行**調校** (tuning)，好讓接受建議參數值的機率範圍落在 20%–50% 之間。此處的標準差通常稱為**調校參數** (tuning parameter)，稍後會做更多介紹。

 ？？

**問 11**　問 9 所介紹的過程中包含了哪些專有名詞呢？

**答：**下面就來定義一下，在利用 MCMC 法執行貝氏推論時會用到的一系列術語吧。

- **起始點** (starting point)：起始點就是我們在第一輪試驗中所指定的參數值。以本例而言，我們的起始 $\lambda$ 值為 3.100。

- **蒙地卡羅** (Monte Carlo)：此處的『蒙地卡羅』一詞源自位於摩納哥公國的**蒙地卡羅賭場** (Monte Carlo Casino)，裡面都是各種機率遊戲。大英百科全書對蒙地卡羅法的解釋是：『這是一種將隨機數字輸入複雜的物理或數學系統、並藉由不同輸出結果來瞭解這些系統的統計學方法 …… 蒙地卡羅法在多種領域中皆有應用，如數學、物理、生物、工程、以及金融等，或者是當找出解析解所需的時間過長時。』在 MCMC 中，蒙地卡羅指的是我們透過隨機抽樣來『產生建議參數值』、以及『決定要保留當前參數值還是接受建議參數值』的過程。

- **建議分佈** (proposal distribution)：建議分佈就是我們用來抽選出建議參數值的機率分佈。本例所用的分佈為**常態分佈**；其平均值等於當前參數值，標準差 (又稱為**調校參數**) 則可由分析者自行設定。

- **馬可夫鏈** (Markov chain)：此方法的名稱源自於俄國數學家**安德雷・馬可夫** (Andrey Markov)。馬可夫鏈指的是『一連串的隨機變數值，其中每個變數值都只取決於上一個變數值；換言之，該變數的數值轉移是隨機的，且每次轉移皆由上一步決定 (Upton & Cook, 2014)。』以本例來說，所謂的『鏈』是指一連串的『接受 λ 值』。我們一般會說馬可夫鏈具有『**無記憶性** (memorylessness，譯註：又稱為**馬可夫性質** Markov property)』，意思是：下一輪的參數值 (即本例的 $λ_p$) 僅與當前參數值 ($λ_c$) 有關 (譯註：也就是把當前 $λ_c$ 之前的所有 $λ_c$ 都忘了，故稱『無記憶性』)。

- **MCMC 試驗** (MCMC trials)：MCMC 試驗的數目即我們重複執行 MCMC 過程的輪數。由表 13.1 可看出我們共進行了 10 輪試驗。

問 **12** 如何用圖示呈現分析的結果？

**答**：讓我們把**當前 λ 值**畫成折線圖，以便看出 λ 如何隨著每一輪試驗而變化。圖 13.7 中的每一點都代表著經由 MCMC 產生的 λ 值：

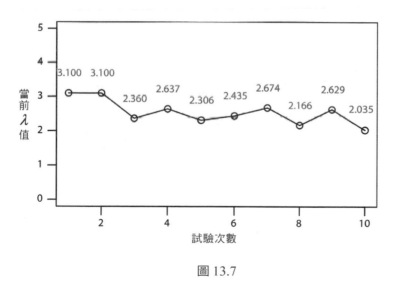

圖 13.7

上圖稱為**軌跡圖** (traceplot)，其顯示了完整試驗過程中的 MCMC 鏈 (chain)。此處的水平軸為試驗次數，每個資料點則代表被接受的 $\lambda$ 值 (即每年鯊魚攻擊事件發生率，譯註：每次試驗最後被接受的 $\lambda$ 值就是下次試驗的當前 $\lambda$ 值)。

第一次試驗的參數值為 $\lambda = 3.100$，且最後我們選擇保留該結果，故 $\lambda = 3.100$ 成了第二次試驗的當前參數值。然後，在第二次試驗中我們提出並接受了建議值 $\lambda = 2.360$，這也成了第三次試驗的當前參數值。到了第三次試驗，我們的建議值是 $\lambda = 2.637$，結果也接受了該建議值 (如圖 13.7 所示)。**注意！在這 10 次試驗中，除了第一次試驗保留了當前值 $\lambda_c = 3.100$ 以外，其它次試驗的接受 $\lambda$ 值皆是建議值。**

> 若在某次試驗中我們拒絕了建議參數值，則你將看到軌跡圖中這一次與下一次試驗的 $\lambda$ 值保持不變；換句話說，連結兩次試驗之 $\lambda$ 值的線會是水平的。

在此，我們對建議 $\lambda$ 值的接受率為 90% (9/10)，該結果表明：本例所用的標準差 (0.5) 需要調校 (也就是其數值需要調整)。該主題留待本書第 14 章再行討論。

??

**問 13**　**如何從上述過程得到後驗分佈？**

**答：**讓我們以 0.1 為間距來替圖 13.7 中的 10 個樣本點分組，進而建立一張當前 $\lambda$ 值的次數分佈圖。請注意，以下所繪的 $\lambda$ 值範圍在 2 和 4 之間 (見圖 13.8)：

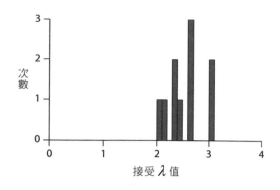

圖 13.8　MCMC 的結果直方圖。

此處的當前 $\lambda$ 值集中在水平軸上 2.0 到 4.0 的位置，且以 0.1 為間距分組到不同『長條』中；至於垂直軸則代表出現次數。舉例而言，我們觀察到圖 13.8 中有一個 $\lambda$ 值落在 2.1 到 2.2 之間；其對應的是第 8 次試驗的結果 $(\lambda_c = 2.166)$，各位在表 13.1 上看出來了嗎？另外，在 2.3 和 2.4 的區間內共觀察到兩個 $\lambda$，它們分別是表 13.1 中第 3 與第 5 次試驗的接受 $\lambda$ 值，依此類推。

圖 13.8 即是根據問 9 中 10 次試驗所估算出來的後驗分佈。但要特別指出的是：該結果未經正規化，所以各長條的總和並不等於 1.00。

 ??

**問 14**　**需進行多少次試驗才能產生足夠精確的後驗分佈呢？**

答：正常來說，得進行上千或上萬次試驗才行。如你所見，完成一次 MCMC 並不困難，重點只要確保電腦有足夠的運算能力、並找到能用來編程分析步驟的軟體。若讀者有興趣，可自行參考 **Wolfram 上的示範** (https://bit.ly/3yPK0Wb)，該網頁提供了 Metropolis 演算法的另一個應用實例。

現在回到本章的實驗。這一次，為了建構出所求的後驗分佈，我們進行了 10,000 次試驗。不過，此處要畫的並非次數分佈圖，而是機率密度 – 後者的定義為：某長條的相對次數 (該長條所對應的次數除以總試驗次數) 除以該長條的寬度 (即：間距 0.1) (見圖 13.9)：

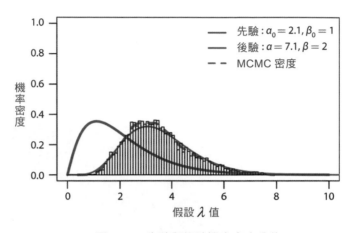

圖 13.9　先驗與後驗機率密度分佈

圖 13.9 還畫出了『平滑』過後的機率密度曲線，如紫色虛線所示。此外，為方便比較，我們也將先驗分佈 (藍色曲線)、以及之前藉由共軛捷徑得到的後驗分佈 (紫色實線) 一併加入圖中。別忘了，本章的目的是示範：如何利用 Metropolis 演算法與 MCMC 估算出由紫色實線所表示的分佈。如你所見，紫色虛線和實線非常接近，而這正是我們所期望的結果！

怎麼樣？很驚人吧！請各位記住，MCMC 分佈是透過執行一系列規則 (本例中的規則即 Metropolis 演算法) 而估計出來的。在每一次試驗中，都有兩個假設參數值相互競爭。我們必須先算出每個假設值的後驗機率密度，方法是將先驗密度與概似度相乘；然後再根據 Metropolis 的規則，決定要保留哪一個假設參數值。

注意！若以不同的隨機數字重複上述過程，則選到的假設參數可能會不一樣；然而，隨著試驗次數的增加，這種隨機差異將變得可以忽略。最後，我們將得到一個分佈，而該分佈就是推論 $\lambda$ 值 (即每年的鯊魚攻擊發生率) 是多少的依據。

這就是貝氏定理的一項神奇應用！

REV. T. BAYES
*Improver of the Columnar Method developed by Barrett.*

?‍?

## 問 15　如何對後驗分佈進行總結呢？

**答：**只要報告一些簡單的統計量 (statistic) 即可！問 14 中的結果共包含 10,000 個數據點，它們代表了由每次試驗之接受 $\lambda$ 值所組成的鏈 (再次強調，$\lambda$ 值是每年的平均鯊魚攻擊發生率)。得到這些數據後，剩下的工作即算出下列統計量：

- 平均值：所有 $\lambda$ 值的平均。
- 變異數：所有 $\lambda$ 值的變異數。
- 標準差：所有 $\lambda$ 值的標準差。
- 最小值：所有 $\lambda$ 值中最小的那一個。
- 最大值：所有 $\lambda$ 值中最大的那一個。

> 編註：這裡的數據是指 10,000 個 $\lambda$ 參數的值，而非資料的值，所以特別稱為數據點而不叫做資料點。

這裡的計算會用上全部 10,000 個數據點，最終結果如表 13.4 所示：

**表 13.4**

| 平均值 | 變異數 | 標準差 | 最小值 | 最大值 |
|---|---|---|---|---|
| 3.476 | 1.448 | 1.203 | 0.893 | 7.549 |

 ??

## 問 16　那信賴區間呢？

**答：** 在 MCMC 分析裡通常還需要報告信賴區間。換言之，我們得告訴他人：位於哪個範圍內的 $\lambda$ 值是比較有可能發生的 ... 要注意的是！表 13.4 的最大值與最小值並不會包含在該區間中。本書第 10 章已經介紹過幾種定義貝氏信賴區間的方法，包括：

- 選擇最窄的區間；對於單峰值的分佈而言，這意謂著我們只選那些對應機率密度最大的參數值 (其中必包含眾數)。像這樣的區間有時也稱為**最高後驗密度區間** (the highest posterior density interval)。
- 選擇一區間，使目標參數值小於與大於該區間的機率相等。這樣的區間必包含中位數，且有時也稱為**等尾區間** (equal-tailed interval)。
- 假如分佈存在平均值，則選擇一區間使得平均值位於該區間的中間點。

前面第 10 章問 30 已稍微觸及這些方法了。而在本章中，我們要用第二種做法 (即等尾區間法) 來計算參數 $\lambda$ 的貝氏信賴區間。

在運用上述方法之前，讀者必須先瞭解什麼是**分位數**（quantile）。分位數的算法既簡單又有彈性：首先，將所有數據點從小到大排好；就本例而言，我們的數據即以 MCMC 試驗獲得的 10,000 個 $\lambda$ 值。接著，決定到底要算幾分位數。以 0.10 為例（ 譯註：即十分位數），這代表有 10% 的數據會小於該分位數，而 90% 的數據會大於該數；若是 0.95 分位數，則 95% 的數據都會小於此數值，只有 5% 數據高於該分位數。注意，將數據點按大小順序排好是關鍵！

表 13.5 呈現出本章 10,000 筆 MCMC 試驗結果的幾種分位數：

**表 13.5**

| 分位數 | $\lambda$ |
|---|---|
| 0.010 | 1.41 |
| 0.025 | 1.57 |
| 0.050 | 1.76 |
| 0.250 | 2.59 |
| 0.500 | 3.33 |
| 0.750 | 4.17 |
| 0.950 | 5.75 |
| 0.975 | 6.24 |
| 0.990 | 6.87 |

從上表可發現，在我們的 10,000 個數據點中，有一半的數值小於 3.33，另一半則大於 3.33（請參考 0.5 分位數那一欄，其又叫做**中位數**）。現在，請看 0.99 分位數（6.87），該結果表明：在本例的 MCMC 鏈中，有 99% 個數據點的 $\lambda$ 估計值小於 6.87，僅有 1% 大於 6.87。別忘記，這裡的 $\lambda$ 代表鯊魚的平均攻擊率。

假如我們想找出試驗結果中，95% 的 $\lambda$ 值所在的區間（該區間之外的兩側尾端各有 2.5% 的數據點，此即第二種方法中所說的等尾區間），則只要參考表 13.5 中的 0.025 和 0.975 分位數即可 ( 譯註: 0.975 分位數 = 6.24 代表『共有 2.5% 的 $\lambda$ 值大於 6.24』，而 0.025 分位數 = 1.57 則代表『共有 2.5% 的 $\lambda$ 值小於 1.57』；因此，存在 1.57 到 6.24 之間的 $\lambda$ 值數據點個數共佔 10,000 個數據點中的 100% − 2.5% − 2.5% = 95%)，因此所求貝氏 95% 信賴區間可表示如下：

$$1.57 < \lambda < 6.24 \tag{13.29}$$

換句話說，在給定先驗分佈、且今年共觀測到 5 起鯊魚攻擊事件的條件下，MCMC 分析顯示：我們所求的年平均鯊魚攻擊率應該落在 1.57 到 6.24 的區間內 ( 譯註: 也就是說，我們有 95% 的信心，$\lambda$ 值會落在信賴區間 [1.57, 6.24] 內)。

 ??

**問 17** **但難道我們不該用 gamma 分佈來表示 MCMC 的分析結果嗎？**

**答：**說的很有道理！由於本例的先驗屬於 **gamma 分佈**，故將後驗同樣表示成 gamma 分佈是很合理的做法，而能夠把 MCMC 的結果轉換成 gamma 分佈的方法稱為**動差匹配** (moment matching)。

回想一下，第 11 章的問 22，gamma pdf 的平均值等於：

$$\mu = \frac{\alpha}{\beta} \tag{13.30}$$

變異數則是：

$$\sigma^2 = \frac{\alpha}{\beta^2} \tag{13.31}$$

然而，MCMC 分析所提供的結果卻是相反的：$\lambda$ 的平均值和變異數均為已知，但這能幫我們找出對應 gamma 分佈的 $\alpha$ 和 $\beta$ 參數嗎？答案是可以，只要將第一與第二動差公式中的 $\alpha$ 與 $\beta$ 解出來就行了（ 譯註： 這裡的第一動差又稱為一階原動差，英文為 first raw moment，指的就是 13.30 式的平均值；第二動差又稱二階主動差，英文為 second central moment，亦即 13.31 式的變異數）。

然後我們解 13.30、13.31 聯立方程式，即可將 $\alpha$ 與 $\beta$ 用 $\mu$ 和 $\sigma^2$ 來表達：

$$\alpha = \frac{\mu^2}{\sigma^2} \tag{13.32}$$

$$\beta = \frac{\mu}{\sigma^2} \tag{13.33}$$

有了 13.32 和 13.33 式，我們便能從表 13.4 所列的 MCMC 統計量 $(\mu = 3.476,\ \sigma^2 = 1.448)$ 估算出 $\alpha$ 和 $\beta$ 了：

$$\alpha = \frac{\mu^2}{\sigma^2} = \frac{3.476^2}{1.448} = 8.34 \tag{13.34}$$

$$\beta = \frac{\mu}{\sigma^2} = \frac{3.476}{1.448} = 2.40 \tag{13.35}$$

這裡的 $\alpha$、$\beta$ 值接近透過共軛解得到的答案 $(\alpha = 7.1,\ \beta = 2)$ 但並非完全相同。前面已經提示過：藉由修改調校參數（標準差），我們可以進一步改善估計結果，這一點就留到第 14 章再做討論。

現在，我們可以將 MCMC 分析得到的後驗分佈（紫色虛線）、原本的先驗（藍色）、以及透過共軛解算出的後驗（紫色實線）畫在一起，如圖 13.10：

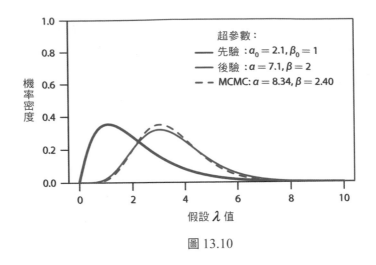

圖 13.10

---

編註：　上圖的紫色虛線是由 13.34、13.35 式得到 $\alpha$、$\beta$ 值之後，就可以代入 13.21 式得到 gamma pdf：

$$g(x; 8.34, 2.40) = \frac{2.40^{8.34} * x^{7.34} * e^{-2.4x}}{\Gamma(8.34)}$$

上圖可參考補充資源 Ch13-1.py 畫出來。

---

大功告成！另外，湯姆‧霍布斯 (Tom Hobbs) 與梅文‧胡騰 (Mevin Hooten) 在他們的著作《貝氏模型：給生態學家的統計入門書 (Bayesian Models: A Statistical Primer for Ecologists, Hobbs & Hooten, 2015)》中，對動差匹配有精彩的討論，有興趣的讀者可以參考。

 ??

問 18　使用不同的先驗分佈會導致分析結果發生變化嗎？

答：在所有的貝氏分析案例中，後驗分佈都有可能被我們所選擇的先驗分佈影響 ( 譯註：注意這邊說的是『可能』；若先驗是無資訊的，則後驗分佈僅取決於觀測資料 )。第 11 章以及本章的先驗皆為有資訊的先驗，其根據是過去 10 年的鯊魚攻擊事件數。請記住！如果你掌握了對設定先驗有幫助的知識或資訊，那麼請務必使用它們。

**問 19　還有別的演算法能用於 MCMC 分析中嗎？**

**答：**是的，還有很多！

- 第 15 章將帶大家回顧『白宮問題』，並介紹一種更廣義的演算法：**Metropolis － Hastings 演算法**。這裡的『更廣義』是指：我們的建議參數值 (如本章的 $\lambda_p$) 不必來自對稱的分佈。
- 到了第 16 章，我們要重新研究楓糖問題，到時候要使用的演算法為 **Gibbs 抽樣**。
- 可選擇的演算法還有很多。事實上，該議題至今仍有許多人研究；所以請『調校』好你的心態，隨時準備接受新的資訊！

**問 20　該如何確定藉由 MCMC 得到的後驗分佈符合實際情況呢？**

**答：**這是個好問題，我們會在第 14 章中討論。就本章而言，我們自始至終的目標都是：建構出以『紫色實線』表示的分佈，也就是希望用 MCMC 方法得出和先前透過共軛捷徑算出一樣的後驗。但在一般情況下，分析者是沒有正確答案可供參考的，也就是沒有那條紫色實線，因此對 MCMC 的結果進行『診斷』就成了非常重要的一步。稍早已經向各位提示過，本例的調校參數 $\sigma$ (標準差) 還需要調校。但由於本章的重點只是讓各位瞭解 MCMC 的大致步驟，故這個問題就留到後面再談吧 (更何況，說了這麼多，相信大家都累了)！

**問 21　所以，本章我們做了哪些事呢？**

**答**：讓我們將本章的內容總結成以下幾點：

- 本章的目的是估計鯊魚的年平均攻擊率 (即：參數 $\lambda$)。
- 假設參數值可以是 0 到某個很大的數字，可能性共有無限多種。
- 我們的先驗為 gamma 分佈，其為每一個假設 $\lambda$ 值設定了先驗機率密度。
- 收集資料：據觀察，今年共發生 5 起鯊魚攻擊事件。
- 先使用共軛方法來**計算**後驗分佈。
- 接著，以馬可夫鏈蒙地卡羅 (MCMC) 模擬**估計**後驗分佈的模樣。藉由該做法，即使不處理貝氏定理分母中的積分，我們也能估算貝氏後驗分佈。
- 我們將 MCMC 的結果匯集起來、算出平均值與變異數，並利用動差匹配法將後驗對應的 gamma 分佈畫出來。
- 最終得到的後驗分佈代表了我們對鯊魚年平均攻擊率的最新知識。注意！上述過程完全符合科學方法，即：依據資料為每個假設 $\lambda$ 值指定表示可能性大小的權重。有了該知識，我們便能對未來進行預測、或者制定對策。

**問 22　接下來要研究什麼呢？**

**答**：讓我們前往第 14 章，看看在 MCMC 分析的過程中，有哪些地方容易出錯。

# 第 14 章

# MCMC 診斷技巧

前一章介紹如何利用馬可夫鏈蒙地卡羅法（MCMC）來估計參數的後驗分佈，讓分析者能在一次一次的試驗中，逐步將所求後驗分佈建構出來。

在整個建立過程的尾聲，我們會記錄下一連串的數值，也就是每次試驗保留下來的當前參數 $\lambda$ 值，有了這些結果，我們便能完成以下事情：

- 將參數值隨著試驗次數變化的趨勢畫成**軌跡圖**（traceplot），其圖形看起來有如一條蛇（請回顧圖 13.7）。
- 將參數值分組、計數、並繪製成直方圖，以大致瞭解所求後驗分佈的樣貌。
- 計算參數值的統計量，如：平均值、變異數、以及分位數等等。這有助於建立**貝氏信賴區間**（Bayesian credible intervals）。
- 利用**動差匹配**（moment matching）將 MCMC 的輸出結果轉換為與先驗相同類型的分佈（如果做得到的話）。

然而，在進行這些動作以前，得先回答一個非常關鍵的問題：

 ??

**問 1** 我們怎麼知道 MCMC 產生的後驗分佈是否正確？

**答**：通常而言，分析者並不曉得正確答案為何！但是，我們可以對 MCMC 分析的結果進行『診斷』，以提升獲得真實後驗分佈的機會。

本章會帶大家再次回顧鯊魚攻擊問題；該問題的目標是估計出鯊魚的年平均攻擊率，即 $\lambda$。在先前的內容中，我們已示範過如何設定先驗分佈、收集資料、並且以兩種方法估算後驗分佈：

1. 第一種方法是使用共軛解。
2. 第二種方法是藉由 Metropolis 演算法進行 MCMC 分析。

**而在這裡，我們的目標則是指出 MCMC 分析的過程中有哪些地方可能出錯，同時介紹一些診斷工具，讓讀者可以判斷手上的結果是否可靠。**

讀完本章後，各位就能理解下面這些與 MCMC 診斷相關的概念了：

- 調校 (tuning)
- 接受率 (acceptance rate)
- 拋棄 (burn in)
- 細化 (thinning)
- 建議參數值的問題

 ??

**問 2**　**再解釋一次鯊魚攻擊問題是什麼吧？**

**答：** 該問題的目標是以貝氏推論法估計出每年的平均鯊魚攻擊率，也就是參數 $\lambda$。由於鯊魚攻擊率不可能為負數，故 $\lambda$ 值的範圍在 0 到某個正整數之間。解答此問題的步驟與前幾章相同：

1. 建立假設：此處的假設為各個可能的 $\lambda$ 參數值，範圍從 0 到無限大。
2. 以先驗機率密度來表示我們對每個假設的信心程度。
3. 收集資料：觀測某一年發生了幾次鯊魚攻擊事件。
4. 找出在各假設為真的情況下觀測到目標資料的**概似度**。
5. 利用貝氏定理來計算每個可能 $\lambda$ 值的後驗機率密度。

讓我們快速地複習一下每個步驟。

**問 3**　第一步，每年鯊魚攻擊發生次數這類型的隨機變數對應的機率分佈是卜瓦松分佈，其參數 $\lambda$ 的假設值為何？

**答：卜瓦松分佈**中的平均比率參數 $\lambda$，其數值範圍在 0 到某個很大的數之間。因為 $\lambda$ 的分佈為**連續的**，所以我們得考慮**無限多個**可能的假設值（例如：$\lambda = 0.01$、$\lambda = 0.011$、$\lambda = 1.234$、$\lambda = 6.076$ 等等）。

**問 4**　第二步，這些假設的先驗機率密度各是多少？

**答：**使用 **gamma 分佈**來設定每個假設 $\lambda$ 值的機率密度。在選擇鯊魚攻擊問題的先驗時，我們參考了過去 10 年鯊魚攻擊事件的歷史記錄，最終決定了一個有資訊的先驗：$\alpha = 2.1$、$\beta = 1$（見圖 14.1）：

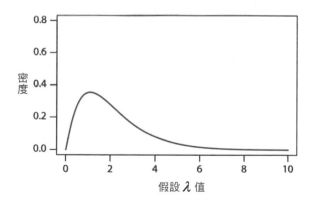

圖 14.1　Gamma 分佈：$\alpha = 2.1$、$\beta = 1$

根據上圖的先驗，一年發生 1 至 2 起鯊魚攻擊事件的機會遠高於發生 6 起的可能性。

**問 5**　第三步是什麼？

**答：**收集資料！今年我們一共觀察到 **5 起鯊魚攻擊事件**。

**問 6**　第四步呢？

**答：**算出在各假設 λ 值為真的情況下，觀測到目標資料的**概似度**是多少。

**問 7**　那麼第五步是？

**答：**我們要在給定觀測資料的前提下，利用貝氏定理產生參數 λ 的後驗分佈：

$$P\left(\lambda \mid 資料\right) = \frac{P\left(資料 \mid \lambda\right) * P\left(\lambda\right)}{\int_{0}^{\infty} P\left(資料 \mid \lambda\right) * P\left(\lambda\right) d\lambda} \tag{14.1}$$

之前已經提過很多次了，位於貝氏定理分母中的積分運算通常很繁瑣，有時甚至根本積不出來。但幸運的是，有兩個方法可以處理此問題。

首先，對於先驗是 gamma 分佈、且收集而得的資料為卜瓦松資料（單位時間內某事件共發生幾次）的這類問題，我們可以使用特殊分析技巧來得到後驗分佈，而該後驗與先驗屬於相同分佈類型，稱為共軛分佈。

另一種方法則是用 MCMC。下面來快速複習一下第 13 章所用的步驟，即如何以 Metropolis 演算法執行 MCMC：

1. 先提出一個來自後驗分佈的 $\lambda$ 值；只要合理，任何數值都行。我們稱該值為**當前 $\lambda$ 值($\lambda_c$)**。

2. 計算在給定資料的情況下，當前 $\lambda$ 值的後驗機率密度為何。其正比於：『在當前 $\lambda$ 值為真時，觀測到目標資料的概似度』乘以『當前 $\lambda$ 值的先驗機率密度』：

$$\text{後驗}_c \propto \text{概似度}_c * \text{先驗}_c \qquad (14.2)$$

$$P(\lambda_c \mid \text{資料}) \propto P(\text{資料} \mid \lambda_c) * P(\lambda_c) \qquad (14.3)$$

3. 利用隨機過程產生另一個可能出現在後驗分佈中的 $\lambda$ 值，即**建議 $\lambda$ 值 ($\lambda_p$)**；用來抽選出該值的分佈稱為**建議分佈** (proposal distribution)。在使用 Metropolis 演算法時，建議分佈必須是**對稱的**(如：第 13 章是用常態分佈)，且分佈的中心位置要位於當前 $\lambda$ 值($\lambda_c$) 上。我們將常態分佈的標準差設定成 0.5，此標準差又稱為**調校參數** (tuning parameter)，其值可由分析者自行決定。

4. 計算在給定資料的情況下，$\lambda_p$ 的後驗機率密度為何。其正比於：『在 $\lambda_p$ 為真時觀察到目標資料的概似度』乘以『$\lambda_p$ 的先驗機率密度』：

$$\text{後驗}_p \propto \text{概似度}_p * \text{先驗}_p \qquad (14.4)$$

$$P(\lambda_p \mid \text{資料}) \propto P(\text{資料} \mid \lambda_p) * P(\lambda_p) \qquad (14.5)$$

5. 至此，我們得到了兩個來自後驗分佈的候選 $\lambda$ 值假設，而下一步便是**丟掉其中一個**。Metropolis 演算法的功能即是規範我們該如何計算『從 $\lambda_c$ **移動** (move) **到** $\lambda_p$』的機率；該機率相當於『兩後驗機率密度比值』和『1』之中較小的那一個值：

$$P_{\text{移動}} = min\left( \frac{P(\lambda_p \mid \text{資料})}{P(\lambda_c \mid \text{資料})}, 1 \right) \qquad (14.6)$$

這麼做的理由，我們已在第 13 章說明過了

6. 若移動機率 $P_{移動}$ 等於 1，則直接接受 $\lambda_p$，並丟掉 $\lambda_c$。否則從範圍 0 到 1 之間的均勻分佈 $U(0,1)$ 中抽出一個隨機數字；若該數字小於 $P_{移動}$，則接受 $\lambda_p$；若大於 $P_{移動}$，則維持 $\lambda_c$。

7. 不斷重複以上過程。

在第 13 章中，我們對上述兩種方法（共軛法與 MCMC 法）都進行了詳細說明，還比較了兩者所生成的後驗分佈。**為方便討論，圖 14.2 僅顯示了前 1000 次 MCMC 試驗的結果：**

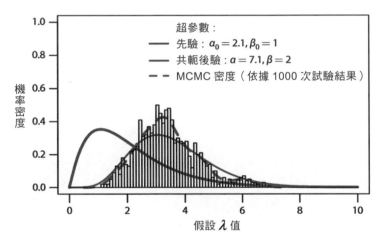

圖 14.2　調校參數 $\sigma = 0.5$ 時的先驗與後驗機率密度分佈

上圖中的先驗分佈以藍色線表示，**前 1000 次試驗**的 MCMC 結果則以直方圖呈現。此外，各位也能看到兩種不同的後驗分佈：紫色虛線是透過擬合 MCMC 結果所畫出的機率密度分佈圖形，紫色實線則是以共軛方法得到的後驗分佈。

本例的目標是 ─ 讓 MCMC 法的後驗趨近於共軛後驗；換言之，共軛方法所產生的分佈即理論上的正確答案（但在許多例子中，該正確答案是不可得的）。讀者會發現，兩條後驗曲線並不完全吻合。

**問 8**　**該怎麼做才能得到上圖中的目標 (共軛) 後驗分佈呢？**

**答：**這裡有許多事情必須考慮。第一是關於 MCMC 的試驗次數 —— 讓我們看看只執行 100 次試驗的結果會長什麼樣子 (見圖 14.3)。我們的目標和之前一樣：想辦法讓紫色虛線和紫色實線重疊在一起：

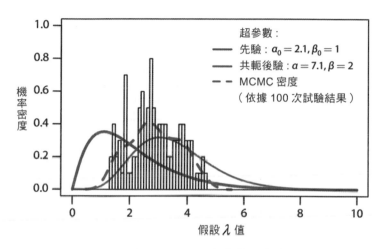

圖 14.3　調校參數 $\sigma = 0.5$ 時的先驗與後驗機率密度分佈

只試驗 100 次的逼近效果要比 1000 次來得差，顯然增加試驗次數可以讓估計結果更符合真實的後驗分佈。事實上，1000 次重複仍有進步空間；一般來說，MCMC 分析的試驗次數會在 10,000 次以上。

---

MCMC 法的關鍵在於：抽選出的參數值必須能代表所求後驗分佈。因此，在進行 MCMC 分析時，我們必須以有效且快速的方式來探索各種可能的參數值。

---

## 問 9　只要考慮試驗次數就行了嗎？

**答：** 真有那麼簡單就好了！接受率 (Acceptance rate) 也要考慮！

在之前的例子裡，建議 $\lambda$ 值是從常態分佈中用亂數抽出來的（ 編註：從一個機率分佈抽出一個隨機變數也是要專門的方法，不過現在各種軟體或套件都有現成的函式可以使用了），且該分佈的平均值為 $\lambda_c$、標準差 $\sigma$（也就是調校參數）為 0.5。下面請看前 20 次試驗的軌跡圖（圖 14.4）：

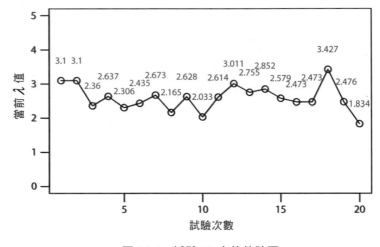

圖 14.4　試驗 20 次的軌跡圖

在軌跡圖中，若兩次試驗的數據點（參數值）以水平線相連，則代表前一輪的當前 $\lambda$ 值被保留到了下一輪的 MCMC。可以看到，圖 14.4 中僅有二條水平線（ 譯註：即最左邊的兩個 3.1，以及右邊的兩個 2.473）；也就是說，目前的 $\lambda_p$ **接受率**（acceptance rate）**高達 90%**（18 個建議 $\lambda$ 值被接受，2 個不被接受），這樣會造成問題！

一位在賽仕軟體 (SAS Institute) 工作的夥伴提供了以下說明：『當使用 Metropolis 演算法進行隨機探索時，若接受率很高，代表大多數的新數據點 (指 $\lambda_p$) 落在當前數據點 (指 $\lambda_c$) 的周圍 ( 編註：即 14.6 式的 $p_{移動} = 1$ 或小於但接近 1)；如此一來，馬可夫鏈中數值的移動將非常緩慢，導致我們無法完整探索所有可能的參數值。另一方面，若接受率很低，則表示建議的參數值經常被否決，故馬可夫鏈中的數值幾乎不曾移動。考慮到以上因素，高效 Metropolis 隨機探索的接受率既不能太高、也不能太低』。

---

編註：上文兩處加上藍色底線的部分看起來意思很像，但原因是相反的，前者效率變差，但仍會慢慢的描繪出整個分佈。後者則如第 5 篇「小編補充」引述的 Youtube 影片所顯示的 $\theta_c$ 一開始就固定不動。

---

簡言之，如果老是接受建議參數值，那麼，此馬可夫鏈將朝著具有高權重的後驗分佈移動，但其移動速度慢如龜速；相反地，假如老是拒絕建議參數值，則馬可夫鏈將卡在特定數值上，此時被接受的建議參數值可能無法代表真正的後驗分佈。以上兩種狀況都會使得 MCMC 產生的後驗偏離真實情況。

 ??

## 問 10　那接受率應該設為多少才好呢？

**答：**雖然我們可以自由決定建議分佈的標準差，但理想的標準差值應該**讓接受率大約落在 20% 到 50%** 之間。上述範圍是透過經驗法則得出的，而確切的接受率則需依照實際的問題而訂 (請參考 Gelman et al., 2004)。對於鯊魚攻擊問題這類簡單的例子而言，目標接受率可設在 25%；而為了要達到此目標，我們得嘗試不同的**調校參數**，好將建議分佈**調校**成期望中的樣子 (請看問 13)。

由於此處的問題是接受率過高，因此我們要使標準差**大於**目前的 0.5，如此才能探索完整的參數空間 ( 譯註：即探索到所有可能參數值 )。不過，這又會導致抽到超過有效範圍的無效參數值！

### 問 11 超過有效範圍會發生什麼事？

**答：** 擴大標準差可以擴大參數抽選範圍的機率，但這可能會抽選到無效的建議參數值，請見以下範例 ( 圖 14.5 )。假定當前的參數值 $\lambda_c$ 等於 1.00，其位於所求後驗分佈 ( 紫色曲線 ) 的左尾。接著，我們建立一個中心位於 $\lambda_c$ 的常態分佈 ( 黑色曲線，此即建議分佈 )，並從中隨機抽得一數字：

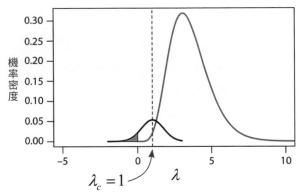

圖 14.5　中心位於當前 $\lambda$ 值的建議分佈

注意！如果你剛好抽到的是一個負數 ( 來自圖 14.5 中的天藍色區域 )，則該建議參數值是無效的，因為：gamma 分佈的數值下限為 0。若上面所說的狀況真的發生了，則執行 MCMC 分析的程式將顯示錯誤訊息。

## 問 12　該如何解決抽到無效參數的情況？

**答：**此處共有兩種應對方法：

1. 當遇到負數建議參數值時，捨棄之並保留當前參數值並進入下一輪 MCMC 試驗。
2. 對所有負數的建議參數值乘以 –1，然後正常進行 MCMC。

## 問 13　調整調校參數會有什麼變化？

**答：**前面的標準差 $\sigma$ (調校參數) 是設為 0.5，此處調大一點看看。

下圖是將調校參數 $\sigma$ 設為 1 後，重新進行 1000 次 MCMC 的結果：

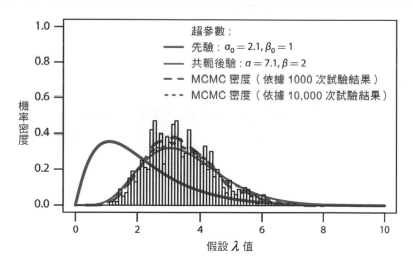

圖 14.6　調校參數 $\sigma = 1$ 時的先驗與後驗機率密度分佈

將上圖的曲線再與圖 14.2 中的 1000 次試驗結果比較，可以看到新的調校參數 ($\sigma = 1$) 確實讓估計更精準了。注意！調校參數的調整是一個需要重複試誤的過程；我們得找出 $\sigma = 1$ 時的接受率為何，然後決定是否有必要再次對其進行修正。圖 14.6 還顯示出增加 MCMC 試驗次數的影響 — 簡單來說，試驗數越多越好！

**問 14**　好的，我已經把調校參數調整成適當的數值了，這是否代表診斷已經完成了呢？

答：

哈哈，還早呢！

我們還要考慮一項重要因素，即：MCMC 分析過程中的起始參數值。雖然馬可夫鏈最終應會收斂成所求的分佈，但使用不同起始參數有可能產生非常不一樣的後續結果，特別是當起點來自於目標後驗分佈的低密度區域時。為此，我們通常得**拋棄前幾次** (如：前 1000 次) 的試驗結果。

說得更仔細一點，『**拋棄 (burn in)**』指的是：在建構目標後驗分佈以前，先把開頭若干次的 MCMC 試驗數據丟掉。以進行 1000 次 MCMC 為例：我們可以將前 10 次的試驗捨棄，只用剩下的 990 個結果來估計所求後驗。請記住，『起始參數值』與『調校參數』皆對目標後驗分佈的形狀有重大影響力。

**問 15** 能以實例說明『起始參數值』與『調校參數』對後驗形狀的作用嗎？

**答：**當然。先前已經展示過試驗次數對 MCMC 而言有多重要了；現在，讓我們嘗試幾種不同的 MCMC 起始值、以及建議分佈的標準差，看看會發生什麼事情（見圖 14.7）。為了凸顯兩者對後驗分佈的影響，這裡僅執行 100 次試驗：

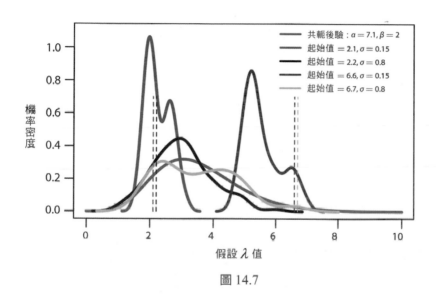

圖 14.7

- 實驗 1 (藍色曲線)：將**起始 $\lambda$ 值**設為 2.1、建議分佈**標準差** $\sigma$ 設為 0.15。
- 實驗 2 (黑色曲線)：將**起始 $\lambda$ 值**設為 2.2、建議分佈**標準差** $\sigma$ 設為 0.8。
- 實驗 3 (紅色曲線)：將**起始 $\lambda$ 值**設為 6.6、建議分佈**標準差** $\sigma$ 設為 0.15。
- 實驗 4 (灰色曲線)：將**起始 $\lambda$ 值**設為 6.7、建議分佈**標準差** $\sigma$ 設為 0.8。

儘管以上結果的依據只有 100 次試驗，但其清楚呈現了使用 Metropolis 演算法時需留意的事情。圖 14.7 中的紫色分佈為共軛後驗，也是 MCMC 法欲估計的目標。現在，比較四次實驗的結論，你會發現：

- 藍色的後驗分佈 (實驗 1) 是以起始 $\lambda_c$ 等於 2.1、$\sigma$ 等於 0.15 進行的估算。雖然該分佈的中心確實落在目標後驗 (紫色) 的範圍內，但其寬度過於狹窄。導致此現象的原因是調校參數 $\sigma$ 過低 —— 實驗 1 之起始 $\lambda_c$ 距離目標後驗的中心不遠，但我們的建議參數值 (即 $\lambda_p$) 一直在該 $\lambda_c$ 附近打轉。想解決此問題，你應該要**提高**建議分佈的標準差。

- 黑色分佈 (實驗 2) 是以起始 $\lambda_c$ 等於 2.2、$\sigma$ 等於 0.8 所做的估算。與藍色分佈相比，此分佈較為偏右、且與目標分佈 (紫色) 更為接近 (雖然本例的起始 $\lambda_c$ 位於黑色分佈的左尾)。

- 紅色分佈 (實驗 3) 是以起始 $\lambda_c$ 等於 6.6、$\sigma$ 等於 0.15 所進行的估算。相較於其它後驗，此分佈明顯靠右許多。此外，由於建議分佈的標準差過低，其無法抽到來自目標分佈 (紫色曲線) 中心的建議參數值。

- 灰色分佈 (實驗 4) 是以起始 $\lambda_c$ 等於 6.7、$\sigma$ 等於 0.8 所做的估算。請注意，本例的起始點落在目標後驗的近尾端，但由於建議分佈的調校參數 $\sigma$ 夠高，因此最終的結果與共軛後驗非常貼近。

若進一步檢查前 20 次的 MCMC 試驗，則上述問題將更加明顯 (見圖 14.8)：

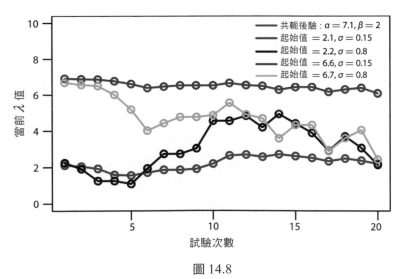

圖 14.8

- 實驗 1 (藍色) 和實驗 3 (紅色) 的調校參數較低，所以兩者的軌跡圖皆很平，代表它們從未探索遠離起始點的可能參數值。

- 實驗 2 (黑色) 和實驗 4 (灰色) 的調校參數較高，因此兩者的軌跡圖有起有落。

- 以上討論清楚表明，調校參數的選擇非常重要。不過這裡有一點值得一提：正常來說，用來計算接受率的試驗結果數量龐大 (圖 14.8 僅顯示了前 20 次試驗)，且需先進行拋棄處理 (被拋棄的試驗不會納入接受率的計算)。

**實驗 1 到 4 向我們強調了修正調校參數的重要性，且修正的原則是：讓接受率落在 20% 到 50% 之間。** 與此同時，執行越多次 MCMC 越好，但記得**拋棄**頭幾次的試驗結果，以免最終的後驗分佈過度受到起始參數值的影響。

 ??

問 16　除上面提到的事情以外，我還需要知道什麼？

答：由於我們選擇建議參數的方式，連續兩次試驗的接受 $\lambda$ 值可能會產生關聯性。同時，當建議分佈標準差很小時，此問題會變得更加嚴重 (不曉得各位是否能看出來？)。

在 MCMC 分析裡，為了順利畫出所求分佈，我們必須確保每回合從目標後驗中抽出的 $\lambda$ 值彼此獨立，而**細化** (thinning，又稱為**修剪** pruning) 正是降低連續試驗相關性的一種操作，其具體做法是：在建構後驗分佈時僅採用符合特定條件的 MCMC 試驗結果，例如只考慮每二次、每三次、或者每五次的試驗 ( 編註：我們在第 18 章的例子是做 20,000 次試驗，先**拋棄**前 5000 次，然後經過**細化**只取第 5002、5004、5006、…次試驗的資料)。事實上,坊間有一些診斷技巧能確定獨立 λ 值樣本是否足夠,有興趣的讀者可參考更進階的書籍。

**問 17　執行 MCMC 分析時,還有什麼需要注意?**

**答**:另一項需要留意的事情與電腦如何**儲存數字**有關。基本上,電腦會以二進制系統將數字儲存為位元資料;而對 MCMC 試驗所輸出的數值而言,計算軟體所分配的位元數有可能不夠用。舉例而言,『0.2』在我們的電腦中其實是以 00.0011001100110011... 的形式保存、數字『14』是 1110、數字『133』則相當於 10000101 (http://www.wolframalpha.com/examples/NumberBases.html)。

在計算後驗機率密度時,我們得求先驗密度和概似度的乘積;倘若兩者均很小,那麼相乘以後的結果將會變得更小 ( 譯註:先驗密度和概似度皆為分數,而兩分數經過乘法處理後乘積會變小)。當數字小到一定程度時,電腦就無法正確儲存了,這種現象稱為**數值溢位** (numerical overflow)。**在此情況下,後驗密度的計算將會用到對數 log 來降低溢位的機會。**

**問 18　使用對數有什麼好處呢?**

**答**:在計算後驗密度時,我們能以『先驗密度對數值』與『概似度對數值』的**總和**來取代『先驗密度』與『概似度』的**乘積**。

這裡幫大家快速複習一些有用的**對數運算規則**。首先,你可能還記得:

$$log_b(mn) = log_b(m) + log_b(n) \tag{14.7}$$

各位可以把這裡的 $m$ 視為概似度、$n$ 當成先驗密度。將底數 $b$ 改為自然對數 $e$ 時，則 $log_e$ 可記為 $ln$，例如：$log_e(m)$ 亦可表達為 $ln(m)$，也就是說：

$$ln(mn) = ln(m) + ln(n) \tag{14.8}$$

經過上述轉換後，我們便能將概似度的自然對數值與先驗的自然對數值**相加**，而此過程在計算上遠比求乘積來得簡單。下面來看一個實例，先回憶一下：

$$P(\lambda_c \mid 資料) \propto P(資料 \mid \lambda_c) * P(\lambda_c) \tag{14.9}$$

現在假定在當前 $\lambda_c$ 下觀測到目標資料的概似度是 0.003、$\lambda_c$ 的先驗密度則是 0.009，則所求後驗密度將正比於以上兩數字的乘積：

$$P(\lambda_c \mid 資料) \propto 0.003 * 0.009 = 2.7 * 10^{-5} \tag{14.10}$$

倘若建議假設值 $\lambda_p$ 的概似度為 0.002、先驗密度 0.004，則：

$$P(\lambda_p \mid 資料) \propto 0.002 * 0.004 = 8 * 10^{-6} \tag{14.11}$$

因此，就這個例子而言，接受建議參數值的機率等於：

$$p_{移動} = \frac{P(\lambda_p \mid 資料)}{P(\lambda_c \mid 資料)} = \frac{8 * 10^{-6}}{2.7 * 10^{-5}} = 0.2962963 \tag{14.12}$$

接下來，請將 14.12 式的結果暫時放在一邊，然後來看**該如何利用自然對數進行相同的運算**。讓我們從 $\lambda_c$ 開始吧！請注意，經過對數處理後的貝氏定理公氏變成了 14.14 式：

$$P(\lambda_c \mid 資料) \propto P(資料 \mid \lambda_c) * P(\lambda_c) \tag{14.13}$$

$$ln\left(P\left(\lambda_c \mid 資料\right)\right) \propto ln\left(P\left(資料 \mid \lambda_c\right)\right) + ln\left(P\left(\lambda_c\right)\right) \tag{14.14}$$

所以，$\lambda_c$ 的後驗密度對數值等於：

$$ln\left(P\left(\lambda_c \mid 資料\right)\right) \propto ln\left(0.003\right) + ln\left(0.009\right) = -10.51967 \tag{14.15}$$

而 $\lambda_p$ 的部分則如下所示：

$$ln\left(P\left(\lambda_p \mid 資料\right)\right) \propto ln\left(0.002\right) + ln\left(0.004\right) = -11.73607 \tag{14.16}$$

有了這兩個值，就可以來計算接受建議參數值的機率（即：$P_{移動}$）了。如前所述，本例的移動機率相當於兩後驗機率密度的比值；為了處理該比值，我們會用到對數的另一條運算規則：

$$log_b\left(\frac{u}{v}\right) = log_b\left(u\right) - log_b\left(v\right) \tag{14.17}$$

以本例來說：

$$ln\left(\frac{u}{v}\right) = ln\left(P\left(\lambda_p \mid 資料\right)\right) - ln\left(P\left(\lambda_c \mid 資料\right)\right) \tag{14.18}$$

$$ln\left(p_{移動}\right) = \left(-11.73607\right) - \left(-10.51967\right) = -1.2164 \tag{14.19}$$

不要忘了，以上答案是取了自然對數後的結果。為得到正確的移動機率，我們得進行對數的反轉換（14.19 式等號兩邊取指數）：

$$p_{移動} = exp\left(-1.2164\right) = 0.2962963 \tag{14.20}$$

將 14.20 式的結果與 14.12 式比較後可發現 $P_{移動}$ 都一樣。雖然兩種計算方式都能得到相同的答案，但對於電腦來說，後者所需的運算資源要低了許多。

**問 19　原來診斷 MCMC 需要考慮這麼多東西嗎？**

**答**：是的。事實上，關於此議題還有許多超出本書範圍的東西可談，有興趣的讀者可參考吉爾曼（Andrew Gelman）等人於 2004 年出版的貝氏分析書籍。總的來說，『**拋棄**（burn in）』和『**細化**（thinning）』等兩個概念適用於所有 MCMC 分析，至於**調校**（tuning）則取決於你的 MCMC 過程中是否有用到調校參數。

**問 20　可以總結一下本章內容嗎？**

**答**：當然！在貝氏統計中，MCMC 分析能幫助我們在不進行積分運算（即貝氏定理的分母部分）的情況下，估計出目標後驗分佈。該方法將大問題分解成了一連串小步驟，使我們可以一步一腳印地將後驗分佈建構出來。但其最大的問題是，MCMC 的過程中有很多可能出錯的地方；因此，分析者得執行一些診斷測驗，以確保 MCMC 後驗的有效性。對所有馬可夫鏈蒙地卡羅分析而言，診斷都是必不可少的一環。且該主題相當大，值得讀者們深入挖掘。

**問 21　接下來要研究什麼呢？**

**答**：本章大致介紹了幾項 MCMC 的診斷技巧。到此為止，我們都是以 Metropolis 演算法來執行 MCMC 分析，但實際上還有別的演算法可供使用。第 15 章將帶大家回顧『白宮問題』，並介紹 Metropolis－Hastings 演算法。

# MEMO

# 第 15 章

# 回顧白宮問題：以 Metropolis － Hastings 演算法進行 MCMC 分析

第 13 和 14 章已為大家介紹了馬可夫鏈蒙地卡羅 (MCMC) 的基本原則與結果診斷技巧。這兩章的主角皆為 **Metropolis 演算法**，且其中包含許許多多的新名詞、新概念、以及與前面不同的計算方法。

而在本章裡，我們會透過另一個範例來加深讀者對 MCMC 的理解。這一次要回顧的內容是第 10 章研究過的『白宮問題』；與前面不同的是，此處使用的是 **Metropolis － Hastings 演算法**，這是一種更廣義的 Metropolis 演算法。

讀完本章後，各位就會對下列術語建立紮實的概念了：

- 蒙地卡羅 (Monte Carlo)
- 馬可夫鏈 (Markov chain)
- Metropolis – Hastings 演算法
- Metropolis – Hastings 建議分佈 (Metropolis-Hastings proposal distribution)
- Metropolis – Hastings 修正因子 (Metropolis-Hastings correction factor)

現在進入正題。還記得第 10 章的白宮問題嗎？當時的目標是找出：『任意知名人士 (例如：俠客・歐尼爾) 在未受邀的情況下闖入白宮的機率為何』。為此，我們需估計二**項式分佈**的參數 $P$ ，代表數值範圍介於 0 和 1 之間的『成功機率』。下面是用來估算 $P$ 的貝氏推論公式：

$$P(p \mid \text{資料}) = \frac{P(\text{資料} \mid p) * P(p)}{\int_{0}^{1} P(\text{資料} \mid p) * P(p) \, dp} \tag{15.1}$$

之前的解題流程如下：首先設定一個先驗分佈 (beta 分佈)、然後收集資料 (這裡的資料是指：在未受邀的情況下，擅闖白宮的行動是『成功』還是『失敗』的二項式分佈)、最後再以共軛捷徑將先驗更新為後驗 beta 分佈 (該解析捷徑能幫助我們避開貝氏定理分母中的積分運算)。

只可惜，並非所有問題都能以上述方式解決。貝氏共軛關係是非常特殊的例子，只有在這些例子中才能找到解析解。但幸運的是，我們還有另一種極富創意的解題方法；且該方法的彈性極強，幾乎適用於任何參數估計問題。沒錯，它就是 Markov Chain - Monte Carlo – Metropolis 模擬，簡稱 MCMC，其能讓我們從零開始建構出所求的後驗分佈。

本章的目的是向大家介紹如何以 MCMC 推論參數 $P$ 的後驗分佈。首先，我們將快速複習一遍白宮問題的解題過程：從『設定 $P$ 值假設的先驗』開始，一直到『使用 beta－二項式共軛找出後驗分佈』結束。**接著，我們要用 MCMC Metropolis 與 MCMC Metropolis－Hastings 演算法解決相同的問題，以方便讀者做比較。**

下面就來回顧一下白宮問題吧。

**問 1** 白宮問題的分析過程為何？

**答**：該過程與第 11、12 章所用的一模一樣：

1. 建立假設：本題的對立假設為所有可能的 $p$ 值，範圍從 0 到 1。
2. 以先驗機率密度表達我們對不同假設 (即 $p$ 值) 為真的信心程度。
3. 收集資料：讓歐尼爾進行嘗試，結果可能為成功或失敗。
4. 決定在各假設為真的前提下，觀測資料的**概似度**為何。
5. 透過貝氏定理算出每個假設 $p$ 值的後驗機率密度。

讓我們很快演示一遍上述的各個步驟吧：

**問 2** 第一步，**參數 $p$ 的假設為何？**

**答**：我們已經知道，二項式分佈的參數 $p$ 代表某事件的成功機率，其可以是 0 與 1 之間的任何數字 (如：$p = 0.01$、$p = 0.011$、$p = 0.0111$)。由於 $p$ 是**連續變數**，因此我們的假設 $p$ 值共有**無限多個**，其中包含了整個從 0 到 1 的區間。

**問 3** 第二步，**每項假設的先驗機率密度是多少？**

**答**：我們決定以 **beta 分佈**來設定每個假設 $p$ 值的『**相對先驗機率** (即：先驗機率密度)』。圖 15.1 顯示了幾種可能的 beta 機率分佈，你得從中**挑出一個**做為本例的先驗：

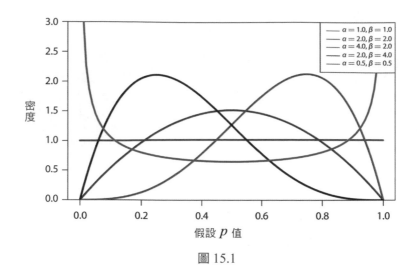

圖 15.1

讓我們仔細檢視一下這些圖形。注意，beta 分佈的水平軸範圍在 0 和 1 之間，適合用來描述成功率介於 0～1 的參數 $p$ 的機率分佈，其垂直軸則代表機率密度 (也就是相對機率)。對圖 15.1 中的任意一條曲線來說，機率密度越高，表示我們對於該假設的信心程度越大。

由於歐尼爾和其友人對於 $p$ 值應該是多少有著完全相反的意見 (歐尼爾相信機會很大，而他的朋友則認為機會很小)，因此我們將先驗設定為 $\alpha = 0.5$、$\beta = 0.5$ 的 beta 分佈。該分佈外觀呈現 U 形，如圖 15.1 中的藍色曲線所示。注意！這是一個由主觀意見決定的先驗；且因為第 10 章中提過的理由，其也是模糊先驗 ( 譯註: 即無資訊先驗，請參考第 10 章的問 19 和問 20)。**也就是說，本例的先驗分佈是一個超參數為 $\alpha_0 = 0.5$、$\beta_0 = 0.5$ 的 beta 分佈。**

 ??

問 4　第三步是什麼？

**答：**收集資料！讓我們假定歐尼爾在未受邀的情況下企圖闖進白宮一次，並以失敗收場。若轉換成二項式機率分佈的話，就是：試驗次數 $n=1$、成功次數 $y=0$。

 ??

**問 5**　第四步呢？

**答：**第四步是找出在不同假設 $p$ 值的前提下，觀測到目標資料的**概似度**是多少。

 ??

**問 6**　那麼第五步是？

答：第五步即透過貝氏定理產生參數 $p$ 的後驗分佈。如前所述，這裡的問題是：位於定理分母內的積分運算通常很複雜，有時甚至不可能處理。

但對於先驗是 beta 分佈、且資料為二項式資料 (在所有試驗中，一共出現了幾次成功結果) 的問題而言，我們可以憑藉解析捷徑獲得所求的後驗分佈。

有了這些捷徑 (如下所示)，後驗便能在彈指之間計算出來：

- 後驗 $\alpha = \alpha_0 + y$
- 後驗 $\beta = \beta_0 + n - y$

以白宮問題來說，我們的先驗是 $\alpha_0 = 0.5$、$\beta_0 = 0.5$ 的 beta 分佈。歐尼爾共進行了一次嘗試，故 $n=1$；嘗試結果為失敗，所以 $y=0$。現在，你可以將這些數字代入捷徑中，以求得後驗分佈的參數：

- 後驗 $\alpha = \alpha_0 + y = 0.5 + 0 = 0.5$
- 後驗 $\beta = \beta_0 + n - y = 0.5 + 1 - 0 = 1.5$

下面來比較一下 $p$ 的先驗和後驗分佈，見圖 15.2：

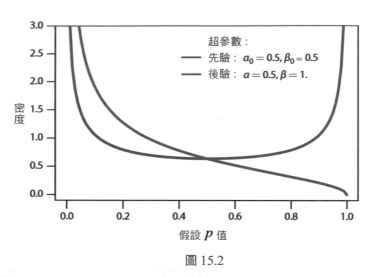

圖 15.2

 ??

## 問 7　該如何使用 MCMC 法來取得後驗分佈呢？

答：開始進入正題了！

以 MCMC 進行貝氏推論的基本概念在於：藉由不斷從後驗分佈取樣，分析者可以將該分佈給『重建』出來。換言之，我們的目標即 – 從零開始建構出圖 15.2 裡的紫色曲線。注意！在此種分析法中，貝氏定理仍扮演核心的角色。

稍早，本書曾將貝氏定理表達成以下形式：

$$P(p \mid 資料) = \frac{P(資料 \mid p) * P(p)}{\int_0^1 P(資料 \mid p) * P(p) dp} \tag{15.2}$$

不過，讀者已經知道了：15.2 式中的後驗機率其實只是一個比值，且分母的計算結果對於所有假設 $p$ 值皆相同 (只是一個正規化常數)，因此我們可以把定理改寫成下面這樣：

$$後驗 \propto 概似度 * 先驗 \qquad (15.3)$$

以白話來說：『某假設的後驗機率密度』**正比於**『在該假設下觀測到目標資料的概似度』乘以『該假設的先驗機率密度』。此處所用的顏色是為了提醒讀者，後驗 (紫色) 是概似度 (紅色) 與先驗 (藍色) 混合後的產物。

各位可能仍覺得從零建構出後驗分佈很不可思議，畢竟我們無從得知參數的分佈為何。但第 14 章已經向大家證明了，這件事可以透過 **Metropolis 演算法**來達成，其具體步驟如下：

1. 先提出一個有可能來自所求後驗分佈的 $p$ 值，例如：$p = 0.5$，只要 $p$ 值介於 0～1 都是可能的值；我們將該值稱為當前假設 ($p_c$)。

2. 計算在給定資料的情況下 (例如：嘗試一次，結果失敗)，**當前**假設的後驗機率密度為何。其正比於『在當前假設為真時觀測到目標資料的概似度』乘以『當前假設的先驗機率密度』：

$$P(p_c \mid 資料) \propto P(資料 \mid p_c) * P(p_c) \qquad (15.4)$$

3. 用一個建議分佈以隨機過程產生一個可能的後驗 $p$ 值，當成**建議假設** ($p_p$)。用來抽選出 $p_p$ 的分佈稱為**建議分佈** (proposal distribution)。在使用 Metropolis 演算法時，建議分佈必須是對稱的 (如：常態分佈)，且分佈中心位置就在當前假設 $p_c$ 上。([編註:] 這裡要弄清楚，$p_p$ 是從建議分佈抽出來的，而建議分佈的參數則是 $p_c$，也就是 $p_p \sim P_{建議分佈}(p_c)$)。

4. 計算在給定資料的情況下 (例如：嘗試一次，結果失敗)，建議假設的後驗機率密度為何。其正比於：『在建議假設為真時觀測到目標資料的概似度』乘以『建議假設的先驗機率密度』：

$$P\big(p_p \mid \text{資料}\big) \propto P\big(\text{資料} \mid p_p\big) * P\big(p_p\big) \qquad (15.5)$$

5. 至此，我們得到了兩個來自後驗分佈的假設 $p$ 值，即 $p_c$ 與 $p_p$，而下一步便是**決定去掉其中一個**（ 編註：也就是在所觀測的資料情況下，$p_c$ 和 $p_p$ 哪個比較有可能，亦即 15.4 式的 $P(p_c \mid \text{資料})$ 和 15.5 式的 $P(p_p \mid \text{資料})$ 哪個比較大，大的留住、小的去掉）。Metropolis 演算法的功能即是規範我們該如何計算『從當前假設 $p_c$ **移動**到建議假設 $p_p$』的機率。該機率相當於『兩後驗機率密度比值』和『1』之中較小的那一個值：

$$p_{移動} = min\left( \frac{P\big(\lambda_p \mid \text{資料}\big)}{P\big(\lambda_c \mid \text{資料}\big)}, \ 1 \right) \qquad (15.6)$$

---

根據以上規則，當建議 $p$ 值的後驗密度高於當前 $p$ 值的後驗密度時，移動機率等於 1，代表我們必須移動到建議 $p$ 值上。若非如此，則是否移動至建議 $p$ 值上就取決於機率。此處的移動機率（即接受建議假設的機率值）又稱為**移動核**(transition kernel)。 編註：讀者也可以參考第 13 章的解說。

---

6. 從範圍 0 到 1 的均勻分佈中隨機抽出一個數字。假如該數字小於移動機率，則接受建議 $p$ 值；若否，則保留當前 $p$ 值。

7. 將以上過程重複上百、乃至上千次！

Metropolis 演算法其實是 **Metropolis － Hastings 演算法**的一個特例。在第 13 章中，大家已經見過尼古拉斯・梅特羅波利斯 (Nicholas Metropolis) 了，下面再來看看加拿大統計學家基思・黑斯廷斯 (W. Keith Hastings；1930-2016) 的照片吧：

圖 15.3　基思・黑斯廷斯（原圖由 Gary Bishop 提供）

 ??

**問 8**　**所以什麼是 Metropolis－Hastings 演算法呢？**

**答：**此演算法的操作步驟和 Metropolis 演算法一模一樣，但兩者有一項關鍵差異：計算移動機率 ( $P_{移動}$，即接受建議假設之機率值) 的方式不同。

以白話來說：假如 $P(\theta_c \mid 資料)$ 代表當前參數 ($\theta$) 的後驗密度、而 $P(\theta_p \mid 資料)$ 表示建議參數 ($\theta_p$) 的後驗密度，那麼根據 Metropolis 演算法得到的移動機率為：

$$P_{移動} = min\left(\frac{P(\theta_p \mid 資料)}{P(\theta_c \mid 資料)},\ 1\right) \tag{15.7}$$

Metropolis－Hastings 演算法則在上式中加入了**修正因子** (CF, Correction Factor)，其餘部分與之前無異：

$$P_{移動} = min\left(\frac{P(\theta_p \mid 資料)*g(\theta_c \mid \theta_p)}{P(\theta_c \mid 資料)*g(\theta_p \mid \theta_c)},\ 1\right) \tag{15.8}$$

15-9

說得更清楚一些，所謂的修正因子即：

$$\frac{g\left(\theta_c \mid \theta_p\right)}{g\left(\theta_p \mid \theta_c\right)} \tag{15.9}$$

> 編註：再次提醒，統計學習慣以 $\theta$ 做為參數的統稱，所以這裡的 $\theta$ 可以代表常態分佈的 $\mu$、$\sigma$ 或問 7 二項式分佈的參數 $p$，這點要記住，否則問 10 會看不懂。

**問 9　為什麼要加入修正因子呢？**

**答：**當建議分佈**不對稱**時，我們就需要修正因子。事實上，假如分佈對稱，則修正因子 15.9 式等於 1，15.8 式就會回到 Metropolis 演算法的公式。這便是為什麼我們將 Metropolis 演算法視為 Metropolis－Hastings 演算法的一項特例。

**問 10　修正因子的原理是什麼呢？**

**答：**如前所述，我們需從**建議分佈**中抽取出建議假設值，而修正因子關注的正是該分佈是否對稱。在 Metropolis 演算法中，建議假設是從常態分佈中隨機抽選出來的；此常態分佈的中心位於當前參數值，標準差則由分析者自行設定。舉個例子，倘若 $\theta_c$ 等於 0.5、且標準差設為 0.05，則我們的建議假設將來自 $\mu = 0.5$、$\sigma = 0.05$ 的常態分佈。但如果建議分佈不是常態分佈而是某個不對稱的分佈，該怎麼辦呢？這時可以用修正因子來解決。

Metropolis－Hastings 演算法裡的修正因子為：

$$\frac{g\left(\theta_c | \theta_p\right)}{g\left(\theta_p | \theta_c\right)} \tag{15.10}$$

- 分子 $g\left(\theta_c | \theta_p\right)$ 等於『從中心位於**建議假設 $(\theta_p)$** 的分佈中抽出**當前假設 $(\theta_c)$** 的機率密度』。

- 分母 $g\left(\theta_p | \theta_c\right)$ 等於『從中心位於**當前假設 $(\theta_c)$** 的分佈中抽出**建議假設 $(\theta_p)$** 的機率密度』。

其中分母的條件正是馬可夫鏈在進行的方向，分子部分的條件則與分母是反方向的；為方便大家分辨兩者，我們把『分子』標示為『藍色』、『分母』標示為『土褐色』(讀者可以將其想成：藍天在上、土地在下)。

---

### 編註：修正因子怎麼來的？

MCMC Metropolis-Hastings 演算法要讓馬可夫鏈達到收斂的穩定分佈 (表示推估出來的後驗分佈趨近於真實的後驗分佈) 的條件就是此馬可夫鏈必須是可逆的 (reversible)。也就是『$\theta_c$ 的後驗機率密度 $P(\theta_c | 資料)$』乘以『由 $\theta_c$ 移動到 $\theta_p$ 的轉移機率密度 $g(\theta_p | \theta_c)$』，要等於『$\theta_p$ 的後驗機率密度 $P(\theta_p | 資料)$』乘以『由 $\theta_p$ 反向移動到 $\theta_c$ 的轉移機率密度 $g(\theta_c | \theta_p)$』，也就是：

$$P(\theta_c | 資料) * g(\theta_p | \theta_c) = P(\theta_p | 資料) * g(\theta_c | \theta_p)$$

上式叫做 local balance 或 detailed balance 條件。在一些動力系統，例如：化學反應，detailed balance 是系統穩定的必要條件。若上式的等號不成立，一邊大於另一邊，則表示系統往某一狀態走的傾向會大於另一方，那就不是穩定態了。所以馬可夫鏈在循環很多次，而要讓系統趨於穩定的分佈時，detailed balance 條件就必須成立。

→ 續下頁

---

我們將上式調整一下可得：

$$\text{亦即} \Rightarrow \frac{P(\theta_p \mid \text{資料}) * g(\theta_c \mid \theta_p)}{P(\theta_c \mid \text{資料}) * g(\theta_p \mid \theta_c)} = 1 \longleftarrow$$

這必須用 15.8 式執行
很多次才會趨近於 1，
進入穩定態分佈

當馬可夫鏈再執行了很多次，如果希望後驗分佈達到穩定狀態，上式是必要條件。

在一些 MCMC 的教學中，你可能會發現 detailed balance 的公式是 $p(\theta_p) \cdot g(\theta_c \mid \theta_p) = p(\theta_c) \cdot g(\theta_p \mid \theta_c)$，那是單純用 MCMC 從已知的分佈抽樣的場合，但此處我們是把 MCMC 當工具用到貝氏推論中，以推論出未知的後驗分佈，這時我們手上唯一可知的就是觀察值資料，例如嘗試 1次、失敗，因此上式就是帶入資料證據的 detailed balance 公式，這樣才能用手上的資料經由貝氏推論及 MCMC 讓馬可夫鏈的穩定態分佈趨於貝氏的後驗分佈。

這個觀念
是關鍵！

首先，來看看如果當建議分佈為**對稱**的常態分佈時，修正因子會等於多少吧。假定 $\theta_c$（就是 $\mu_c$）為 0.5、$\theta_p$（就是 $\mu_p$）為 0.6，且分佈的調校參數 $\sigma$ 設為 0.05，則：

● 修正因子的**分母**（也就是 $g(\theta_p \mid \theta_c)$）等於『從 $\mu_c = 0.5$、$\sigma = 0.05$ 的常態分佈中抽出 0.6 的機率密度』。我們可以用**常態 pdf** 計算出該答案，即 1.08（ 編註: 代入 12.2 式算出 $f(0.6; 0.5, 0.05) = 1.08$ ），其對應圖 15.4 中的土褐色虛線：

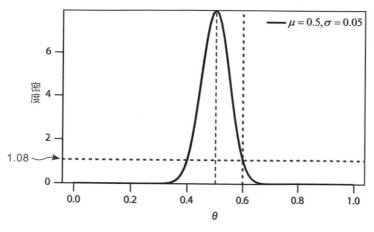

圖 15.4　以 $\theta_c$ 為中心的建議分佈

- 至於修正因子的**分子**部分 $g\left(\theta_c|\theta_p\right)$，我們要算的是『從 $\mu_p = 0.6$、$\sigma = 0.05$ 的常態分佈中抽到 0.5 的機率密度』。和之前一樣，可以利用**常態 pdf** 得知答案為 1.08（ 編註：如前，同樣代入 12.2 式算出 $f(0.5; 0.6, 0.05) = 1.08$），其對應圖 15.5 中的藍色虛線：

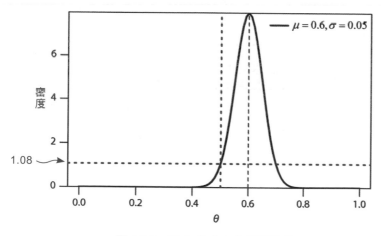

圖 15.5　以 $\theta_p$ 為中心的建議分佈

我們可以看到只要建議分佈是對稱的，無論建議假設為何，『從中心位於**當前假設** $\theta_c$ 的分佈中抽出**建議假設** $\theta_p$ 的機率密度』都會等於『從中心位於**建議假設** $\theta_p$ 的分佈中抽出**當前假設** $\theta_c$ 的機率密度』。

因此，本例的修正因子為：

$$\frac{g\left(\theta_c|\theta_p\right)}{g\left(\theta_p|\theta_c\right)} = \frac{1.08}{1.08} = 1.0 \tag{15.11}$$

而從當前假設移動到建議假設的機率則是：

$$p_{移動} = min\left(\frac{P\left(\theta_p \mid 資料\right)}{P\left(\theta_c \mid 資料\right)} * 1.0, \; 1\right) \tag{15.12}$$

該結果正是 Metropolis 演算法。請不要忘記，$P\left(\theta_p \mid 資料\right)$ 代表建議假設的後驗機率密度、$P\left(\theta_c \mid 資料\right)$ 是當前假設的後驗機率密度。

 ??

**問 11** **那麼，假如我們使用的建議分佈不對稱呢？**

**答：** Hastings 的創見是，只要針對非對稱的狀況進行修正（ 編註： 就是乘上 15.10 式），分析者便可以使用**任意分佈**做為建議分佈，而毋須改變 Metropolis 演算法的規則。

現在來看個實例：讓我們回到本章所關心的參數 $P$ 上（即：名人在未受邀狀況下闖進白宮的成功率）。假定當前假設為 $p_c = 0.5$，且建議假設不再像問 10 那樣來自常態分佈，而是某 beta 分佈，因為 beta 分佈是不對稱的，所以就要乘上修正因子了。**千萬要注意的是：此處 beta 分佈是用來做為建議分佈，這和設定假設 $P$ 值先驗的 beta 分佈完全無關**，我們可稱之為建議的 beta 分佈比較不會弄混。

回想一下，**beta 分佈**共有兩個參數：$\alpha$ 和 $\beta$。正如常態分佈我們會先指定一個調校參數 $\sigma$ 的值，這裡同樣必須指定 beta 分佈的 $\alpha$ 或 $\beta$。**就本例**

**而言，我們令建議分佈的 $\beta = 3$，此即該分佈的調校參數。**

接下來的工作是算出 $\alpha$，目的是讓 beta 分佈的中心能位於 $p_c = 0.5$ 上。其中一種做法是藉由 beta 分佈的平均值公式：

$$\mu = \frac{\alpha}{\alpha + \beta} \tag{15.13}$$

把平均值 $\mu$ 設在 $p_c = 0.5$ 上，再重新整理一下 15.13 式，就可以將 $\alpha$ 解出來了：

$$\alpha = \frac{\beta * \mu}{-\mu + 1} = \frac{3 * 0.5}{-0.5 + 1} = 3 \tag{15.14}$$

所以，本例的建議 beta 分佈為 $\alpha = 3$、$\beta = 3$，且該分佈的中心位於 $p_c$。現在，可以從中隨機產生一個建議參數值了（ 編註: 之前有一直提到，我們可以用電腦軟體來隨機產生建議參數）。**假定我們產生的 $p_p$ 為 0.2，故：**

- $p_c = 0.5$
- $p_p = 0.2$

下面來計算修正因子，先從分母的部分開始 (你可以自行決定先算分子還是分母；但由於分母對應真實情況，因此以分母為起點可能更合理一些)：

- Metropolis－Hastings 修正因子的**分母 $g(\theta_p \mid \theta_c)$** 在此處即為 $g(p_p \mid p_c)$，相當於『從 $\alpha$ 和 $\beta$ 皆為 3 的 beta 分佈中 (見圖 15.6) 抽到 0.2 的機率密度』。我們可以用建議的 **beta 機率密度函數**算出該答案，即 **0.768**。圖 15.6 裡的黑色曲線代表建議分佈，其中心位於當前參數值上 (圖 15.6 的分佈恰巧看起來很對稱，但其實是不對稱的，否則等一下 15.17 式算出來的值會等於 1，但其實不然)；土褐色的虛線則代表由此建議分佈隨機得到建議假設 $p_p = 0.2$ 的機率密度為 0.768：

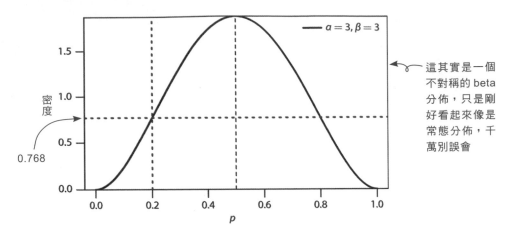

圖 15.6　以 $p_c$ 為中心的建議 beta 分佈

- 要計算修正因子的**分子**，我們得倒過來計算，換言之就是 $g(\theta_c \mid \theta_p)$ 或是 $g(p_c \mid p_p)$，此處的建議 beta 分佈需改以**建議**假設（$p_p = 0.2$）為平均值 $\mu$，而所求目標則變成了『抽出當前假設（$p_c = 0.5$）的機率密度為何』。和前面類似，設定調校參數 $\beta = 3$，我們得先解出新 beta 分佈的 $\alpha$ 值是多少：

$$\mu = \frac{\alpha}{\alpha + \beta} \tag{15.15}$$

$$\alpha = \frac{\beta * \mu}{-\mu + 1} = \frac{3 * 0.2}{-0.2 + 1} = 0.75 \tag{15.16}$$

- 現在我們可以計算從中心位於 $p_p = 0.2$、$\alpha = 0.75$、$\beta = 3$ 的 beta 分佈中抽出 $p_c = 0.5$ 的機率密度了。透過建議的 **beta 機率密度函數**，我們得知答案為 0.537，其在圖 15.7 中以藍色虛線表示：

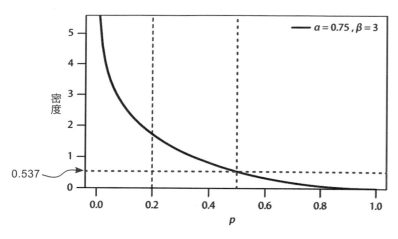

圖 15.7　以 $p_p$ 為中心的建議 beta 分佈

直觀上來說，可發現『從中心在當前假設的分佈中抽得建議假設的機率密度』(0.768) 遠高於『從中心在建議假設的分佈中抽出當前假設的機率密度』(0.537)。

綜合以上結果，可得本例的 Metropolis－Hastings 修正因子等於：

$$\frac{g\left(p_c|p_p\right)}{g\left(p_p|p_c\right)} = \frac{0.537}{0.768} = \mathbf{0.7} \tag{15.17}$$

---

請各位不要忘記：上述計算的目的是為了得到修正因子，以應用在建議分佈不對稱的狀況！

---

請記得！算修正因子的目的是為了讓我們能找出接受建議假設的機率值 $p_{移動}$：

$$p_{移動} = min\left(\frac{P(p_p) * g\left(\theta_c \mid \theta_p\right)}{P(p_c) * g\left(\theta_p \mid \theta_c\right)}, 1\right) \tag{15.18}$$

### 問 12　一定要以平均當成建議分佈的中心嗎？

**答：**以平均數、眾數、或者中位數做為中心皆可。不過，你必須保證自己能算出每一步所需的 beta 分佈參數 (如 :15.15 式)，以便能調整分佈的中心位置。事實上還有另一種做法，即：不要改變建議分佈的中心，而是在整個 MCMC 分析過程中使用同一組分佈參數。此方法名為**獨立 Metropolis－Hastings 抽樣** (Independence Metropolis-Hastings Sampler)。

### 問 13　一直用常態分佈做為建議分佈不好嗎？什麼時候會用不對稱的建議分佈？

**答：**好問題！有時，待估計參數有一定的上下限。以本章的例子來說，我們想知道的參數 $p$ 代表歐尼爾在未受邀情況下闖入白宮的機率，其數值範圍即在 0 和 1 之間。如果以常態分佈做為建議分佈，則抽選到的建議假設值很可能會超出上述範圍 (其實，我們在第 13 章估計 $\lambda$ 時也有可能遇到此問題，只是運氣好避開了而已)。

除此之外，在某些例子中，我們已經知道應該要用哪種建議分佈比較好，而該分佈可能並不對稱。但只要有了 Metropolis－Hastings 演算法，建議分佈就可以是任何一種分佈，而不限於對稱分佈了。唯一的缺點是：在每一次的 MCMC 試驗中，我們都要計算修正因子，而這會拖慢電腦執行的時間。

**問 14** 我明白了！那麼可以實際示範一次，如何用 Metropolis－Hastings 演算法完成白宮問題的 MCMC 分析嗎？

**答**：好的，讓我們把焦點移回歐尼爾身上！前面提過，本問題的**先驗分佈**是超參數 $\alpha_0 = 0.5$、$\beta_0 = 0.5$ 的 beta 分佈（見第 10 章問 11、12）。另外請回憶一下，我們的資料是歐尼爾的一次失敗嘗試（換句話說，嘗試次數為 $n = 1$、其中成功次數有 $y = 0$ 次）。在得到上述 beta 先驗與二項式資料（並算出概似度）後，就能用共軛捷徑得到所求的 beta 後驗分佈了（見圖 15.8）：

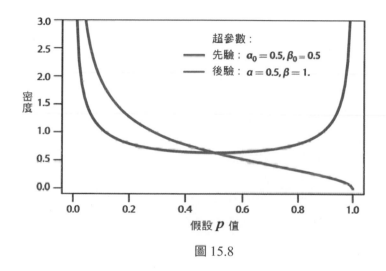

圖 15.8

以上透過共軛解得到的後驗分佈就是本章的標準答案。現在，讓我們試著以 Metropolis－Hastings 演算法和 MCMC 分析來估算出圖 15.8 中的紫色曲線吧。但在開始之前，再次提醒各位，貝氏定理是整個 MCMC 方法的核心：

$$後驗 \propto 概似度 * 先驗 \tag{15.19}$$

下面來回顧一下 MCMC 的步驟：

1. 一開始，先為 $p$ 提供一個當前參數值，記為 $p_c$。

2. 以貝氏定理算出在 $p_c$ 假設下觀測到目標資料的後驗機率密度為何：

$$P\left(p_c \mid \text{資料}\right) \propto P\left(\text{資料} \mid p_c\right) * P\left(p_c\right) \tag{15.20}$$

3. 從中心位於 $p_c$ 的建議分佈中隨機抽出一個數值，此即建議參數值 $P_p$。

4. 利用貝氏定理計算在 $P_p$ 假設下觀測到目標資料的後驗機率密度是多少：

$$P\left(p_p \mid \text{資料}\right) \propto P\left(\text{資料} \mid p_p\right) * P\left(p_p\right) \tag{15.21}$$

5. 至此，我們會得到兩個來自目標後驗且相互競爭的 $p$ 值假設，而下一步便是**丟棄其中一個**。在這裡，我們要用 Metropolis－Hastings 規則來計算從當前假設 $p_c$ 移動到建議假設 $p_p$ 的機率，該機率相當於『1』和『兩後驗機率密度比值乘上修正因子』中較小的那個數值：

這裡和 13.26 式不同，請加以比對

$$p_{\text{移動}} = min\left(\frac{P\left(p_p \mid \text{資料}\right) g\left(p_c \mid p_p\right)}{P\left(p_c \mid \text{資料}\right) g\left(p_p \mid p_c\right)},\ 1\right) \tag{15.22}$$

6. 從 0 到 1 的均勻分佈 **U(0,1)** 中隨機選取一個數字。若此隨機數字小於 $p_{\text{移動}}$，則接受 $P_p$，否則保留 $p_c$。

7. 將上面的步驟重複上百、乃至上千次！

8. 把每一輪中我們接受的 $p$ 值記錄下來，畫成分佈的形式、並算出該分佈的統計量。

??

# 問 15　畫一張表格來輔助計算會不會方便一些？

**答：**好主意！讓我們製作一張表格來存放每一輪 MCMC 試驗的結果吧（見表 15.1）。請記住！此處用的是 Metropolis－Hastings 演算法，故必須計算修正因子 (CF)，這會讓整個 MCMC 流程多出一些步驟：

**表 15.1**

| 試驗次數 | 資料 | | 先驗 | | 當前假設 | | | 建議假設 | | | 決策 | | | | |
|---|---|---|---|---|---|---|---|---|---|---|---|---|---|---|---|
| | $n$ | $y$ | $\alpha_0$ | $\beta_0$ | $p_c$ | $P(p_c\|$資料$)$ | $\alpha_c$ | $p_p$ | $P(p_p\|$資料$)$ | $\alpha_p$ | 比值 | CF | $k$ | 隨機數字 | 接受參數值 |
| 1 | 1 | 0 | 0.5 | 0.5 | – | – | – | – | – | – | – | | | | |
| 2 | 1 | 0 | 0.5 | 0.5 | – | – | – | – | – | – | – | | | | |
| 3 | 1 | 0 | 0.5 | 0.5 | – | – | – | – | – | – | – | | | | |
| 4 | 1 | 0 | 0.5 | 0.5 | – | – | – | – | – | – | – | | | | |
| 5 | 1 | 0 | 0.5 | 0.5 | – | – | – | – | – | – | – | | | | |
| 6 | 1 | 0 | 0.5 | 0.5 | – | – | – | – | – | – | – | | | | |
| 7 | 1 | 0 | 0.5 | 0.5 | – | – | – | – | – | – | – | | | | |
| 8 | 1 | 0 | 0.5 | 0.5 | – | – | – | – | – | – | – | | | | |
| 9 | 1 | 0 | 0.5 | 0.5 | – | – | – | – | – | – | – | | | | |
| 10 | 1 | 0 | 0.5 | 0.5 | – | – | – | – | – | – | – | | | | |

在上表中，MCMC 的試驗次數在第 1 欄。觀測資料 (即歐尼爾的 $n=1$ 次試驗即 $y=0$ 次成功) 分別在第 2 與第 3 欄；請注意！這兩欄在全部 10 次試驗中皆相同。與之類似，**先驗分佈**的 $\alpha_0$ 和 $\beta_0$ (第 4 和第 5 欄) 在 10 次試驗裡也都一樣。

---

編註：本來這張表如果和表 13.1 相比較就可以清楚知道非對稱後驗分佈 (表 15.1) 和對稱後驗分佈 (表 13.1) 的差異，不過作者在符號上有些不一致，因此比對時要小心核對。表 13.1 的 $\lambda_c$、$\lambda_p$ 是對應於表 15.1 的 $p_c$、$p_p$，而後驗 $P_c$、$P_p$ 則對應到 $P(p_c|$資料$)$ 和 $P(p_p|$資料$)$。至於表 13.1 的 $P_{移動}$ 則對應於表 15.1 的 $k$。

## 問 16　MCMC 的第一步是？

**答**：先提出一個可能出現在後驗分佈中的參數值，只要該值所對應的後驗密度不為零即可。此處我們以 0.5 為例，此即**當前假設** $p_c$，代表的意思是：如歐尼爾之類的名人在未受邀情況下進入白宮的機率。

## 問 17　第 2 步為何呢？

**答**：接下來要計算，給定觀測資料 $(n=1$、$y=0)$ 後，$p_c = 0.5$ 所對應的**後驗機率密度**為何。該後驗密度正比於**資料概似度**與**先驗密度**的乘積：

$$後驗 \propto 概似度 * 先驗 \tag{15.23}$$

$$P(p_c \mid 資料) \propto P(資料 \mid p_c) * P(p_c) \tag{15.24}$$

以下運算如果忘了，請回頭看第 10 章複習一下：

- 首先考慮右邊第一項 $P(資料 \mid p_c)$：當 $p_c = 0.5$ 時，觀察到『1 次嘗試、0 次成功』的概似度有多大。看到此問題，希望各位能立刻想到二項式機率質量函數（pmf）！回憶一下，該質量函數共有兩個固定**參數** $n$ 與 $p$；其中 $n$ 等於總嘗試次數（以白宮問題而言，$n=1$）、$p$ 等於成功的機率（在本例中，$p = p_c = 0.5$）。因此，觀測到『1 次嘗試、0 次成功』的概似度如下：

$$\mathcal{L}(y;n,p) = \binom{n}{y} p^y (1-p)^{(n-y)} \tag{15.25}$$

$$\mathcal{L}(0;1,0.5) = \binom{1}{0} 0.5^0 (1-0.5)^{(1-0)} = 0.5 \tag{15.26}$$

- 其次來考慮第二項 $P(p_c)$：$p_c = 0.5$ 在**先驗分佈**中的機率密度是多少。看到這個問題，希望讀者立刻想起 beta 機率密度函數！該 pdf 能幫我們回答：給定先驗分佈的參數後，從此分佈裡隨機抽出 0.5 的機率密度值為何。相信各位都還記得，本例的先驗參數 $\alpha_0$ 和 $\beta_0$ 皆等於 0.5。beta 分佈的公式如下；其中的 $B$ 代表 beta 函數，目的是確保此函數的積分等於 1.0。只要將上面的 $p_c$ 代入 15.27 式的 $x$ 中即可得到所求答案：

$$f(x;\alpha_0,\beta_0) = \frac{1}{B(\alpha_0,\beta_0)} x^{\alpha_0-1} (1-x)^{\beta_0-1} \tag{15.27}$$

$$f(0.5;\alpha_0 = 0.5, \beta_0 = 0.5) = \frac{1}{B(0.5,0.5)} 0.5^{0.5-1} (1-0.5)^{0.5-1} = 0.637 \tag{15.28}$$

- 第一次猜測之 $p_c$ 的後驗機率密度**正比於** 15.26、15.28 式結果的乘積（ 編註：尚未經過正規化處理）：

$$P(p_c \mid 資料) \propto P(資料 \mid p_c) * P(p_c) \tag{15.29}$$

$$P(p_c \mid 資料) \propto 0.5 * 0.637 = 0.318 \tag{15.30}$$

讓我們把以上數值填入 MCMC 表格中、對應第 1 次試驗的那一列（見表 15.2）：

表 15.2

| 試驗次數 | 資料 | | 先驗 | | 當前假設 | | | 建議假設 | | | 決策 | | | | |
|---|---|---|---|---|---|---|---|---|---|---|---|---|---|---|---|
| | $n$ | $y$ | $\alpha_0$ | $\beta_0$ | $p_c$ | $P(p_c\,|\,$資料$)$ | $\alpha_c$ | $p_p$ | $P(p_p\,|\,$資料$)$ | $\alpha_p$ | 比值 | CF | $k$ | 隨機數字 | 接受參數值 |
| 1 | 1 | 0 | 0.5 | 0.5 | 0.500 | 0.318 | – | – | – | – | – | – | – | – | – |

 ??

**問 18**　第 3 步要做什麼呢？

**答：**下一步是從建議分佈中**隨機產生**第二個 $p$ 值，稱為**建議 $p$**，即 $p_p$。在此，我們要用另一個 beta 分佈當成**建議分佈**(請不要將其與先驗 beta 分佈弄混，兩者是不同的 beta 分佈)。**對應本章稍早問 11 的敘述，本例中建議分佈的調校參數為 $\beta = 3$。**

● 我們必須找出，當建議的 beta 分佈的平均值落在 $p_c = 0.5$ 時，對應的參數 $\alpha$ 是多少 (請見 15.13 式)：

$$\mu = \frac{\alpha}{\alpha + \beta} = p_c = 0.5 \tag{15.31}$$

$$\alpha = \frac{\beta * \mu}{-\mu + 1} = \frac{3 * 0.5}{-0.5 + 1} = 3.000 \tag{15.32}$$

● 有了中心點位於當前假設 $p_c = 0.5$ 的 beta 分佈以後，接下來得從中隨機產生一個 $p_p$。說得更具體一點，我們得從 $\alpha = 3.000$、$\beta = 3$ 的建議 beta 分佈中用電腦隨機產生一個亂數做為 $P$ 的建議假設。**此處依照問 11 的假定我們隨機產生的建議 $p$ 值為 0.2，即 $p_p = 0.2$。**

再更新一次 MCMC 的表格 (見表 15.3)：

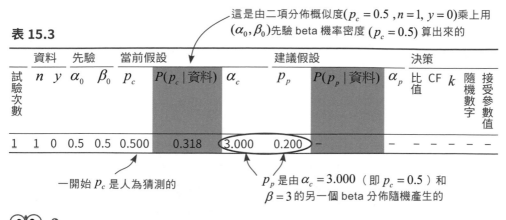

**表 15.3**

| 試驗次數 | 資料 | | 先驗 | | 當前假設 | | | 建議假設 | | | 決策 | | | | |
|---|---|---|---|---|---|---|---|---|---|---|---|---|---|---|---|
| | $n$ | $y$ | $\alpha_0$ | $\beta_0$ | $p_c$ | $P(p_c\,|\,$資料$)$ | $\alpha_c$ | $p_p$ | $P(p_p\,|\,$資料$)$ | $\alpha_p$ | 比值 | CF | $k$ | 隨機數字 | 接受參數值 |
| 1 | 1 | 0 | 0.5 | 0.5 | 0.500 | 0.318 | 3.000 | 0.200 | – | | – | – | – | – | – |

一開始 $p_c$ 是人為猜測的

$p_p$ 是由 $\alpha_c = 3.000$（即 $p_c = 0.5$）和 $\beta = 3$ 的另一個 beta 分佈隨機產生的

這是由二項分佈概似度 ($p_c = 0.5$，$n = 1$，$y = 0$) 乘上用 $(\alpha_0, \beta_0)$ 先驗 beta 機率密度 ($p_c = 0.5$) 算出來的

## 問 19　MCMC 的第 4 步是？

**答**：現在要來算 $p_p = 0.2$ 的**後驗機率密度**，其**正比於**概似度和先驗密度的乘積 (尚未經過正規化處理)：

$$P\left(p_p\,|\,\text{資料}\right) \propto P\left(\text{資料}\,|\,p_p\right) * P\left(p_p\right) \tag{15.33}$$

- 考慮第一項 $P\left(\text{資料}\,|\,p_p\right)$：我們想知道：當 $p_p = 0.2$ 時，觀測到『1 次嘗試、0 次成功』的概似度有多大。這裡要再次使用二項式機率質量函數：

$$\mathcal{L}\left(y; n, p\right) = \binom{n}{y} p^y \left(1 - p\right)^{(n-y)} \tag{15.34}$$

$$\mathcal{L}\left(0; 1, 0.2\right) = \binom{1}{0} 0.2^0 \left(1 - 0.2\right)^{(1-0)} = 0.8 \tag{15.35}$$

- 然後來看第二項 $P\left(p_p\right)$：$p_p = 0.2$ 在**先驗分佈**中的機率密度是多少。讓我們再度使用 beta 機率密度函數 (注意！不是建議分佈的那個 beta 函數，此處的 $\alpha_0$、$\beta_0$ 都是 0.5)：

$$f(x;\alpha,\beta)=\frac{1}{B(\alpha,\beta)}x^{\alpha-1}(1-x)^{\beta-1} \tag{15.36}$$

$$f(0.2;\alpha_0=0.5,\beta_0=0.5)=\frac{1}{B(0.5,0.5)}0.2^{0.5-1}(1-0.2)^{0.5-1}=0.796 \tag{15.37}$$

- 第二個假設 $p$ 值（即 $p_p$）的後驗機率密度即以上 15.35、15.37 式的乘積：

$$P(p_p\mid資料)\propto P(資料\mid p_p)*P(p_p) \tag{15.38}$$

$$P(p_p\mid資料)\propto 0.8*0.796=0.6370 \tag{15.39}$$

將以上結果更新至 MCMC 表格中（見表 15.4）：

**表 15.4**

| 試驗次數 | 資料 $n$ | 資料 $y$ | 先驗 $\alpha_0$ | 先驗 $\beta_0$ | 當前假設 $p_c$ | 當前假設 $P(p_c\mid資料)$ | $\alpha_c$ | 建議假設 $p_p$ | 建議假設 $P(p_p\mid資料)$ | $\alpha_p$ | 決策 比值 | CF | $k$ | 隨機數字 | 接受參數值 |
|---|---|---|---|---|---|---|---|---|---|---|---|---|---|---|---|
| 1 | 1 | 0 | 0.5 | 0.5 | 0.500 | 0.318 | 3.000 | 0.200 | (0.637) | – | – | – | – | – | – |

這是用二項分佈概似度（$p_p=0.2$, $n=1$, $y=0$）乘上 $(\alpha_0,\beta_0)$ 的 beta 機率密度分佈（$p_p=0.2$）算出來的

 ??

**問 20**　第 5 步是什麼呢？

**答：**我們得到了兩個來自後驗分佈的假設 $p$ 值（也就是 $p_c=0.5$ 和 $p_p=0.2$），也知道與兩者對應的後驗機率密度分別是 $P(p_c\mid資料)=0.318$ 與 $P(p_p\mid資料)=0.637$。注意！此處的後驗密度尚未經正規化處理（兩者均

只是概似度乘上先驗密度，而沒有除以貝氏定理的積分結果；之前已提過，該積分結果稱為**正規化常數**，詳見第 6 章的問 2)。

在這一步裡，我們要將兩假設的其中之一**捨棄**。但應該保留 $p_c$ 還是 $p_p$ 到下一輪的 MCMC 中呢？我們會以 **Metropolis－Hastings 演算法**來計算移動到建議假設的機率(相當於接受建議假設的機率值)。

- 接受建議假設 $p_p$ (在本例中等於 0.2) 的機率大小即：『1』和『兩後驗機率密度比值乘以修正因子』中較小的那一個數值。下面，我們使用字母 $k$ 來表示移動到建議假設的機率(也就是之前的 $p_{移動}$)：

$$k = min\left(\frac{P\left(p_p \mid 資料\right)*g\left(p_c \mid p_p\right)}{P\left(p_c \mid 資料\right)*g\left(p_p \mid p_c\right)},\ 1\right) \tag{15.40}$$

$$k = min\left(\frac{0.637 * g\left(p_c \mid p_p\right)}{0.318 * g\left(p_p \mid p_c\right)},\ 1\right) \tag{15.41}$$

- 此處兩後驗機率密度的比值為 $0.637 / 0.318 = 2.003$。至此，剩下的工作就只有修正因子的計算了。回憶一下，修正因子等於『 $p_c = 0.5$ 在 " 中心位於 $p_p = 0.2$ 之建議分佈 " 中的機率密度』除以『 $p_p = 0.2$ 在 " 中心位於 $p_c = 0.5$ 之建議分佈 " 中的機率密度』。為了得到答案，我們必須知道上述兩建議分佈的 $\alpha$ 和 $\beta$ 分別是多少；這裡的 $\beta$ 稱為調校參數，且對兩者而言均為 $\beta = 3$。

---

編註：請注意！前面計算 $p_c$ 和 $p_p$ 的後驗機率密度時，我們是用先驗分佈超參數 $\alpha_0 = 0.5$ 和 $\beta_0 = 0.5$ 計算的，但這裡是要計算 $g(p_c \mid p_p)$、$g(p_p \mid p_c)$，和第 3 步一樣是用建議的 beta 分佈，所用的 $\alpha$ 是要用 $\mu$ 算出來，$\beta$ 則是調教參數其值為 3。

---

- 中心位於 $p_c$ (即 $p_c = \mu = 0.5$) 的 $\alpha$ 參數等於：

$$\mu = \frac{\alpha}{\alpha + \beta} \tag{15.42}$$

$$\alpha = \frac{\beta * \mu}{-\mu + 1} = \frac{3 * 0.5}{-0.5 + 1} = 3 \tag{15.43}$$

- 中心位於 $p_p$ (即 $p_p = \mu = 0.2$) 的 $\alpha$ 參數等於：

$$\mu = \frac{\alpha}{\alpha + \beta} \tag{15.44}$$

$$\alpha = \frac{\beta * \mu}{-\mu + 1} = \frac{3 * 0.2}{-0.2 + 1} = 0.75 \tag{15.45}$$

- 現在，我們可以利用 beta 機率密度函數求得目標機率密度了 (這邊的步驟和本章問 11 相同，可參考補充資源 Ch15-1.py)：

$$p_c = 0.5 \qquad \text{由 } p_p = 0.2 \text{ 為條件算出來的，見 15.45 式}$$

$$\text{分子 } g\left(p_c \mid p_p\right) = p\left(0.5 \mid \alpha = 0.75, \beta = 3\right) = 0.537 \tag{15.46}$$

$$p_p = 0.2 \qquad \text{由 } p_c = 0.5 \text{ 為條件算出來的，見 15.43 式}$$

$$\text{分母 } g\left(p_p \mid p_c\right) = p\left(0.2 \mid \alpha = 3, \beta = 3\right) = 0.768 \tag{15.47}$$

- 有了修正因子 (CF) 分子與分母的值，即可知 CF $= 0.537 / 0.768 = 0.699$。然後就可算出接受建議假設的移動機率：

$$k = min\left(\frac{0.637 * 0.537}{0.318 * 0.768}, 1\right) \tag{15.48}$$

$$k = min\left(\frac{0.342069}{0.24576}, 1\right) \tag{15.49}$$

$$k = min\left(1.39, 1\right) \tag{15.50}$$

$$k = 1 \tag{15.51}$$

好了，在我們忘記答案之前，趕緊將結果更新到 MCMC 表格中（見表 15.5）：

**表 15.5**

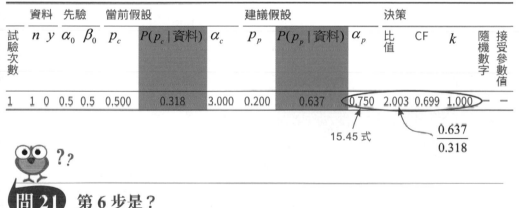

| | 資料 | | 先驗 | | 當前假設 | | | 建議假設 | | | 決策 | | | | |
|---|---|---|---|---|---|---|---|---|---|---|---|---|---|---|---|
| 試驗次數 | $n$ | $y$ | $\alpha_0$ | $\beta_0$ | $p_c$ | $P(p_c \mid$資料$)$ | $\alpha_c$ | $p_p$ | $P(p_p \mid$資料$)$ | $\alpha_p$ | 比值 | CF | $k$ | 隨機數字 | 接受參數值 |
| 1 | 1 | 0 | 0.5 | 0.5 | 0.500 | 0.318 | 3.000 | 0.200 | 0.637 | 0.750 | 2.003 | 0.699 | 1.000 | — | — |

15.45 式

$$\frac{0.637}{0.318}$$

??

**問 21**　第 6 步是？

**答：** 因為上面算出來的移動機率 $k = 1$，所以一定會接受 $p_p$，就不需要抽取 0 到 1 之間的隨機數字去跟 $k$ 做比較了。

如果 $k < 1$，則需從 0 到 1 中用均勻分佈選取一個隨機數字。若該數字小於 $k$ 則接受 $p_p$，否則保留 $p_c$。假定本例的隨機數字是 0.372；此值小於 $k$，故我們接受建議假設 $p_p$，也就是 0.2。到了第二輪的 MCMC 試驗，該假設 $p$ 值便會變成 $p_c$。記得更新 MCMC 表格：

表 15.6

| 試驗次數 | 資料 | | 先驗 | | 當前假設 | | | 建議假設 | | | 決策 | | | | |
|---|---|---|---|---|---|---|---|---|---|---|---|---|---|---|---|
| | $n$ | $y$ | $\alpha_0$ | $\beta_0$ | $p_c$ | $P(p_c\|資料)$ | $\alpha_c$ | $p_p$ | $P(p_p\|資料)$ | $\alpha_p$ | 比值 | CF | $k$ | 隨機數字 | 接受參數值 |
| 1 | 1 | 0 | 0.5 | 0.5 | 0.500 | 0.318 | 3.000 | 0.200 | 0.637 | 0.750 | 2.003 | 0.699 | 1.000 | 0.372 | 0.200 |

**問 22**　那麼第 7 步呢？

**答**：將上述過程重複上百或上千次！OMG！這一定要用電腦才做得出來！

**問 23**　MCMC 的第 8 步為何？

**答**：將每輪的 $p_c$ 以分佈的形式呈現，並整理出該分佈的統計量。

**問 24**　可以整理一下整個操作流程嗎？

**答**：沒問題。

讓我們執行 10 次試驗。不要忘了，本例的建議假設 $p_p$ 是從調校參數為 $\beta = 3.0$ 的建議 beta 分佈中隨機產生而來的 (見表 15.7)：

**表 15.7**

| 試驗次數 | 資料 | | 先驗 | | 當前假設 | | | 建議假設 | | | 決策 | | | | |
|---|---|---|---|---|---|---|---|---|---|---|---|---|---|---|---|
| | $n$ | $y$ | $\alpha_0$ | $\beta_0$ | $p_c$ | $P(p_c\,|\,$資料$)$ | $\alpha_c$ | $p_p$ | $P(p_p\,|\,$資料$)$ | $\alpha_p$ | 比值 | CF | $k$ | 隨機數字 | 接受參數值 |
| 1 | 1 | 0 | 0.5 | 0.5 | 0.500 | 0.318 | 3.000 | 0.200 | 0.637 | 0.750 | 2.003 | 0.699 | 1.000 | 0.372 | 0.200 |
| 2 | 1 | 0 | 0.5 | 0.5 | 0.200 | 0.637 | 0.750 | 0.006 | 4.097 | 0.018 | 6.432 | 0.009 | 0.058 | 0.572 | 0.200 |
| 3 | 1 | 0 | 0.5 | 0.5 | 0.200 | 0.637 | 0.750 | 0.070 | 1.161 | 0.226 | 1.823 | 0.226 | 0.412 | 0.216 | 0.070 |
| 4 | 1 | 0 | 0.5 | 0.5 | 0.070 | 1.161 | 0.226 | 0.089 | 1.018 | 0.293 | 0.877 | 1.479 | 1.000 | 0.364 | 0.089 |
| 5 | 1 | 0 | 0.5 | 0.5 | 0.089 | 1.018 | 0.293 | 0.023 | 2.074 | 0.071 | 2.037 | 0.104 | 0.212 | 0.098 | 0.023 |
| 6 | 1 | 0 | 0.5 | 0.5 | 0.023 | 2.074 | 0.071 | 0.001 | 10.061 | 0.003 | 4.851 | 0.003 | 0.015 | 0.175 | 0.023 |
| 7 | 1 | 0 | 0.5 | 0.5 | 0.023 | 2.074 | 0.071 | 0.124 | 0.846 | 0.425 | 0.408 | 14.602 | 1.000 | 0.507 | 0.124 |
| 8 | 1 | 0 | 0.5 | 0.5 | 0.124 | 0.846 | 0.425 | 0.001 | 10.061 | 0.003 | 2.003 | 0.699 | 1.000 | 0.372 | 0.124 |
| 9 | 1 | 0 | 0.5 | 0.5 | 0.124 | 0.846 | 0.425 | 0.032 | 1.751 | 0.099 | 6.432 | 0.009 | 0.058 | 0.572 | 0.032 |
| 10 | 1 | 0 | 0.5 | 0.5 | 0.032 | 1.751 | 0.099 | 0.044 | 1.484 | 0.138 | 1.823 | 0.226 | 0.412 | 0.216 | 0.044 |

上表的第一欄顯示了 MCMC 的試驗次數。我們的觀測資料為歐尼爾的 $n=1$ 次嘗試與 $y=0$ 次成功，上述結果分別記在第 2 和第 3 欄；請注意，此兩欄的數字在 10 次試驗中均相同。另外，**先驗分佈**的參數與 (第 4、第 5 欄) 對 10 次試驗而言也是固定的。

現在，請將重點放在第 1 列 (即第 1 次試驗)，此列中的數值對應先前的詳細說明。由於這裡很容易見樹不見林，所以會帶領各位仔細走一遍整個流程。請看表 15.7 中的『**當前假設**』欄：

- 我們的當前假設 $p$ 值 (對應『 $p_c$ 』欄) 為 0.5。
- $p_c = 0.5$ 的後驗機率密度是 0.318，列在表中的第 7 欄。此欄已被標成了紫色，以提醒大家這些數字是透過貝氏定理算出的後驗機率密度。
- 接下來，我們得產生一個中心位於 $p_c$ 的建議 beta 分佈。回憶一下，建議分佈的調校參數 $\beta$ 已被固定為 3；下一步便是算出，能讓分佈中心落在 0.5 上的 $\alpha$ 值為何。該結果為 3.00，記於第 8 欄『 $\alpha_c$ 』中。

然後來看表 15.7 的『**建議假設**』欄位：

- 從中心在 $p_c$ 的 beta 分佈裡（該分佈的參數為 $\alpha = 3.00$、 $\beta = 3$）抽出建議假設值 $p_p = 0.2$（對應『 $p_p$ 』欄）。

- $p_p = 0.2$ 的後驗機率密度是 0.637，列在表中的第 10 欄。

- 為計算修正因子，我們還需知道當 beta 分佈中心落在 $p_p$ 時的 $\alpha$ 值是多少。結果等於 0.750，記於『 $\alpha_p$ 』欄中。

接著請看『**決策**』欄位：

- 算出兩後驗的**比值**，即『 $p_p$ 的後驗機率密度』除以『 $p_c$ 的後驗機率密度』，答案是 2.003。

- 至於修正因子 CF 則是『從中心位於建議假設的 beta 分佈中抽出當前 $p$ 值的機率密度』除以『從中心位於當前假設的 beta 分佈中抽出建議 $p$ 值的機率密度』，結果為 0.699。

- 移動到 $p_p$ 的機率（記在欄位『 $k$ 』中）等於『比值乘以修正因子』和『1』之間較小的那個值。在本例中，移動機率的值是 1，所以就捨棄 $p_c$。如果 $k$ 小於 1，那就要再做以下的隨機抽樣才能決定是否接受 $p_p$。

- 從 0 到 1 中用均勻分佈抽選一個隨機數字。本例的數值為 0.372，記在『**隨機數字**』欄中。

- 根據我們的隨機數字來選擇假設 $p$ 值。若隨機數字小於 $k$ 則接受 $p_p$，否則接受 $p_c$（原理請見第 13 章說明）。因為此處的隨機數字小於 $k$，故移動到 $p_p = 0.2$（該結果記於『**接受參數值**』欄位）。在第二次試驗中，該值將變為 $p_c$，讀者可以從表 15.7 中看出這一點。到此，整個流程才算告一個段落！

---

在 MCMC 分析中，我們會讓兩個後驗機率密度彼此競爭，並依照某種規則選出其中較強的那一個。本例所遵循的規則稱為 Metropolis – Hastings 規則。只要將整個過程重複多次，MCMC 的結果最終便會收斂到某個合理的後驗分佈估計上。

## 問 25　這種估計方法有可能出錯嗎？

答：的確，MCMC 中是有一些可能出錯的地方，而相關問題已在第 14 章討論過了。

## 問 26　可以複習一下與 MCMC 有關的專有名詞嗎？

答：沒問題。事實上，想學好貝氏統計，掌握新名詞是非常重要的。這裡讓我們再複習一次前面介紹過的術語吧：

- **起始點** (starting point)：起始點就是我們在第一輪試驗中所指定的參數值。以本例而言，我們的起始 $p$ 值為 0.5。

- **建議分佈** (proposal distribution)：建議分佈就是我們用來抽選出建議參數值的機率分佈。本例所用的分佈為 **beta 分佈**（和 $\alpha_0$、$\beta_0$ 的那個先驗 beta 分佈不同），其中心位於 $p_c$。

- **MCMC Metropolis-Hastings 演算法**：此演算法的操作步驟和 Metropolis 演算法一模一樣，但兩者的差異在於 Metropolis-Hasting 演算法在計算移動機率時多了一個修正因子，用以解決建議分佈不對稱的情況。

- **修正因子** (correction factor)：為了能讓馬可夫鏈可逆，就需要補上修正因子。當建議分佈為對稱時，修正因子會等於 1。

- **MCMC 試驗** (MCMC trials)：MCMC 試驗的數目即我們重複執行 MCMC 過程的輪數。本例共進行了 10 輪試驗。

現在，將每輪的當前參數值畫成折線圖，以便追蹤其隨著試驗次數變化的趨勢 (見圖 15.9)：

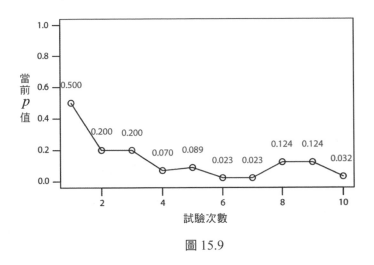

圖 15.9

上圖稱為**軌跡圖** (traceplot)，該圖呈現了 10 次 MCMC 試驗的參數**鏈 (chain)**。其中水平軸表示的是試驗次數，垂直軸則是每回合的 $p_c$ (代表知名人士在未受邀情況下闖入白宮成功的機率)。請讀者試著在表 15.7 中找到圖 15.9 所列的數值。請記住！軌跡圖內的水平線代表某次試驗的建議參數值**未被接受**；而根據上圖，可以發現這 10 次試驗的接受率為 70% (請比對表 15.7 的『建議假設 $p_p$』欄位值與『接受參數值』欄位)，表示我們的調校參數 $\beta = 3.00$ 可能需要調整 (關於該主題的討論請見第 14 章)。

 **??**

**問 27　能讓我們看一下多次 MCMC 試驗所產生的後驗分佈嗎？**

**答：**為得到所求後驗分佈，讓我們執行 10,000 次 MCMC 試驗，得到了 10,000 個 $p_c$。有了這麼多結果，你便可以將它們分組到不同『長條』中

（每個長條代表一個很小的間距，如 0.01），並計算每一長條包含多少個 $p_c$（ 譯註: 舉例而言，假如有個長條寬度為『0.2 到 0.201』，則所有『大於等於 0.2、但小於 0.201』的 $p_c$ 都屬於該長條）。如此一來，我們將得到一張次數直方圖。不過，此處我們想要的並非次數圖，而是機率密度，也就是『某長條的相對次數（該長條所對應的次數除以總試驗次數）除以該長條的寬度』，請看圖 15.10：

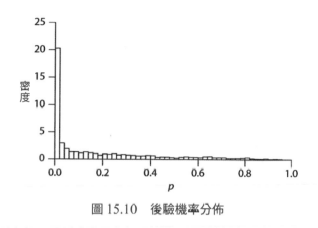

圖 15.10　後驗機率分佈

---

不要忘記！圖 15.10 的分佈是透過特定規則估計而來的（本例所用的規則為 Metropolis－Hastings 演算法），且其中涉及隨機取樣的過程。換言之，若我們重複 MCMC 實驗，則所得分佈會有所不同。然而，假如試驗次數足夠多（例如每回實驗都做一億次試驗），這些分佈會趨於一致，其間的不同也將變得可以忽略。

---

?‧?

**問 28　如何對後驗分佈進行總結？**

**答**：只要報告幾個簡單的統計量即可！現在共有 10,000 個數據點（由每輪 $p_c$ 值（也就是我們所求的成功率 $p$ ）所構成的參數值鏈），而我們想算出下列統計量：

- 平均值：所有 $p$ 值的平均。
- 變異數：所有 $p$ 值的變異數。
- 標準差：所有 $p$ 值的標準差。
- 最小值：所有 $p$ 值中最小的那一個。
- 最大值：所有 $p$ 值中最大的那一個。

這裡的計算會用上全部 10,000 個數據點，最終結果如表 15.8 所示：

**表 15.8**

| 平均值 | 變異數 | 標準差 | 最小值 | 最大值 |
|---|---|---|---|---|
| 0.18 | 0.057 | 0.238 | 0.001 | 0.986 |

此外，在取得 $p$ 值的 0.025 與 0.975 分位數後 (見表 15.9)，我們還能報告參數 $p$ 的 95% 貝氏信賴區間：

**表 15.9**

| 分位數 | $p$ |
|---|---|
| 0.010 | 0.001 |
| 0.025 | 0.001 |
| 0.050 | 0.001 |
| 0.250 | 0.001 |
| 0.500 | 0.058 |
| 0.750 | 0.290 |
| 0.950 | 0.711 |
| 0.975 | 0.807 |
| 0.990 | 0.880 |

(0.025 至 0.975 間標示 95%)

根據以上資訊，並以本章所用的先驗與觀測資料 (嘗試闖入白宮 1 次並以失敗告終) 為前提，我們的 MCMC 結果顯示 95% 貝氏信賴區間：

$$0.001 < p < 0.807 \tag{15.52}$$

> 編註：95% 貝氏信賴區間就是將頭尾各 2.5% 排除掉的範圍，對照表 15.9，就是在分位數 0.025 到 0.975 之間的 $p$ 值範圍。

我們可以看到這個 $p$ 值成功率的範圍非常廣，表示該結論不確定性相當高。這就是只使用 1 筆觀測資料 (樣本數等於 1) 的後果！

 **??**

## 問 29　本章的 MCMC 結果應該要以 beta 分佈的形式來呈現比較好吧？

**答：**完全正確！我們的先驗屬於 **beta 分佈**，因此將後驗同樣表示成 beta 分佈是很合理的做法。畢竟，這裡的目的就是要以 MCMC 法複製由共軛解所得到的結論，二者當然要做個比較。

前面的章節已經提過：能將 MCMC 結果轉換為 beta 分佈的方法稱為**動差匹配** (moment matching)。為使用該方法，我們就必須知道 beta 分佈的 $\alpha$、$\beta$。

以下快速回顧 beta 分佈的平均值公式如下：

$$\mu = \frac{\alpha}{\alpha + \beta} \tag{15.53}$$

變異數公式則是：

$$\sigma^2 = \frac{\alpha\beta}{(\alpha + \beta)^2 (\alpha + \beta + 1)} \tag{15.54}$$

要注意的是！MCMC 分析提供的結果是反過來的：也就是已知參數 $P$ 的平均值與變異數分別是 $\mu = 0.18$ 和 $\sigma^2 = 0.057$（由表 15.8），但這能幫助我們找出對應 beta 分佈的 $\alpha$ 和 $\beta$ 嗎？可以的，只要把 $\alpha$ 和 $\beta$ 當成未知數，解 15.53、15.54 這兩式的聯立方程式即可得到：

$$\alpha = -\frac{\mu\left(\sigma^2 + \mu^2 - \mu\right)}{\sigma^2} \tag{15.55}$$

$$\beta = \frac{\left(\sigma^2 + \mu^2 - \mu\right)\left(\mu - 1\right)}{\sigma^2} \tag{15.56}$$

然後將 $\mu = 0.18$ 和 $\sigma^2 = 0.057$ 分別代入上式：

$$\alpha = -\frac{0.18\left(0.057 + 0.18^2 - 0.18\right)}{0.057} = \frac{0.0163}{0.057} = 0.2861 \tag{15.57}$$

$$\beta = \frac{\left(0.057 + 0.18^2 - 0.18\right)\left(0.18 - 1\right)}{0.057} = \frac{0.074292}{0.057} = 1.303 \tag{15.58}$$

15.55、15.56 式分別等價於第 10 章的 10.10、10.9 式（編註: 將 10.9 式改寫成分數形式就能得到 15.56 式，然後將 15.56 式代入 10.10 式即可得到 15.55 式。或者也可以參考作者推導的補充內容：https://global.oup.com/booksites/content/9780198841296，下載 Supplemental Appendix pdf 檔）。

編註：**經過動差匹配後得到的 beta 分佈的機率密度函數**

Beta 分佈的機率密度函數是 (即 10.6 式)：

$$f(x;\alpha,\beta) = \frac{1}{B(\alpha,\beta)} x^{\alpha-1}(1-x)^{\beta-1}, \quad 0 < x < 1 \tag{15.59}$$

將 $\alpha = 0.2861$、$\beta = 1.303$ 代入上式可得：

$$f(x;0.2861,1.303) = \frac{1}{B(0.2861,1.303)} x^{-0.7139}(1-x)^{0.303} \tag{15.60}$$

圖 15.11 呈現出本章的成果：其中最原始的先驗為藍色、共軛解的後驗為紫色實線、至於動差匹配的 MCMC 分佈則為紫色虛線：

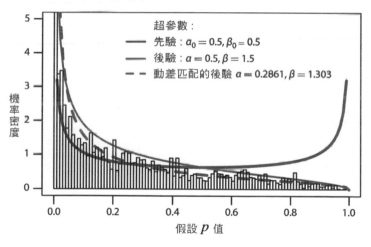

圖 15.11 先驗與後驗分佈圖比較

編註：上圖是將動差匹配得到的後驗 beta pdf 與圖 10.10 在一起做比較。可參考補充資源 Ch15-2.py。

結果看起來還不賴！如前所述，若下功夫修正調校參數、同時輔以細化（thinning）和拋棄（burn-in）等操作，我們的結果應該還能更好，但這裡就不深究這些細節了！下面是對本章內容的總結：

- 我們想要估計：一位名人（如歐尼爾）在未受邀的情況下闖入白宮的機率有多高。
- 本章的假設參數值（成功率 $P$）範圍落在 0 到 1 之間，且一共有無限多種可能性。
- 此處將先驗設為 beta 分佈（見圖 15.11 的藍色曲線），該分佈能在獲得資料以前，先為 0 到 1 之間的各假設指定相對機率。
- 下一步即收集資料；據觀察，歐尼爾試著闖入白宮一次，但最後失敗了。
- 我們先藉由共軛關係的幫助，以解析方法計算出目標後驗機率分佈（圖 15.11 的紫色實線）。
- 接著，利用 Metropolis－Hastings 演算法與 MCMC **估算**出後驗分佈（以直方圖形式呈現）。透過此做法，即使不處理貝氏定理分母中的積分，我們也能估算貝氏後驗分佈。
- 最後，使用**動差匹配**將 MCMC 結果轉換成 beta 分佈（紫色虛線）。

---

編註：還記得第 13 章開頭說過，只有存在共軛關係的特例才能用捷徑（shortcut）避開貝氏定理分母的積分。而讀到現在，各位可以看出不論有沒有共軛關係，都可以用 MCMC 從無到有建構出目標的後驗機率分佈，這就是 MCMC 厲害之處！

---

??

問 30　哪裡可以找到更多 Metropolis－Hastings 演算法的資料？

**答**：該演算法的原始論文如下：

W. K. Hastings. "Monte Carlo sampling methods using Markov chains and their applications." Biometrika 57.1 (1970): 97-109. doi:10.1093/biomet/57.1.97. JSTOR 2334940. Zbl 0219.65008.

另外，**牛津統計學辭典** (Upton & Cook, 2014) 提供了如下的背景介紹：『Hastings 於多倫多大學 (U. Toronto) 取得博士學位 (1962 年)，師從傑佛瑞‧華生 (**G e o f f r e y  W a t s o n**)。在紐西蘭的坎特伯雷大學 (U. Canterbury) 與貝爾實驗室 (Bell Labs) 分別待了兩年後，他於 1966 年回到了多倫多大學，並寫下該論文 (發表在 **B i o m e t r i k a**)，此舉將 Metropolis 演算法帶入了統計學領域。』

 **??**

**問 31** **除了前面介紹的演算法以外，還有其它選擇嗎？**

**答：**還有很多！本書目前只說明了 **Metropolis** 與 **Metropolis － Hastings** 兩種演算法，但各位可以在其它教科書上找到更多。我們在下一章會探討 **Gibbs 抽樣演算法** (Gibbs sampling algorithm)，這是 Metropolis－Hastings 演算法的一項特例，其特色為：建議假設一定會被接受。

# MEMO

# 第 16 章

# 回顧楓糖問題：以 Gibbs 抽樣進行 MCMC 分析

經過前幾章的演練，我們已經非常清楚貝氏推論的主要用途之一就是**參數估計**。回想一下單一**連續**參數的貝氏定理通式如下：

$$P(\theta \mid 資料) = \frac{P(資料 \mid \theta)*P(\theta)}{\int P(資料 \mid \theta)*P(\theta)d\theta} \tag{16.1}$$

上式就是在給定觀測資料、單一連續參數之後驗分佈 pdf 的貝氏定理。

各位應該還沒忘記第 12 章的楓糖問題吧？假定魁北克的楓糖生產商聯盟想收購佛蒙特州生產的楓糖漿。以此為契機，我們討論了如何估計佛蒙特每年楓糖產量的平均值$(\mu)$與精密度$(\tau)$ – 兩者皆是常態分佈的連續參數。由於存在兩個連續參數$\mu$和$\tau$，把上式的$\theta$換成$\mu$和$\tau$後的貝氏定理如下：

$$P(\mu,\tau \mid 資料) = \frac{P(資料 \mid \mu,\tau)*P(\mu,\tau)}{\iint P(資料 \mid \mu,\tau)*P(\mu,\tau)d\mu d\tau} \tag{16.2}$$

對任意$\mu$和$\tau$的先驗假設而言，以上貝氏定理可算出$\mu$與$\tau$的聯合後驗機率密度。為此，我們必須計算『在某$\mu$、$\tau$聯合假設下觀察到目標資料的概似度』和『$\mu$、$\tau$先驗密度』的乘積，且需要考慮的聯合假設$\mu$和$\tau$數量共有**無限多個**。

那麼，$\mu$ 和 $\tau$ 的先驗分佈會長什麼樣子呢？假如我們準備了大量數據點（一個點表示一項 $\mu$、$\tau$ 聯合假設），並讓每位楓糖生產商聯盟的成員決定其中一個點的位置，則最後的分佈圖可能如圖 16.1 所示：

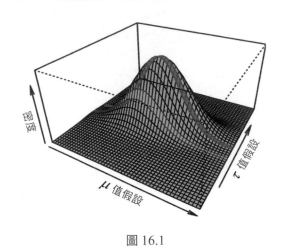

圖 16.1

事實上，上圖的分佈可以是任意形狀，但重點是：該分佈為一個**曲面**（surface）。大家或許還有印象，當只有一個參數時，我們在乎的是分佈曲線下的**面積**（area）；但當參數數量增至兩個，我們就得考慮曲面下的**體積**（volume）了。對包含兩個連續變項的二變量（bivariate）分佈而言，任何一對參數組合所對應的曲面高度相當於**機率密度**。在收集到新資料以後，我們便能透過貝氏定理來更新該分佈曲面的樣貌。

> 請記住！先驗機率分佈的積分必須為 1；也就是說，圖 16.1 曲面下的體積必須等於 1.0。因為要做雙重積分，處理起來很有難度！

本書第 12 章向讀者介紹了一種毋須進行積分即可產生後驗分佈的共軛捷徑。要使用該捷徑，我們必須將兩個待估計參數中的一個假定為已知，然後將全部注意力放在另一個參數上；以先前的常態－常態共軛為例，$\tau$ 假定為已知，未知參數 $\mu$ 則是討論重點。

我們把 $\mu$ 的先驗設為常態分佈，然後以收集來的資料將先驗更新為後驗（同樣是常態分佈）。此方法最大的缺點就是需令 $\tau$ 為已知；換句話說，我們只能探討特定 $\tau$ 值下的情況 (如圖 16.1 中的綠色或紅色區域)。

回想一下，楓糖問題的圖解可以表示成圖 16.2：

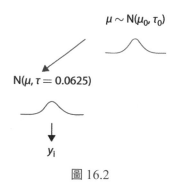

圖 16.2

此圖最下方的 $y_i$ 就是我們的觀測資料，我們假定其來自 $\mu$ 值未知 (此即待估計的對象)、$\tau = 0.0625$ 的常態分佈。未知參數 $\mu$ 的先驗分佈亦是常態分佈，且該分佈的超參數以 $\mu_0$ 和 $\tau_0$ 表示。

各位想必都察覺到共軛方法的不足之處了吧？我們會知道未知常態分佈的其中一個參數 (如：$\tau$) 等於多少嗎？

別開玩笑了！

實際上，若將兩參數皆視為未知，則楓糖問題的圖解應如圖 16.3：

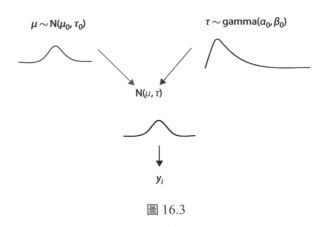

圖 16.3

跟圖 16.2 比較一下，最下方的 $y_i$ 即觀測資料，其來自某 $\mu$ 與 $\tau$ 皆未知（因此兩者都需要被估計）的常態分佈。請注意！未知參數 $\mu$ 的先驗為常態分佈，超參數記為 $\mu_0$ 和 $\tau_0$；未知參數 $\tau$ 的先驗則是 gamma 分佈，超參數記為 $\alpha_0$ 和 $\beta_0$。

 **??**

**問 1**　**那遇到這種問題該如何處理呢？**

**答**：不必驚慌，此問題還是解得出來的！我們還有一種更具創意與彈性的做法，可處理幾乎任何一種參數估計問題，即：利用馬可夫鏈蒙地卡羅模擬（簡稱 MCMC）從零開始建構所求的後驗分佈。本章要介紹 MCMC 的 **Gibbs 抽樣**（Gibbs sampling）。

讀完本章後，你應該就對下列術語有概念了：

● Gibbs 抽樣（Gibbs sampling 或 Gibbs sampler）

> 編註： Gibbs 抽樣一般的作法是問 3 所寫，利用條件分佈去抽樣並迭代將所有的參數更新為後驗。但如果剛好有共軛先驗可用時，更新後驗的計算過程會更方便。本章的目的是示範 Gibbs 抽樣演算法流程，為了降低複雜度而用到共軛先驗。一般來說，Gibbs 抽樣會直接交由軟體計算。

## 問 2　什麼是 Gibbs 抽樣？

**答：** 依據賽仕軟體 (SAS Institute) 的說明：『Gibbs 抽樣是 Metropolis 抽樣的一個特例，差異在於 Gibbs 抽樣的建議假設會被 100% 接受，因此後驗條件分佈會完全符合建議分佈。』

也就是說，Gibbs 抽樣和 Metropolis 演算法 (第 13 章的鯊魚問題)、Metropolis – Hastings 演算法 (第 15 章白宮問題) 一樣都是 MCMC 演算法的一種。

## 問 3　Gibbs 抽樣如何運作？

**答：** Gibbs 抽樣最大的一項特點就是，它可以估計**多個參數**。

我們比對圖 12.8 的 $N(\mu, \tau = 0.25)$ 與圖 16.3 的 $N(\mu, \tau)$，同樣都有兩個參數，但第 12 章的方法必須固定其中一個參數值 $(\tau = 0.25)$，也就是說隨機變數只剩下一個 $\mu$，然後找出 $\mu$ 的分佈。而第 16 章的 Gibbs 抽樣可以讓這兩個參數輪流固定，最後得到兩個參數 $\mu$、$\tau$ 的聯合分佈。這種方法在需要估計多個參數時就很有幫助了。

其實 Gibbs 抽樣法是一種多參數輪流計算的方法。假設有 $\theta_1, \theta_2, ..., \theta_n$ 共 $n$ 個參數要估計 (也就是有 $n$ 個維度，像常態分佈的參數 $\mu$、$\tau$ 是 2 個維度)，而且每個參數皆有其分佈。我們可以先從其中 $n-1$ 個參數 (例如：$\theta_2, ..., \theta_n$) 的分佈中抽樣並固定之 (第一輪若有專家意見提供合理的超參數值更好，之後的就由隨機產生)，做為已知條件，要求 $\theta_1$ 的值，也就是：

$$\theta_1 \mid \theta_2, \theta_3, ..., \theta_n$$

然後 $\theta_1$ 由這個條件分佈中去抽樣並更新 $\theta_1$。接著換下一個參數，同樣固定其中 $n-1$ 個參數值做為已知條件，去求 $\theta_i$ 的值，也就是：

$$\theta_i \mid \theta_1, ..., \theta_{i-1}, \theta_{i+1}, ..., \theta_n$$

然後 $\theta_i$ 由條件分佈中抽樣並更新 $\theta_i$。其它依此類推，當全部 $n$ 個參數都更新過一遍，即完成一輪 Gibbs 抽樣。在經過多次 MCMC 試驗後，這些數據將能近似出所有參數的**聯合分佈** (joint distribution)、以及個別參數的**邊際分佈** (marginal distribution，只關心一個參數的機率分佈)。

本章中的範例只有 $\mu$ 和 $\tau$ 兩個參數，因此每輪 $\mu$ 和 $\tau$ 會各更新一遍。

 **??**

**問 4**　**上面講的分佈，從視覺上來看是什麼樣子？**

**答**：**維基百科** (查閱 joint probability density) 上兩個隨機變數的聯合機率分佈，用一張圖完美地說明了 Gibbs 抽樣的概念 (見圖 16.4)：

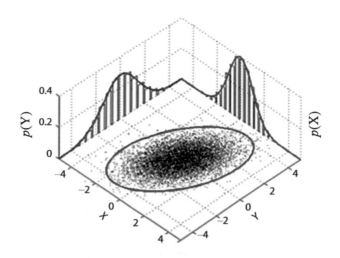

圖 16.4　來自二變量常態分佈的眾多樣本，其中邊際分佈分別以紅色和藍色呈現。以 X 為例，若想得到其邊際分佈，表示不論 Y 值為何（忽略 Y 值的差異），都計入該 X 的機率，也就是把 Y 的點數加總或對 Y 積分，然後依此繪製 X 的直方圖，依此類推。編註：維基百科是用二變量常態分佈說明其概念，不表示本例是常態分佈。

在圖 16.4，平面座標上的每個點都代表 X 和 Y 兩個變數的一項聯合假設（joint hypothesis）。我們只要計算每一格中有多少個點，便能畫出一張像是圖 16.1 的聯合密度分佈圖，每格的點數與密集程度（密度）會與曲面的高度成正比；此即聯合分佈。

此圖亦呈現出個別變數的邊際分佈（藍色曲線為 $p(X)$，紅色曲線為 $p(Y)$）。想得到 X 的邊際分佈，我們可以不分 Y 值的差異、只看每個 X 有多少點；相反地，若不分 X 值的差異、只計算每個 Y 有多少點，則可得到 Y 的邊際分佈。簡單來說，假如把此處的 X 視為 $\mu$、Y 當做 $\tau$，那麼本章的目的即是：在給定觀測資料的前提下，估算出 $\mu$ 和 $\tau$ 的後驗分佈（我們將同時得到邊際分佈與聯合分佈）；最後的結果會類似於圖 16.4，只不過並非常態分佈。

**問 5**　所以，我們得重複多次試驗來收集夠多的數據點 (參數值)？

**答**：是這樣沒錯。每輪的 MCMC 試驗都會產生一個數據點，整個演算法的大致步驟如下：

1. 先定義欲估計的未知參數，以楓糖問題而言即 $\mu$ 和 $\tau$。

2. 為所有待估計參數設定先驗分佈 (圖 16.3 就是一例)。

3. 替未知參數決定初始值。例如為 $\tau$ 指定一個合理的值，比如說 40.123。

4. 開始第 1 次試驗。在此輪中，我們的目標是以前一輪的 $\tau$ 值為**前提條件** (如 40.123)，從 $\mu$ 的後驗分佈中產生一個隨機樣本 (即數據點)。由於 $\tau$ 已被假定為定值 (如 40.123)，故可以透過共軛解將 $\mu$ 的後驗算出來並將先驗更新為後驗分佈。接著，我們便會從此後驗中抽取一個建議假設 (記為 $p_\mu$)，並接受之 ($p_{移動}=1$)。這就是第 1 次試驗所產生的 $\mu$ 值。編註：Gibbs 抽樣的特色就是建議假設接受率為 100%，可以說是 15.8 式的特例 (因為 15.8 式中 $p_{移動} \le 1$，而此處 $p_{移動}=1$)，所以一般會稱 Gibbs 抽樣為 Metropolis–Hastings 的特例。

5. 這一步仍屬於第 1 次試驗。現在，我們要以 $p_\mu$ 為**前提條件**，估算出未知參數 $\tau$ 的後驗分佈並從中取一個樣本。因為此時的 $\mu$ 為定值，故可以透過共軛解將 $\tau$ 的先驗更新為後驗分佈。接著，從該後驗中抽取一個建議假設 (記為 $p_\tau$)，並接受之。此為第 1 次試驗所產生的 $\tau$ 值。

6. 上面的步驟 4、5 就是先選定 $\tau$，算出 $\mu$，然後產生 $p_\mu$，接著固定 $p_\mu$ 來算出 $\tau$，然後產生 $p_\tau$。如此將以上程序重複多次，每次都必須接受建議假設。

> 編註：此處的『前提條件』就是英文的 condition on 或 given，也就是將該變數固定在一個數值 (如：40.123)，然後處理另一個變數。就像是圖 16.1 的紅色或綠色剖面，因為處理一個剖面比處理整個體積容易多了。

**問 6**　**大致上瞭解了，那要開始動手了嗎？**

**答**：可以，但讓我們再先複習一次貝氏推論的步驟：

1. 建立假設。
2. 以先驗機率來表示我們對每個假設的信心程度。
3. 收集資料。
4. 找出在各假設下觀察到此資料的概似度。
5. 以貝氏定理計算各未知參數的後驗分佈。

> 這裡是關鍵！否則光 MCMC 是無法推論出參數實際分佈的

接下來就進入實際操作吧！

**問 7**　**我們的第一步是？**

**答**：此步驟的工作就是建立平均數 $\mu$ 與精密度 $\tau$ 的可能參數值假設。

**問 8**　**那第二步呢？**

**答**：為**每一個**未知參數設定先驗分佈。和第 12 章一樣，我們會假定本例的先驗分佈是依照楓糖生產商聯盟所提供的專家意見來決定的：

● 未知參數 $\mu$ 的先驗分佈為一常態分佈，且**根據聯盟成員的看法，其超參數為 $\mu_0 = 12$ 、 $\tau_0 = 0.0625$**（相當於 $\sigma_0 = 4$）。

- 未知參數 $\tau$ 的先驗分佈為一 gamma 分佈，我們曾在第 11 章估計鯊魚攻擊率的時候見過此分佈。在此以維基百科上的敘述幫大家快速複習一下：『在機率與統計理論中，gamma 分佈是一種具有兩參數的連續機率分佈。其常見的參數設定方式共有三種：
  - 設定**形狀** (shape) 參數 $k$ 與**尺度** (scale) 參數 $\theta$。
  - 設定**形狀**參數 $\alpha = k$ 與尺度參數的倒數 $\beta = \dfrac{1}{\theta}$，後者又稱為**比率** (rate) 參數。
  - 設定**形狀**參數 $k$ 與**平均** (mean) 參數 $\mu = \dfrac{k}{\beta}$。

- **注意！**不同教科書或統計課程所說的參數 $\beta$ 意思可能有所差異。舉例而言，某些人習慣將比率參數稱為 $\beta$，但也有人喜歡以 $\beta$ 稱呼尺度參數。無論如何，請記住『比率參數』和『尺度參數』互為倒數關係，即：『比率參數 = 1 / 尺度參數』、且『尺度參數 = 1 / 比率參數』。日後當討論到 gamma 分佈的計算時，請各位一定要分清楚該參數的定義以免誤解。

- 維基百科的內容還指出：在貝氏統計中，採用 $\alpha$ (形狀) 與 $\beta$ (比率) 是較常見的參數設定法。因此，為了能夠以 gamma 分佈反映我們對各項 $\tau$ 值假設的信心程度，**這裡假定楓糖生產商聯盟的選擇是形狀參數 $\alpha_0 = 25$、比率參數 $\beta_0 = 0.5$。**以上兩者皆為超參數，它們決定了待估參數 $\tau$ 之先驗分佈的外觀；下標『0』表示這些是第 0 輪先驗分佈的超參數。

讓我們把 $\mu$ 和 $\tau$ (所求常態分佈的兩個參數) **各自的**先驗分佈畫出來吧，見圖 16.5：

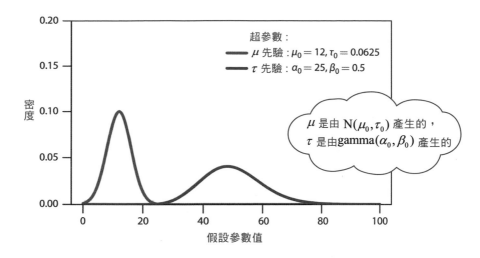

圖 16.5　每年的楓糖生產量；此處顯示的是 $\mu$ 和 $\tau$ 的各種數值假設以及對應機率密度。

圖 16.5 將 $\mu$ 的先驗分佈標成藍色 ($\mu_0 = 12, \tau_0 = 0.0625$)、$\tau$ 的先驗則為紅色 ($\alpha_0 = 25, \beta_0 = 0.5$)；為方便大家理解，本章後半將繼續延用此用色慣例。現在，請先暫停一下，仔細想清楚我們欲估計的兩參數為何、與它們對應的先驗分佈又具有怎樣的超參數。

---

**編註：** **圖 16.5 的兩條曲線怎麼來的？**

因為我們假定 $\mu$ 服從常態分佈，且用 $\tau$ 取代 $\sigma$，因此常態機率密度函數為（即 12.16 式）：

$$f(x; \mu, \tau) = \sqrt{\frac{\tau}{2\pi}} e^{-\frac{\tau(x-\mu)^2}{2}} \tag{16.3}$$

將 $\mu_0 = 12, \tau_0 = 0.0625$ 代入上式：

$$f(x; 12, 0.0625) = \sqrt{\frac{0.0625}{2\pi}} e^{-\frac{0.0625(12-\mu)^2}{2}} \tag{16.4}$$

→ 續下頁

而 $\tau$ 服從 gamma 分佈，而 gamma 機率密度函數為 (即 11.7 式)：

$$g(x;\alpha,\beta) = \frac{\beta^\alpha x^{\alpha-1} e^{-\beta x}}{\Gamma(\alpha)} \tag{16.5}$$

將 $\alpha_0 = 25, \beta_0 = 0.5$ 代入上式：

$$g(x;25,0.5) = \frac{0.5^{25} x^{25-1} e^{-0.5x}}{\Gamma(25)} \tag{16.6}$$

再將 16.4、16.6 式畫出來就是圖 16.5 的圖形 (請參考補充資源 Ch16-1.py)。

 **??**

**問 9　是時候進入第三步了吧？**

**答**：沒有錯。第三步為收集資料。**據觀察，佛蒙特州某一年的楓糖生產量共計 10.2 百萬加侖。**

 **??**

**問 10　第四和第五步是什麼呢？**

**答**：要完成這兩步驟，我們得利用貝氏定理算出：在各 $\mu$ 與 $\tau$ 值聯合假設下，觀察到目標資料 (10.2 百萬加侖) 的概似度有多大。但正如先前所言，計算會非常困難。所以，為順利估計 $\mu$ 和 $\tau$ 的邊際與聯合分佈，此處我們要運用 MCMC 和 Gibbs 抽樣來處理。

**??**

**問 11**　**那麼，該從何開始呢？**

**答：**與第 13、14、15 章一樣，我們得遵循一系列運算步驟：

1. 首先，建立一張表格來存放 MCMC 的計算結果 (表 16.1)。下面就先以 5 次 MCMC 試驗來做示範 (先將前面已知的超參數填入表格)：

**表 16.1**

| 試驗次數 | 觀測資料 | | $\mu$ 的建議分佈 | | | $\tau$ 的建議分佈 | | |
| | | | 超參數 (常態分佈) | | | 超參數 (gamma 分佈) | | |
| $[t]$ | 產量 (百萬加侖) | $n$ | $\mu_{[t]}$ | $\tau_{[t]}$ | $p_{\mu[t]}$ | $\alpha_{[t]}$ | $\beta_{[t]}$ | $p_{\tau[t]}$ |
|---|---|---|---|---|---|---|---|---|
| 0 | 10.2 | 1 | 12 | 0.0625 | | 25 | 0.5 | |
| 1 | 10.2 | 1 | | | | | | |
| 2 | 10.2 | 1 | | | | | | |
| 3 | 10.2 | 1 | | | | | | |
| 4 | 10.2 | 1 | | | | | | |
| 5 | 10.2 | 1 | | | | | | |

- 位於表格第一欄的數字為 MCMC-Gibbs 模擬試驗次數，而我們的觀測資料 (共 $n=1$ 筆，即某 1 年生產了 10.2 百萬加侖的楓糖漿) 則分別在第 2 和第 3 欄。注意，每次試驗所用的觀測資料都是一樣的。

- 與未知參數 $\mu$ 有關的超參數列於第 4 和第 5 欄。超參數描述的對象可能是　的先驗分佈、又或者是每輪的後驗分佈。欄位『$\mu_{[t]}$』和『$\tau_{[t]}$』的功能就是存放每次試驗的結果，其中下標『$[t]$』表示試驗次數。**在本例中，先驗分佈的超參數 (即 $\mu_{[0]}$ 和 $\tau_{[0]}$) 剛好對應第 0 次試驗，在之後的試驗中會重複用到這些數值；**至於 $\mu_{[t]}$、$\tau_{[t]}$ 則是第 $t$ 次試驗中經由更新而得的 $\mu$ 值後驗超參數。從上述後驗隨機抽選出來的建議假設會被記錄在淺藍底色的第 6 欄中，其符號為『$p_{\mu[t]}$』，$p$ 是指『建議 (proposal)』。

> 編註：作者在這裡用的符號和之前有所不同，之前是用 $\theta_c$、$\theta_p$ 代表當前和建議參數，而現在則是用 $p_{\mu[t]}$ 代表建議參數，因為 Gibbs 演算法每次都會接受建議參數，因此 $p_{\mu[t]}$ 就是下一輪的當前參數，所以當前參數就不用記錄了。

- 與未知參數 $\tau$ 有關的超參數列於第 7 和第 8 欄。欄位『 $\alpha_{[t]}$ 』和『 $\beta_{[t]}$ 』存放的是每次試驗的超參數值，其中下標『 $[t]$ 』表示試驗次數。**與前面一樣，本例的先驗分佈超參數（即 $\alpha_0$ 與 $\beta_0$）剛好對應第 0 次試驗。在之後的每輪試驗中，我們都會用其計算更新後的後驗分佈超參數**。至於 $\alpha_{[t]}$、$\beta_{[t]}$ 則代表第 $t$ 次試驗中的 $\tau$ 值後驗超參數。從上述後驗隨機抽選出來的建議假設會被記錄在淺紅底色的欄位『 $p_{\tau[t]}$ 』中。

- 請花一些時間思考兩個未知參數 $\mu$ 和 $\tau$ 的先驗超參數位於圖 16.5 中的何處。

2. 接著，為其中一個未知參數（哪一個都行）決定起始值 – **這裡假定 $\tau$ 的起始值等於 40.123**（下表 $p_{\tau[t]}$ 的位置）。此即本例 MCMC 鏈的開端，讓我們將其記錄在表格的第 0 次試驗中（見表 16.2，其中 $\mu_{[0]} = 12$、$\tau_{[0]} = 0.0625$ 是聯盟成員的共識，而建議參數 $\tau$ 的起始值 $p_{\tau[0]}$ 則是演算法程式給的）：

**表 16.2**

| 試驗次數 | 觀測資料 | | $\mu$ 的建議分佈 | | | $\tau$ 的建議分佈 | | |
|---|---|---|---|---|---|---|---|---|
| | | | 超參數（常態分佈） | | | 超參數（gamma 分佈） | | |
| $[t]$ | 產量（百萬加侖） | $n$ | $\mu_{[t]}$ | $\tau_{[t]}$ | $p_{\mu[t]}$ | $\alpha_{[t]}$ | $\beta_{[t]}$ | $p_{\tau[t]}$ |
| 0 | 10.2 | 1 | 12 | 0.0625 | | 25 | 0.5 | 40.123 |
| 1 | 10.2 | 1 | | | | | | |
| 2 | 10.2 | 1 | | | | | | |
| 3 | 10.2 | 1 | | | | | | |
| 4 | 10.2 | 1 | | | | | | |
| 5 | 10.2 | 1 | | | | | | |

編註：**Gibbs 抽樣結合貝氏推論的過程重點**

Gibbs 是一種抽樣工具，必須用貝氏推論 ＋ 觀測資料才能推出未知的後驗分佈。問 11 就是在做這件事，但因為篇幅頗多，為避免讀者暈頭轉向，小編將其歸納為下面幾個重點 (後面在操作過程中也會適時加上提醒)：

(1) 在給定其它參數的條件下，一個一個的處理每個參數。

(2) 用共軛解 ＋ 觀測資料推算出後驗。

(3) 由後驗抽出一個建議值，且無條件接受。

3. 現在我們已經準備好執行第 1 次試驗了。請將注意力放在未知參數 $\mu$ 上，我們要找出本輪的 $p_\mu \mid p_\tau$ 等於多少 ( 譯註：這裡的直槓『 $\mid$ 』表示『以 ... 為前提』，故 $p_\mu \mid p_\tau$ 代表在 $p_\tau = 40.123$ 的前提條件下，$p_\mu$ 等於多少)。

- 現在，令 $\tau$ 值**已知**為 $40.123$；有了該數字，我們便可以用共軛捷徑算出 $\mu$ 值後驗分佈的超參數 (見圖 16.6)：

接下來要在 $\tau$ 值固定的前提條件下，用貝氏推論＋觀測資料去更新 $\mu$ 的建議分佈超參數。

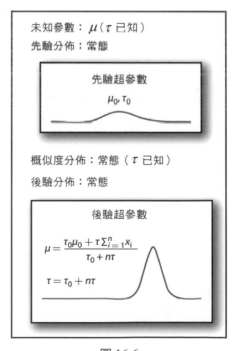

未知參數：$\mu$ ($\tau$ 已知)
先驗分佈：常態

先驗超參數
$\mu_0, \tau_0$

概似度分佈：常態 ( $\tau$ 已知 )

後驗分佈：常態

後驗超參數

$$\mu = \frac{\tau_0 \mu_0 + \tau \sum_{i=1}^{n} x_i}{\tau_0 + n\tau}$$

$$\tau = \tau_0 + n\tau$$

圖 16.6

- 在第 1 次試驗中，未知參數 $\mu$ 的後驗超參數如下 (請參考圖 16.6 的後驗超參數公式)：

觀測資料

$$\mu_{後驗[1]} = \frac{\left(\tau_0\mu_0 + \tau\sum_{i=1}^{n}x_i\right)}{\left(\tau_0 + n*\tau\right)} = \frac{0.0625*12 + 40.123*10.2}{0.0625 + 1*40.123} = \frac{410.0346}{40.1855} = 10.2028 \tag{16.7}$$

$$\tau_{後驗[1]} = \tau_0 + n*\tau = 0.0625 + 1*40.123 = 40.1855 \tag{16.8}$$

- 從更新過後的 $\mu$ 後驗分佈 (超參數為 $\mu_1 = 10.2028$ 和 $\tau_1 = 40.1855$) 中隨機抽選一個建議假設，並將其記為 $P_{\mu[1]}$。**假定抽到的參數值為 10.5678，依據 Gibbs 抽樣的規則讓我們接受此建議值。**

- 將 $\mu$ 在第 1 次試驗的後驗超參數、以及從該後驗分佈中得到的建議假設填入表格中，見表 16.3：

**表 16.3**

| 試驗次數 | 觀測資料 | | $\mu$ 的建議分佈 | | | $\tau$ 的建議分佈 | | |
| | | | 超參數 (常態分佈) | | | 超參數 (gamma 分佈) | | |
| [t] | 產量 (百萬加侖) | n | $\mu_{[t]}$ | $\tau_{[t]}$ | $p_{\mu[t]}$ | $\alpha_{[t]}$ | $\beta_{[t]}$ | $p_{\tau[t]}$ |
| 0 | 10.2 | 1 | 12 | 0.0625 | | 25 | 0.5 | 40.123 |
| 1 | 10.2 | 1 | 10.2028 | 40.1855 | 10.5678 | | | |
| 2 | 10.2 | 1 | | | | | | |
| 3 | 10.2 | 1 | | | | | | |
| 4 | 10.2 | 1 | | | | | | |
| 5 | 10.2 | 1 | | | | | | |

超參數更新了

由新的常態分佈中抽出建議值並接受

4. 接下來要討論的是未知參數 $\tau$，我們想找出其在第 1 次試驗裡的 $p_\tau$ 為何。

- 令 $\mu$ 已知為 $10.5678$，如此一來便可透過共軛捷徑 (見圖 16.7) **更新未知參數 $\tau$ 的後驗分佈**。請記住！$\alpha_0$ 和 $\beta_0$ 是先驗 gamma 分佈的超參數。

- $\tau$ 在第 1 次試驗中的後驗超參數如下 (請參考圖 16.7 的後驗超參數公式)：

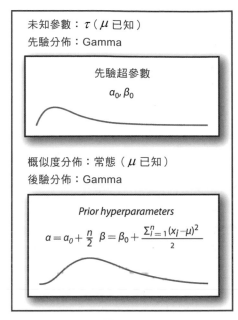

未知參數：$\tau$（$\mu$ 已知）
先驗分佈：Gamma

先驗超參數
$\alpha_0, \beta_0$

概似度分佈：常態（$\mu$ 已知）
後驗分佈：Gamma

*Prior hyperparameters*

$$\alpha = \alpha_0 + \frac{n}{2} \quad \beta = \beta_0 + \frac{\sum_{i=1}^n (x_i - \mu)^2}{2}$$

現在是在 $\mu$ 值固定的前提條件下，用貝氏推論＋觀測資料去更新 $\tau$ 的建議分佈超參數

圖 16.7

$$\alpha_{\text{後驗}[1]} = \alpha_0 + \frac{n}{2} = 25 + \frac{1}{2} = 25.5 \tag{16.9}$$

$$\beta_{\text{後驗}[1]} = \beta_0 + \frac{\sum_{i=1}^n (x_i - \mu)^2}{2} = 0.5 + \frac{(10.2 - 10.5678)^2}{2} = 0.5 + \frac{0.1352768}{2} = 0.5676 \tag{16.10}$$

觀測資料

- 從上述後驗分佈中隨機抽選一個建議假設，並記為 $p_{\tau[1]}$。**假定建議參數值為 45.678**，讓我們接受該假設。
- 將 $\tau$ 在第 1 次試驗的後驗超參數、以及從該後驗分佈中得到的建議假設填入表格中，見表 16.4：

表 16.4

| 試驗次數 | 觀測資料 | | $\mu$ 的建議分佈 | | | $\tau$ 的建議分佈 | | |
| | | | 超參數（常態分佈） | | | 超參數（gamma 分佈） | | |
| $[t]$ | 產量（百萬加侖） | $n$ | $\mu_{[t]}$ | $\tau_{[t]}$ | $p_{\mu[t]}$ | $\alpha_{[t]}$ | $\beta_{[t]}$ | $p_{\tau[t]}$ |
| 0 | 10.2 | 1 | 12 | 0.0625 | | 25 | 0.5 | 40.123 |
| 1 | 10.2 | 1 | 10.2028 | 40.1855 | 10.5678 | 25.5 | 0.5676 | 45.678 |
| 2 | 10.2 | 1 | | | | | | |
| 3 | 10.2 | 1 | | | | | | |
| 4 | 10.2 | 1 | | | | | | |
| 5 | 10.2 | 1 | | | | | | |

超參數更新了

由新的 gamma 分佈中抽出建議值並接受

現在 $\mu$ 和 $\tau$ 的建議分佈都利用 Gibbs ＋貝氏推論更新過一輪了。下一輪的步驟就跟第 1 輪相同。

5. 是時候進入第 2 輪試驗了。為了讓讀者徹底掌握 Gibbs 抽樣的操作，我們再練習一遍。

- 首先，假定 $\tau$ 已知為 45.678，並利用該值取得第 2 次試驗的 $\mu$ 值後驗超參數（請注意下標 [2] 即進入第 2 輪）：

觀測資料

$$\mu_{後驗[2]} = \frac{\left(\tau_0\mu_0 + \tau\sum_{i=1}^{n}x_i\right)}{\left(\tau_0 + n*\tau\right)} = \frac{0.0625*12 + 45.678*10.2}{0.0625 + 1*45.678} = \frac{466.6656}{45.7405} = 10.2025$$

(16.11)

$$\tau_{後驗[2]} = \tau_0 + n*\tau = 0.0625 + 1*45.678 = 45.7405$$

(16.12)

- 從更新過後的 $\mu$ 後驗分佈（超參數為 $\mu_{[2]} = 10.2025$ 和 $\tau_{[2]} = 45.7405$）中隨機抽選一個建議假設，並將其記為 $p_{\mu[2]}$。**假定抽到的參數值為 10.0266**。

- 將 $\mu$ 的後驗超參數、以及從該後驗分佈中得到的建議假設填入表格中，見表 16.5：

**表 16.5**

| 試驗次數 | 觀測資料 | | | $\mu$ 的建議分佈 | | | $\tau$ 的建議分佈 | | |
| --- | --- | --- | --- | --- | --- | --- | --- | --- | --- |
| | | | 超參數（常態分佈） | | | 超參數（gamma 分佈） | | | |
| $[t]$ | 產量（百萬加侖） | $n$ | $\mu_{[t]}$ | $\tau_{[t]}$ | $p_{\mu[t]}$ | $\alpha_{[t]}$ | $\beta_{[t]}$ | $p_{\tau[t]}$ |
| 0 | 10.2 | 1 | 12 | 0.0625 | | 25 | 0.5 | 40.123 |
| 1 | 10.2 | 1 | 10.2028 | 40.1855 | 10.5678 | 25.5 | 0.5676 | 45.678 |
| 2 | 10.2 | 1 | 10.2025 | 45.7405 | 10.0266 | | | |
| 3 | 10.2 | 1 | | | | | | |
| 4 | 10.2 | 1 | 超參數更新了 | | | 由新的常態分佈中 | | |
| 5 | 10.2 | 1 | | | | 抽出建議值並接受 | | |

6. 下面要來處理第 2 次試驗的未知參數 $\tau$。

- 假定 $\mu$ **已知**為 10.0266，如此便能透過共軛捷徑來**更新** $\tau$ 的後驗超參數。

- $\tau$ 在第 2 次試驗中的後驗超參數如下：

$$\alpha_{後驗[2]} = \alpha_0 + \frac{n}{2} = 25 + \frac{1}{2} = 25.5 \tag{16.13}$$

$$\beta_{後驗[2]} = \beta_0 + \frac{\sum_{i=1}^{n}(x_i - \mu)^2}{2} = 0.5 + \frac{(10.2 - 10.0266)^2}{2} = 0.5 + \frac{0.03006756}{2} = 0.5150 \tag{16.14}$$

觀測資料

- 從上述後驗分佈中隨機抽選一個建議假設，並記為 $p_{\tau[2]}$。**假定建議參數值為 52.39**，讓我們接受該假設。

- 將 $\tau$ 在第 2 次試驗的後驗超參數、以及從該後驗分佈中得到的建議假設填入表格中，見表 16.6：

表 16.6

| 試驗次數 | 觀測資料 | | $\mu$ 的建議分佈 | | | $\tau$ 的建議分佈 | | |
| | | | 超參數（常態分佈） | | | 超參數（gamma 分佈） | | |
| $[t]$ | 產量（百萬加侖） | $n$ | $\mu_{[t]}$ | $\tau_{[t]}$ | $p_{\mu[t]}$ | $\alpha_{[t]}$ | $\beta_{[t]}$ | $p_{\tau[t]}$ |
|---|---|---|---|---|---|---|---|---|
| 0 | 10.2 | 1 | 12 | 0.0625 | | 25 | 0.5 | 40.123 |
| 1 | 10.2 | 1 | 10.2028 | 40.1855 | 10.5678 | 25.5 | 0.5676 | 45.678 |
| 2 | 10.2 | 1 | 10.2025 | 45.7405 | 10.0266 | 25.5 | 0.5150 | 52.39 |
| 3 | 10.2 | 1 | | | | | | |
| 4 | 10.2 | 1 | | | | | | |
| 5 | 10.2 | 1 | | | | | | |

超參數更新了

由新的 gamma 分佈
中抽出建議值並接受

緊接著是第 3 輪試驗，請讀者自己練習。

之前研究過的 Metropolis 和 Metropolis－Hastings 演算法與 Gibbs 抽樣類似，在每輪試驗裡，三者都會從建議分佈中抽取樣本。然而，Metropolis 和 Metropolis－Hastings 演算法有可能接受或拒絕該樣本。Gibbs 抽樣則不同，由建議分佈中抽出的樣本會被無條件接受，即建議分佈就等於後驗分佈。

要執行 Gibbs 抽樣，必須滿足以下條件：

(1) 能在**以其它參數為前提**的情況下，算出某參數的後驗分佈，以及

(2) 能從算得的後驗中抽樣（即隨機產生樣本）。

在本例中，我們使用共軛方法來做到這兩點 － 在任意試驗中，若某個參數被假定為已知（如圖 16.1 中紅色或綠色的區域），我們便能以共軛解推導出另一個參數的後驗分佈。

在對演算法進行更深入的討論之前，先來看看其它問題吧。

?？

## 問 12　吉布斯 (Gibbs) 到底是誰？

答：根據維基百科，Gibbs 抽樣的名稱來自喬賽亞·吉布斯 (Josiah Willard Gibbs)，他是『一名理論物理學家兼化學家，是 19 世紀偉大的美國科學家。』

圖 16.8　喬賽亞·吉布斯

 ?？

## 問 13　所以是這位吉布斯先生想出 Gibbs 抽樣演算法囉？

答：其實並非如此。讓我們繼續引用維基百科上的內容：『此演算法是由史都華 (Stuart Geman) 與唐納德·傑曼 (Donald Geman) 兄弟於 1984 年提出，此時距離吉布斯離世已過去八十年。』

圖 16.9　史都華・傑曼（左）與唐納德・傑曼（右）（原始照片由史都華・傑曼提供）

圖中左側為史都華、右側為唐納德，兩人在巴黎討論他們的論文。這對兄弟提出了能修復老舊或模糊相片的方法。

 ??

問 14　那他們為什麼將演算法命名為 Gibbs 抽樣呢？

答：此問題的答案可在麥格雷恩（Sharon Bertsch McGrayne）於 2011 年出版的書籍《永生不滅的理論：貝氏定律如何破解密碼、追蹤蘇聯潛艇、並終結長達兩個世紀的爭論》中找到（ 譯註: 第 4 章也有提過此書）：

『唐納德・傑曼坐在位於巴黎的辦公桌前，思考該如何替他們的演算法命名。當時很流行以 Whitman's Sampler 的什錦巧克力糖果（見圖 16.10）做為母親節禮物；其包裝盒內總會附上一張說明圖，記錄每顆糖果所包的內餡為何。對傑曼來說，這張說明圖就如同一個矩陣，裡頭充滿了未知且誘人的變數。靈機一動「就叫 Gibbs sampler（吉布斯抽樣器）吧！」傑曼最終決定用 Gibbs 這位偉大的科學家加上 Sampler 來為自己的演算法命名。』

圖 16.10　一盒 Whitman's Sampler 巧克力糖

 ??

## 問 15　能提供傑曼兄弟的原始論文嗎？

**答：**這篇關於 Gibbs 抽樣的論文發表於 1984 年：

S. Geman and D. Geman. 1984. "Stochastic relaxation, Gibbs distributions, and the Bayesian restoration of images." IEEE Transactions on Pattern Analysis and Machine Intelligence 6(1984): 721-41.

**??**

## 問 16 可以把問 11 中的 MCMC 試驗給跑完嗎？

**答**：沒問題！請讀者自行檢驗一下，看看能否說出表 16.7 中的數字從何而來：

**表 16.7**

| 試驗次數 | 觀測資料 | | $\mu$ 的建議分佈 | | | $\tau$ 的建議分佈 | | |
| --- | --- | --- | --- | --- | --- | --- | --- | --- |
| | | | 超參數 (常態分佈) | | | 超參數 (gamma 分佈) | | |
| $[t]$ | 產量 (百萬加侖) | $n$ | $\mu_{[t]}$ | $\tau_{[t]}$ | $p_{\mu[t]}$ | $\alpha_{[t]}$ | $\beta_{[t]}$ | $p_{\tau[t]}$ |
| 0 | 10.2 | 1 | 12.0 | 0.0625 | | 25 | 0.5 | 40.123 |
| 1 | 10.2 | 1 | 10.2 | 40.1855 | 10.5678 | 25.5 | 0.5676 | 45.678 |
| 2 | 10.2 | 1 | 10.2 | 45.7405 | 10.0266 | 25.5 | 0.5150 | 52.3896 |
| 3 | 10.2 | 1 | 10.2 | 52.4521 | 10.1546 | 25.5 | 0.5010 | 44.582 |
| 4 | 10.2 | 1 | 10.2 | 44.6445 | 10.2924 | 25.5 | 0.5043 | 48.3286 |
| 5 | 10.2 | 1 | 10.2 | 48.3911 | 10.0952 | 25.5 | 0.5055 | 46.9198 |

**??**

## 問 17 該如何呈現 Gibbs MCMC 的結果呢？

**答**：將兩未知參數 ($\mu$、$\tau$) 在 MCMC 過程中的建議假設畫成軌跡圖，如圖 16.11 所示：

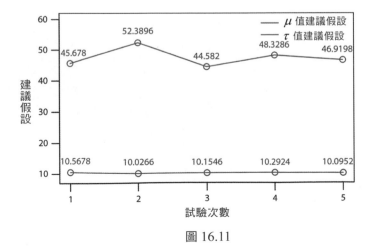

圖 16.11

當然，以上只是 5 次試驗的結果。現在，讓我們執行 1000 次試驗，然後把數據點畫出來（見圖 16.12）：

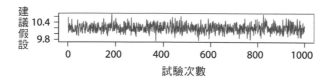

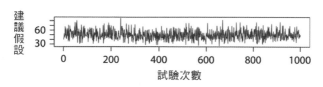

圖 16.12　$\mu$（上方藍色）和 $\tau$（下方紅色）的軌跡圖

各位應該很熟悉這樣的圖形了：每抽出一次建議假設，軌跡圖的曲線也跟著『上下跳動』。第 14 章已介紹過該如何評估圖 16.12 中的數值鏈了。

　??

## 問 18　怎麼從 MCMC 的結果推知 $\mu$ 的後驗分佈呢？

**答：**我們得對上面的數值鏈做個總結，畫一張建議假設的次數分佈直方圖是個不錯的開始。圖 16.13 是進行 1000 次試驗後得到的參數 $\mu$ 的直方圖（ 譯註: 就是表 16.7 藍色那一行，現在數據量有 1000 個，當然也可能已刪除開頭的幾個數據）；請記住！此為忽略另一個參數的邊際分佈圖：

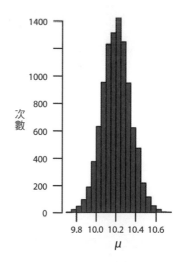

圖 16.13　$\mu$ 的後驗分佈

此外，我們也經常呈現諸如分位數之類的統計量，如表 16.8 所示：

**表 16.8**

| 最小值 | 第 25 百分位數 | 第 50 百分位數 | 第 75 百分位數 | 最大值 |
|---|---|---|---|---|
| 9.77 | 10.11 | 10.2 | 10.3 | 10.64 |

根據上述結果，你可以說：所求的年平均楓糖產量應該在 9.77 到 10.64 百萬加侖之間。與此同時，你也能依循前幾章的做法得到貝氏信賴區間。

問 19　那麼，如何找出 $\sigma$ 的後驗分佈呢？

答：和上一問的做法相同，即畫出 $\sigma$ 建議假設的次數圖。不過，我們要將精密度 $\tau$ 值先轉換回標準差 $\sigma$，再繪製出 $\sigma$ 的分佈直方圖。回憶一下，$\tau$ 是 $\sigma^2$ 的倒數（ 譯註：所有的 $\tau$ 就是表 16.7 紅色那一行，現在數據量有 1000 個），因此可得：

$$\sigma = \frac{1}{\sqrt{\tau}} \tag{16.15}$$

然後將 $\sigma$ 的分佈畫出來，這樣的結果大家應該會比較熟悉 (見圖 16.14)：

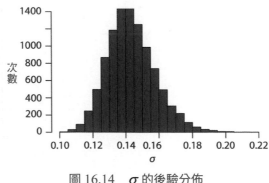

圖 16.14　$\sigma$ 的後驗分佈

和前面一樣，我們呈現出 $\sigma$ 的分位數統計量，如表 16.9 所示：

**表 16.9**

| 最小值 | 第 25 百分位數 | 第 50 百分位數 | 第 75 百分位數 | 最大值 |
| --- | --- | --- | --- | --- |
| 0.11 | 0.13 | 0.14 | 0.15 | 0.2 |

**問 18、19 經過 Gibbs 抽樣運算後的第 50 百分位數平均值 (10.2) 和標準差 (0.14) 特別有用 ── 當未來需要再次分析參數 $\mu$ 時，它們可以被當成超參數使用！**

注意！若想在**下一次**分析時套用以上資訊，則我們必須以**動差匹配**方法將 MCMC 的平均值和標準差轉換成 gamma 分佈的 $\alpha$ 與 $\beta$；第 13 章已經說明過具體計算方法了，此處就不再重覆。

> 編註：請參考 13.32、13.33 式轉換，即可得到 gamma pdf。

 ??

**問 20　就楓糖問題而言，共軛方法和 Gibbs 抽樣有何不同？**

**答：** 最主要的差異是，第 12 章的常態–常態共軛方法要求參數 $\sigma$ 必須為**已知**，但這有點兒不切實際，因為我們事前並不知道 $\sigma$ 是多少。然而有了 Gibbs 抽樣，我們便能以另一種方式使用貝氏共軛解；該方法解除了必須先知道 $\sigma$（或 $\tau$）的限制，進而允許分析者**同時估計**兩個未知參數。在問 18、19 中，我們已經看過 $\mu$ 和 $\sigma$ 各自的邊際分佈了。

**問 21**　那可以看看兩參數的聯合後驗分佈嗎？

**答**：可以的。若將 10,000 次試驗中，每 10 次試驗的結果畫成散佈圖，則可得到圖 16.15：

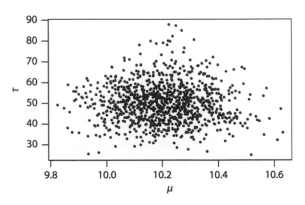

圖 16.15　每年楓糖生產量的 $\mu$、$\tau$ 聯合假設

請比較圖 16.15 與圖 16.4，其中每個點皆代表一個 $\mu$、$\tau$ 聯合假設。

現在，想像我們將圖 16.15 劃分成許多六角形的區域，並計算每個區域中包含了多少個數據點，如此得出的圖 (見圖 16.16) 即近似於所求的聯合後驗分佈。圖 16.16 中的六角形顏色越深，代表存在於該組中的數據點越多：

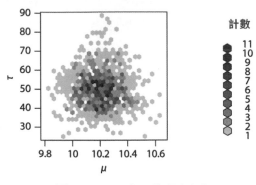

圖 16.16　$\mu$ 與 $\tau$ 的聯合假設

若進一步將分析結果以如同圖 16.4 的方式分組，則我們便能同時呈現參
數 $\mu$、$\tau$ 的邊緣與聯合分佈，見圖 16.17：

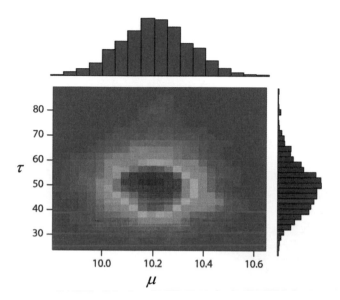

圖 16.17　上方藍色直方圖是 $\mu$ 的邊際分佈；右方紅色直方圖是 $\tau$ 的邊際分佈

 ??

**問 22** **以上計算應該無法靠人工完成吧？**

**答：** 實際用紙筆計算幾回合的結果有助於讀者熟悉此過程。但在各位掌
握該演算法之後，我們當然不會用手算做 MCMC，而是交給電腦處理。
實際上，可供選擇的軟體有很多，但此處僅介紹兩套以 Gibbs 抽樣為賣點
的工具：

- BUGS (Bayesian inference Using Gibbs Sampling) 專案：『BUGS 旨
  在開發能以馬可夫鏈蒙地卡羅 (MCMC) 法對複雜統計模型進行貝氏分
  析的軟體。此專案始於 1989 年的劍橋 MRC 生物統計部門 (MRC
  Biostatistics Unit)，其最初的成果稱為『Classic』BUGS 程式；緊接

著其又與位於倫敦聖瑪麗的帝國學院醫學院 (Imperial College School of Medicine) 合作，共同開發了 WinBUGS 軟體。本專案目前的開發項目則稱為 OpenBUGS。』

- JAGS (Plummer, 2003)：『JAGS 是 Just Another Gibbs Sampler (只是另一個 Gibbs 抽樣器) 的縮寫。該軟體能以馬可夫鏈蒙地卡羅 (MCMC) 模擬分析貝氏階層模型 (Bayesian hierarchical models)。JAGS 在開發時考慮到了以下幾點：
  - 具有 BUGS 語言的跨平台引擎。
  - 具有擴充性，允許使用者撰寫自己的函式、分佈、以及抽樣器。
  - 能做為測試貝氏模型構想的實驗平台。』

坊間已有很多出色的文章專門教各位如何使用這些軟體，請各位自行參考。

 ??

## 問 23　為什麼說 Gibbs 抽樣是 Metropolis－Hastings 演算法的一個特例呢？

**答：** 好問題！這與建議假設的抽選方式、以及其是否被接受有關。請回想一下，在 Metropolis 演算法中，建議假設必須來自於一個**對稱**分佈；相反的，Metropolis－Hastings 演算法則沒有這種限制，故建議假設可以來自非對稱的分佈 (但如之前所述，在判斷是否接受該假設時，需另外加入一個修正因子，見 15.9 式)。

與 Metropolis－Hastings 類似之處在於 Gibbs 抽樣演算法的建議假設也可以來自任何分佈 (對稱或非對稱皆可)，這一點從本章的例子即可看出來：我們分別從對稱的常態分佈與非對稱的 gamma 分佈抽樣建議假設 (譯註：前者針對未知參數 $\mu$，後者則針對未知參數 $\tau$)。

但與 Metropolis – Hastings 不同的是，使用 Gibbs 抽樣時我們**永遠接受建議假設**，原因是：這些假設是直接從當次 MCMC 試驗的『後驗分佈』中抽出來的，而非來自另外的『建議分佈』。

在賽仕軟體 (SAS Institute) 對 MCMC 的說明文章中提到：『進行 Gibbs 抽樣時，我們得把聯合後驗分佈分解成模型內各別參數的條件分佈，然後從中抽樣。當目標參數之間無明顯相關時，上述抽樣很容易完成，抽樣器的運作也會非常有效率。由於其不像 Metropolis 等演算法一樣需要輔助用的建議分佈，故很多研究者對於 Gibbs 抽樣情有獨鍾。不過，雖然推導出條件分佈相對容易，我們卻並非總能找到高效的方法從條件分佈中抽樣。』

 ??

**問 24**　**我們可不可以用 Metropolis – Hastings 演算法來解決楓糖問題呢？**

**答：**可以！只要依循前幾章的做法抽選參數 $\mu$ 和 $\tau$ 的建議假設即可。但此處的關鍵與 Gibbs 抽樣相同：在每次試驗中，當你抽選特定參數的建議假設時，都需以其它參數的值為前提條件。

 ??

**問 25**　**那為什麼不直接使用 Metropolis – Hastings 演算法就好？**

**答：**對於第 12 章楓糖問題而言，最簡單的答案是：因為運算效率的考量 – 電腦處理共軛捷徑的速度要比完成 Metropolis – Hastings 演算法的速度快多了。

**問 26**　怎麼知道我們的 MCMC 結果品質如何呢？

**答**：如前面介紹 MCMC 的章節所言，請各位**務必對最終的後驗分佈結果進行診斷測試**，如：『拋棄 (burn-in)』和『修剪 (pruning，又稱細化 thinning)』等。關於這些診斷技巧的說明請見第 14 章，在此不重複。

**問 27**　可以總結一下本章的重點嗎？

**答**：當然，不然很容易見樹不見林。請記住！貝氏 MCMC 分析的目的是：讓我們在估計所求後驗分佈時，可以繞過貝氏定理分母中的積分。對有兩個 (或更多) 未知參數的問題來說，我們的策略是：在以其它參數值為**前提條件**的情況下，從指定參數的後驗分佈中抽樣 (即抽選建議假設)。

換言之，MCMC 方法可以將大問題拆解成多個步驟，並允許分析者一點一滴地將所求後驗建構出來。在本章中，我們介紹了 Gibbs 抽樣，其為 Metropolis－Hastings 演算法的一項特例。要執行該演算法，你必須：

(1) 能在**以其它參數為前提** (即固定值) 的情況下，算出某參數的後驗分佈，以及

(2) 能從算得的後驗中抽樣。在本例中，我們先使用共軛方法將聯合後驗分佈拆解成各別參數的條件分佈，然後再從這些分佈中抽樣出建議假設。

**問 28**　接下來要研究什麼呢？

**答**：在第 6 篇會將重心放在貝氏定理的應用上。以第 17 章為例，本章所學的 MCMC 和 Gibbs 抽樣即將派上用場。

# 第6篇

# 貝氏定理的有趣應用

## 簡介

先恭喜各位順利讀到這裡！我們知道，貝氏定理正在協助全球的分析者解決各式各樣的問題。所以在本書的最後一篇中，就來看看此定理都有哪些應用吧！

- 資料集的統計分析（統計建模）是貝氏定理常見的用途。第17章會向讀者介紹 Gibbs 抽樣（Gibbs sampler，或稱 Gibbs sampling）的另一種用法，即：為簡單線性迴歸（simple linear regression）進行參數估計。在本章範例『生存遊戲問題』中，我們將試著找出『某人能在生存遊戲中支撐幾天』對『此人受過幾年正規教育』的函數關係；由於此問題涉及到估計三個參數的聯合後驗分佈，故比前幾章的例子都來得困難。但我們會為各位解釋其中的細節，並帶領讀者一步步完成整個過程。最後，我們還會討論如何估算出後驗預測分佈（posterior predictive distribution）。

- 第18章是對貝氏模型選擇（Bayesian model selection）程序的簡單說明。此章仍以『生存遊戲問題』為例，但我們會比較兩個不同的模型：其中一個以『受正規教育的年數』來預測某人能在生存遊戲中撐過幾天，另一個則用『意志力』做為預測指標。此處同樣使用 Gibbs 抽樣進行參數估計；此外，我們還會介紹如何透過偏差信息量準則（Deviance Information Criteria, DIC）的指引來選擇模型，並詳述所需的計算過程。

- 第 19 章的主題是貝氏信念網路 (Bayesian belief networks)；當決策中存在不確定因素時，這項強而有力的工具能幫助我們下決策。為說明此概念，我們會先考慮一個既簡單又經典、僅包含兩項對立假設的問題，即：草地為何是溼的 － 究竟是灑水器還是下雨的緣故？在此章中，讀者會學習如何使用影響圖 (influence diagrams) 與有向無環圖 (directed acyclic graphs) 建立圖像化的因果模型。與此同時，你將瞭解當以得到或推定的新資料去更新模型中的條件機率時，貝氏定理所扮演的角色為何。還會教各位如何使用名為 Netica 的軟體。最後，我們要研究第二個例子；該例題與蘇斯博士 (Dr. Seuss) 筆下的卡通人物 － 羅雷司 (Lorax) 有關（譯註：蘇斯博士是一位作家的筆名）。

- 第 20 章要介紹決策樹 (decision trees)；分析者能用該技術來回答五花八門的問題、並輔助決策。在進入此章前，我們會假定各位已讀完第 19 章關於貝氏網路的討論，如此讀者就能理解貝氏網路對決策有何助益。此章將告訴大家：決策樹是對付決策問題的另一種圖像化替代方案，且與貝氏網路有著很深的連繫（除了該方法的外形為樹狀圖以外）。一棵決策樹包含許多決策節點 (decision nodes)、機會節點 (chance nodes)、以及終止節點 (end nodes，用於提供結果)；其中，與機會節點有關的機率為條件機率，而這正是貝氏定理估計和更新的對象。我們在此章會再次以蘇斯博士的羅雷司為例，示範如何應用決策樹，並計算各對立決策的期望值 (expected values，或者預期效用 expected utility)。

若本書有出下一版的話，本篇的內容會再增加，畢竟與貝氏定理相關的有趣應用實在是太多了！

# 第 17 章

# 生存遊戲問題：以 MCMC
# 進行簡單線性迴歸

歡迎來到討論貝氏定理實際應用的篇章。貝氏定理最常見的其中一種用途
與資料集的統計分析 (統計建模) 有關，因此在本章以及下一章，我們會
向大家介紹如何根據貝氏理論建立統計模型，這樣會讓大家對一些應用方
法有個概念。本章是篇幅最大的一章，請讀者時不時起身動一動；待各位
讀完本章後，便可理解以下這些概念了：

- 線性方程式 (linear equation)
- 平方和 (sums of squares)
- 以 MCMC 和 Gibbs 抽樣完成線性迴歸 (linear regression)
- 後驗預測分佈 (posterior predictive distribution)

從章名可以看出來，本章的學習重點是線性迴歸 – 這是一種能幫助我們建
立雙變數函數關係 (或模型) 的方法。但在進入正題以前，請讀者先回頭
複習一下第 8 章的問 1，也就是函數的基本觀念，再繼續下面的問答。

 ??

**問 1** 　可以再舉一個函數的實例嗎？

答：當然可以！看看下面這個例子吧：

$$g(x) = mx + b \qquad\qquad (17.1)$$

這個函數的名稱為 $g$，有個名為 $x$ 的引數 (輸入)。當我們把某數值代入 $x$ 時，此函數會先對該數值乘以常數 $m$，然後再加上常數 $b$，最後輸出 $mx + b$ 的值。此處的 $m$ 和 $b$ 稱為**參數** (parameters)，它們是函數定義的一部分。

 ??

**問 2**　**17.1 式的函數好眼熟啊 ... 這是線性函數嗎？**

**答：**完全正確！事實上，以下這種**線性函數** (linear function) 的表達形式對讀者而言可能更加熟悉：

$$y = mx + b \qquad\qquad (17.2)$$

因為沒有像是 $f(x)$ 或 $g(x)$ 明確的函數名稱，我們單憑上式其實並不知道 $y$、$x$、$m$ 和 $b$ 中何者是輸入、何者是輸出、以及何者是參數。但這無關緊要，我們可以假定 $x$ 就是輸入，$m$ 和 $b$ 是參數；那麼將數值代入 $x$ 以後，就會算出 $m * x + b$ 的值，如此得到的最終結果 (或輸出) 叫做 $y$。由於改變上例的 $x$ 值後，$y$ 值也會跟著改變，故 $x$ 和 $y$ 皆稱為**變數** (variables)；**大英百科全書**對於變數的定義是：『在方程式中用來代替未知數值的符號 (通常為英文字母)。』

線性函數非常實用。例如一個習慣使用華氏溫度的人要向使用攝氏溫度的人報告二月的平均氣溫，那麼他只要使用下式，即可將華氏溫度 (輸入) 轉換為攝氏溫度 (輸出) (請同時參考圖 17.1)：

$$y = mx + b \qquad\qquad (17.3)$$

$$攝氏溫度 = 5/9 * 華氏溫度 + (-32 * 5/9) \qquad (17.4)$$

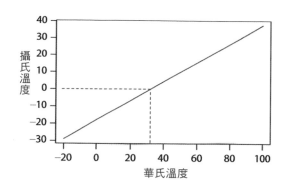

圖 17.1　將華氏溫度轉換為攝氏溫度

此處的兩個變數分別是攝氏溫度 $(y)$ 和華氏溫度 $(x)$，而且所有的 $(x, y)$ 座標都會落在同一條直線上。像這樣的函數一般稱為**確定性函數**(deterministic function) 或**確定性模型**(deterministic model) － 以本例來說，只要將華氏溫度代入，該函數即能輸出**確定的**攝氏溫度；例如，若輸入『華氏 32 度』(見圖 17.1 中的紅色虛線)，則輸出會等於『攝氏 0 度』，再輸入其它的華氏溫度，得到的攝氏溫度也會完美地落在同一條藍色直線上。

 ??

**問 3**　**以上所說的東西和迴歸分析又有何關連呢？**

**答：**迴歸分析 (regression analysis) 是用來估計多變數關係的統計工具，其最終目的是找出一個能將所有目標變數連繫在一起的函數，又稱**統計模型** (statistical model)。注意！統計模型和確定性模型最大的差異是：統計模型的資料點不會完美地落在同一條線上，且此類函數關係只能透過**估計**而得。

**問 4** 可以看一個線性模型的例子嗎？

**答：**沒問題，請看表 17.1 中的假想資料集：

**表 17.1**

| Var1 | Var2 | 誤差 (Error) | Var3 |
|------|------|-------------|------|
| -1.0 | 1.0 | -0.15 | 0.85 |
| -0.8 | 1.2 | 0.79 | 1.99 |
| -0.6 | 1.4 | 0.27 | 1.67 |
| -0.4 | 1.6 | 0.45 | 2.05 |
| -0.2 | 1.8 | 0.23 | 2.03 |
| 0.0 | 2.0 | -0.36 | 1.64 |
| 0.2 | 2.2 | 0.01 | 2.21 |
| 0.4 | 2.4 | -0.22 | 2.18 |
| 0.6 | 2.5 | -0.48 | 2.12 |
| 0.8 | 2.8 | 0.07 | 2.87 |
| 1.0 | 3.0 | -0.12 | 2.88 |

上表的資料集共包含四個變數，其值可能為正數或負數。第 1 欄內的數值 (Var1) 是從 -1 到 1 的一串數列，其公差為 0.2；第 2 欄的數值 (Var2) 則是由以下確定性模型計算而得：

$$\text{Var2} = 1 * \text{Var1} + 2 \tag{17.5}$$

17.5 式是一條線性方程式，其斜率 (slope) 為 1，截距 (intercept) 為 2，對照 17.3 式：

$$y = mx + b \tag{17.6}$$

我們可將上式中的 $b$ 改名為 $b_0$、$m$ 改名為 $b_1$，$b_0$、$b_1$ 這兩者分別是統計學家稱呼截距和斜率的慣用符號。經過改寫以後，本例的線性方程式變成下面這樣：

$$y = b_0 + b_1 * x \tag{17.7}$$

將斜率為 1，截距為 2 這兩個參數代入上式，即可得到：

$$y = 2 + 1 * x \tag{17.8}$$

現在回到表 17.1。第 3 欄是『誤差』，這是我們為每個數據點生成的隨機數字。最後，第 4 欄中的值 Var3 等於 Var2+誤差。Var3 中包含了確定性的部分 (可稱為**訊號** signal，就是第 2 欄的 Var2)、以及隨機誤差 (可稱為**雜訊** noise，就是第 3 欄的誤差那項)。

現在，請各位假裝不曉得 Var3 是怎麼來的，我們想透過表 17.1 中的數據判斷 Var1 和 Var3 之間是否**相關**。為此，我們讓橫軸為 Var1，縱軸為 Var3，並將每一對 (Var1, Var3) 作為數據點畫出散佈圖 (見圖 17.2)：

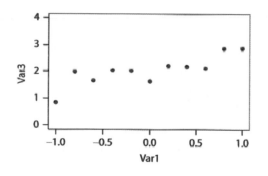

圖 17.2　Var1 和 Var3 的散佈圖

我們可以發現，Var1 和 Var3 之間存在**正相關**：當兩者之一上升時，另一個也跟著上升。也就是說，表 17.1 的資料中存在著某種**模式** (pattern)，而我們的目標就是建構出該模式的統計模型。

**問 5** 那麼，是否能用一條直線來總結變數 **Var1** 和 **Var3** 之間的關係呢？

**答：** 來試試看吧！本例只示範以直線來描述變數之間的關係 (見圖 17.3)：

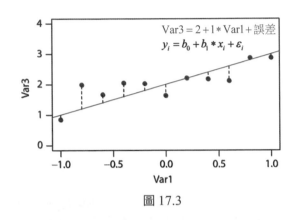

圖 17.3

圖中的綠色小點是我們的數據點。藍色直線代表 Var1 和 Var3 之間的線性關係，即只有確定性的訊號，沒有雜訊。圖中每個數據點都有一條垂直於 **x** 軸的虛線，表示各該點與藍線在縱軸上的差距，這個差距即表 17.1 中的『誤差』。**注意！這裡的誤差不等於『錯誤』，而是泛指資料中無法被線性模型解釋的部分**（ 編註： 可能是雜訊，也可能是目前所用之模型無法預測的因子）。若將數據點標記為 $i$，則該點的『誤差』可記為 $\varepsilon_i$。我們要特別指出兩點：首先，數據點的誤差有正有負；其次，數據點的誤差有大 (距離直線較遠) 有小 (距離直線較近、或剛好在直線上)。

接下來請看圖 17.3 最上方的藍色方程式，這就是我們對 $y_i$ 的描述（ 譯註： $y_i$ 就是數據點 $i$ 的 $y$ 座標；後面還會出現 $x_i$，即數據點 $i$ 的 $x$ 座標）。此方程式中包含了**訊號** (即線性方程式 $b_0 + b_1 x_i$ ) 和**誤差**，這說明我們的線性方程式無法完美擬合所有資料。有鑒於此，我們會說：變數 Var3 和 Var1 之間有**隨機相關性** (stochastically related)。

**問 6**　圖 **17.3** 中，藍色方程式下方的黑色方程式又是怎麼一回事呢？

**答：**該式 $y_i = b_0 + b_1 * x + \varepsilon_i$ 是表達 Var3 和 Var1 之間隨機相關的通式。下面，我們為該通式換了另一組顏色標記：

$$= b_0 + b_1 * x + \varepsilon \tag{17.9}$$

**大英百科全書**對『$\varepsilon$』的敘述如下：『其為隨機誤差項，是 $y$ 值無法透過與 $x$ 線性關係來解釋的變化量。假如模型中不存在誤差項，則其屬於確定性模型；在這種情況下，只要知道 $x$ 值，便足以確定 $y$ 值是多少。』

另外要說明的是：雖然 17.9 式中列出了 $\varepsilon_i$ (數據點 $i$ 的誤差項)，但此項無法由分析者測量而得。儘管對本例而言，可以利用 $y_i$ 和模型預測值之間的差值來確定誤差，但在正常狀況下，此項只能透過估計得到。我們可以將 17.9 式重新整理以強調出誤差項：

$$\varepsilon_i = y_i - \underbrace{\left( b_0 + b_1 * x_i \right)}_{\text{模型預測值}} \tag{17.10}$$

**問 7**　所以，我們的目標是找出資料中的『訊號』部分，沒錯吧？

**答：**是的！事實上，這正是『科學』的主要目的。還記得在剛開始討論貝氏推論時，我們簡單介紹了什麼是科學方法嗎？忘記的請複習一遍第 4 章的問 1 與問 2！

**問 8**　**本章要探討科學方法的哪一部分呢？**

**答**：既然我們手上已經有資料了，那便可以用統計方法來加以分析，進而找出其中的模式。換言之，大多數的統計分析法都與歸納推理有關，見圖 17.4 中有紅色粗邊框的那兩項與箭頭：

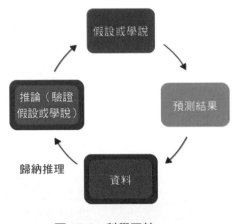

圖 17.4　科學巨輪

統計推論就是從資料中找出模式的過程，**牛津統計學詞典**對該詞的定義是：『從受到隨機變動影響的資料中總結出系統本質的過程。』

本章將使用名為**簡單線性迴歸**（simple linear regression）的方法處理觀測資料，進而找出其中的模式，且此程序將涉及**以 MCMC 進行貝氏分析**。

**問 9**　**知道了！所以此處要分析的東西是？**

**答**：在本章（與下一章）中，我們要分析一個小型的假想資料集。該資料集的概念源自於**安琪拉‧達克沃斯**（Angela Duckworth，賓夕法尼亞大學) 的研究。達克沃斯與同事想回答的問題是：『**在智力水平差不多的前提下，為什麼有些個體的成就較其它個體高？**』

根據此研究團隊的說法：『除了認知能力以外，高成就個體通常還具備許多東西，如創意、活力充沛、高情商、領袖氣質、自信、情緒穩定能力、外表魅力、以及其它正向特質。從經驗上來講，在特定職業中，上述某些特質的重要性似乎高於其它特質；舉個例子，外向性格對銷售而言可能是必要的，但對於創意寫手 (creative writing) 來說就沒那麼重要了。話雖如此，有些特質無論在哪種行業裡都與成功密不可分。在此我們建議，所有領域的佼佼者皆共享一項特徵，那便是：意志力 (grit)。』

**問 10　這裡的『意志力』是指什麼？**

**答：**達克沃斯等人將『意志力』定義成：『長期專注於特定目標的堅持與熱情』。他們繼續寫道：『認為意志力是高成就關鍵的假設，是在我們訪問投資、繪畫、新聞報導、學術、醫學、法律等行業的專家時發展出來的。當問到：「在他們的領域中，傑出人士具備哪些性格」時，「意志力」或其同義詞的出現率基本上和「才能」差不多。事實上，很多接受訪問的人提到：他們的高成就同僚雖然一開始看起來沒什麼天賦，但這些人對理想的執著程度卻超乎尋常。此外，還有多位受訪者說：他們很意外一些極具天賦的人最終沒能爬到其所在領域的頂層。』

我們整理一下，達克沃斯研究團隊的『意志力假設』指出：『長期維持對特定目標的堅持與熱情』是某些個體較其他人成功的原因。此假設位於圖 17.4 中科學巨輪的頂端。換言之，若能測量人的意志力，我們便能解釋為什麼同一群體中的人會有不同成就了。為驗證該假設正確與否，達克沃斯與同事搜集了上千名個體的資料，這對應圖 17.4 最底部的方框。

**問 11　意志力真的可以測量嗎？**

**答：**可以！只要完成**意志力測驗問卷**(http://angeladuckworth.com/grit-scale)，讀者甚至能知道自己的意志力分數有多高。另外，若你想閱讀達克沃斯等人的原始研究，請搜尋這篇文章：

A. L. Duckworth, C. Peterson, M. D. Matthews, et al. (2007). Grit: Perseverance and passion for long-term goals. Journal of Personality and Social Psychology 92.6, 1087-101.

**問 12　能看一下此研究收集到的資料集嗎？**

**答：**很遺憾，沒辦法。本章要用一個**完全虛構的小型資料集**來說明如何以貝氏方法進行簡單線性迴歸，只不過此資料集的概念來自於達克沃斯等人的研究。和前幾章一樣，由於我們要手工計算結果，因此使用小資料集有其必要。現在請看表 17.2：

**表 17.2**

| ID | 成功指數 | IQ（智商） | 受教育年數 | 意志力分數 |
|----|---------|-----------|-----------|-----------|
| 1  | 33.48   | 112       | 12        | 2.2       |
| 2  | 42.53   | 94        | 14        | 3.2       |
| 3  | 48.53   | 118       | 18        | 3.4       |
| 4  | 30.21   | 87        | 10        | 1.8       |
| 5  | 38.76   | 96        | 13        | 2.8       |
| 6  | 38.59   | 106       | 22        | 0.2       |
| 7  | 52.93   | 71        | 17        | 4.4       |

| 8 | 32.65 | 91 | 15 | 1.0 |
| 9 | 52.42 | 95 | 16 | 4.6 |
| 10 | 22.22 | 94 | 9 | 0.4 |
| 11 | 41.40 | 100 | 19 | 1.6 |
| 12 | 16.28 | 98 | 8 | 0.0 |
| 13 | 40.83 | 94 | 20 | 1.2 |
| 14 | 24.43 | 113 | 11 | 0.6 |
| 15 | 56.38 | 85 | 21 | 4.2 |

上表中的『ID』欄代表個體編號，『成功指數』欄則是對個體成功程度的
綜合性評估。當然，我們不好說明測量成功程度的方法究竟為何，故這裡
只簡單將其定義成：『某個體能在名為《我要活下去 (Survivor)》的節目
中撐過幾天』，且該分數的小數部分表示此人退出比賽的確切時間。

為防止有讀者不熟悉《我要活下去》這檔節目，這裡引用維基百科上的資
訊：『《我要活下去》是一檔在世界多個國家拍攝的電視真人秀。在每集節
目中，一群參賽者會被送往一處與世隔絕的地方，並依靠自己的力量尋找
食物、水、生火、並建立遮蔽處。參賽者們必須彼此競爭以贏得獎金並躲
過被淘汰的命運。過程中，人們可以通過投票讓其他人出局，最後留下來
的人就是該遊戲的贏家 (引用自 2017 年 8 月 20 日)。』

本章的目標是透過對資料集的分析，找出資料中隱藏的模式。說得更具體
一點，我們想知道以下這些變項是否能預測特定個體的成功指數：

1. **IQ**：參賽者的智商。
2. **受教育年數**：參賽者總共接受了幾年的正規教育。
3. **意志力**：這是一個範圍在 0 到 5 之間的分數。

我們可以合理認定，以上三者均會影響某人在《我要活下去》中的留存時
間。請留意，表 17.2 中並沒有『誤差』欄位。

## 問 13　該從何開始進行分析呢？

**答：** 一般來說，資料分析的第一步是檢驗資料集中的每一欄數據以得到一個概觀。在這裡，我們要分別畫出本例中四個變數的**盒鬚圖** (又稱為**箱形圖**，見圖 17.5)。

盒鬚圖是非常有用的工具。**牛津統計學詞典**將這種圖定義成：『一種數值資料的圖形化表示，由約翰・圖基 (John Tukey) 根據五數概觀法 (five-number summary) 發展而來。盒鬚圖是有方向性的；首先先畫一個長方形盒子，盒底對應第 1 四分位數 (lower quartile，譯註：即 25 百分位數)、盒頂則是第 3 四分位數 (upper quartile，譯註：即 75 百分位數)，資料的中位數位於盒子的內部。接著，兩條『鬚』從盒頂和盒底延伸而出，分別表示上限與下限。』

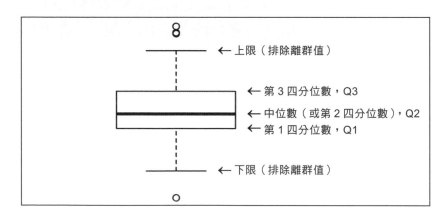

圖 17.5

在解釋本例中四個變數的盒鬚圖之前，先考慮以下情況：我們先將總共 15 位參賽者依照 IQ 由低到高排序；注意！這裡的排序是關鍵。現在，來看看他們的盒鬚圖吧 (見圖 17.6 IQ 的盒鬚圖)。其中位於盒內的粗線為中間值，也就是按 IQ 高低排序後位於正中間的資料點：共有 50% 的 IQ 高於中間值、另外 50% 則低於此值。

接下來是盒鬚圖的第 3 與第 1 四分位數 – 對第 3 四分位數而言，共有 25% 的資料高於此值，其它 75% 則小於此值；第 1 四分位數則是 75% 大於此值、25% 小於此值。至於盒鬚圖的兩個尾端則表示上限與下限；要注意的是，離群值 (outliers) 在上限與下限以外，它們在圖上得用個別的小圓點來代表。

要找出離群值，首先得算出四分位距 (Inter-Quartile Range, IQR)，也就是第 3 與第 1 四分位數的差值 (Q3 – Q1 = IQR)。任何比『第 1 四分位數減去 1.5 倍 IQR』還低、以及比『第 3 四分位數加上 1.5 倍 IQR』還高的數據點都是離群值。

> 編註：在畫盒鬚圖上限與下限時，並非直接畫在 Q3+1.5*IQR 與 Q1−1.5*IQR 的位置，而是在此區間內最接近的那個值，請看後面的編註補充。

同理，我們也將其它三個欄位的值分別由低至高排序，即可畫出它們的盒鬚圖，來看一下本例中四個變數的盒鬚圖分別長什麼樣子吧 (見圖 17.6)：

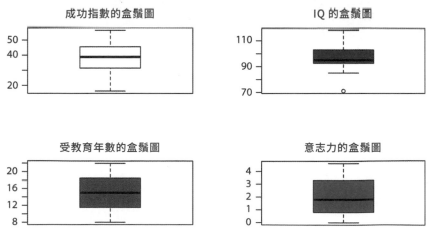

圖 17.6

我們可以發現，在 IQ 的圖中存在一個離群值 (用小圓圈表示)，其他三個變數的數據都有落在個別盒鬚圖的上下限之內。請記住！圖 17.6 呈現的是**原始資料** (raw data)，其中**每個變數是分開來考慮的**。

---

### 編註：　如何算出資料的中位數與第 1、3 四分位數

請將表 17.2 的資料都放入 Excel (請參考補充資源 Ch17 試算表.xlsx)，因為有四個變數 (成功指數、IQ、受教育年數、意志力分數)，要畫出個別的盒鬚圖，那就需要一個一個處理。例如要先處理 IQ，則請用 Excel 依 IQ 欄位的值排序 (假設其 15 筆資料儲存格範圍是 C3:C17)，然後在儲存格內輸入：

- 『=QUARTILE(C3:C17,1)』會得到 92.5，此為 Q1

- 『=QUARTILE(C3:C17,2)』會得到 95，此為 Q2

- 『=QUARTILE(C3:C17,3)』會得到 103，此為 Q3

然後可得 IQR = Q3 − Q1 = 103 − 92.5 = 10.5。則，

- 上限應 ≤ 103 + (10.5 * 1.5) = 118.75

- 下限應 ≥ 92.5 − (10.5 * 1.5) = 76.75

然後我們看 ≤ 118.75 的最大數據是 IQ = 118 (查表 17.2)，因此上限 = 118。

同理 ≥ 76.75 的最小數據是 IQ = 85 (查表 17.2)，因此下限 = 85。

請讀者自行對照圖 17.6 中 IQ 的盒鬚圖。圖的下方有一個小圓圈，此即為離群值 IQ = 71。其餘 3 張圖請讀者依此原則做做看。

## 問 14　那麼，該如何找到變數『之間』的模式呢？

**答**：前一問中，我們畫出各獨立變數的盒鬚圖，但變數之間的相關性又要怎麼看呢？如同本章開頭，我們的第一步是繪製資料的散佈圖。而要畫出這種圖，我們必須先將其中一個變數擺在 $y$ 軸，再將另一個變數擺在 $x$ 軸。一般而言，放在 $y$ 軸上的變數稱為**因變數** (dependent variable 或 response variable) – 因變數的值會隨其它變數的改變而變化。由於在本例中，我們想預測的是某位參賽者能在生存遊戲中存活幾天，故**成功指數**就是此處的**因變數**。位於 $x$ 軸上的變數則是**自變數** (independent variable 或 predictor variable) – 我們能透過自變數的值預測出因變數為何。因此，本例的問題就在於：是否能憑藉某人的 IQ 預測其成功指數 (在《我要活下去》節目中能撐多久)？同理，受教育年數的預測效果呢？意志力又是否能做為預測指標？

將資料集中**特定觀測數據**畫成散佈圖的結果如下 (圖 17.7)：

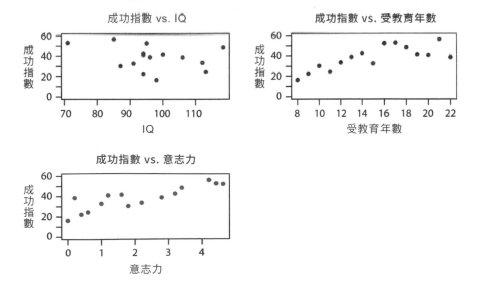

圖 17.7

至此，我們已準備好進行分析了。

> 本章的重點在於估計出『成功指數』與『受教育年數』之間的線性關係。而
> 在第 18 章中，我們會估算『成功指數』和『意志力』的線性關係，並比較
> 上述兩種模型。

但在動手之前，是時候休息一下了！

感覺輕鬆些了嗎？

## 問 15　我們現在要做什麼？

**答**：要估計『成功指數』與『受教育年數』之間的線性關係。我們來套
用 17.9 式，將一個人的成功指數表達為：

$$y_i = b_0 + b_1 x_i + \varepsilon_i \qquad i = 1, \cdots, n \tag{17.11}$$

其中，$y_i$ 代表某人在《我要活下去》節目中的**成功指數**(存活天數)、$x_i$ 則
是此人**受正規教育的年數**。

**問 16**　所以 17.11 式算是一個統計模型 (statistical model) 嗎？

**答：** 17.11 式毫無疑問是一條方程式，但做為統計模型還尚未完整。

**問 17**　為什麼不完整？統計模型到底是什麼？

**答：** 依照維基百科的說法：『統計模型是數學模型的一種，其體現了一組與數據生成有關的假設 (包括樣本數據與來自母體的類似數據)。可以說，統計模型是資料生成過程的理想化表達形式。此類模型中的假設可描述一系列機率分佈，且其中一些非常近似產生特定資料集時所用的分佈。統計模型的內部具有機率分佈，這是它們與其它非統計數學模型最大的區別 (引用自 2017 年 8 月 20 日)。』( 譯註： 換句話說，目前的模型之所以尚未完整，是因為其中並沒有涉及機率分佈的假設。)

**問 18**　那麼，對於本章資料集的生成方式，我們能做出什麼假設呢？

**答：** 這是個好問題！首先，回想一下本書之前所用的符號。舉個例子，『隨機變數 $X$ 來自 $\mu = 2.0$、$\tau = 0.001$ 的**常態分佈**』這件事可用符號表達如下：

$$X \sim \mathrm{N}(\mu, \tau) \tag{17.12}$$

$$X \sim \mathrm{N}(\mu = 2.0, \tau = 0.001) \tag{17.13}$$

隨機變數 $X$ 的任意數值則以 $x$ 來表示。

在此，我們要以類似的方法描述本章資料集的產生方式。就該資料集而言，其內共有 $n$ 個隨機變數：$Y_1, Y_2, \cdots, Y_n$，此處的 $Y_1$ 指資料集中第一個體的成功指數。根據表 17.2，我們知道 $y_1 = 33.48$（ 譯註： 小寫的 $y_1$ 是隨機變數 $Y_1$ 的『值』）；另外，此人受過 12 年的正規教育，故 $x_1 = 12$。同一張表也告訴我們 $y_2 = 42.53$，且 $x_2 = 14$（受過 14 年正規教育），依此類推。如此一來，觀測值 $y_i$ 便和受教育年數 $x_i$ 配對在一起了。

這裡我們假設：**隨機變數 $Y_i$ 來自平均值為『$b_0 + b_1 x_i$』、精密度為『$\tau$』的常態分佈**。各位應該還記得，$\tau = \dfrac{1}{\sigma^2}$；換言之，精密度越低，變異數就越高，反之亦然。

**以上假設即隨機變數 $Y_i$ 的分佈屬於常態分佈**，可以寫成：

$$Y_i \sim \mathrm{N}\left(b_0 + b_1 x_i, \tau\right) \tag{17.14}$$

- 此常態分佈的平均值等於『參數 $b_1$ 乘以個體 $i$ 的受教育年數 $x_i$，再加上參數 $b_0$』。
- 精密度則以 $\tau$ 表示。

可知此線性模型中共有 $b_0$、$b_1$、$\tau$ 三個參數需要估計。

這邊整理一下：

- 給定受教育年數 $x_i$ 後，我們會從平均值為『$b_0 + b_1 x_i$』、精密度為『$\tau$』的常態分佈中隨機抽出一個 $y_i$。
- 注意！舉例而言，『受教育 8 年』的常態分佈平均值與『受教育 12 年』的平均值不同；前者平均值等於『$b_0 + b_1 * 8$』、後者等於『$b_0 + b_1 * 12$』，兩者的差值取決於參數 $b_1$ 和受教育年數。
- 無論受教育年數為何，常態分佈的精密度 $\tau$ 皆相同。
- 平均值『$b_0 + b_1 * x_i$』即代表模型的**訊號**（signal）部分；『$\tau$』則與誤差有關。

● 此外，我們假定所有觀測資料之間是彼此獨立的。

## 問 19　知道以上這些就夠了嗎？

**答：**還不夠。在貝氏分析中，以上參數皆是來自某種先驗分佈的隨機變數。如前所述，先驗分佈相當於每個可能參數值的信心權重。我們可以將本例中資料產生的過程畫出來(見圖 17.8)：

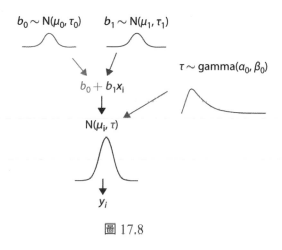

圖 17.8

位於上圖最底部的 $y_i$ 是來自本章資料集的一筆觀測樣本，該樣本取自平均值為 $\mu_i$、精密度為 $\tau$ 的常態分佈。往上一層，$\mu_i$ 又受到參數 $b_0$、參數 $b_1$、以及變數 $x_i$ (個體 $i$ 受正規教育的年數) 的控制。

除此之外，圖 17.8 還畫出了三個參數 (即 $b_0$、$b_1$、$\tau$ ) 各自的先驗分佈。在這裡，因為 $b_0$、$b_1$ 的值可以是任意實數，故我們將兩者的先驗分佈設為常態分佈；而由於 $\tau$ 不能是負的，故設其先驗分佈為 gamma 分佈。

圖 17.8 能幫我們完整的定義模型。有了這些資訊，便能著手進行貝氏分析了。

**??**

**問 20** 好的，那該從何開始呢？

**答：** 先簡短地複習一下貝氏定理吧。如你所見，貝氏推論的一項重要應用即參數估計。回想一下前幾章的內容，**單一連續參數** $\theta$ 的貝氏定理通式如下：

$$P(\theta \mid 資料) = \frac{P(資料 \mid \theta) * P(\theta)}{\int P(資料 \mid \theta) * P(\theta) d\theta} \tag{17.15}$$

而本章的生存遊戲問題有三個參數 $b_0$、$b_1$、$\tau$，貝氏定理的公式為：

$$P(b_0, b_1, \tau \mid 資料) = \frac{P(資料 \mid b_0, b_1, \tau) * P(b_0, b_1, \tau)}{\iiint P(資料 \mid b_0, b_1, \tau) * P(b_0, b_1, \tau) db_0, db_1, d\tau} \tag{17.16}$$

上式在計算上非常困難。但如前面的章節所述，我們可以一次只考慮一個參數，並且運用貝氏共軛關係來解決此問題。各位應該還記得，共軛捷徑允許分析者快速地將先驗 pdf 更新為後驗 pdf。

下面就來快速複習貝氏分析的步驟：

1. 建立假設。此處所需的假設有：
   - $b_0$，代表模型的截距 (intercept)。
   - $b_1$，代表模型的斜率 (slope)。
   - $\tau$，模型的精密度 (precision)。

2. 以先驗機率密度來表示我們對每個假設參數值的信心程度 (權重)。
3. 收集資料。
4. 找出在各假設為真的情況下，觀測到目標資料的概似度。
5. 利用貝氏定理來計算每個參數的後驗機率密度。

建立假設的工作在前面已經完成了，接下來要進入步驟 2。

## 問 21　第 2 步是什麼？

**答：**設定所有目標參數 ($b_0$、$b_1$、$\tau$) 的先驗分佈。在之後的內容中，我們會分別用不同顏色區分這三者，以方便讀者在算式中追蹤它們的位置。要特別注意的是，參數 $\tau$ 並沒有下標。

先來研究兩個迴歸係數 $b_0$ 和 $b_1$ 吧。

為表達 $y$ 軸截距 $b_0$ 的**常態先驗分佈**，我們將其平均值 $\mu_0$ 設為 0、標準差 $\sigma_0$ 設為 100；也就是說，此分佈的變異數為 $\sigma_0^2 = 100 * 100 = 10000$，也就是 $\tau_0 = \dfrac{1}{\sigma_0^2} = \dfrac{1}{10000} = 0.0001$。請注意！此處有下標 0 的 $\tau_0$ 是 $b_0 \sim N(\mu_0, \tau_0)$ 中的**超參數**，並非我們要估計的三個未知參數之一的 $\tau$，切勿弄混。上述先驗是一個無資訊先驗，表示 $b_0$ 值的不確定性。

綜上所述，參數 $b_0$ 的先驗是具有以下**超參數**的常態分佈 (見圖 17.9)：

- $\mu_0 = 0$
- $\sigma_0 = 100$；$\sigma_0^2 = 10000$；$\tau_0 = 0.0001$

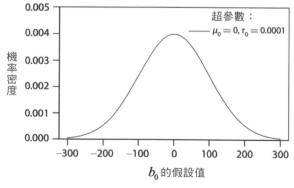

圖 17.9　$b_0$ 的常態先驗分佈

接下來要決定迴歸方程式斜率($b_1$)的先驗分佈。在事先不清楚**受教育年數**如何影響**成功指數**的條件下，讓我們再次以平均值為 0（即 $\mu_1 = 0$）、且具有高標準差（即 $\sigma_1 = 100$）的常態分佈為先驗。根據此設定，$\sigma_1^2 = 100 * 100 = 10000$；此外，$\tau_1 = \dfrac{1}{\sigma_1^2} = 0.0001$。請注意！此處的超參數下標用的是 1，表示這些是 $b_1$ 分佈的超參數(見圖 17.10)：

- $\mu_1 = 0$
- $\sigma_1 = 100$；$\sigma_1^2 = 10000$；$\tau_1 = 0.0001$

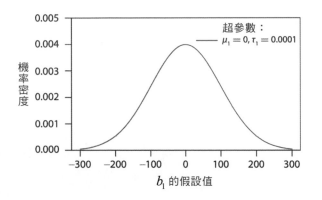

圖 17.10　$b_1$ 的常態先驗分佈

最後，我們要為誤差項的精密度 $\tau$ 設定先驗分佈。已知 $\sigma^2$ 必然大於零，故 $\tau$ 也一定是個正數；依照先前所學，**gamma 分佈**很適合用來描述此種情況，故這裡就將 $\tau$ 的先驗設為 gamma 分佈。

如同前面的章節說過，gamma 分佈受兩個超參數控制：$\alpha$（形狀參數）以及 $\beta$（比率參數）。讓我們假定 $\alpha_0 = 0.01$、$\beta_0 = 0.01$，如此產生的分佈會將大部分權重放在低 $\tau$ 值的地方，見圖 17.11：

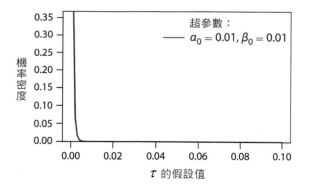

圖 17.11　$\tau$ 的 gamma 先驗分佈

至此，未知參數 $b_0$、$b_1$、$\tau$ 的先驗分佈皆已設定完成了，三者分別由不同的**超參數**定義（見圖 17.12）：

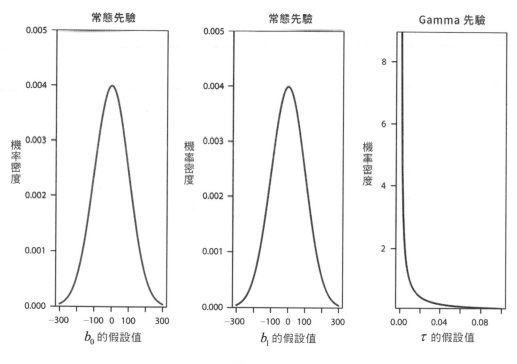

圖 17.12

**問 22**　以上所有先驗都是無資訊先驗。難道不能根據《我要活下去》過去的記錄來設定先驗嗎？

**答：**當然可以！身為一位分析者，不但要能為每一個未知參數設定先驗，還要能解釋這麼設定的理由為何！在這裡，用《我要活下去》過去的記錄來生成先驗便是合理的做法，只是不包括在稍後要用來更新先驗分佈的資料 (譯註：即計算概似度所需的觀測資料)。

既然有了先驗分佈，是時候進入步驟 3 了。

**問 23**　步驟 3 是什麼呢？

**答：**收集資料！各位已見過本章要使用的資料集 (表 17.2)，此處我們將重點放在其中兩欄上，即**成功指數**與**受正規教育的年數**，也就是下表：

表 17.3

| ID | 成功指數 | IQ (智商) | 受教育年數 | 意志力分數 |
|----|---------|----------|-----------|-----------|
| 1 | 33.48 | 112 | 12 | 2.2 |
| 2 | 42.53 | 94 | 14 | 3.2 |
| 3 | 48.53 | 118 | 18 | 3.4 |
| 4 | 30.21 | 87 | 10 | 1.8 |
| 5 | 38.76 | 96 | 13 | 2.8 |
| 6 | 38.59 | 106 | 22 | 0.2 |
| 7 | 52.93 | 71 | 17 | 4.4 |
| 8 | 32.65 | 91 | 15 | 1.0 |
| 9 | 52.42 | 95 | 16 | 4.6 |
| 10 | 22.22 | 94 | 9 | 0.4 |
| 11 | 41.40 | 100 | 19 | 1.6 |
| 12 | 16.28 | 98 | 8 | 0.0 |
| 13 | 40.83 | 94 | 20 | 1.2 |
| 14 | 24.43 | 113 | 11 | 0.6 |
| 15 | 56.38 | 85 | 21 | 4.2 |

**問 24**　有了資料，那是否可以進行步驟 4 和 5 了？

**答**：沒有錯！我們現在有無限多個 $b_0$ 值假設、無限多個 $b_1$ 值假設、以及無限多個 $\tau$ 值假設。接下來得算出：在每一種可能的假設值組合下，觀測到目標資料的概似度是多少，然後再透過貝氏定理取得這些假設值組合的後驗機率密度。如此一來，我們便能建立所求的後驗分佈 (注意！該後驗是個聯合分佈 編註：是在觀測到的資料條件下的 $b_0$、$b_1$、$\tau$ 的聯合機率分佈 $P(b_0, b_1, \tau \mid 資料)$)。

**問 25**　那該從何處著手呢？

**答**：如前所述，估計三參數所需的貝氏定理如下：

$$P\left(b_0, b_1, \tau \mid 資料\right) = \frac{P\left(資料 \mid b_0, b_1, \tau\right) * P\left(b_0, b_1, \tau\right)}{\iiint P\left(資料 \mid b_0, b_1, \tau\right) * P\left(b_0, b_1, \tau\right) db_0, db_1, d\tau}$$

(17.17)

上式分母是個三重積分，計算起來十分困難。但幸運的是，要估計多個參數，我們還有 MCMC 與 Gibbs 抽樣可用。在此我們假定：本例中的三個參數彼此之間是獨立的。

**問 26**　能再解釋一次 Gibbs 抽樣是什麼嗎？

**答**：Gibbs 抽樣最關鍵的一項特色就是允許分析者對多個參數進行抽樣計算（如本例的 $b_0$、$b_1$ 和 $\tau$）。使用此方法時，在每輪 MCMC 試驗（trial，即一輪的 MCMC 流程，以本例而言，其中有 3 個參數，因此一輪當中做了 3 次抽樣，每個參數一次），我們會依次處理每個參數（例如：先處理 $b_0$ 的後驗、再處理 $b_1$、最後是 $\tau$）；且當處理某特定參數時（如：$b_0$），其它兩參數的值（即 $b_1$ 和 $\tau$）就變成了**前提條件**，以此類推。

試驗過程裡，我們先以貝氏定理計算目標參數的後驗分佈，接著再從這個新分佈中抽選一個建議參數值，完成之後再處理下一個參數（仍在同一次試驗中；說得更清楚一點，以本例而言，$b_0$、$b_1$、$\tau$ 在單次試驗裡各會被處理一遍）。在重複多次 MCMC 試驗後，各回合的建議參數值便能被拿來**估計**聯合後驗分佈、以及各參數的邊際後驗分佈。Gibbs 抽樣是第 16 章的主題 － 如果你對上面提到的東西失憶了，那麼在繼續讀下去以前，請務必回顧第 16 章的內容！

在每輪試驗中，Gibbs 抽樣可利用貝氏共軛關係（請參考第 16 章）得到目標參數的後驗分佈，目標以外的參數則當成前提條件。

第 16 章有說過，共軛解就是能快速把先驗更新為後驗分佈的捷徑。雖然該捷徑的計算仍是以貝氏定理為核心，但能為我們免去處理複雜積分的麻煩。

還記得我們曾以共軛關係和 Gibbs 抽樣解決楓糖問題嗎？這裡將共軛解總結成圖 17.13，其中的 $x_i$ 代表資料。

- 左側紅框處理的是**已知**常態分佈參數 $\tau$ 的情況，要估計的目標是未知平均值 $\mu$。$\mu$ 的先驗為具有 $\mu_0$ 和 $\tau_0$ 超參數的常態分佈，找出後驗超參數所需的計算（也就是共軛捷徑）則列在下方的格子中。
- 右側紅框處理的是**已知**常態分佈參數 $\mu$ 的情況，此時的估計目標是未知精密度 $\tau$。$\tau$ 的先驗為具有 $\alpha_0$ 和 $\beta_0$ 超參數的 gamma 分佈，找出後驗超參數所需的共軛計算列在下方的格子中：

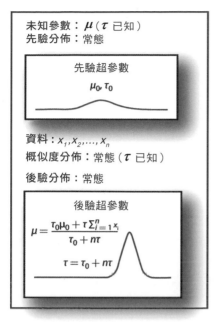
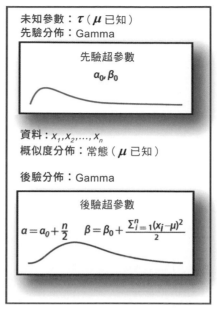

圖 17.13

以上共軛解適用於分佈為 $N(\mu, \tau)$ 的變數；若要將其套用在線性迴歸問題中，還需做一些修正才行。就本章的範例而言，我們的變數分佈為 $N(b_0 + b_1 x, \tau)$，其中包含三個未知參數。對每一個參數而言，我們皆需指定一個先驗分佈，並在每回合 MCMC 試驗中利用貝氏共軛關係將先驗 pdf 更新成後驗 pdf。

 ??

問 27　那麼該怎麼修正上述的共軛解呢？

答：在進入細節以前，讓我們先介紹一下整個流程，好讓讀者有個概念（見圖 17.14）。

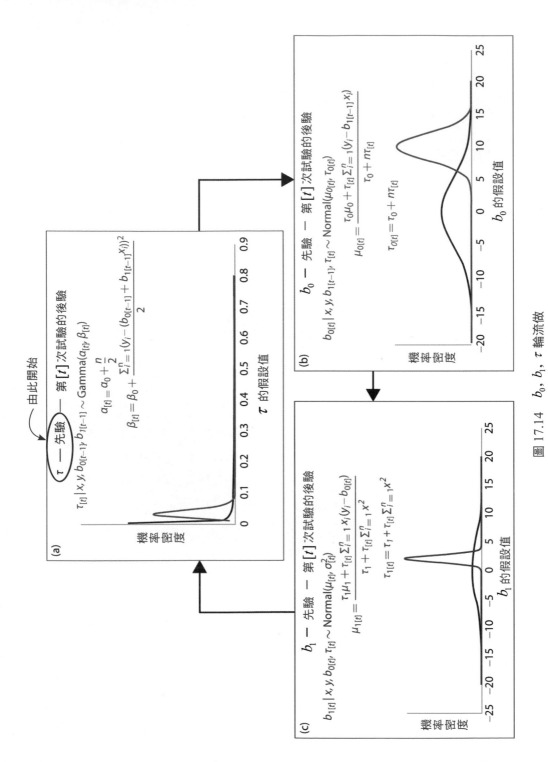

圖 17.14　$b_0$, $b_1$, $\tau$ 輪流做

現在來仔細研究一下圖 17.14。圖中共有三個方框，分別對應到不同的未知參數 ($b_0$、$b_1$、$\tau$)，且三者由黑色箭頭相連，表示計算的順序。我們必須先設定每一個參數的先驗分佈，在圖中以黑色曲線表示。在每一回合的 MCMC 試驗裡，分析者皆需透過貝氏共軛解將先驗 pdf 更新為後驗 pdf，其對應的後驗分佈曲線在圖 17.14 中分別以不同顏色示意 (藍色對應 $b_0$、紅色對應 $b_1$、綠色對應 $\tau$)。

整個流程的大方向是：我們先以上一輪的 $b_{0[t-1]}$ 和 $b_{1[t-1]}$ 為前提條件，找出第 [$t$] 次試驗時 $\tau$ 的後驗分佈為何，並從中抽選建議假設 $\tau_{[t]}$ (見圖 17.14(a) 的綠色方框。如果是一開始，$t = 0$，則 $t-1$ 時的 $b_0$、$b_1$ 必須由人為指定 (見第 17-36 頁)，這也就是由專家會議共識得到的起始值)。接著進入以 $b_0$ 為主的藍色方框 (見圖 17.14(b))；之前得到的 $\tau_{[t]}$ 與上一輪的 $b_{1[t-1]}$ 成了此處的前提，目標則是找出第 [t] 次試驗時 $b_0$ 的後驗分佈，並從中抽選建議假設 $b_{0[t]}$。最後來到以 $b_1$ 為主的紅色方框 (見圖 17.14(c))，這裡要以前面抽出的 $\tau_{[t]}$ 與 $b_{0[t]}$ 為前提，找出 $b_1$ 的後驗分佈，再從中抽選建議假設 $b_{1[t]}$；此步驟完成後，我們將再度回到綠色方框中進行第 [$t+1$] 次試驗。整個分析過程就是不斷重複上述循環，且每一輪循環皆代表一次 MCMC 試驗。

下面，我們來討論圖 17.14(a) 綠色方框的細節：

- **綠色方框的討論對象是參數 $\tau$**。前面已經提過，我們的先驗分佈是超參數為 $\alpha_0 = 0.01$、$\beta_0 = 0.01$ 的 gamma 分佈 (見圖 17.11)；以上數值在每一次試驗中皆相同。現在假設你有來自**前一輪** MCMC 試驗 (以 [$t-1$] 表示) 的 $b_0$ 和 $b_1$ 假設，那麼第 [$t$] 次 MCMC 試驗的參數 $\tau$ 的後驗將會是另一個 gamma 分佈，其超參數 $\alpha_{[t]}$、$\beta_{[t]}$ **可藉由下面的更新公式計算出來**：

$$\alpha_{[t]} = \alpha_0 + \frac{n}{2} \qquad (17.18)$$

$$\beta_{[t]} = \beta_0 + \frac{\sum_{i=1}^{n}\left(y_i - \left(b_{0[t-1]} + b_{1[t-1]}x_i\right)\right)^2}{2} \qquad (17.19)$$

- 注意！$\alpha_{[t]}$ 只和 $\alpha_0$ 與樣本數 $n$ 有關，因此其在整個 MCMC 過程中將維持常數。

- 17.19 式中的 $y_i$ 代表參賽者 **ID** $= i$ 在生存遊戲中的留存天數 ($i = 1$ 到 $n$)，而 $x_i$ 則是參賽者 $i$ 受正規教育的年數。

- 請仔細觀察 $\beta_{[t]}$ 更新公式 (17.19 式) 中的分子，此部分的正式名稱為**誤差平方和** (Sum of Squared Errors, SSE)。我們先以 17.10 式算出每個資料點的誤差，然後再將每個誤差取平方後加總，便可得到 SSE。

- 算出 $\alpha_{[t]}$、$\beta_{[t]}$ 以後，我們會從該後驗分佈中抽選一個建議假設，並且**接受**之。上述假設即 $\tau_{[t]}$。

**接下來，我們移動到圖 17.14(b) 藍色方框的部分，此框的討論對象為參數** $b_0$，所用前提條件則是 $\tau_{[t]}$ 和 $b_{1[t-1]}$。

- $b_0$ 的先驗是超參數 $\mu_0 = 0$、$\tau_0 = 0.0001$ 的常態分佈，這些數值在每一輪 MCMC 試驗中皆相同 (請讀者務必留意參數的下標！)。現在假定我們已有本輪的假設 $\tau_{[t]}$、與上一輪的假設 $b_{1[t-1]}$，則參數 $b_0$ 的後驗將會是另一個常態分佈，其超參數 $\mu_{0[t]}$、$\tau_{0[t]}$ 可藉由以下更新公式計算而得：

$$\mu_{0[t]} = \frac{\tau_0\mu_0 + \tau_{[t]}\sum\left(y_i - b_{1[t-1]}x_i\right)}{\tau_0 + n\tau_{[t]}} \qquad (17.20)$$

$$\tau_{0[t]} = \tau_0 + n\tau_{[t]} \qquad (17.21)$$

- 和之前一樣，$y_i$ 代表參賽者 $i$ ($i = 1$ 到 $n$) 在生存遊戲中的成功指數 (留存天數)，$x_i$ 則是參賽者 $i$ 受正規教育的年數。

- 得到 $\mu_{0[t]}$ 與 $\tau_{0[t]}$ 以後，我們會從該後驗分佈中抽選出建議假設 $b_{0[t]}$ 並**接受**之。

**然後請將注意力移到圖 17.14(c) 紅色方框上，此處的討論對象是參數 $b_1$，前提條件為假設值 $\tau_{[t]}$ 和 $b_{0[t]}$：**

- $b_1$ 的先驗是超參數 $\mu_1 = 0$、$\tau_1 = 0.0001$ 的常態分佈，以上數值在每一次 MCMC 試驗中皆相同 (請留意參數的下標！)。假定已知本輪的建議假設 $\tau_{[t]}$ 與 $b_{0[t]}$，則 $b_1$ 的後驗就是另一個常態分佈，其超參數 $\mu_{1[t]}$、$\tau_{1[t]}$ 的**更新公式如下：**

$$\mu_{1[t]} = \frac{\tau_1 \mu_1 + \tau_{[t]} \sum x_i \left( y_i - b_{0[t]} \right)}{\tau_1 + \tau_{[t]} \sum x_i^2} \tag{17.22}$$

$$\tau_{1[t]} = \tau_1 + \tau_{[t]} \sum x_i^2 \tag{17.23}$$

- 和前面一樣，$y_i$ 代表參賽者 $i$ 在生存遊戲中的留存天數 ($i = 1$ 到 $n$)，$x_i$ 是參賽者 $i$ 受正規教育的年數。

- 算得 $\mu_{1[t]}$、$\tau_{1[t]}$ 後，便可從該後驗分佈中抽選出建議假設 $b_{1[t]}$，並且**接受之。**

在這之後，我們會回到綠色方框中，並進入下一輪的 MCMC 循環；上述過程一般要重複好幾次 (可能產生上千次 MCMC 試驗)。在本例中，我們的目標便是去記錄未知參數的建議假設：$b_{0[t]}$、$b_{1[t]}$ 與 $\tau_{[t]}$。為方便起見，本章會多次呈現圖 17.14 的各部份。

---

根據單一參數之建議假設所繪製的直方圖，即代表該參數的邊際後驗分佈。若考慮三個參數的組合，則可得到聯合後驗分佈。

---

在此鼓勵大家去研究本書附錄 A4 中與共軛解有關的內容，你會發現其基礎即是貝氏定理 (這一點很容易忘記！)。總而言之，在每一輪的 MCMC 分析中，我們都需透過共軛關係將目標參數的先驗分佈更新為後驗，並從中隨機抽出建議假設。

**問 28**　瞭解！那麼可以開始計算了嗎？

**答**：稍等一下！我們確實已經完成『以 MCMC ＋ Gibbs 抽樣進行貝氏迴歸分析』的預備工作了，但為了讓讀者更清楚接下來要做的事，本書準備了表 17.4 － 這裡假定整個 MCMC 共包含 10 次試驗，而我們的目標便是將取得的建議假設填入對應的顏色中，並藉此得到所求後驗分佈：

**表 17.4**

| 試驗次數 | $b_0$ | $b_1$ | $\tau$ |
|---|---|---|---|
| 1 | - | - | - |
| 2 | | | |
| 3 | | | |
| 4 | | | |
| 5 | | | |
| 6 | | | |
| 7 | | | |
| 8 | | | |
| 9 | | | |
| 10 | - | | |

**問 29**　現在可以開始進行 **Gibbs** 抽樣了吧？

打起精神！
要開始計算了！

讓我們先建立一張表格，其中不只儲存目標參數值，還包括用來存放超參數的輔助欄位 (見表 17.5)。由於接下來的討論重點是瞭解 Gibbs 抽樣的機制，故此處同樣只進行 10 次試驗：

**表 17.5**

| 資訊 | | $b_0$ 建議分佈 | | | $b_1$ 建議分佈 | | | $\tau$ 建議分佈 | | | |
|---|---|---|---|---|---|---|---|---|---|---|---|
| | | 超參數 | | | 超參數 | | | | 超參數 | | |
| 試驗次數 $[t]$ | $n$ | $\mu_{0[t]}$ | $\tau_{0[t]}$ | $b_{0[t]}$ | $\mu_{1[t]}$ | $\tau_{1[t]}$ | $b_{1[t]}$ | $SSE_{[t]}$ | $\alpha_{[t]}$ | $\beta_{[t]}$ | $\tau_{[t]}$ |
| 0 | 15 | 0.000 | 0.0001 | | 0.000 | 0.0001 | | | 0.010 | 0.010 | |

仔細研究一下表 17.5，各位很快就會知道它有多好用了。該表共有四個大區塊：

1. 『資訊』欄位組記錄 MCMC 的試驗次數 $[t]$、以及樣本數 $n$ (即 15 個來自《我要活下去》節目的資料點)。

2. 『$b_0$ 建議分佈』欄位組 (包含第 3 到第 5 欄) 存放未知參數 $b_0$ (所求模型的截距) 有關的訊息。**注意！第 0 次試驗中的超參數就代表 $b_0$ 的先驗分佈**；若讀者還記得的話，這是一個平均值為 $\mu_0 = 0$、精密度 $\tau_0 = 0.0001$ 的常態分佈 (見圖 17.9)。在每一次試驗中 (這裡指第 1 到第 10 次試驗，表 17.5 中尚未顯示)，我們都會將 $b_0$ 的先驗分佈更新為後驗，再從該後驗中抽出一個建議假設，並放進表 17.5 的藍色欄位中。

3. 『$b_1$ 建議分佈』欄位組 (包含第 6 到 8 欄) 記錄未知參數 $b_1$ (所求模型的斜率) 有關的訊息。**注意！第 0 次試驗中的超參數代表 $b_1$ 的先驗分佈**；回想一下，這是一個平均值為 $\mu_1 = 0$、精密度 $\tau_1 = 0.0001$ 的常態分佈 (見圖 17.10)。在每一次試驗中 (指第 1 到 10 次試驗，表中未顯示)，我們都會將 $b_1$ 的先驗更新為後驗，再從該後驗中抽出一個建議假設，並儲存到表 17.5 的紅色欄位中。

4. 最後的欄位組標籤為『$\tau$ 建議分佈』，其內記錄未知參數 $\tau$（所求模型的精密度）有關的訊息。**注意！第 0 次試驗中的超參數代表 $\tau$ 的先驗分佈**；如前所述，這是一個 $\alpha_0 = 0.01$、$\beta_0 = 0.01$ 的 gamma 分佈（見圖 17.11）。在每一次試驗中（1 到 10 次試驗，表中未顯示），$\tau$ 的先驗都會被更新為後驗；該過程涉及誤差平方和的計算，我們會將此資訊記錄下來當做參考。然後，從上述後驗中抽出一個建議假設，並存進表 17.5 的綠色欄位中。

**請花一些時間熟悉以上表格。**第一，確保你知道本例中三個未知參數的先驗超參數位於何處 — 這些超參數被記錄在第 0 次試驗中；這並非傳統做法 ... 只是方便各位將表格中的數字與內文敘述對應起來而已。其次，請確定你瞭解：在抽出建議假設之後，我們會將其記錄在對應的顏色方格中（$b_0$ 的建議假設放藍色、$b_1$ 放紅色、$\tau$ 放綠色）。

為開啟 MCMC 程序，這裡得先決定三個待估計參數的起始值，如下：

- $b_0 = 6.000$
- $b_1 = 0.3000$
- $\tau = NA$（先不給值）

有了 $b_0$ 和 $b_1$ 的合理起始值，各位很快就會知道如何決定 $\tau$ 的起始值了。現在，將它們填進表格中（見表 17.6）：

**表 17.6**

| 資訊 | $b_0$ 建議分佈 | | | $b_1$ 建議分佈 | | | $\tau$ 建議分佈 | | | |
|---|---|---|---|---|---|---|---|---|---|---|
| | 超參數 | | | 超參數 | | | | 超參數 | | |
| 試驗次數 $[t]$　$n$ | $\mu_{0[t]}$ | $\tau_{0[t]}$ | $b_{0[t]}$ | $\mu_{1[t]}$ | $\tau_{1[t]}$ | $b_{1[t]}$ | $SSE_{[t]}$ | $\alpha_{[t]}$ | $\beta_{[t]}$ | $\tau_{[t]}$ |
| 0　　　15 | 0.000 | 0.0001 | 6.000 | 0.000 | 0.0001 | 0.3000 | | 0.010 | 0.010 | NA |

第 0 次的值是人為
指定的（起始值）

一旦**確定了模型在第 0 次試驗中的參數**，我們便能算出**第 0 次試驗**的誤差平方和 (SSE，即給定模型時，每個誤差項的平方總和)。首先，找出：在第 0 次試驗的參數下，模型給出的預測 $y_i$ 值 (預測的成功指數) 為何：

$$預測 \ y_{i[0]} = b_{0[0]} + b_{1[0]} * x_i \tag{17.24}$$

$$預測 \ y_{i[0]} = 6.000 + 0.3000 * 受教育年數_i \tag{17.25}$$

接下來，計算第 0 次試驗中，每一筆觀測的誤差是多少：

$$
\begin{aligned}
誤差_{i[0]} &= y_i - \left( b_{0[0]} + b_{1[0]} * 受教育年數_i \right) \\
&= y_i - \left( 6.000 + 0.3000 * 受教育年數_i \right)
\end{aligned}
\tag{17.26}
$$

17.26 式是個線性方程式，也是我們用來預測成功指數的數學模型。接下來就要預測 15 位參賽者成功指數 $y_i$ 與數據中成功指數的誤差，以及誤差平方，如表 17.7 所示：

**表 17.7**

| ID | 成功指數 | 受教育年數 | 模型預測[0] | 誤差[0] | 誤差平方[0] |
|----|---------|-----------|------------|---------|------------|
| 1 | 33.48 | 12 | 9.600 | 23.880 | 570.254 |
| 2 | 42.53 | 14 | 10.200 | 32.330 | 1045.229 |
| 3 | 48.53 | 18 | 11.400 | 37.130 | 1378.637 |
| 4 | 30.21 | 10 | 9.000 | 21.210 | 449.864 |
| 5 | 38.76 | 13 | 9.900 | 28.860 | 832.900 |
| 6 | 38.59 | 22 | 12.600 | 25.990 | 675.480 |
| 7 | 52.93 | 17 | 11.100 | 41.830 | 1749.749 |
| 8 | 32.65 | 15 | 10.500 | 22.150 | 490.623 |
| 9 | 52.42 | 16 | 10.800 | 41.620 | 1732.224 |

→ 續下頁

| 10 | 22.22 | 9 | 8.700 | 13.520 | 182.790 |
| 11 | 41.40 | 19 | 11.700 | 29.700 | 882.090 |
| 12 | 16.28 | 8 | 8.400 | 7.880 | 62.094 |
| 13 | 40.83 | 20 | 12.000 | 28.830 | 831.169 |
| 14 | 24.43 | 11 | 9.300 | 15.130 | 228.917 |
| 15 | 56.38 | 21 | 12.300 | 44.080 | 1943.046 |
| | | | | | **13055.067** |

編註：將每一位參賽者的受教育年數分別代入 17.25 式，即可算出預測值，例如將 **ID = 1** 的『受教育年數』（12 年）代入可得 **6 + 0.3 * 12 = 9.6**，此即為『模型預測』欄位的第一個值。再用『成功指數』（33.48）代入 17.26 式，即可得到『誤差』欄位值。再將『誤差』欄位值取平方，即可得到『誤差平方』欄位值。可參考補充資源 Ch17 試算表.xlsx。

最後加總 15 個『誤差平方』欄位值就可得到誤差平方和 13055.067，我們可以將其記錄在第 0 次試驗的 $SSE_{[t]}$ 欄位中，見表 17.8：

**表 17.8**

| 資訊 | $b_0$ 建議分佈 | | | $b_1$ 建議分佈 | | | $\tau$ 建議分佈 | | | |
| | 超參數 | | | 超參數 | | | 超參數 | | | |
| 試驗次數 $[t]$ | $n$ | $\mu_{0[t]}$ | $\tau_{0[t]}$ | $b_{0[t]}$ | $\mu_{1[t]}$ | $\tau_{1[t]}$ | $b_{1[t]}$ | $SSE_{[t]}$ | $\alpha_{[t]}$ | $\beta_{[t]}$ | $\tau_{[t]}$ |
| 0 | 15 | 0.000 | 0.0001 | 6.000 | 0.000 | 0.0001 | 0.3000 | 13055.067 | 0.010 | 0.010 | NA |

## 計算 $\tau$ 的後驗超參數

哈囉！大家還醒著嗎？我們要進入第 1 次試驗囉 － 也就是 $t = 1$。在第 1 次試驗中，最先開始探討的是未知的精準度參數 $\tau$，請回顧問 27 的圖 17.14(a)，下面我們單獨看這個部分：

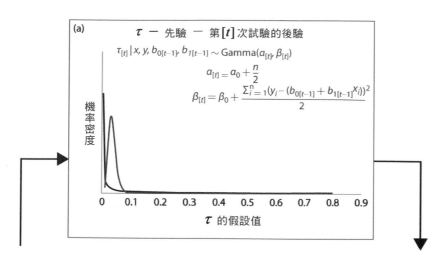

圖 17.15

上圖中，$\tau$ 的先驗是超參數為 $\alpha_0 = 0.01$、$\beta_0 = 0.01$ 的 gamma 分佈。假定我們已有來自上一次 MCMC 試驗的 $b_0$ 和 $b_1$（兩者皆有中括號下標 $[t-1]$，即 $b_{0[t-1]}$、$b_{1[t-1]}$），則第 $[t]$ 次 MCMC 試驗中 $\tau$ 值的後驗將是另一個 gamma 分佈，其超參數 $\alpha_{[t]}$、$\beta_{[t]}$ 等於：

$$\alpha_{[t]} = \alpha_0 + \frac{n}{2} = 0.01 + \frac{15}{2} = 7.510 \tag{17.27}$$

$$\begin{aligned}\beta_{[t]} &= \beta_0 + \frac{\sum_{i=1}^{n}\left(y_i - \left(b_{0[t-1]} + b_{1[t-1]}x_i\right)\right)^2}{2} \\ &= \beta_0 + \frac{\text{SSE}_{[t-1]}}{2} = 0.010 + \frac{13055.067}{2} = 6527.543\end{aligned} \tag{17.28}$$

這就是第 1 次試驗中，未知參數 $\tau$ 的後驗 gamma pdf 了（以 $b_{0[t-1]}$ 和 $b_{1[t-1]}$ 為前提條件）。然後，我們要從該 pdf 中隨機抽選出一個建議假設 – 這裡假定該假設值為 0.001；**現在接受該建議假設並將其記錄到表格中**，見表 17.9：

表 17.9

| 資訊 | $b_0$ 建議分佈 | | | $b_1$ 建議分佈 | | | $\tau$ 建議分佈 | | | |
|---|---|---|---|---|---|---|---|---|---|---|
| | 超參數 | | | 超參數 | | | 超參數 | | | |
| 試驗次數 $[t]$ | $n$ | $\mu_{0[t]}$ | $\tau_{0[t]}$ | $b_{0[t]}$ | $\mu_{1[t]}$ | $\tau_{1[t]}$ | $b_{1[t]}$ | $SSE_{[t]}$ | $\alpha_{[t]}$ | $\beta_{[t]}$ | $\tau_{[t]}$ |
| 0 | 15 | 0.000 | 0.0001 | 6.000 | 0.000 | 0.0001 | 0.3000 | 13055.067 | 0.010 | 0.010 | NA |
| 1 | 15 | | | | | | | | 7.51 | 6527.543 | 0.001 |

## 計算 $b_0$ 的後驗超參數

現在跟著圖 17.14(a) 的黑色箭頭走，把注意力轉移到 $b_0$ 的第 1 次試驗上了 (見圖 17.16)：

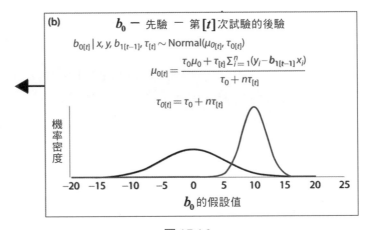

圖 17.16

$b_0$ 的先驗是常態分佈，具有超參數 $\mu_0 = 0$、$\tau_0 = 0.0001$。假定我們已有來自上一輪的 $b_1$ 假設值 (即 $b_{1[t-1]}$) 與本輪的 $\tau$ 假設值 (即 $\tau_{[t]}$)，則第 $[t]$ 次 MCMC 試驗的 $b_0$ 後驗分佈將會是另一個常態分佈，其超參數 $\mu_{0[t]}$、$\tau_{0[t]}$ 等於：

$$\mu_{0[t]} = \frac{\tau_0 \mu_0 + \tau_{[t]} \sum \left(y_i - b_{1[t-1]} x_i\right)}{\tau_0 + n\tau_{[t]}} = \frac{0.0001 * 0 + 0.001 \sum \left(y_i - 0.3000 * x_i\right)}{0.0001 + 15 * 0.001} = 33.387$$

(17.29)

$$\tau_{0[t]} = \tau_0 + n\tau_{[t]} = 0.0001 + 15 * 0.001 = 0.0151 \qquad (17.30)$$

這就是第 1 次試驗中，未知參數 $b_0$ 的後驗常態 pdf 了 (以 $\tau_{[t]}$ 和 $b_{1[t-1]}$ 為前提條件)。接下來，我們要從上述 pdf (平均值為 33.387、精密度為 0.0151 的常態分佈) 中隨機抽選一個建議假設 — 這裡假定該假設值為 31.888；**現在接受該建議假設並將其記錄到表格中**，見表 17.10：

**表 17.10**

| 資訊 | $b_0$ 建議分佈 | | | $b_1$ 建議分佈 | | | $\tau$ 建議分佈 | | |
|---|---|---|---|---|---|---|---|---|---|
| 試驗 | 超參數 | | | 超參數 | | | 超參數 | | |
| 次數 [t] | $n$ | $\mu_{0[t]}$ | $\tau_{0[t]}$ | $b_{0[t]}$ | $\mu_{1[t]}$ | $\tau_{1[t]}$ | $b_{1[t]}$ | $SSE_{[t]}$ | $\alpha_{[t]}$ | $\beta_{[t]}$ | $\tau_{[t]}$ |
| 0 | 15 | 0.000 | 0.0001 | 6.000 | 0.000 | 0.0001 | 0.3000 | 13055.067 | 0.010 | 0.010 | NA |
| 1 | 15 | 33.387 | 0.0151 | 31.888 | | | | | 7.51 | 6527.543 | 0.001 |

## 計算 $b_1$ 的後驗超參數

接著再順著圖 17.14(b) 的黑色箭頭轉移到圖 17.14(c)，請看下圖 (圖 17.17)：

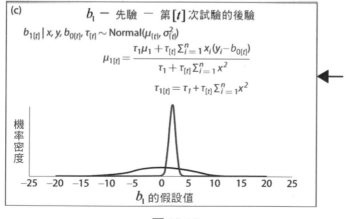

圖 17.17

這是 $b_1$ 的第 1 次試驗。$b_1$ 的先驗分佈是超參數為 $\mu_1 = 0$、$\tau_1 = 0.0001$ 的常態分佈。假定我們已經知道本輪的 $b_0$ 假設值（即 $b_{0[t]}$）與 $\tau$ 假設值（即 $\tau_{[t]}$），則第 $[t]$ 次 MCMC 試驗的 $b_1$ 後驗分佈即另一個常態分佈，其超參數 $\mu_{1[t]}$、$\tau_{1[t]}$ 相當於：

$$\mu_{1[t]} = \frac{\tau_1\mu_1 + \tau_{[t]}\sum x_i\left(y_i - b_{0[t]}\right)}{\tau_1 + \tau_{[t]}\sum x_i^2} = \frac{\tau_1\mu_1 + 0.001\sum x_i\left(y_i - 33.388\right)}{\tau_1 + 0.001\sum x_i^2} = 0.538$$

(17.31)

$$\tau_{1[t]} = \tau_1 + \tau_{[t]}\sum x_i^2 = \tau_1 + 0.001\sum x_i^2 = 3.6500$$

(17.32)

以上即是未知參數 $b_1$ 在第 1 次試驗中的後驗常態 pdf，該結果完全以本輪的 $b_0$ 與 $\tau$ 假設值為前提。然後，我們會從該 pdf（平均值為 0.538、精密度為 3.6500 的常態分佈）中隨機抽出一建議假設 – 這裡假定該假設值為 –0.180（ 編註: $b_1$ 是常態分佈，可以抽出負值）；**現在接受該建議假設**，並將其記錄到表 17.11。

在得到更新過的 $b_0$ 與 $b_1$ 以後，便可以計算第 1 次試驗的 $\text{SSE}_{[1]} = 3341.533$ 了，同樣記錄到表 17.11：

**表 17.11**

| 資訊 | $b_0$ 建議分佈 | | | $b_1$ 建議分佈 | | | $\tau$ 建議分佈 | | | |
| --- | --- | --- | --- | --- | --- | --- | --- | --- | --- | --- |
| 試驗次數 $[t]$ | 超參數 | | | 超參數 | | | | 超參數 | | |
| | $n$ | $\mu_{0[t]}$ | $\tau_{0[t]}$ | $b_{0[t]}$ | $\mu_{1[t]}$ | $\tau_{1[t]}$ | $b_{1[t]}$ | $\text{SSE}_{[t]}$ | $\alpha_{[t]}$ | $\beta_{[t]}$ | $\tau_{[t]}$ |
| 0 | 15 | 0.000 | 0.0001 | 6.000 | 0.000 | 0.0001 | 0.3000 | 13055.067 | 0.010 | 0.010 | NA |
| 1 | 15 | 33.387 | 0.0151 | 31.888 | 0.538 | 3.6500 | -0.180 | 3341.533 | 7.51 | 6527.543 | 0.001 |

---

| 編註 : | **如何算出第 1 次試驗的** $SSE_{[1]}$ |

經過這一輪的計算之後，我們得到新的超參數，所以原本的模型預測的公式 (17.24 式) 要改寫為：

$$預測\ y_{i[0]} = b_{0[1]} + b_{1[1]} * x_i \qquad (17.33)$$

$$預測\ y_{i[0]} = 31.888 + (-0.180) * 受教育年數_i \qquad (17.34)$$

因此原本表 17.7 除了前三欄不變，後面的欄位就要重新算過 (可參考補充資源 Ch17 試算表.xlsx)，即可得到 $SSE_{[1]}$。

---

> 信不信由你，我們已經完成完整的一輪 MCMC 試驗了。而我還很清醒，你們呢？

緊接著，我們會進入第 2 輪試驗：

1. 先利用第 1 輪的 SSE 算出參數 $\tau$ 在第 2 次試驗中的後驗 gamma 分佈超參數 ( 編註 : 就是將新的 SSE 套進 17.19 式的分子，算出 $\beta_{[2]}$，以及用 17.18 式算出 $\alpha_{[2]}$ )，再從中隨機抽出假設值 $\tau_{[2]}$ (對應圖 17.15)。

2. 有了 $\tau_{[2]}$，我們便可用該假設值與 $b_{1[1]}$ 計算第 2 次試驗裡 $b_0$ 的後驗常態分佈超參數，並從中得到隨機假設值 $b_{0[2]}$ (圖 17.16)。

3. 最後，使用 $\tau_{[2]}$ 和 $b_{0[2]}$ 來更新第 2 輪試驗中的 $b_1$ 後驗超參數，再從該後驗分佈中抽得 $b_{1[2]}$ (圖 17.17)，依此類推。

如此一輪一輪的計算，總共做 10 輪。

**問 30** 天啊！一大堆下標和計算，處理起來不會太複雜嗎？

**答**：確實很複雜！幸運的是，藉由現代電腦的輔助，懂程式語言的人可自行將 MCMC 轉化為程式。即使不會也沒關係，只要準備好下列東西，市面上也有許多套裝軟體能替你完成計算：

1. 資料集
2. 關於模型的描述
3. 所有未知模型參數的先驗分佈
4. 概似函數
5. 瞭解如何使用手上的軟體

**問 31** 貝氏定理在上述過程中扮演的角色為何？

**答**：各位應該曉得本問題的答案吧？本書之前已花了三個章節的篇幅來介紹貝氏共軛，而這也是我們在本章中所用的技巧 (見圖 17.14 中用到的捷徑)。請記住！所謂的『共軛分佈』，就是當獲得新資料時能透過解析方式更新、且過程中毋須直接使用貝氏定理的分佈。換句話說，雖然這種分佈的更新看起來和貝氏定理無關，但兩者在解析上是等價的。

**問 32** 傑曼兄弟 (第 16 章問 13) 是上述方法的發明人嗎？

**答**：傑曼兄弟發明了 Gibbs 抽樣，並將其應用在影像修復領域。但兩人並未說明：如何將 Gibbs 抽樣用於 MCMC 中以完成**參數估計**；該技術最早見於**艾倫・格爾凡德**（Alan Gelfand）和**亞德里安・史密斯**（Adrian Smith）的開創性論文中，開啟了現代貝氏理論的革命，讓一般人也能估算出統計模型中未知參數的後驗機率密度為何。

> A. E. Gelfand and A. F. M. Smith. "Sampling-based approaches to calculating marginal densities." *Journal of the American Statistical Association* 85.410 (1990): 398-409.

以上文章還有比較簡單易懂的版本：

> A. F. M. Smith and A. E. Gelfand. "Bayesian statistics without tears: A sampling-resampling perspective." *The American Statistician* 46.2: 84-8. Stable URL: http://www.jstor.org/stable/2684170

在上面第一篇文章的摘要中，兩人寫道：『隨機替換（stochastic substitution）、Gibbs 抽樣器、抽樣－重要性－重抽樣（sampling-importance-resampling）演算法，是三個以抽樣法（或蒙地卡羅法）為基礎、且可相互替代的邊際機率分佈數值估計方法。本文將檢驗這三種方法，並比較它們在各種常見聯合機率結構中的表現。我們尤其會說明：三者在計算不同結構模型的貝氏後驗密度中扮演什麼角色。』

第二篇文章的摘要則是：『由於所有貝氏定理問題（除了那些最簡單的應用）皆涉及數值積分，許多人根本不敢透過此定理進行統計計算，即使是那些最早採用貝氏定理的人亦是如此。另外，從教學的觀點來看，就算課程中確實提到了貝氏統計，其計算的困難度也會對學習產生極大的限制。在本篇文章中，我們會從簡單的抽樣－重抽樣（sampling-resampling）角度探討貝氏推論；這種做法不但有利於教學，還提供了一種易於實現的計算策略。』

## 問 33　為什麼 MCMC 能顯示個別參數的邊際密度？

**答**：一起思考一下這個問題吧。

在每一次的 MCMC 試驗中，我們都分別從 $b_0$、$b_1$ 和 $\tau$ 的後驗分佈裡得到一個樣本（ 譯註：即建議假設）；且當討論某一個未知參數時，另外兩者皆被視為**固定**數值、或者說是計算的**前提條件**。也就是說，對任意一次試驗而言，決定一個參數的隨機樣本時，需把其它兩參數當成**前提**；但若把所有 MCMC 試驗合起來考慮，則我們實際上已探索了目標參數的完整樣本空間。因為上述原因，MCMC 鏈足以顯示出每個參數的邊際分佈為何。

## 問 34　全部 10 次試驗的結果長什麼樣子呢？

**答**：結果已列在表 17.12 中了（回憶一下，第 0 次試驗存放的是每個未知參數的先驗分佈，除了 $\tau_{[0]}$）。

**表 17.12**

| 資訊 | $b_0$ 建議分佈 | | | $b_1$ 建議分佈 | | | $\tau$ 建議分佈 | | | |
|---|---|---|---|---|---|---|---|---|---|---|
| 試驗 | 超參數 | | | 超參數 | | | | 超參數 | | |
| 次數 $[t]$　$n$ | $\mu_{0[t]}$ | $\tau_{0[t]}$ | $b_{0[t]}$ | $\mu_{1[t]}$ | $\tau_{1[t]}$ | $b_{1[t]}$ | $SSE_{[t]}$ | $\alpha_{[t]}$ | $\beta_{[t]}$ | $\tau_{[t]}$ |
| 0　15 | 0.000 | 0.0001 | 6.000 | 0.000 | 0.0001 | 0.3000 | 13055.067 | 0.010 | 0.010 | NA |
| 1　15 | 33.387 | 0.0151 | 31.888 | 0.538 | 3.6500 | -0.180 | 3341.533 | 7.510 | 6527.543 | 0.001 |
| 2　15 | 40.719 | 0.0450 | 39.885 | 0.045 | 10.9890 | 0.096 | 1984.146 | 7.510 | 1670.776 | 0.003 |
| 3　15 | 36.639 | 0.1200 | 36.121 | 0.277 | 29.4120 | 0.161 | 1762.932 | 7.510 | 992.083 | 0.008 |
| 4　15 | 35.673 | 0.1650 | 36.395 | 0.260 | 40.0000 | 0.201 | 1744.393 | 7.510 | 881.476 | 0.011 |

→ 續下頁

| | | | | | | | | | | |
|---|---|---|---|---|---|---|---|---|---|---|
| 5 | 15 | 35.071 | 0.1500 | 33.245 | 0.454 | 37.0370 | 0.393 | 1549.736 | 7.510 | 872.207 | 0.010 |
| 6 | 15 | 32.171 | 0.0750 | 31.459 | 0.564 | 18.1820 | 0.781 | 1607.288 | 7.510 | 774.878 | 0.005 |
| 7 | 15 | 26.377 | 0.1500 | 24.838 | 0.972 | 37.0370 | 0.613 | 1596.203 | 7.510 | 803.654 | 0.010 |
| 8 | 15 | 28.887 | 0.1050 | 28.780 | 0.729 | 25.6410 | 0.896 | 1399.926 | 7.510 | 798.111 | 0.007 |
| 9 | 15 | 24.660 | 0.2550 | 24.527 | 0.991 | 62.5000 | 1.018 | 1116.588 | 7.510 | 699.973 | 0.017 |
| 10 | 15 | 22.827 | 0.1800 | 18.459 | 1.364 | 43.4780 | 1.352 | 923.707 | 7.510 | 558.304 | 0.012 |

這張表看起來很複雜，但不要忘了，我們真正感興趣的是有顏色標記的欄位，這 3 個欄位呈現的是：MCMC 演算法從特定參數的後驗分佈裡抽取出來的建議假設（另外兩參數為**前提條件**）。編註：我們也注意到 $SSE_{[t]}$（誤差平方和）的數值也隨試驗的次數而逐漸降低。

 ?₂

## 問 35　怎麼確定 MCMC 的結果是好是壞呢？

**答：**如前幾章所述，我們必須仔細評估 MCMC 所產生的後驗分佈，並執行一些診斷作業。一般而言，分析者會把 MCMC 試驗的次數設定成好幾千次，然後把頭幾次（例如前 1000 次）的試驗結果捨棄掉，這樣的標準流程稱為**拋棄**（burn-in）。

接下來，最常見的一種診斷測試是去分析結果的軌跡圖。現在假設本例的 MCMC 共做了 20,000 次試驗，其中前 5000 次被**拋棄**（burn-in）、且我們只取每隔一次的試驗結果（這稱為：**修剪** pruning）。在討論下去之前，先來看看經過拋棄和修剪後，前 100 次 MCMC 試驗的軌跡圖（圖 17.18）：

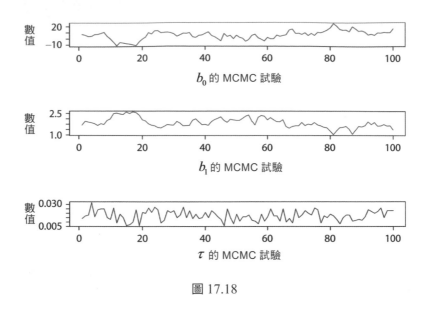

圖 17.18

有許多診斷技術可幫你判定這些結果是否有效。在此，我們期望看到本例的建議假設來自完整的後驗分佈空間，才不會掛一漏萬，使得有些區域沒探索到。

可以看到上圖記錄了非常多次的 MCMC 試驗；要想讓估計結果收斂成合理的後驗分佈，就必須做大量的試驗，但這也會花上大量的運算時間。執行 MCMC 分析的軟體通常會使用一些技巧來加快得到解答的速度；舉例來說，其或許會將原始資料**標準化** (standardized)，好讓 MCMC 鏈能更有效率的探索後驗分佈空間、並降低所需的試驗數量 (請參考附錄 A5)。不過，本書目的在幫助大家建立基本觀念；若想瞭解更多關於此主題的內容，請務必去閱讀其它更進階的貝氏統計書籍。

??

**問 36**　**該如何總結我們的分析結果呢？**

**答：** 方法不只一種。你可以用直方圖分別呈現每個未知參數 $(b_0, b_1, \tau)$ 的後驗分佈，這相當於各參數的邊際分佈。圖 17.19 就是對 MCMC 試驗進行拋棄和修剪後所得的直方圖。考慮到大家對變異數的熟悉程度可能高於精密度，因此大家可以將 $\tau$ 的建議假設取倒數以得到 $\sigma^2$ 的估計值：

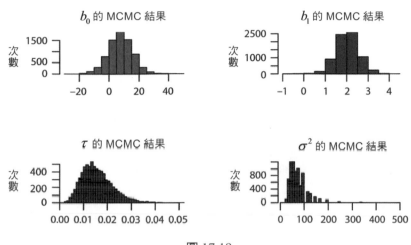

圖 17.19

　**??**

**問 37** 本例的貝氏信賴區間為何呢？

**答：** 讓我們算一下本例中三個參數的 95% 貝氏信賴區間吧。請回顧第 13 章問 16 說過貝氏信賴區間有三種定義的方法。表 17.13 列出了 MCMC 結果的 0.025 (2.5%) 和 0.975 (97.5%) 百分位數 (我們還額外列出第 25、50 和 75 百分位數以做為參考)：

**表 17.13**

| 百分位數 | $b_0$ | $b_1$ | $\tau$ |
|---|---|---|---|
| 2.5% | -9.319 | 1.001 | 0.006 |
| 25% | 2.392 | 1.683 | 0.012 |
| 50% | 7.634 | 2.031 | 0.015 |
| 75% | 13.028 | 2.372 | 0.020 |
| 97.5% | 23.604 | 3.103 | 0.031 |

只要看表 17.13 中第一列和最後一列的數字，我們便能得到所求的 95% 信賴區間。你會發現，斜率參數 $(b_1)$ 在 95% 信賴區間內是正數且不包含 0，這代表『受教育年數』和『生存遊戲的存活天數』之間是正相關。（ 編註: 請再看一次 17.24 式 $y_i = b_0 + b_1 x_i$，若斜率 $b_1$ 在區間內始終為正值，則 $y_i$ 會隨著 $x_i$ 的增加而增加。不過在 95% 信賴區間以外的 $b_1$ 就可能小於 0，這一點從表 17.14 可看出 $b_1$ 最小值為 -0.539)

各位也能用其它方法來總結分析結果。表 17.14 呈現出本例中 MCMC 鏈的幾項常見統計量：

**表 17.14**

|  | 最小值 | 最大值 | 平均值 | 中位數 | 標準差 |
|---|---|---|---|---|---|
| $b_0$ | -28.884 | 49.863 | 7.644 | 7.634 | 8.290 |
| $b_1$ | -0.539 | 4.337 | 2.031 | 2.031 | 0.532 |
| $\tau$ | 0.002 | 0.052 | 0.016 | 0.015 | 0.006 |
| $\sigma$ | 19.231 | 500.000 | 66.667 | 66.667 | 35.042 |

平均值和標準差非常有用，特別是對於參數 $b_0$ 和 $b_1$ 而言，因為兩者的先驗為常態分佈；回顧表 17.5，我們假設常態先驗的平均值為 0、精密度為 0.0001 (換算成標準差是 100)。既然已經執行過一次 MCMC 分析了，其結果即可當成下一次 MCMC 的先驗分佈。事實上，與頻率學派的最大概似 (maximum likelihood) 和最小平方 (least squares) 等做法相比，『能將既有知識納入分析』是貝氏方法最大的好處。

現在，假定我們在明年的《我要活下去》比賽結束後又進行了一次推論，則在此次 MCMC 中，我們就可以直接用上表 17.14 中 $b_0$ 和 $b_1$ 的平均值與標準差做為先驗分佈的超參數：

- $b_0$ 先驗分佈是超參數平均值 7.644、精密度 $\dfrac{1}{8.290^2}$（約等於 0.0146）的常態分佈。

- $b_1$ 先驗分佈是超參數平均值 2.031、精密度 $\dfrac{1}{0.532^2}$（約等於 3.533）的常態分佈。

??

**問 38**　**我們是否能用類似方法算出參數 $\tau$ 在明年 MCMC 中的先驗呢？**

**答：**可以的！如前所述，$\tau$ 的先驗是一個 gamma 分佈（以形狀和比率參數定義）。希望各位還記得，**gamma 分佈的平均值等於**（請回顧 11.13 式）：

$$\mu_\tau = \frac{\alpha}{\beta} \tag{17.35}$$

而後驗分佈的超參數 $\alpha$ 則可由以下方式獲得：

$$\alpha_{後驗} = \alpha_0 + \frac{n}{2} = 0.01 + \frac{15}{2} = 7.51 \tag{17.36}$$

接下來，我們需以表 17.14 中 $\tau$ 的平均值 0.016（記為 $\overline{\tau}$）來估算 $\beta$ 的後驗（將 17.35 式的 $\mu_\tau$ 換成 $\overline{\tau}$），則可得：

$$\beta_{後驗} = \frac{\alpha_{後驗}}{\overline{\tau}} = \frac{7.51}{0.016} = 469.375 \tag{17.37}$$

以上後驗超參數即可當成下次分析時參數 $\tau$ 的 gamma 先驗超參數。$\beta$ 的估算方式不只上面這一種，請讀者自己想一想還能怎麼算。

## 問 39　那麼，本例的線性方程式究竟為何呢？

**答：**好問題！算了半天，很多人可能會忘了我們的目的是什麼了？回過神來，我們的目的是找出最佳的 $b_0$、$b_1$、$\tau$ 的分佈來對 $y(x_i)$ 做出預測。也就是我們想用 $b_0$ 和 $b_1$ 的後驗估計**平均值**(見表 17.14 中的『平均值』欄位) 來預測給定 $x_i$ 時的 $y_i$。我們通常會在預測值的符號上加上一個『帽子』，即 $\hat{y}_i$ (下式的 $\overline{b}_0$、$\overline{b}_1$ 來自表 17.14)：

$$\hat{y}_i = \overline{b}_0 + \overline{b}_1 * x_i \tag{17.38}$$

$$\hat{y}_i = 7.644 + 2.031 * x_i \tag{17.39}$$

來自表 17.14

然後我們將 17.39 式的線性方程式畫在 15 位參賽者的座標上，即可得出下圖：

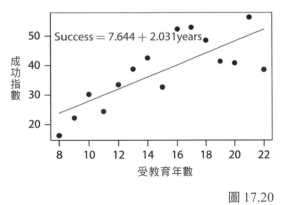

圖 17.20

我們已經完成本章要求的簡單線性迴歸方程式了。

**問 40** 貝葉斯會同意問 39 的答案嗎？

**答**：雖然圖 17.20 中的藍線確實可以用來對新參賽者成功指數做出預測，但貝葉斯應該不會同意這種做法。為什麼呢？因為在上述方法中，我們只用上了各參數邊際分佈的**點估計**（point estimates；換言之，我們只選取了各參數邊際分佈中的某個特定假設值，也就是平均值），卻並未用到完整的聯合後驗分佈。

我們當然無法準確知道貝葉斯本人的做法為何，但可以推測：他應該會勇於**擁抱聯合後驗分佈所反映出來的不確定性**（uncertainty）！MCMC 的測試結果允許我們捕捉不確定性；記住！由於在每輪 MCMC 中，我們會分別得到 $b_0$、$b_1$ 和 $\tau$ 的估計值，故每一次 MCMC 試驗的輸出皆對應到聯合分佈中的某個特定位置（記得！前面提過，MCMC 試驗就是在探索後驗的聯合分佈空間，見問 35）。

有了以上資訊，我們便可完成下列事情：

1. 決定在**每一次** MCMC 試驗裡，**每一個**可能 $x_i$ 值的 $y_i$ 是多少：

$$y_{i[t]} = b_{0[t]} + b_{1[t]} x_i \qquad (17.40)$$

   然後，綜合考慮所有 MCMC 試驗，我們便可算出各 $x_i$ 的 95% 信賴區間，如圖 17.21 中的藍色虛線所示（ 編註： 兩條藍色虛線包夾的區域）。

2. 找出在每一次 MCMC 試驗裡，**每一個** $x_i$ 所對應的 $y_i$ **後驗預測分佈**。請回顧 17.14 式及圖 17.8，在此改為第 [t] 次：

$$y_{i[t]} \sim \mathrm{N}\left(b_{0[t]} + b_{1[t]} x_i, \tau_{[t]}\right) \qquad (17.41)$$

上式的意思是：要想在**每一次** MCMC 試驗中，為接受過 8、9、10、...、22 年 (即 $x_i$ 的值) 正規教育的參賽者**隨機**生成成功指數，則只需從平均值為 $b_{0[t]} + b_{1[t]}x_i$、標準差為 $\frac{1}{\sqrt{\tau}}$ 的常態分佈中隨機取值即可。我們接著將各輪 MCMC 試驗預測值的信賴區間畫出來，如圖 17.21 的紅色虛線所示：

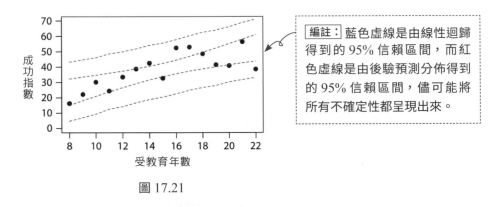

編註：藍色虛線是由線性迴歸得到的 95% 信賴區間，而紅色虛線是由後驗預測分佈得到的 95% 信賴區間，儘可能將所有不確定性都呈現出來。

圖 17.21

就各種可能的受教育年數而言，上述紅線所指的正是**後驗預測分佈**（ 譯註：簡單來說，後驗預測分佈所給出的答案並非一個定值，而是一個信賴區間 – 真正的答案最有可能落在該區間中；這就是前文說的『不確定性』）。

---

編註：　**圖 17.21 的藍線與紅線是怎麼畫出來的？**

作者用來畫圖 17.21 信賴區間的試驗資料在問 35 有提到：『本例的 MCMC 共做了 20,000 次試驗，其中前 5000 次被拋棄、且我們只取每隔一次的試驗結果，因此試驗次數從 5002 開始。』不過，作者並未提供該些試驗資料給讀者演練，但我們還是可以瞭解一下作法。

假設保留下來的資料集有 7500 次試驗，將每次試驗的 $b_{0[t]}$、$b_{1[t]}$ 都代入 17.40 式，即可得到各 7500 個 $y_{i[t]}$（$y_{1[t]}$、$y_{2[t]}$、…）：

→ 續下頁

**表 17.15**

| 試驗次數 $t$ | 受教育年數 $x_i$ | | |
|---|---|---|---|
| | 8 | 9 | ... |
| 5002 | $y_{1[5002]} = b_{0[5002]} + b_{1[5002]} * 8$ | $y_{2[5002]} = b_{0[5002]} + b_{1[5002]} * 9$ | ... |
| 5004 | $y_{1[5004]} = b_{0[5004]} + b_{1[5004]} * 8$ | $y_{2[5004]} = b_{0[5004]} + b_{1[5004]} * 9$ | ... |
| 5006 | $y_{1[5006]} = b_{0[5006]} + b_{1[5006]} * 8$ | $y_{2[5006]} = b_{0[5006]} + b_{1[5006]} * 9$ | ... |
| ... | ... | ... | ... |

然後我們可以算出受教育年數為 8 年的所有 $y_{1[5002]}$、$y_{1[5004]}$ … 等 7500 個 $y_{1[t]}$ 的 2.5% 與 97.5% 百分位數，即可知受教育年數為 8 年的 95% 信賴區間。再算出受教育年數為 9 年的 95% 信賴區間，依此類推，最後全部連接起來，就是藍色虛線。

同理，也可以用 17.41 式得到各 7500 個後驗預測的 $y_{1[t]}$、$y_{2[t]}$、… ：

**表 17.16**

| 試驗次數 $t$ | 受教育年數 $x_i$ | | |
|---|---|---|---|
| | 8 | 9 | ... |
| 5002 | $y_{1[5002]} \sim \mathrm{N}\left(b_{0[5002]} + b_{1[5002]} * 8, \tau_{[5002]}\right)$ | $y_{2[5002]} \sim \mathrm{N}\left(b_{0[5002]} + b_{1[5002]} * 9, \tau_{[5002]}\right)$ | ... |
| 5004 | $y_{1[5004]} \sim \mathrm{N}\left(b_{0[5004]} + b_{1[5004]} * 8, \tau_{[5004]}\right)$ | $y_{2[5004]} \sim \mathrm{N}\left(b_{0[5004]} + b_{1[5004]} * 9, \tau_{[5004]}\right)$ | ... |
| 5006 | $y_{1[5006]} \sim \mathrm{N}\left(b_{0[5006]} + b_{1[5006]} * 8, \tau_{[5006]}\right)$ | $y_{2[5006]} \sim \mathrm{N}\left(b_{0[5006]} + b_{1[5006]} * 9, \tau_{[5006]}\right)$ | ... |
| ... | ... | ... | ... |

同樣找出全部 $y_{1[t]}$、$y_{2[t]}$、…的 2.5% 與 97.5% 百分位數並連接起來，如此一來就能得到紅色虛線。

**牛津社會學研究方法辭典** (Elliot et al., 2016 年版) 中，與後驗預測分佈有關的敘述如下：『在進行貝氏分析時，先用當前資料與先驗分佈得到所求模型中各參數的後驗分佈，然後再利用該模型決定族群中未被觀測到的元素，具有怎樣的後驗預測分佈。』

**維基百科**的解釋是：『在統計學中，尤其是貝氏統計，所謂的後驗預測分佈即：根據已觀測資料所建立的預測 (代表未被觀測到的資料) 分佈 (引用自 2017 年 8 月 21 日)。』

換言之，若某人曾受過 18 年的正規教育，則本章的模型告訴我們：此人在《我要活下去》中的存活天數可能落在 26.56 和 62.48 天之間。這個答案來自本次 MCMC 的完整聯合分佈；其不僅與平均值的不確定性有關，還考慮到了『誤差 (由參數 $\tau$ 所提供)』的不確定性 (譯註：本章問 18 曾提過：平均值『$b_0 + b_1 * x_i$』代表模型的**訊號** (signal)，『$\tau$』則與誤差有關。)。

 ??

**問 41**　後驗預測分佈能幫助我們評估模型擬合資料的程度嗎？

**答**：可以。我們注意到，圖 17.21 中所有的觀測資料點皆落在信賴區間內 (兩條紅色虛線以內區域)，這正是我們想看到的。事實上，**擬合度檢定** (goodness of fit) 就是『測試某個模型是否與某組資料匹配的檢定』。

 ??

**問 42**　使用不同的先驗會讓結論不同嗎？

**答**：可能會！這就是為什麼先驗的選擇非常重要，而該選擇也是你 (身為一位分析者 編註：或是專家會議，如：衛福部的 ACIP) 必須做出的眾多決定之一。

在本次分析中，我們選用了**無資訊先驗**(模糊先驗)；也就是說，先驗分佈在估計後驗的過程中影響甚微。只要觀察先驗超參數和後驗超參數之間的聯繫，我們就能證明這一點。舉個例子，在把 $\alpha_0$ 更新為 $\alpha_{後驗}$ 時，可以看到前者 (0.01) 對於後者的作用極小 ( 編註: 請觀察表 17.12 的試驗次數 $t$ 從 0 到 1 的 $\alpha$ 和 $\beta$ 的變化)：

$$\alpha_{後驗} = \alpha_0 + \frac{n}{2} = 0.01 + \frac{15}{2} = 7.51 \tag{17.42}$$

我們還能將 $\alpha_0$ 設為更小的數值，讓其變得更加無資訊：

$$\alpha_{後驗} = \alpha_0 + \frac{n}{2} = 0.001 + \frac{15}{2} = 7.501 \tag{17.43}$$

除此之外，參數 $b_0$ 和 $b_1$ 的先驗為平均值 0、精密度 $\tau = 0.0001$ (即標準差 = 100)。若重新檢視本例的共軛計算，就會發現以上兩數值對於後驗超參數來說幾乎沒有貢獻 ( 編註: 請觀察表 17.12 的試驗次數 $t$ 從 0 到 1 的 $\mu_0$ 和 $\mu_1$ 的變化 )；換言之，後驗分佈基本上是由概似度主導的，且如果樣本量進一步增加，則這樣的主導作用還會進一步加大。

?？

**問 43**　**能總結一下本章的內容嗎？**

**答**：先來複習一下開頭所列的術語吧：

- 線性方程式 (linear equation)
- 線性模型 (linear model)
- 平方和 (sums of squares)
- 以 MCMC 和 Gibbs 抽樣完成線性迴歸 (linear regression)
- 後驗預測分佈 (posterior predictive distribution)

本章介紹了不少東西；從函數開始、然後是線性方程式和線性模型。接著，我們利用虛構的《我要活下去》資料集執行了簡單的分析，藉此詳盡探討了線性迴歸的每個步驟。本章還談到了如何將結果以邊際分佈的形式呈現，以及怎麼建立後驗預測分佈，並以此為工具，根據參賽者的『受教育年數』來估算其『成功指數』。以上所有的內容都包含在科學方法的脈絡之下。

前面已提過，統計過程的基礎是歸納推理。透過分析技術，我們更新了自身對於『受教育年數』模型 (由參數 $b_0$、$b_1$ 和 $\tau$ 定義) 的認知，但並未對其它可能影響成功指數的假設 (即 IQ 和意志力) 進行探討。

 ??

## 問 44　下一步是什麼呢？

**答**：請大家先休息一下再進入第 18 章。那時，我們會嘗試以其它假設來解釋：為什麼有些人能在《我要活下去》中存活的比他人更久。說得更具體一些，我們要對『意志力』執行線性迴歸分析，好瞭解其是否為成功指數的有效預測指標。同時，第 18 章還會比較『受教育年數』和『意志力』模型，並簡單談到模型擬合度和模型選擇的概念。

# 第 18 章

# 繼續討論生存遊戲問題：
# 介紹貝氏模型選擇

我們在本章要繼續探索統計推論的世界，以瞭解如何挖掘與解析資料中是否隱藏了某種模式 (patterns)。和第 17 章一樣，此處會用**簡單線性迴歸** (simple linear regression) 的統計方法找出特定觀測資料的規律，並將該規律建為**模型** (model) – 說得更具體一點就是**線性模型** (linear model)。

我們在第 17 章裡分析了一個小型的虛構資料集，該資料集是以**安琪拉·達克沃斯** (Angela Duckworth，賓夕法尼亞大學) 的研究為基礎所產生的。

在此幫助大家快速回憶一下，達克沃斯與其同事想回答的問題是：**在智力條件相同的情況下，為什麼有些個體的成就比其他個體來得高？**他們的解釋是：『除了認知能力以外，高成就個體通常還具備許多特質，例如創意、活力充沛、高情商、領袖氣質、自信、情緒穩定能力、外表魅力、以及其他正向特質。

從經驗來看，不同職業的人所需特質的重要性也不相同；舉例而言，外向性格對銷售可能是必要的，但對於創意寫作就沒那麼重要。話雖如此，有些特質無論在哪種行業裡都與成功密不可分，我們認為所有領域中的佼佼者共有的一項特質就是意志力 (grit)。』

## 問 1　什麼是『意志力』?

**答：**上述研究團隊對意志力的定義是：『長期專注於特定目標的堅持與熱情』。根據他們的假設，『意志力』就是某些人的成就高於其他人的關鍵因素。以圖 18.1 來看，該『意志力假設』位於科學巨輪的最上端：

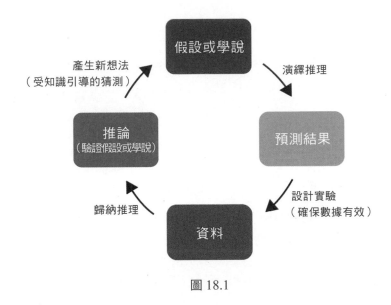

圖 18.1

達克沃斯和她的同事預測：人們的意志力 (假定其可以被測量) 能用來預測其成就上的差異。而為了確定這個想法 (以及其它競爭假設) 的正確性，他們搜集了上千個個體的資料，並試著解析其中的模式。

讀者應該還記得，我們曾以達克沃斯等人的研究為基礎，自行產生了一個**完全虛構的資料集**，目的是說明如何運用貝氏技巧做簡單迴歸分析。該資料集除了記錄意志力以外，還包含不同個體在《我要活下去》節目中的生存天數、IQ、以及他們接受正規教育的年數。

讓我們再看一次這個資料集 (表 18.1)：

**表 18.1**

| ID | 成功指數 | IQ (智商) | 受教育年數 | 意志力分數 |
|----|----------|-----------|------------|------------|
| 1  | 33.48    | 112       | 12         | 2.2        |
| 2  | 42.53    | 94        | 14         | 3.2        |
| 3  | 48.53    | 118       | 18         | 3.4        |
| 4  | 30.21    | 87        | 10         | 1.8        |
| 5  | 38.76    | 96        | 13         | 2.8        |
| 6  | 38.59    | 106       | 22         | 0.2        |
| 7  | 52.93    | 71        | 17         | 4.4        |
| 8  | 32.65    | 91        | 15         | 1.0        |
| 9  | 52.42    | 95        | 16         | 4.6        |
| 10 | 22.22    | 94        | 9          | 0.4        |
| 11 | 41.40    | 100       | 19         | 1.6        |
| 12 | 16.28    | 98        | 8          | 0.0        |
| 13 | 40.83    | 94        | 20         | 1.2        |
| 14 | 24.43    | 113       | 11         | 0.6        |
| 15 | 56.38    | 85        | 21         | 4.2        |

我們要分析上述資料集，尤其是想知道以下 2 個變數 (又稱為預測變項) 是否能預測一個人在《我要活下去》競賽中的成功指數：

1. 受教育年數，即參賽者在學校中學習了幾年。
2. 意志力分數，在 0 到 5 分的範圍內。

第 17 章已透過線性迴歸與 Gibbs 抽樣找出了**成功指數**和**受教育年數**之間的函數關係。而在本章，我們將再進行一次簡單線性迴歸以找出**意志力**和**成功指數**的關聯；然後再透過比較不同模型的方式，確認哪一種假設 (**意志力 vs. 受教育年數**) 與資料比較吻合。

待本章結束後，各位會對以下概念有基本的瞭解：

- 模型評估 (model assessment) ／模型擬合度 (model fit)
- 偏差訊息量準則 (DIC, Deviance Information Criterion)

## 問 2　是否可以著手分析了？

**答：** 是的。這裡先快速整理一遍第 17 章的分析流程，回顧如何利用貝氏定理估計線性模型。首先，令 $y_i$ 代表成功指數(即參賽者的存活天數)、 $x_i$ 則是受教育年數。以《我要活下去》的資料而言，**我們假定每個資料點 $y_i$ 皆來自平均值為『 $b_0 + b_1 x_i$ 』、精密度為『 $\tau$ 』的常態分佈。** 我們可以將以上概念表示成：

$$Y_i \sim \mathrm{N}\left(b_0 + b_1 x_i, \tau\right) \tag{18.1}$$

此模型產生的成功指數 $y_i$ 服從上式的常態分佈，是進行貝氏統計分析的第一步。再說一次，18.1 式表示：第 $i$ 位《我要活下去》參賽者在遊戲中的存活天數 $(y_i)$ 來自平均數 $b_0 + b_1 x_i$、精密度 $\tau$ 的常態分佈。在本例中，我們想知道的是未知參數 $b_0$、 $b_1$、 $\tau$ 的後驗分佈為何( 編註: 要記得我們是在一個假定的模型下，例如： $Y_i \sim \mathrm{N}(b_0 + b_1 x_i, \tau)$，推估模型參數 $b_0$、 $b_1$、 $\tau$ 的分佈)。

下面複習一下貝氏分析的步驟：

1. 建立假設 – 包括 $b_0$ 的對立假設、 $b_1$ 的對立假設、以及 $\tau$ 的對立假設。
2. 以先驗機率密度來表示我們對每個假設參數值的信心程度。
3. 收集資料 – 我們已經有資料集了(見表 18.1)。
4. 找出在各假設為真的情況下，觀測到目標資料的概似度。
5. 利用貝氏定理來計算每個參數的後驗機率密度。

放心，本章沒有複雜的計算！

**問 3**　那能再看一次之前的分析結果嗎？

**答**：我們一共進行了 20,000 次 MCMC 試驗，並記錄每一次從後驗分佈中取得的建議假設。在經過拋棄 (burning) 與修剪 (thinning) 處理之後，前 10 次試驗的結果如表 18.2 所示：

**表 18.2**

| 資訊 | | $b_0$ 建議分佈 | | | $b_1$ 建議分佈 | | | $\tau$ 建議分佈 | | |
|---|---|---|---|---|---|---|---|---|---|---|
| | | 超參數 | | | 超參數 | | | 超參數 | | |
| 試驗次數 $[t]$ | $n$ | $\mu_{0[t]}$ | $\tau_{0[t]}$ | $b_{0[t]}$ | $\mu_{1[t]}$ | $\tau_{1[t]}$ | $b_{1[t]}$ | $\alpha_{[t]}$ | $\beta_{[t]}$ | $\tau_{[t]}$ |
| 5002 | 15 | 8.090 | 0.210 | 7.364 | 2.047 | 50.000 | 1.903 | 7.510 | 450.301 | 0.014 |
| 5004 | 15 | 6.397 | 0.255 | 6.068 | 2.127 | 62.500 | 2.272 | 7.510 | 521.529 | 0.017 |
| 5006 | 15 | 6.187 | 0.270 | 3.957 | 2.257 | 66.667 | 2.194 | 7.510 | 405.404 | 0.018 |
| 5008 | 15 | 3.684 | 0.480 | 4.391 | 2.230 | 111.111 | 2.136 | 7.510 | 407.457 | 0.032 |
| 5010 | 15 | 4.118 | 0.240 | 7.126 | 2.062 | 58.824 | 2.047 | 7.510 | 405.054 | 0.016 |
| 5012 | 15 | 8.752 | 0.360 | 7.515 | 2.038 | 90.909 | 1.876 | 7.510 | 430.834 | 0.024 |
| 5014 | 15 | 7.357 | 0.375 | 9.027 | 1.945 | 90.909 | 2.043 | 7.510 | 398.051 | 0.025 |
| 5016 | 15 | 9.697 | 0.375 | 10.839 | 1.833 | 90.909 | 1.981 | 7.510 | 407.293 | 0.025 |
| 5018 | 15 | 7.941 | 0.225 | 4.232 | 2.240 | 55.556 | 2.347 | 7.510 | 428.011 | 0.015 |
| 5020 | 15 | 1.928 | 0.195 | 0.197 | 2.489 | 47.619 | 2.490 | 7.510 | 462.432 | 0.013 |

回想一下，表 18.2 有顏色的欄位裡存放的是來自未知參數聯合後驗分佈的**建議假設**。此外，你可能還記得：在**每一次**的 MCMC 試驗中，當給定建議假設時，我們會為每個可能的**受教育年數**產生一個隨機數值（ 譯註：見第 17 章問 40）；這有助於建立受教育年數的後驗預測分佈（見圖 18.2）：

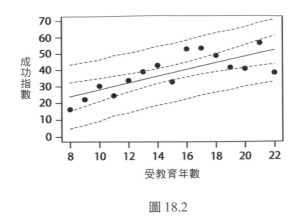

圖 18.2

**問 4** 　除了後驗預測分佈以外，有方法能評估模型是否與資料擬合嗎？

**答**：有的，這就要談到『模型擬合度』的概念與其評估指標了，請接著往下看。

**問 5** 　模型擬合度 (model fit) 是什麼？

**答**：牛津參考資料庫 (Oxford Reference) 告訴我們：『模型擬合度指的是模型與經驗資料 (empirical data) 的符合程度。』我們在第 17 章計算了每次 MCMC 試驗的誤差平方和 (Sums of Squares Error, SSE，又稱為 **residual sum of squares**)。在此順便複習一下，計算每回合 SSE 的公式如下：

$$SSE = \sum_{i=1}^{n} \left( y_i - \left( b_0 + b_1 x_i \right) \right)^2 \tag{18.2}$$

在上式中，我們先找出觀測資料點 ($y_i$) 和模型預測 ($b_0 + b_1x_i$) 的差值，然後再將該差值取平方，最後將平方後的各結果加總，即可得到 SSE。以上評估指標是對模型擬合度的直觀測量：SSE 越小，代表觀測資料與模型預測之間的差距越少。

而在本章裡，我們要算出每一次試驗的概似度 (likelihood，記為 $\mathcal{L}$)、接著取概似度的自然對數值 ( $ln\mathcal{L}$ )、之後再乘上 –2 變成 –2$ln\mathcal{L}$ )，並依此來評估模型的擬合度。上述指標與 SSE 不同：模型概似度的值越大，則觀測資料和模型預測之間的相符程度越高。下面就是概似度的計算結果 (見表 18.3)：

**表 18.3**

| 第 [$t$] 次試驗 | 建議假設 | | | 模型擬合度 | | |
|---|---|---|---|---|---|---|
| | $b_{0[t]}$ | $b_{1[t]}$ | $\tau_{[t]}$ | $\mathcal{L}$ | $ln\mathcal{L}$ | $-2ln\mathcal{L}$ |
| 5004 | 6.068 | 2.272 | 0.017 | 3.30e-23 | -51.76486 | 103.5297 |
| 5006 | 3.957 | 2.194 | 0.018 | 5.07e-23 | -51.33613 | 102.6723 |
| 5008 | 4.391 | 2.136 | 0.032 | 9.38e-24 | -53.02337 | 106.0467 |
| 5010 | 7.126 | 2.047 | 0.016 | 6.09e-23 | -51.15252 | 102.03050 |
| 5012 | 7.515 | 1.876 | 0.024 | 1.70e-23 | -52.42597 | 104.8519 |
| 5014 | 9.027 | 2.043 | 0.025 | 3.12e-23 | -51.82250 | 103.6450 |
| 5016 | 10.839 | 1.981 | 0.025 | 1.60e-23 | -52.48851 | 104.9770 |
| 5018 | 4.232 | 2.347 | 0.015 | 3.69e-23 | -51.65249 | 103.3050 |
| 5020 | 0.197 | 2.490 | 0.013 | 2.76e-23 | -51.94293 | 103.8859 |
| 5022 | 5.374 | 2.976 | 0.026 | 1.23e-24 | -55.05540 | 110.1108 |

在給定參數的情況下，可透過常態分佈 pdf 來計算**每一次試驗**的模型概似度。下面就是常態 pdf 的公式：

$$f(x) = \frac{1}{\sqrt{2\pi}\sigma} e^{-(x-\mu)^2/(2\sigma^2)} \tag{18.3}$$

這裡之所以使用常態分佈，是因為我們曾假設本例的資料來自常態分佈，不曉得大家還記得嗎（ 譯註： 要是忘了，請回顧第 17 章問 18）？由於我們要使用的不是變異數 $\sigma^2$，而是精密度 $\tau$，故將上式的 $\sigma^2$ 用 $\frac{1}{\tau}$ 取代，即可將常態 pdf 改寫如下：

$$f(x) = \frac{\sqrt{\tau}}{\sqrt{2\pi}} e^{\frac{-\tau}{2}(x-\mu)^2} \tag{18.4}$$

請仔細觀察上式『誤差平方項』的部分，我們將平方項內的 $x$ 用紅色標示，平均值 $\mu$ 用藍色標示：

$$f(x) = \frac{\sqrt{\tau}}{\sqrt{2\pi}} e^{\frac{-\tau}{2}(x-\mu)^2} \tag{18.5}$$

看出來了嗎？如果將上式中的 $x$ 代換為某觀測值 $y_i$，將 $\mu$ 代換為 $b_0 + b_1 x_i$，那麼在給定某次試驗超參數 $b_0$、$b_1$、$\tau$ 的條件下，觀測到某 $y_i$ 的概似度就可寫為：

$$\mathcal{L}(y_i; b_0, b_1, \tau) = \frac{\sqrt{\tau}}{\sqrt{2\pi}} e^{\frac{-\tau}{2}(y_i - (b_0 + b_1 x_i))^2} \tag{18.6}$$

若想進一步算出在該次試驗中觀測到**完整資料集**（即資料集中每一筆資料）的概似度，也就是將所有 $y_i$（假設有 **n** 個，即 $y_1$、$y_2$、…、$y_n$）的概似度相乘，亦即 $\mathcal{L}(y_1; b_0, b_1, \tau) * \mathcal{L}(y_2; b_0, b_1, \tau) * \cdots * \mathcal{L}(y_n; b_0, b_1, \tau)$，就等於：

$$\mathcal{L}(y_1, y_2, \cdots, y_n; b_0, b_1, \tau) = \prod_{i=1}^{n} \frac{\sqrt{\tau}}{\sqrt{2\pi}} e^{\frac{-\tau}{2}(y_i - (b_0 + b_1 x_i))^2} \tag{18.7}$$

上式的意思是：『完整資料集的概似度等於 $n$ 筆觀測資料的概似度乘積，且個別觀測資料的概似度來自常態 pdf』；該乘積亦相當於模型的概似度。而上述計算要成立，我們必須假定每位個別參賽者的概似度是**彼此獨立**的。

查看表 18.3 後會發現，概似度的數值非常地小。而欄位『 $ln\mathcal{L}$ 』所記錄的則是概似度值的自然對數 ( 譯註：利用電腦進行運算時，過小的數值容易導致『溢位』，而一般的解決方法就是取該數值的對數 )；請注意！概似度值越小，則其對數值也越小。

各位可能還記得**對數運算規則** ( 譯註：請參考第 14 章問 17 ) – 在計算每回合的模型概似度對數值時，我們需要將個別概似度的對數值**相加**：

$$ln\big(\mathcal{L}(y_1, y_2, \cdots, y_n; b_0, b_1, \tau)\big) = \sum_{i=1}^{n} ln\left(\frac{\sqrt{\tau}}{\sqrt{2\pi}} e^{\frac{-\tau}{2}(y_i - (b_0 + b_1 x_i))^2}\right) \qquad (18.8)$$

表 18.3 最右側一欄存放的是『 $-2ln\mathcal{L}$ 』，即 $-2$ 乘上『資料集概似度』的結果，故概似度 (或概似度對數值) 越小， $-2ln\mathcal{L}$ 的值越大。

以上所述的三欄資料 ( $\mathcal{L}$ 、 $ln\mathcal{L}$ 、 $-2ln\mathcal{L}$ ) 提供了與模型擬合度有關的訊息，且能幫助分析者比較兩個或以上的模型。但在進行比較以前，先讓我們討論本例的第二個假設 – 意志力模型。

**問 6　所以，要開始估算意志力模型了嗎？**

**答：**是的！下面就來尋找能將成功指數與意志力關聯起來的模型吧 (亦即成功指數為意志力的函數)。

令 $y_i$ 代表**成功指數** (在《我要活下去》的存活天數)、 $x_i$ 則是**意志力**，則此處要估計的模型如下：

$$y_i = b_0 + b_1 * x_i + \varepsilon_i \qquad (18.9)$$

本例所需的資料集是對應表 18.4 中用灰底強調的部分：

**表 18.4**

| ID | 成功指數 | IQ（智商） | 受教育年數 | 意志力分數 |
|----|---------|-----------|-----------|-----------|
| 1  | 33.48   | 112       | 12        | 2.2       |
| 2  | 42.53   | 94        | 14        | 3.2       |
| 3  | 48.53   | 118       | 18        | 3.4       |
| 4  | 30.21   | 87        | 10        | 1.8       |
| 5  | 38.76   | 96        | 13        | 2.8       |
| 6  | 38.59   | 106       | 22        | 0.2       |
| 7  | 52.93   | 71        | 17        | 4.4       |
| 8  | 32.65   | 91        | 15        | 1.0       |
| 9  | 52.42   | 95        | 16        | 4.6       |
| 10 | 22.22   | 94        | 9         | 0.4       |
| 11 | 41.40   | 100       | 19        | 1.6       |
| 12 | 16.28   | 98        | 8         | 0.0       |
| 13 | 40.83   | 94        | 20        | 1.2       |
| 14 | 24.43   | 113       | 11        | 0.6       |
| 15 | 56.38   | 85        | 21        | 4.2       |

**一開始、也是最重要的一步是：決定資料產生的過程為何。這裡再次假定每個資料點 $y_i$ 皆來自平均值為 $b_0 + b_1 x_i$、精密度為 $\tau$ 的常態分佈**，記為：

$$Y_i \sim \mathrm{N}\left(b_0 + b_1 x_i, \tau\right) \tag{18.10}$$

$$Y_i \sim \mathrm{N}\left(b_0 + b_1 * 意志力_i, \tau\right) \tag{18.11}$$

換言之，第 $i$ 號參賽者的存活天數 $(y_i)$ 取自常態分佈 $\mathrm{N}\left(b_0 + b_1 * 意志力_i, \tau\right)$；注意！該常態分佈中的每個參數（即 $b_0$、$b_1$、$\tau$）又有各自的分佈（請回顧圖 17.8）。

我們快速說明一下本模型的貝氏分析步驟：

1. 建立假設：包括 $b_0$、$b_1$ 和 $\tau$ 的對立假設。

2. 以先驗機率密度來表示我們對每個假設參數值的信心程度。本例所用的先驗與上一章完全相同 (但要注意！這麼做並不是必要的)。我們一共有三個參數要估計，它們的先驗分佈分別由以下超參數定義：

   - $b_0$ 的先驗是 $\mu_0 = 0$、$\tau_0 = 0.0001$ 的常態分佈。
   - $b_1$ 的先驗是 $\mu_1 = 0$、$\tau_1 = 0.0001$ 的常態分佈。
   - $\tau$ 的先驗是 $\alpha_0 = 0.01$、$\beta_0 = 0.01$ 的 gamma 分佈。

3. 收集資料：我們已經有資料集了，見表 18.4 中灰底的部分。雖然也可以在分析之前先標準化資料 (請參考附錄 A5)，但在此我們要使用的是原始資料。

4. 找出在各假設為真的情況下，觀測到此資料的概似度。

5. 利用貝氏定理來計算每個參數的後驗機率密度。

這一次，我們不再列出計算細節 – 各位只需知道本次分析的各步驟和第 17 章基本一致，只不過目標變成：『以意志力的函數來預測成功指數』。下面，讓我們直接來看**意志力模型**的 MCMC 結果吧 (表 18.5)：

**表 18.5**

|        | 最小值  | 最大值  | 平均值  | 中位數  | 標準差 |
|--------|--------|--------|--------|--------|-------|
| $b_0$  | 10.456 | 41.55  | 24.586 | 24.598 | 3.065 |
| $b_1$  | -0.007 | 12.053 | 6.418  | 6.416  | 1.178 |
| $\tau$ | 0.004  | 0.08   | 0.026  | 0.024  | 0.01  |

請記住！以上統計量描述的是三個未知參數各自的後驗分佈，也就是邊際分佈。另外，我們也能像第 17 章那樣畫出後驗預測分佈 ( 譯註: 需計算並標出信賴區間，詳見第 17 章問 40) (見圖 18.3)：

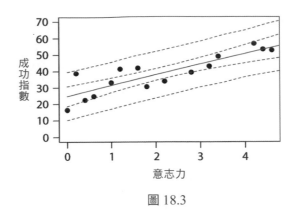

圖 18.3

換言之，以上模型告訴我們：若某人的意志力分數為 3 分，則 95% 後驗預測區間 (兩條紅色虛線所夾範圍) 顯示此人或許能在《我要活下去》節目中存活 29.99 到 57.76 天 ( 譯註：白話來說就是 – 我們有 95% 的信心認為此人能存活 29.99 到 57.76 天)。注意！上述區間的範圍越小，代表分析者對預測的信心越高。

> 編註：上圖中的藍色虛線與紅色虛線範圍同樣是利用第 17 章問 40 的方法，一一代入意志力分數與每輪試驗的 $b_{0[t]}$、$b_{1[t]}$、$\tau_{[t]}$ 去計算出所有的 $y_{i[t]}$，並找出各 $y_{i[t]}$ 的 2.5%~97.5% 百分位數範圍，如此得到各意志力分數對應的成功指數 95% 貝氏信賴區間。雖然作者未提供完整資料集，我們沒辦法一一驗算，但各位還是要知道是如何做到的。

在此得提醒一下讀者，本章的資料集是虛構的 (與達克沃斯等人所用的資料集完全不同)，不過由圖 18.3 成功指數會隨著意志力增加的趨勢來看，我們可以肯定：意志力是成功指數的有效線性預測指標。

 ??

**問 7**　**我們現在有『受教育年數』和『意志力』兩個模型了，然後呢？**

**答：**這兩個模型哪一個比較好呢？這就要講到**模型選擇**（model selection）的概念了。對於該主題，本書會先做簡單的介紹，然後列出更專業的文獻供各位參考。

根據厄普頓（Graham Upton）和庫克（Ian Cook）（2004）的定義，所謂模型選擇即：『在平衡了模型的複雜度（complexity）與品質（即模型對資料的擬合度）以後，於兩競爭模型中選擇其一的過程。』該過程的第一步是先決定一個模型集（model set）– 其中包含要相互競爭的數個統計模型。就本章而言，每一個模型都是一項假設（見圖 18.4）：

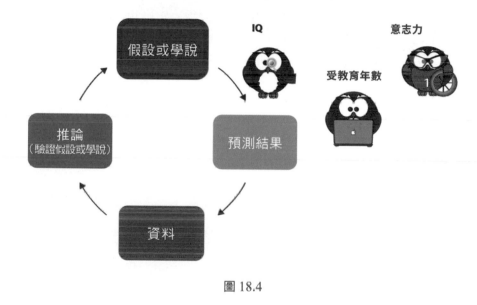

圖 18.4

到目前為止，本書已討論了『受教育年數』、『意志力』這兩個對立模型，而這兩者即構成了我們的模型集，以符號表示如下：

$$\mathbf{M} = \{M_1, M_2\} \tag{18.12}$$

- $M_1$ = 受教育年數模型
- $M_2$ = 意志力模型

我們其實可以考慮更多可能和成功指數有關的假設。以達克沃斯與其同事的研究為例，他們共分析了教育程度、年齡、性別、盡責性 (conscientiousness)、神經質 (neuroticism)、親和性 (agreeableness)、外向性 (extraversion)、以及經驗開放性 (實際的變項還有更多) ( 譯註： 盡責性、神經質、親和性、外向性、經驗開放性在心理學中被稱為『五大性格特質』)。

肯尼斯・伯爾納姆 (Ken Burnham) 和大衛・安德森 (David Anderson) 在他們的著作《多模型推論：從實用的資訊理論方法出發 (Multimodel Inference: A Practical Information-Theoretic Approach)》中強調：模型集內的模型皆應以紮實的科學原理為基礎 (Burnham & Anderson, 2004)。換句話說，這些模型皆代表某種科學假設、並且經過檢驗。

 **??**

**問 8**　**決定了候選模型，接下來呢？**

**答**：下一步便是平衡模型的複雜度和擬合度。注意！複雜度的相反概念為簡約度 (simplicity)；也就是說，我們的目標即『找到一個雖然簡單、卻能充分擬合觀測資料的模型』。

 **??**

**問 9**　**上面所說的『簡約度』是什麼？**

**答**：簡約度的基礎是**奧卡姆剃刀** (Occam's razor) 原則 (見圖 18.5)，大英百科全書的解釋如下：『奧卡姆剃刀亦可寫成 Ockham's razor，又稱為節約法則 (law of economy) 或吝嗇法則 (law of parsimony)。

此奧卡姆剃刀原則來自於經院哲學家 (Scholastic philosopher) 奧卡姆的
威廉 (William of Ockham, 1285-1347/49)：「非必要切勿加入更多元素」。
該想法將簡約擺在第一位：當存在兩種可能的解釋時，較簡單的那一個較
受青睞。』

圖 18.5　奧卡姆的威廉

以本例來說，每個『參數』都相當於一項假設。當多個模型有**相同的**擬
合度時，我們應該選擇參數量較少的那一個。

來看一個簡單的例子吧。圖 18.6 是另一個虛構資料集 (很多小黑圈)、以
及 3 種能擬合該資料集的模型。其中藍色線為直線方程式，共包含兩個參
數；黑色曲線是二次多項式，要比藍色直線多了一個平方項；至於紅線則
是三次多項式，要比藍線多出兩個項 (平方、立方項)：

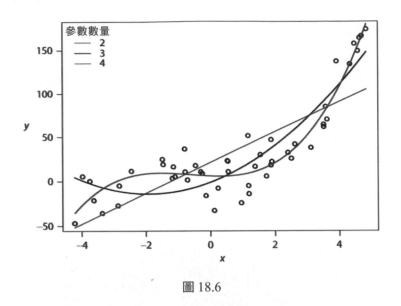

圖 18.6

問題來了：哪一個模型 (紅線、黑線、藍線) 與資料的擬合度最高呢？我們觀察資料集的分佈靠近中央位置有個明顯的『低谷』，而藍線並未呈現該特徵。黑線雖然捕捉到了上述低谷，卻忽略了 $x = -1$ 附近的資料點之 $y$ 值較其它地方密集的事實。如此看來，紅線似乎是最擬合 (fit) 資料集的模型；但由於其高擬合度是因為加入更多參數達成的，故我們不傾向選擇該模型。

 ??

問 10　紅線擬合度較高！為什麼不選呢？

答：要知道，以增加參數的方式來解釋資料很容易。約翰‧馮紐曼 (John von Neumann，譯註：其所提出的馮紐曼架構是現代電腦的基礎) 就曾說過：『只要用四個參數，我就能擬合出一隻大象；要是有五個，我還能讓它擺動象鼻。』事實上，這確實可行：

J. Mayer, K. Khairy, and J. Howard. "Drawing an elephant with four complex parameters." *American Journal of Physics* 78.6 (2010): 648-9. **DOI:10.1119/1.3254017**.

J. Wei. "Least square fitting of an elephant." *Chemtech* 5.2 (1975): 128-9.

各位也能透過以下網站親自體驗：http://demonstrations.wolfram.com/ FittingAnElephant。總而言之，馮紐曼要表達的重點在於：只要有足夠數量的參數，我們就能寫出完美吻合所有資料點的函數。

### 問 11　完美吻合資料點不好嗎？

**答**：在統計學中，分析者會根據**樣本** (sample) 資料集來發展模型，並利用該模型來推論範圍更廣的**母體** (population)。就本例而言，我們的目的不僅是瞭解《我要活下去》資料集中的 15 位參賽者，而是想瞭解**所有的**參賽者。假如使用較多的參數來解釋手上的樣本，則我們有可能捕捉太多與特定資料集相關的特徵，進而導致結論無法推廣到整個母體！該現象就是機器學習中所謂的『過度配適 (overfitting)』。而這就是為什麼要盡量保持簡約的原因。

### 問 12　該如何量化『擬合度』和『簡約度』之間的取捨呢？

**答**：我們首先需要量測模型擬合度與簡約度，然後將上述兩個量測合併，以得到某種模型的量化評估指標。

**問 13** 那麼，這個評估指標的計算方式為何？

**答：** 實際上的計算方式有很多種，在本書討論的方法稱為 DIC (Deviance Information Criterion)，即**偏差訊息量準則**。要算出 DIC，我們得先找出下列與各模型／資料集相關的資訊：

- $n$ = 資料集的樣本數
- $k$ = 待估計的參數數量 (即模型簡約度)
- 模型擬合度：
  - $\mathcal{L}$ = 模型的概似度
  - $ln\mathcal{L}$ = 模型的對數化概似度 ($ln$ 為自然對數)
  - $-2ln\mathcal{L}$ = $-2 *$ 對數化概似度

前面已經介紹過如何算出**每一輪** MCMC 試驗的『擬合度』統計量 (見 18.7、18.8 式)。表 18.6 即是**受教育年數模型**的統計量整理：

**表 18.6**

|  | 最小值 | 最大值 | 平均值 | 中位數 | 標準差 |
|---|---|---|---|---|---|
| $\mathcal{L}$ | 9.72e-29 | 6.74e-23 | 2.16e-23 | 1.78e-23 | 1.73e-23 |
| $ln\mathcal{L}$ | -64.50106 | -51.05081 | -52.75127 | -52.38553 | 1.41026 |
| $-2ln\mathcal{L}$ | 102.10162 | 129.00213 | 105.50253 | 104.77106 | 2.82051 |

表 18.7 則是**意志力模型**的統計量整理：

**表 18.7**

|  | 最小值 | 最大值 | 平均值 | 中位數 | 標準差 |
|---|---|---|---|---|---|
| $\mathcal{L}$ | 1.01e-26 | 2.03e-21 | 6.55e-22 | 5.44e-22 | 5.19e-22 |
| $ln\mathcal{L}$ | -59.85392 | -47.64556 | -49.33342 | -48.96228 | 1.39335 |
| $-2ln\mathcal{L}$ | 95.29112 | 119.70785 | 98.66683 | 97.92457 | 2.7867 |

所有統計量皆已備齊，現在可以開始來計算**偏差訊息量準則**(DIC) 了：

- 賽仕軟體 (SAS Institute) 的定義如下：『偏差訊息量準則 (DIC) 是用來評估模型的工具 ... DIC 的概念涉及後驗密度，這代表其亦會將先驗資訊納入考量。在 MCMC 裡，DIC 的計算相當簡單 ... DIC 越小，表示模型與資料集的擬合度越高。』此方法是由斯皮格霍爾特 (David Spiegelhalter) 等人於 2002 年提出：

D. J. Spiegelhalter, N. G. Best, B. P. Carlin, et al. "Bayesian measures of model complexity and fit." *Journal of the Royal Statistical Society: Series B (Statistical Methodology)* 64.4 (2002): 583-639. DOI: 10.1111/1467-9868.00353. http://doi.org/10.1111%2F1467-9868.00353.

$$DIC = \bar{D} + p_D \tag{18.13}$$

這裡的 $D$ 代表模型的**偏差** (Deviance)，其相當於 $-2$ 乘以對數概似度函數 (即 $-2ln\mathcal{L}$)；此項是 DIC 評估指標中的標準項。注意在 $D$ 的上方有一條槓 $(\bar{D})$，表示計算 DIC 時所用的 $D$ 是將每回合 MCMC 試驗的『 $-2ln\mathcal{L}$ 』**平均後**的結果，這對應表 18.6 和表 18.7 的最後一列。

- 上式中的 $p_D$ 又稱為**有效參數數量** (effective number of parameters)，是對模型簡約度的測量，其計算方法為 $p_D = \bar{D} - \hat{D}$。要得到 $\hat{D}$，我們得先把每輪 MCMC 試驗估計出來的模型參數平均起來、並代回模型中，然後再計算該模型的『 $-2ln\mathcal{L}$ 』是多少。在 WinBUGS 軟體（ 譯註：第 16 章問 22 時曾提過此軟體）的說明文件中寫道： $p_D$ 等於『偏差的後驗平均』減去『後驗平均（ 譯註：在這裡指模型參數的平均）的偏差』。

---

編註：此處看得有點霧煞煞？沒關係，後面我們就從實作中來學習。

---

問 14 **所以我們要以 DIC 為標準比較模型囉？**

**答**：沒錯！此處的主要概念是：DIC 較小的模型要比 DIC 較大的模型好。因此我們要算出『受教育年數模型』與『意志力模型』的 DIC，然後選擇 DIC 較小的那一個。

## 計算受教育年數模型的 DIC

讓我們先從**受教育年數**模型討論起（見表 18.8）。編註：此表結合了表 17.14 的前 3 列（$b_0$、$b_1$、$\tau$）與表 18.6 的最後一列（$-2ln\mathcal{L}$）而成：

**表 18.8**

|  | 最小值 | 最大值 | 平均值 | 中位數 | 標準差 |
|---|---|---|---|---|---|
| $b_0$ | -28.884 | 49.863 | 7.644 | 7.634 | 8.29 |
| $b_1$ | -0.539 | 4.337 | 2.031 | 2.031 | 0.532 |
| $\tau$ | 0.002 | 0.052 | 0.016 | 0.015 | 0.006 |
| $-2ln\mathcal{L}$ | 102.102 | 129.002 | 105.503 | 104.771 | 2.821 |

請記住！DIC 的計算公式如下：

$$DIC = \bar{D} + p_D \qquad (18.14)$$

其中：

$$p_D = \bar{D} - \hat{D} \qquad (18.15)$$

對**受教育年數**而言，每輪 MCMC 試驗的『 $-2ln\mathcal{L}$ 』平均，也就是 $\bar{D}$ 等於 105.503（表 18.8 的 $-2ln\mathcal{L}$ 平均值）：

$$\bar{D} = 105.503 \qquad (18.16)$$

至於 $p_D = \bar{D} - \hat{D}$ 的部分，我們必須先算出 $\hat{D}$，即：當模型使用平均參數時的偏差。為此，請先將各參數（以本例而言即 $b_0$、$b_1$、$\tau$）在每輪 MCMC 中的估計值平均（也就是 $\bar{b}_0$、$\bar{b}_1$、$\bar{\tau}$），代入常態 pdf 中，之後再計算該模型的 $-2ln\mathcal{L}$。算式如下：

$$\hat{D} = -2 * ln\left(\mathcal{L}\left(\text{資料};\bar{b}_0,\bar{b}_1,\bar{\tau}\right)\right) = -2 * \sum_{i=1}^{n} ln\left(\frac{\sqrt{\bar{\tau}}}{\sqrt{2\pi}} e^{\frac{-\bar{\tau}}{2}\left(y_i - \left(\bar{b}_0 + \bar{b}_1 * x_i\right)\right)^2}\right) \quad (18.17)$$

參考表 18.8，將 $\bar{b}_0 = 7.644$、$\bar{b}_1 = 2.031$、$\bar{\tau} = 0.016$ 代入上式：

$$\hat{D} = -2 * \sum_{i=1}^{n} ln\left(\frac{\sqrt{0.016}}{\sqrt{2\pi}} e^{\frac{-0.016}{2}\left(y_i - \left(7.644 + 2.031 * x_i\right)\right)^2}\right) = 102.284 \quad (18.18)$$

綜上所述，**受教育年數**模型的 DIC 就是：

$$DIC = \bar{D} + p_D = 105.503 + \left(105.503 - 102.284\right) = 108.721 \quad (18.19)$$

## 計算意志力模型的 DIC

接著來看看意志力模型，其 MCMC 的結果總結如下（見表 18.9）編註：此表結合了表 18.5 的（$b_0$、$b_1$、$\tau$）與表 18.7 的最後一列（$-2ln\mathcal{L}$）而成：

**表 18.9**

|  | 最小值 | 最大值 | 平均值 | 中位數 | 標準差 |
|---|---|---|---|---|---|
| $b_0$ | 10.456 | 41.55 | 24.586 | 24.598 | 3.065 |
| $b_1$ | -0.007 | 12.053 | 6.418 | 6.416 | 1.178 |
| $\tau$ | 0.004 | 0.08 | 0.026 | 0.024 | 0.01 |
| $-2ln\mathcal{L}$ | 95.291 | 119.708 | 98.667 | 97.925 | 2.787 |

我們可以看到此模型每輪 MCMC 試驗的『$-2ln\mathcal{L}$』平均（也就是 $\overline{D}$）等於 98.667。

而 $p_D = \overline{D} - \hat{D}$ 則是 98.667 減去『將模型參數平均（也就是 $\overline{b}_0$、$\overline{b}_1$、$\overline{\tau}$）代入常態 pdf 後，再計算 $-2ln\mathcal{L}$ 的結果』。算式如下：

$$\hat{D} = -2 * ln\left(\mathcal{L}\left(資料;\overline{b}_0,\overline{b}_1,\overline{\tau}\right)\right) = -2 * \sum_{i=1}^{n} ln\left(\frac{\sqrt{\overline{\tau}}}{\sqrt{2\pi}} e^{\frac{-\overline{\tau}}{2}\left(y_i - \left(\overline{b}_0 + \overline{b}_1 * x_i\right)\right)^2}\right) \quad (18.20)$$

參考表 18.9，將 $\overline{b}_0$　24.586、$\overline{b}_1 = 6.418$、$\overline{\tau} = 0.026$ 代入上式：

$$\hat{D} = -2 * \sum_{i=1}^{n} ln\left(\frac{\sqrt{0.026}}{\sqrt{2\pi}} e^{\frac{-0.026}{2}\left(y_i - \left(24.586 + 6.418 * x_i\right)\right)^2}\right) = 95.42 \quad (18.21)$$

因此，**意志力**模型最終的 DIC 為：

$$DIC = \overline{D} + p_D = 98.667 + \left(98.667 - 95.42\right) = 101.914 \quad (18.22)$$

彙總一下，**意志力**模型與**受教育年數**模型的 DIC 為：

- 受教育年數$_{DIC} = 108.721$
- 意志力$_{DIC} = 101.914$

 ??

**問 15**　我們能從前一問的兩個 DIC 結果中得到什麼結論？

**答**：我們的目標是選擇 DIC 最小的模型，由前一問算出來的兩個 DIC 來看，我們要選擇的是**意志力**模型。

**WinBUGS** 使用者指南的撰寫者提供了以下對於 DIC 的想法：『我們很難說明兩模型的 DIC 要相差多大才算有**顯著差異**。粗略地說，若差值達到 10 個單位以上，則 DIC 較高的模型理應被拒絕；假如差值落在 5 到 10 之間，表示兩模型確實存在差異。不過，若 DIC 相差不到 5 個單位、且不同模型所做的推論非常不一致時，只報告 DIC 值較低的模型可能就不妥了。』

在本例中，我們有兩項假設，即意志力 vs. 受教育年數假設。兩者的 DIC 差異為 6.807（108.721-101.914），表示確實存在差異。

就技術上來說，我們應該要像第 17 章那樣，先對資料集進行標準化。總之請記住！本書的目的只是為大家介紹貝氏統計的基本概念，有興趣的讀者可自行挖掘更深入的訊息。

 **??**

**問 16** 可以總結一下本章的內容嗎？

**答**：沒問題。模型選擇與前面提到的科學過程有直接的關聯性，候選的對立模型即代表用來解釋某現象的對立假設。以本例來說，『意志力』與『受教育年數』是說明『為什麼有些人能在《我要活下去》中存活較長時間』的兩種可能解釋(假設)。在搜集資料之後，我們使用 MCMC 法分別為上述兩個假設建立各自的線性迴歸模型；每個模型的各參數都有自己的先驗分佈，而 MCMC 不僅能將各參數的先驗更新為後驗，還能給出聯合後驗分佈。編註：再提醒一下，此處所謂 MCMC 指的是 MCMC 貝氏分析，而非單純的 MCMC，前者才有推論能力，後者只是抽樣、模擬的方法而已。

有了兩個模型的 MCMC 分析結果，我們接著使用偏差訊息量準則 (DIC) 的評估指標來判定：哪一個假設 (模型) 與觀測資料較為相符、而且又足夠簡約 (見圖 18.7)：

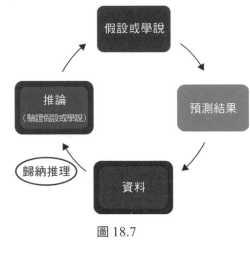

圖 18.7

**問 17**　既然每個模型皆代表成功指數的一種假設，那難道不能用貝氏定理直接更新我們對不同模型的信心程度嗎？

**答：**這個嘛，當然也可以。

下面是大家所熟知的離散版貝氏定理：

$$\Pr\left(H_i \mid 資料\right) = \frac{\Pr\left(資料 \mid H_i\right) * \Pr\left(H_i\right)}{\sum_{j=1}^{n} \Pr\left(資料 \mid H_j\right) * \Pr\left(H_j\right)} \tag{18.23}$$

其中藍色的部分是『離散假設的先驗機率』，紅色則是『當特定假設為真時觀測到目標資料的概似度』。貝氏定理的傳回值則是『在給定觀測資料的前提下，第 $i$ 項假設的後驗機率值』。

若將對立模型視為對立假設，則我們就能用離散版的貝氏定理來更新各模型 (記為 $M_i$) 的先驗機率。換句話說就是用模型取代假設：

$$\Pr\left(M_i \mid \text{資料}\right) = \frac{P\left(\text{資料} \mid M_i\right) * \Pr\left(M_i\right)}{\displaystyle\sum_{j=1}^{k} P\left(\text{資料} \mid M_j\right) * \Pr\left(M_j\right)} \tag{18.24}$$

在上式中，模型集 $\mathbf{M}$ 一共包含 $k$ 個模型，即 $\mathbf{M} = \{M_1, M_2, ..., M_k\}$。每個模型皆對應一個先驗機率 $\Pr\left(M_i\right)$ (代表該模型正確的可能性)，且所有先驗的總和必須等於 1。上述先驗得在資料分析**以前**就決定好，故只能依賴手上已知的知識。

上式中紅色的部分代表：給定模型時，觀測到某資料的機率。由於這就相當於資料的邊際分佈，因此有些書籍將此項稱為模型的邊際資料分佈 (如：Hobbs & Hooten, 2015)。此項可透過以下通式計算而得：

$$P\left(\text{資料} \mid M_i\right) = \int P\left(\text{資料} \mid \theta, M_i\right) * P(\theta) d\theta \tag{18.25}$$

此處的 $\theta$ 是模型 $M_i$ 的待估計參數向量 ( 編註：所謂參數向量就是一個或多個參數的意思啦)。

??

問 18　上式好熟悉啊，是不是之前見過？

**答：**是的！你已經在本書見過好幾回了，其通常出現在貝氏定理的分母：

$$P\left(\theta \mid \text{資料}\right) = \frac{P\left(\text{資料} \mid \theta\right) * P(\theta)}{\int P\left(\text{資料} \mid \theta\right) * P(\theta) d\theta} \tag{18.26}$$

以上貝氏定理通式適用於給定觀測資料、且單一參數的後驗分佈以機率密度函數描述的情況。對於本例中的線性迴歸模型來說，我們有三個參數 $b_0, b_1, \tau$，因此三參數的貝氏定理為（ 編註: 其實這個式子就是第 17 章的 17.16 式）：

$$P(b_0, b_1, \tau \mid 資料) = \frac{P(資料 \mid b_0, b_1, \tau) * P(b_0, b_1, \tau)}{\iiint P(資料 \mid b_0, b_1, \tau) * P(b_0, b_1, \tau) \, db_0 \, db_1 \, d\tau}$$

(18.27)

**問 19** 所以，到底該怎麼計算給定模型時的邊際資料分佈？

**答：**這已經超出本書的討論範圍了。我們只介紹最基本的概念，至於上面的三重積分過於困難！我們就點到為止。

**問 20** 那我要如何研究那些困難的部分呢？

**答：**相關的資源有很多，以下就列出一些作者的私房書籍和文章以供參考：

- A. Gelman, J. B. Carlin, H. S. Stern, and D. B. Rubin. Bayesian Data Analysis. Chapman & Hall, 2004.
- N. T. Hobbs and M. B. Hooten. Bayesian Models: A Statistical Primer for Ecologists. Princeton University Press, 2015.
- M. B. Hooten and N. T. Hobbs. "A guide to Bayesian model selection for ecologists." Ecological Monographs 85.1 (2015): 3-28.
- J. V. Stone. Bayes' Rule: A Tutorial Introduction to Bayesian Analysis. Sebtel Press, 2014.

接下來是與程式撰寫相關的參考資料：

- J. Kruschke. Doing Bayesian Data Analysis: A Tutorial with R, JAGS, and Stan. Elsevier, 2015.
- J. Albert. Bayesian Computation with R. Springer New York, 2009.

下面是為生態學家專門推薦的文獻：

- J. A. Royle and M. Kéry. Applied Hierarchical Modeling in Ecology. Elsevier, 2016.
- B. Bolker. Ecological Models and Data in R. Princeton University Press, 2008.
- M. A. McCarthy. Bayesian Methods for Ecology. Cambridge University Press, 2007.
- M. Kéry. Introduction to WinBUGS for Ecologists. Elsevier, 2010.
- W. Link and R. Barker. Bayesian Inference. Elsevier, 2010.

 ??

問 21　貝氏定理好像越來越複雜了啊？

# MEMO

# 第 19 章

# 羅雷司問題：介紹貝氏網路

歡迎各位來到貝氏網路 (Bayesian Network) 的章節，此技術主要用到的觀念是條件機率與邊際機率，可以用來解決多個變數間複雜的因果關係以輔助我們做決策，一開始會用『灑水器—下雨—草地』貝氏網路為例來實際演練，後面再以羅雷斯的童書故事看看貝氏網路如何用在生態問題上。

待讀者讀完本章後，便能確實瞭解以下術語：

- 貝氏網路 (Bayesian network)
- 有向無環圖 (Directed acyclic graph)
- 父節點 (parent node) 或根節點 (root node)
- 子節點 (child node)
- 影響圖 (influence diagram)
- 條件機率表 (conditional probability table, CPT)
- 聯合機率的連鎖律 (chain rule for joint probability)

為了替之後的內容搭建好舞台，讓我們先來講一段**羅雷司** (The Lorax) 的故事，這是該書作者蘇斯博士 (Dr. Seuss) 最喜愛的作品，各位可能已經讀過、或者看過翻拍的動畫電影了。現在請大家放輕鬆，花幾分鐘閱讀一下來自維基百科的劇情敘述吧：

一個來自污染區的小男孩拜訪了名為萬事樂 (Once-ler) 的孤僻怪人，此人居住在『飛走的羅雷司之街』。為了聽到羅雷斯為什麼飛走的傳說故事，男孩給了萬事樂15分錢、一根釘子、以及曾曾曾祖父的蝸牛殼。

萬事樂告訴小男孩：這兒曾是一片充滿毛毛樹 (Truffula) 和各種動物的美麗山谷。

由於萬事樂一直在尋找像毛毛樹這樣的材料，因此他很快將其中一棵砍倒，並利用如同毛一般的樹葉織了一件絲呢 (Thneed，一種多功能的衣服)。然後，『替無法開口的樹木發言』的羅雷司從倒下的樹幹中冒了出來，不但斥責了砍樹的行為、也反對絲呢的存在。但由於很快就有第一個人花3.98元買走了那件絲呢，萬事樂受到了鼓勵，於是決心展開製作與販賣絲呢的事業。

萬事樂的小店很快擴張成了一間大工廠。親戚們都來替他工作，新的載具和設備也被帶了進來，以便砍伐毛毛樹、並運送絲呢成品。

羅雷司又現身，說道：吃毛毛樹果實的叭叭熊 (Bar-ba-loots) 已經沒有食物了，必須離開這裡。過了一段時間，羅雷司再次出現，並抱怨：工廠污染了空氣和水，導致天鵝與哼哼魚都要遷徙到別的地方去。

萬事樂仍執迷不悟地告訴羅雷司：他的事業拓展腳步不會停下。然而，正在此時，萬事樂的機器已將最後一棵毛毛樹砍倒了。由於沒有新的原料，工廠很快便關門大吉、萬事樂的親戚們也都離他而去。

多麼淒涼的故事啊！到最後，沒有一個人是贏家。

**問 1**　該如何避免上述悲劇呢？

**答**：想避免原料耗盡的悲劇，瞭解絲呢的生產、毛毛樹、叭叭熊、天鵝、與哼哼魚之間的相互關係很重要。假如萬事樂知道**貝氏網路**（Bayesian network 或 Bayes network），他或許就能以更符合永續發展的方式利用毛毛樹了。

**問 2**　永續發展是指什麼？

**答**：**大英百科全書**說：『永續發展 (sustainability) 是相對於短期、短視近利與浪費行為的另一種發展策略。』

當然，如果萬事樂採用了這種策略，那他就不會肆意揮霍其事業賴以生存的毛毛樹；這麼一來，他的英文名字也就不會被取為『Once-ler』了。

譯註： Once-ler 直譯為活在昔日的人，這裡應帶有後悔之意！

**問 3**　什麼是貝氏網路？

**答**：**維基百科**告訴我們：『貝氏網路、信念網路 (belief network)、貝氏模型 (Bayes 或 Bayesian model)、或者機率有向無環圖模型 (probabilistic directed acyclic graphical model) 是一種利用有向無環圖 (directed acyclic graph, DAG) 表達隨機變數與其相互依賴關係的機率圖模型 (probabilistic graphical model) (引用自 2017 年 8 月 21 日)。』

**問 4**　有看沒有懂！能用具體的例子說明嗎？

**答：**當然，下面來快速看一個來自維基百科的例子(見圖 19.1)：

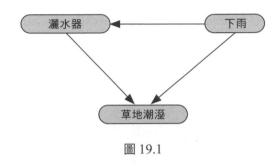

圖 19.1

以上這個例子也被 **Netica** 貝氏網路分析軟體開發者所使用。圖 19.1 本身即是一個**模型**，其可解釋草地溼掉的可能原因，或者為灑水器的開啟或關閉提供潛在理由。如你所見，圖中共有三個變數，分別在不同的橢圓形中。這些變數稱為『節點 (nodes)』。

---

編註：本章從問 25 開始會用此 Netica 軟體的畫面來解釋貝氏網路的運作方式，即使沒有這套軟體也能看得懂。

---

大家應該注意到了，有些變數 (節點) 有箭頭射出，有些則有箭頭射入。舉例而言，圖中共有兩個箭頭從『下雨』節點射出、『灑水器』節點有一個射入和一個射出箭頭、而『草地潮溼』節點則有兩個射入箭頭。

上述的箭頭與節點基本上與因果關係對應，並共同形成描述系統如何運作的模型，例如：下雨不僅決定了草地是否會溼，還能影響灑水器的開關；與此同時，灑水器同樣能決定草地潮溼與否。換言之，草地若是溼了，其成因可能是灑水器、下雨、或者兩者皆是。

> 譯註：上文有提到『下雨會影響灑水器的開關』，故讀者可能會理所當然地假設『下雨能使灑水器關閉』；若真是這樣，那麼草地溼就不可能同時由兩個原因造成。不過，此處其實沒有明確指出『下雨』和『灑水器』的關係為何，只知道它們會互相影響，所以我們不應該擅自做這樣的假設。

Netica 軟體的教學中指出：『箭頭的方向性大致對應因果關係。』有箭頭射出的節點稱為『父節點 (parent node)』或『根節點 (root node)』，而被箭頭射入者則稱為『子節點 (child node)』。以上面的例子來說，『下雨』就是父節點、『灑水器』既是父節點也是子節點、『草地潮溼』則必是子節點。像圖 19.1 這樣的圖示名為**影響圖** (influence diagram)，因為其呈現出變數間如何互相影響。

讓我們進一步將維基百科的例子畫成圖 19.2，各位會看到每個節點旁皆有一張相對應的表格：

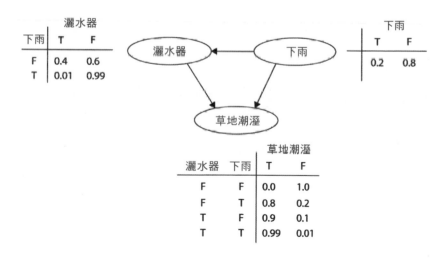

圖 19.2　一個簡單的貝氏網路與對應的條件機率表

我們可以從上圖的三張表格看出：

1. 『灑水器』節點共有兩個狀態：開啟 (T)、關閉 (F)。

2. 『下雨』節點有兩個狀態：下雨 (T)、沒下雨 (F)。

3. 『草地潮溼』亦有兩個狀態：真的溼了 (T)、草地其實是乾的 (F)。

此處所說的**狀態** (state) 就相當於第 1 章裡定義的**事件** (event)。下面引用**牛津統計學辭典** (Upton & Cook, 2014) 中的解釋：『一個事件是由一群特定結果 (outcome) 組成的集合，是樣本空間的一個子集』。舉個實例說明，假如我們擲一顆骰子並觀察點數，則樣本空間為 $\{1, 2, 3, 4, 5, 6\}$；其中一種可能的事件是『擲出的點數為偶數』，這就相當於樣本空間中的子集 $\{2, 4, 6\}$。

若樣本空間中所有結果的可能性皆相同，那麼某事件 $A$ 的機率就可透過如下公式計算：

$$\Pr(A) = \frac{\text{樣本空間中發生事件 } A \text{ 的總數}}{\text{樣本空間中的事件總數}} \tag{19.1}$$

在考慮貝氏網路中的某個變項 (如：『下雨』) 時，我們必須將其下每種狀態的機率寫出來：

- 令狀態 $S$ 代表『灑水器開啟 (灑水器 = T)』、$\sim S$ 為『灑水器關閉 (灑水器 = F)』。

- 令狀態 $R$ 代表『下雨 (下雨 = T)』、$\sim R$ 等於『沒有下雨 (下雨 = F)』。

- 令狀態 $G$ 代表『草地真的溼了 (草地潮溼 = T)』、$\sim G$ 為『草地是乾的 (草地潮溼 = F)』。

如此一來，下雨的機率即可表示如下 (參考圖 19.2 右上角的真值表)：

$$\Pr(R) = 0.2 \tag{19.2}$$

而沒下雨的機率則是：

$$\Pr(\sim R) = 0.8 \tag{19.3}$$

請看圖 19.3：

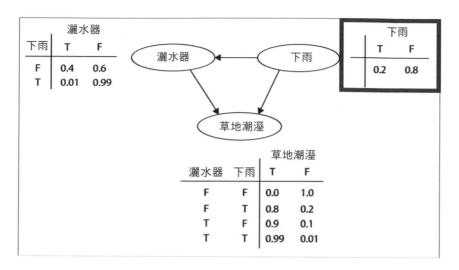

圖 19.3 一個簡單的貝氏網路與對應的條件機率表

以上所說的機率為『下雨』變數的**邊際機率**（marginal probabilities），本章稍後會再次談到。

 ??

**問 5** 那麼，前一問的模型屬於機率模型嗎？

**答**：是的！該網路**模型**共由三個變數組成，且每個變數下的狀態都有對應的機率值。

我們可以進一步將問 4 中的範例畫成更普適化的**有向無環圖**（directed acyclic graph, DAG），見圖 19.4：

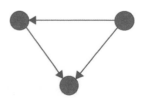

圖 19.4 有向無環圖

## 問 6 『有向無環圖』是什麼東西？

**答：**依照**牛津社會學研究方法辭典**(Elliot et al., 2016 年版) 的解釋：『有向無環圖 (DAG) 是一種具有方向性、但不具環狀結構的圖。其中任兩個節點有可能 (透過邊) 相連、也有可能不相連；而邊則可以是有方向性 (directed) 或無方向性的 (undirected)。』

---

> 譯註：這裡的『圖』特指圖論 (graph theory) 中的圖。圖論是數學的一個分支，『圖』則是由『節點』和『邊 (edge)』構成的一種圖形，問 4 中的箭頭即是一種有方向性的邊。

---

圖 19.4 中的『圖』共有三個節點 (或三個頂點)，分別由三個有向的箭頭 (邊) 連繫起來。這裡的箭頭是為了表達『**方向性**』；此外，無論從哪一個節點出發 (依箭頭方向)，我們最終都無法走回該節點，故稱此圖『**無環**』。若可以繞回出發點則為『**有環 (cycling)**』。

事實上，有向無環圖的主要概念並不像看上去的複雜。各位應該都用過 Excel 試算表吧？若一張試算表中某儲存格的資料和其它儲存格有關時，就可以用 DAG 來描述。例如將下圖 D3 儲存格設為 D1、D2 和 D3 數值的總和，這就會引發『循環』錯誤，而理由正是因為 DAG 的規則被打破了，如圖 19.5 所示：

| Sum | ▼ | ÷ | X | √ | $f_x$ | =D1＋D2＋D3 | |
|---|---|---|---|---|---|---|---|

| | A | B | C | D | E |
|---|---|---|---|---|---|
| 1 | | | | 3481 | |
| 2 | | | | 4129 | |
| 3 | | | | =D1＋D2＋D3 | |
| 4 | | | | | |
| 5 | | | | | |

圖 19.5

我們將上圖中 D3 的算式用下圖來呈現：

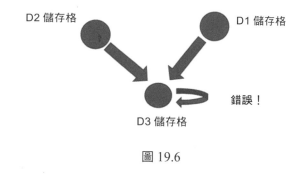

圖 19.6

由於 D3 繞回到自己身上，故圖 19.6 並非 DAG，錯誤也因而產生。貝氏
網路亦屬於 DAG 的一種；若 DAG 的規則被打破，其便會失效。

**問 7** **瞭解了！不過究竟是誰首先提出了『灑水器—下雨—草地』
網路呢？**

**答**：我們沒有答案！不過重點是，此例展示了處理類似問題的方法，即：
先找出關鍵的變數，然後用箭頭表達它們之間的關係。請注意！無論是誰
首先提出該網路，我們都不認為『下雨』事件會受『灑水器』是否打開
的事件影響，所以『灑水器』不會有箭頭射向『下雨』。

此外我們也注意到，該網路的提出者並未讓草地的狀態影響灑水器的開
關。如果你家有草坪，那麼『讓灑水器在草地太乾時自動開啟』是一種
非常有效率的做法；不過如此一來，我們就會在『灑水器』和『草地潮
溼』之間產生一個雙向箭頭，而整張圖也就不是 DAG 了。

問8　我知道了。那麼能討論一下『灑水器』的條件機率表嗎？

請先看一下圖 19.7：

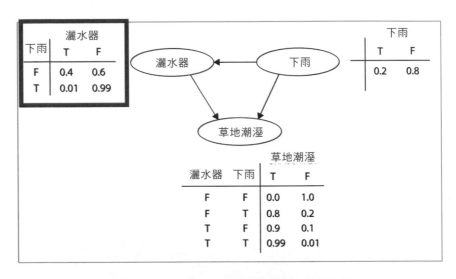

圖 19.7　一個簡單的貝氏網路與對應的條件機率表

**答：**圖中從『下雨』指向『灑水器』的箭頭代表：『灑水器』變項是**有前提的**，其狀態會依照『下雨』節點的狀態而改變。這就與第 2 章介紹的**聯合機率**（joint probability）、**邊際機率**和**條件機率**（conditional probability）有關了。

這裡有必要再複習一下這些術語。假定我們創建了一個資料集，共收錄了 100000 天的『灑水器使用情形』和『下雨天數』資料。表 19.1 就是此資料集，其中的資料放在深藍底色的欄位中：

**表 19.1**

| | 灑水器 | | |
| --- | --- | --- | --- |
| | 開啟($S$) | 關閉($\sim S$) | 總和 |
| **下雨** | | | |
| 否($\sim R$) | 32000 | 48000 | 80000 |
| 是($R$) | 200 | 19800 | 20000 |
| **總和 →** | **32200** | **67800** | **100000** |

表 19.1 的橫列呈現出是否有下雨、直行則指出灑水器是開啟或關閉。位於深藍區域左上儲存格的 32000 代表觀察到有 32000 天處於『沒有下雨、且灑水器有開啟』的狀態。深藍區域右上的 48000 則表示觀察到有 48000 天是『沒下雨、且灑水器關閉』的狀態，依此類推。

表格的右側與下側邊緣記錄了各行和各列的總和，用淺藍色底呈現。就本例而言，我們看到沒下雨天數共 80000 天、下雨天數 20000 天。灑水器有開啟的天數共有 32200 天、關閉的天數則是 67800 天。

只要將上表中每一格的原始數字除以總樣本數（100000），便可變成機率值，見表 19.2：

**表 19.2**

| | 灑水器 | | |
| --- | --- | --- | --- |
| | 開啟($S$) | 關閉($\sim S$) | 總和 |
| **下雨** | | | |
| 否($\sim R$) | 0.32 | 0.48 | 0.8 |
| 是($R$) | 0.002 | 0.198 | 0.2 |
| **總和 →** | **0.322** | **0.678** | **1** |

上表也稱為**聯合機率表** (conjoint table)，其中包含了我們感興趣的**聯合機率**和**邊際機率**。所謂**聯合機率** (joint probability，表 19.2 中深藍色底的部分) 指的是兩件事一起發生的機率；舉個例子，『下雨**且**灑水器開啟』的機率為 0.002，可用符號表示為：

$$\Pr(R \cap S) = 0.002 \tag{19.4}$$

簡言之，當你聽到『**聯合**』這個詞時，應該立刻聯想到『**且** (AND)』。

除了聯合機率，表 19.2 還提供了**邊際機率**，其探討的是有下雨或沒下雨的機率 (將灑水器開啟與關閉的資料合併)、以及灑水器開啟或關閉的機率 (將有無下雨的資料合併)。再重複一次，表 19.2 中某變數的邊際機率，就是將另一個變數的不同狀態合併起來的結果：

『有下雨』的邊際機率：

$$\Pr(R) = \Pr(R \cap S) \cup \Pr(R \cap {\sim}S) = 0.002 + 0.198 = 0.2 \tag{19.5}$$

『沒下雨』的邊際機率：

$$\Pr({\sim}R) = \Pr({\sim}R \cap S) \cup \Pr({\sim}R \cap {\sim}S) = 0.32 + 0.48 = 0.8 \tag{19.6}$$

『灑水器開啟』的邊際機率：

$$\Pr(S) = \Pr(S \cap R) \cup \Pr(S \cap {\sim}R) = 0.002 + 0.32 = 0.322 \tag{19.7}$$

『灑水器關閉』的邊際機率：

$$\Pr({\sim}S) = \Pr({\sim}S \cap R) \cup \Pr({\sim}S \cap {\sim}R) = 0.198 + 0.48 = 0.678 \tag{19.8}$$

**問 9** 聯合機率表中還存在別種機率嗎？

**答**：有的，我們可以根據表中的資訊計算出本例的**條件機率**。各位應該還記得，條件機率探討的是：在某事件發生的前提下，另一事件發生的可能性有多大。以下舉幾個條件機率的例子：

- $\Pr(S \mid R)$：『在有下雨的前提下，灑水器開啟的機率』。
- $\Pr(S \mid \sim R)$：『在沒下雨的前提下，灑水器開啟的機率』。
- $\Pr(R \mid \sim S)$：『在灑水器關閉的前提下，有下雨的機率』。
- $\Pr(R \mid S)$：『在灑水器開啟的前提下，有下雨的機率』。

**問 10** 能複習一下怎麼計算條件機率嗎？

**答**：首先，將討論範圍『限縮』到前提事件的邊際機率上，然後找出目標事件在該邊際機率中的佔比（ 譯註：以 $\Pr(S \mid R)$ 為例，$R$ 是前提事件、$S$ 是目標事件）。

來看幾個例子吧，『在有下雨的前提下，灑水器開啟』的機率可透過下面方式算出：

$$\Pr(S \mid R) = \frac{\Pr(S \cap R)}{\Pr(R)} = \frac{0.002}{0.2} = 0.01 \tag{19.9}$$

『在有下雨的前提下，灑水器關閉』的條件機率則是：

$$\Pr(\sim S \mid R) = \frac{0.198}{0.2} = 0.99 \tag{19.10}$$

『在沒下雨的前提下，灑水器開啟』的條件機率為：

$$\Pr\left(S \mid \sim R\right) = \frac{0.32}{0.8} = 0.4 \tag{19.11}$$

接著是『在沒下雨的前提下，灑水器關閉』的條件機率：

$$\Pr\left(\sim S \mid \sim R\right) = \frac{0.48}{0.8} = 0.6 \tag{19.12}$$

有了以上結果，讓我們再看一次貝氏網路 (見圖 19.8)。請將注意力放在『灑水器』變數上 (紅框標示的區域)，表中的數字是不是很眼熟？

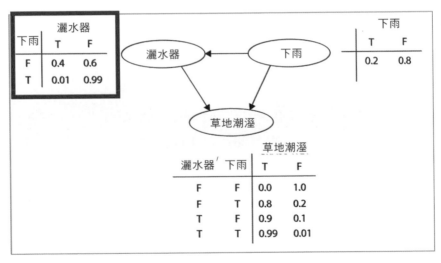

圖 19.8　一個簡單的貝氏網路與對應的條件機率表

 ??

**問 11**　意思是，上表中的機率值指的是條件機率囉？

**答：**沒有錯！除了影響圖以外，貝氏網路還需要存放**條件機率**的表格，即**條件機率表** (conditional probability table, CPT)。

結合問 4 與問 10 的討論，我們能總結出貝氏網路的兩項特性：

- 沒有箭頭射入的節點，對應存放**邊際機率**的表格。
- 有箭頭射入的節點，對應存放**條件機率**的表格。

**問 12**　注意到『灑水器』節點的表格是如何安排的嗎？

**答：**表格的直行方向對應不同的灑水器狀態，橫列的狀態則是影響『灑水器』的另一變數。由於灑水器的狀態 (T 或 F) 取決於下雨的狀態 (同樣是 T 或 F)，這張 2 乘 2 表格中記載的正是條件機率。

**請注意！表中每一列數值的總和皆為 1.0，這是因為我們完整考慮了『下雨時 "灑水器有開 + 沒開" 的事件，以及沒下雨時 "灑水器有開 + 沒開" 的事件』。**

**問 13**　那麼『草地潮溼』變數的表格呢？

**答：**和之前一樣，表中直行的方向表示『草地潮溼』的兩種可能狀態 (T 或 F)，橫列則是各種可能影響『草地潮溼』的變數狀態組合。

但表格的橫列應該放什麼呢？首先：『草地潮溼』(狀態為 T 或 F) 是以『灑水器』和『下雨』的狀態為前提，這一點可以從網路中的箭頭指向看出，也就是『灑水器』和『下雨』這兩個節點都有箭頭射向『草地潮溼』節點。

由於『灑水器』和『下雨』各有兩種狀態，故『草地潮溼』表格內的可能組合一共有四種 (對應四個列，見圖 19.9)：

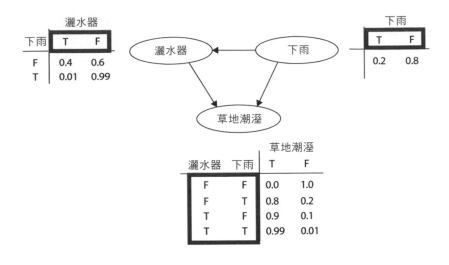

圖 19.9　一個簡單的貝氏網路與對應的條件機率表

和『灑水器』一樣，『草地潮溼』節點的表格明顯也是一個條件機率表，共有 4 個列，每列的數值總和都是 1.0。

 **??**

**問 14**　**如何算出『草地潮溼』表格裡的數字呢？**

**答：** 回頭看看原來的資料集，看這個表能不能讓我們算出『灑水器』節點的條件機率：

**表 19.3**

|  | 灑水器 | | |
|---|---|---|---|
|  | 開啟($S$) | 關閉($\sim S$) | 總和 |
| **下雨** |  |  |  |
| 否($\sim R$) | 32000 | 48000 | 80000 |
| 是($R$) | 200 | 19800 | 20000 |
| **總和 →** | 32200 | 67800 | 100000 |

遺憾的是，這個資料集**並未**列出任何關於草地狀態的資訊。若要算出『草地潮溼』變數的條件機率，我們得取得更充足的資料才行。

 ??

## 問 15　如果我們無法得到計算所需的資料呢？

**答：**貝氏網路中的條件機率既可來自資料，亦可來自於你的猜測或專家的意見，亦或兩者兼具。既然現有資料無法得知，那我們在此假定『草地潮溼』變數的條件機率是由專家(如：附近的草坪維護公司)提供的。

 ??

## 問 16　以上所提的貝氏網路能回答什麼問題？

**答：**一旦確定了網路中的所有細節(如：圖 19.9)，我們便可用該網路來回答各種相關的問題，而貝氏定理在過程中扮演了關鍵性的角色。以下是一些例子：

- 已知草地是溼的，請問其原因為下雨的機率有多大？
- 『下雨的機率變高』如何影響我們『替草地澆水所需的時間』？

 ??

## 問 17　我想回答上述問題，但該從何處開始呢？

**答：**由於上一問的兩個問題都與草地狀態有關，故我們得先以『草地潮溼』節點與其所有父節點的條件機率為基礎，建構出對應的**聯合機率表**。

> 想要使用貝氏網路，必須先算出關鍵節點的聯合機率表。

最終的表格會長得像表 19.4，並且我們很快就會知道其中深藍色區域的數值應該填入多少：

**表 19.4**

| | | 草地潮溼 | |
|---|---|---|---|
| 灑水器 | 下雨 | T | F |
| 1　F | F | | |
| 2　F | T | | |
| 3　T | F | | |
| 4　T | T | | |

請注意！表 19.4 的結構和條件機率表一致，只不過前者的深藍色儲存格放的是**聯合機率**，而非條件機率。各位很快就會發現，所有藍色方格的數值加起來必等於 1.0。

只要利用**機率的連鎖律** (chain rule in probability，也叫做**一般乘積法則**；請不要將其與微積分的連鎖率混淆)，我們便能輕易算出表中每一項聯合機率。實際上，此處的連鎖律只是第 2 章中聯合機率公式 ( 譯註： 即 2.25 式) 的延伸而已。**維基百科**指出：『該法則在貝氏網路的研究中很有用，可以讓我們用條件機率的語言來描述機率分佈。』

維基百科上還提供了一個包含四個事件的例子。連鎖律告訴我們，要得到這四個事件的聯合機率，只要算出以下幾個條件機率的乘積即可：

$$\Pr(A_4 \cap A_3 \cap A_2 \cap A_1)$$
$$= \Pr(A_4 \mid A_3 \cap A_2 \cap A_1) * \Pr(A_3 \mid A_2 \cap A_1) * \Pr(A_2 \mid A_1) * \Pr(A_1) \tag{19.13}$$

希望讀者一眼就能看出 19.13 式的規律。下面，讓我們用機率的連鎖律來計算『草地是溼的』、『灑水器開啟』、且『有下雨』的聯合機率 (見圖 19.10)。該機率的符號可記為 $\Pr(G, S, R)$，也就是計算 $\Pr(G \cap S \cap R)$。

依照 19.13 式的規律，計算過程如下 (算式的顏色對應圖 19.10 上的顏色框)：

$$\Pr(G \cap R \cap S) = \Pr(G \mid S \cap R) * \Pr(S \mid R) * \Pr(R)$$
$$= 0.99 * 0.01 * 0.2 = \mathbf{0.00198}$$

(19.14)

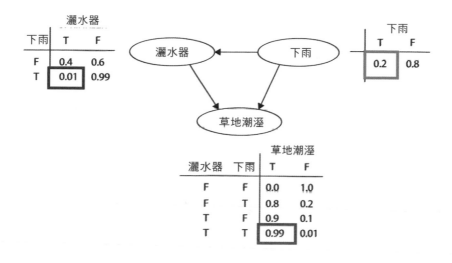

圖 19.10　一個簡單的貝氏網路與對應的條件機率表

如你所見，以上計算相當於一連串條件機率的相乘，且最後會回到根節點（ 譯註：即代表回到『有下雨』的 $\Pr(R)$ ）上。由於節點之間本就會相互影響，因此這樣的連鎖規律應該很容易理解。19.14 式中相乘的三個項分別是：

- $\Pr(G \mid S \cap R) = 0.99$
- $\Pr(S \mid R) = 0.01$
- $\Pr(R) = 0.2$

最後的乘積是 0.00198。我們可以將此結果放到聯合機率表中 (見表 19.5)：

**表 19.5**

| 灑水器 | 下雨 | 草地潮溼 | |
| --- | --- | --- | --- |
| | | T | F |
| 1　F | F | | |
| 2　F | T | | |
| 3　T | F | | |
| 4　T | T | 0.00198 | |

**問 18　能看看聯合機率的連鎖律通式嗎？**

**答：**當然可以。連鎖律的通式可以寫為：

$$\Pr\left(\bigcap_{k=1}^{n} A_k\right) = \prod_{k=1}^{n} \Pr\left(A_k \mid \bigcap_{j=1}^{k-1} A_j\right) \tag{19.15}$$

上式的意思是指 $A_1$、$A_2$、$A_3$、...、$A_n$ 等 $n$ 個事件一起發生的聯合機率，等於 $n-1$ 個條件機率與一個邊際機率的乘積（ 編註：讀者可以試著將 $n=4$ 代入 19.15 式，展開後就是 19.13 式）。這條公式看上去嚇人，但實際用起來並沒那麼恐怖！在本例中，我們共有 $n=3$ 個事件，因此所求聯合機率為兩項條件機率：$\Pr(G \mid S\cap R)$、$\Pr(S \mid R)$ 與一項邊際機率：$\Pr(R)$ 的乘積。

**問 19　可以再示範計算一個聯合機率嗎？**

**答：**沒問題！讓我們來計算表格右上角的 $\Pr(\sim G, \sim S, \sim R)$，也就是 $\Pr(\sim G\cap\sim S\cap\sim R)$，其算式如下：

$$\Pr\left(\sim G \cap \sim R \cap \sim S\right) = \Pr\left(\sim G \mid \sim S \cap \sim R\right) * \Pr\left(\sim S \mid \sim R\right) * \Pr\left(\sim R\right)$$
$$= 1.0 * 0.6 * 0.8 = 0.48000$$

(19.16)

圖 19.11 標示出貝氏網路中與 19.16 式相關的機率。其中相乘的三個項目
分別是：

- $\Pr\left(\sim G \mid \sim S \cap \sim R\right) = 1$
- $\Pr\left(\sim S \mid \sim R\right) = 0.6$
- $\Pr\left(\sim R\right) = 0.8$

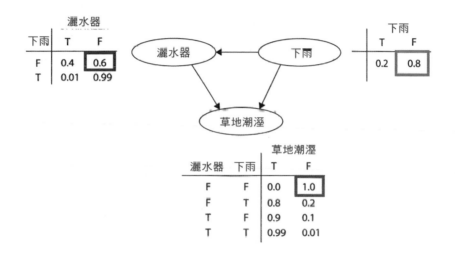

圖 19.11　一個簡單的貝氏網路與對應的條件機率表

最終的結果是 0.48000，我們可以將其放到聯合機率表中深藍色區域的右
上角 (見表 19.6)。

此外，表 19.6 也將其它空格的聯合機率值都算出來填入，**請各位拿出紙
筆親自驗算一遍！**要注意的是，表中的邊緣多加上了加總欄位，由此可看
出整張表的數值總和為 1.0：

**表 19.6**

| 灑水器 | | 下雨 | 草地潮溼 | | 總和 |
|---|---|---|---|---|---|
| | | | T | F | |
| 1 | F | F | 0.00000 | 0.48000 | 0.480 |
| 2 | F | T | 0.15840 | 0.03960 | 0.198 |
| 3 | T | F | 0.28800 | 0.03200 | 0.320 |
| 4 | T | T | 0.00198 | 0.00002 | 0.002 |
| 總和 → | | | 0.44838 | 0.55162 | 1.000 |

上面這個例子充份顯示出機率連鎖率的妙用！在貝氏網路中，除了根節點對應邊際機率外，其餘節點皆對應不同的條件機率，這讓我們能快速算出各種聯合機率，進而回答各種相關的問題。

 ??

## 問 20　貝氏網路有何重要性？

**答：**當一個網路中的節點很多時，我們可能會遇到運算量太大的問題。想像一下，若圖中存在一個具有兩狀態的節點 (如：『有下雨』和『沒下雨』)，則我們要估算的參數 ( 譯註: 這裡的參數指聯合機率) 有兩個：$\Pr(R)$ 與 $\Pr(\sim R)$，不過如果 $\Pr(R)=1-\Pr(\sim R)$，那就只要估算一個就行了。

如果增加一個名為灑水器的新節點，其可以是『開啟』或『關閉』狀態；如此一來，需要估計的聯合機率就有 4 個。若再加上草地狀態具有『草地潮溼』或『草地乾燥』狀態的節點，這樣就有 8 個聯合機率要計算。假如我們再加入『水管能運作』和『水管不能運作』的節點，則要計算的參數將上升至 16 個。

讀者應該看出規律了吧？2、4、8、16、32、......

> 網路的大小會以幾何級數增長；也就是每多一個節點，需要估計的參數就翻倍。

倘若我們有 100 個節點 (每個節點有兩種可能狀態)，則待估計參數將高達 $2^{100}$ 個！其數值等於 $1.26765e+30$，相當龐大！電腦將難以處理那麼多參數。不過，透過貝氏網路，我們可以只估計關鍵的幾個聯合機率，進而顯著降低計算量。

作者認識的一位 Netica 開發人員指出：我們需要更好的方法，而『貝氏網路就是其中一種替代方案。由於在貝氏網路中，只有具備因果機率關聯性的節點才會相連，因此能大大降低計算量。換句話說，我們沒必要再把所有可能的狀態組合儲存起來，而只要儲存和處理有連繫的父、子節點 (也可以叫它們節點家族) 之狀態組合即可。這種方法可顯著節省表格空間和運算量。』

 ??

**問 21** 如何利用貝氏網路解決問題呢？

**答**：來實際嘗試一下吧。讓我們以下面的問題為例：

> 已知草地是溼的，請問此現象由下雨造成的機率有多大？

以下我們會用**四種**不同方法解決此問題：

- 第一種是直接使用聯合機率表，
- 第二種是透過貝氏定理，
- 第三種是利用貝氏推論技術，
- 第四種則是貝氏網路計算軟體。

這四種方法所得的結果相同，讀者可以自己比較一下。

先來看看第一種方法，直接使用聯合機率表 (即表 19.6) 所給的答案。『在草地潮溼的前提下，有下雨』的機率為：

$$\Pr(R \mid G) = \frac{0.15840 + 0.00198}{0.44838} = 0.3576877 \qquad (19.17)$$

各位可以看出我們如何利用聯合機率表嗎？題目已經指出草地是溼的，其發生機率為 0.44838 做為分母。分子部分則包含兩個項目，即為下雨為 T 的 0.15840 與 0.00198 相加。

**問 22**　如果使用貝氏定理呢？

**答**：第二種方法是以貝氏定理來解決問題。各位已在第一篇學過，事件 $A$ 和 $B$ 的聯合機率等於：

$$\Pr(A \cap B) = \Pr(A \mid B) * \Pr(B) \qquad (19.18)$$

也就是：**$A$ 與 $B$ 的聯合機率等於『以 $B$ 為前提時，$A$ 成立的條件機率』乘以『$B$ 的邊際機率』**。看起來很熟悉對吧？這正是迷你版的連鎖律！

此外，由於 $A$ 和 $B$ 的聯合機率還能將兩者對調表示成：

$$\Pr(B \cap A) = \Pr(B \mid A) * \Pr(A) \qquad (19.19)$$

而 $\Pr(A \cap B) = \Pr(B \cap A)$，所以：

$$\Pr(A \mid B) * \Pr(B) = \Pr(B \mid A) * \Pr(A) \qquad (19.20)$$

將等號兩邊除以 $\Pr(B)$，如此便能得到**貝氏定理**(的其中一種型式)：

$$\Pr(A \mid B) = \frac{\Pr(B \mid A) * \Pr(A)}{\Pr(B)} \tag{19.21}$$

我們可以利用貝氏定理公式算出『當草地潮溼時，有下雨』的機率，即將上式的 $B$ 換成 $G$ (草地潮溼)、將 $A$ 換成 $R$ (有下雨)：

$$\Pr(R \mid G) = \frac{\Pr(G \mid R) * \Pr(R)}{\Pr(G)} \tag{19.22}$$

$$= \frac{\dfrac{0.15840 + 0.00198}{(0.198 + 0.002)} * (0.198 + 0.002)}{0.44838} = 0.3576877 \tag{19.23}$$

這個答案和 19.17 式結果一模一樣！不過，前一問中所用的方法步驟較為簡短，因為其分子內少了 19.23 式中相互消除掉的項，即 $(0.198 + 0.002)$。

??

**問 23**　**如何以貝氏推論解決呢？**

**答**：在第三種方法中，我們會從貝氏推論的角度計算相同的條件機率。

請先回憶一下第 5 章的『作者問題』，即找出聯邦黨人文集中某篇無署名文章的作者究竟是漢彌爾頓還是麥迪遜。在該章節中，讀者能瞭解到如何透過貝氏定理合理地改變信心程度。

要將貝氏定理用於科學推論中，我們得將分母的邊際機率 $\Pr(B)$ 替換成兩個聯合機率的和：

$$\Pr(A \mid B) = \frac{\Pr(B \mid A) * \Pr(A)}{\Pr(A \cap B) + \Pr(\sim A \cap B)} \tag{19.24}$$

現在,再將上述**聯合機率**換成對應的條件機率算式:

$$\Pr(A \mid B) = \frac{\Pr(B \mid A) * \Pr(A)}{\Pr(B \mid A) * \Pr(A) + \Pr(B \mid \sim A) * \Pr(\sim A)} \tag{19.25}$$

各位還記得上式中的各個項嗎?此版本的貝氏定理非常適合用在有多個競爭假設的貝氏推論問題。只要給定新資料,上式便可將某特定假設的先驗機率更新為後驗機率。我們再來看一次這個公式的說明:

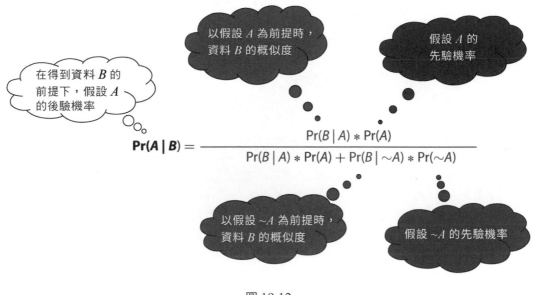

圖 19.12

下面,讓我們結合 19.25 式與貝氏網路,來回答造成草地潮溼的可能原因。與圖 19.12 所示的假設 $A$ 和 $\sim A$ 不同之處在於本例的聯合機率表 (見表 19.6) 共有四種可能的假設:

1. 沒有下雨、且灑水器關閉。
2. 有下雨、且灑水器關閉。
3. 沒有下雨、且灑水器開啟。
4. 有下雨、且灑水器開啟。

此處的重點並非找出以上四項假設各自的機率，而是比較草地潮溼『由下雨所致』以及『由灑水器所致』的邊際機率。因此，我們令『有下雨』假設（記為 $R$）包含了上面第 2、4 項可能假設；『灑水器開啟』假設（記為 $S$）則包含第 3、4 項可能假設。

綜上所述，以『草地潮溼』為前提，『有下雨』假設的後驗機率等於：

$$\Pr(R \mid G) = \frac{\Pr(G \mid R) * \Pr(R)}{\Pr(G \mid R) * \Pr(R) + \Pr(G \mid \sim R) * \Pr(\sim R)} \qquad (19.26)$$

我們可以根據聯合機率表快速算出答案：

$$\Pr(R \mid G) = \frac{\dfrac{(0.15840 + 0.00198)}{(0.198 + 0.002)} * (0.198 + 0.002)}{\dfrac{(0.15840 + 0.00198)}{(0.198 + 0.002)} * (0.198 + 0.002) + \dfrac{(0.00000 + 0.28800)}{(0.480 + 0.320)} * (0.480 + 0.320)}$$

$$= 0.3576877$$

$$(19.27)$$

這和前面的答案是一樣的。

 ??

## 問 24　那『草地潮溼是由灑水器造成』的機率又是多少？

答：『灑水器開啟』是解釋草地上為何有水的對立假設。若以『草地潮溼』為前提（記為 $G$），則『灑水器開啟』假設（記為 $S$）的後驗機率為：

$$\Pr(S \mid G) = \frac{\Pr(G \mid S) * \Pr(S)}{\Pr(G \mid S) * \Pr(S) + \Pr(G \mid \sim S) * \Pr(\sim S)} \qquad (19.28)$$

根據聯合機率表算出答案：

$$\Pr(S \mid G) = \frac{\dfrac{(0.28800 + 0.00198)}{(0.320 + 0.002)} * (0.320 + 0.002)}{\dfrac{(0.28800 + 0.00198)}{(0.320 + 0.002)} * (0.320 + 0.002) + \dfrac{(0.00000 + 0.15840)}{(0.480 + 0.198)} * (0.480 + 0.198)}$$

$$= \frac{0.28800 + 0.00198}{(0.28800 + 0.00198) + (0.00000 + 0.15840)}$$

$$= 0.6467282 \qquad (19.29)$$

> 請特別注意！『有下雨』假設和『灑水器開啟』假設的後驗機率總和並不等於 1.0！

事實上，$0.3576877 + 0.6467282 = 1.0044159$，為什麼會差了 0.0044159 呢？原因在於：『有下雨』事件和『灑水器開啟』事件並非互斥 (mutually exclusive)，而是可以同時發生的，可從前面的影響圖、聯合機率表、以及問 23 中所列的四項假設看出這一點。

各位可以從聯合機率表中找出『草地是溼的』、『有下雨』且『灑水器開啟』的聯合機率為 0.00198 (查表 19.6 三者皆為 T)，而此值在 $\Pr(S \mid G)$ 和 $\Pr(R \mid G)$ 的算式中重複出現！也就是說，本例的聯合機率表原本包括四個可能假設，但我們將其打包成了兩個 (『有下雨』假設、『灑水器開啟』假設) 時，原本第 4 個假設『有下雨、且灑水器開啟』被重複納入。

我們算出草地潮溼由『有下雨』且『灑水器開啟』兩個成因同時造成的機率相當於：

$$\frac{0.00198}{0.44838} = 0.0044159 \longleftarrow \text{這就是被重複列入兩個假設中的機率。} \tag{19.30}$$

依照上面的計算結果，若要挑選其中一項假設，則我們應該選『灑水器開啟』，因為其後驗機率較大：

$$\Pr(S\,|\,G) = 0.6467282 > 0.3576877 = \Pr(R\,|\,G)$$

貝氏定理和貝氏推論是構成貝氏網路的核心概念，但我們其實能用更簡便的方法獲得答案。也就是說，雖然貝氏定理的影子潛伏於貝氏網路中的每個節點，但你未必要用到它。

 ??

**問 25　要如何用貝氏網路計算軟體獲得答案？**

**答**：此處要使用的工具是 Netica，這是貝氏網路分析中常用的電腦軟體。你可以用其建立有向無環圖（DAG），且其中每一個節點都對應一張條件機率表（CPT）或邊際機率表（見圖 19.11）。

### 用既有的觀測資料建立貝氏網路

使用者只要將前面計算出三個節點的條件機率表與邊際機率表填入 Netica 中，便會自動將每個節點的邊際機率計算出來並畫出水平的長條圖（見圖 19.13）。

---

編註：圖中的『Sprinkler』代表『灑水器』節點、『Rain』為『下雨』節點、『Grass_Wet』則是『草地潮溼』節點。以下皆以作者操作的英文畫面為準，另加中文說明。據小編實際使用，只要為 Node Title 與 State Titles 補上中文說明，就可以顯示中文。試用軟體可至官網 https://norsys.com 下載，台灣代理商是 Linksoft 公司 https://www.linksoft.com.tw。

---

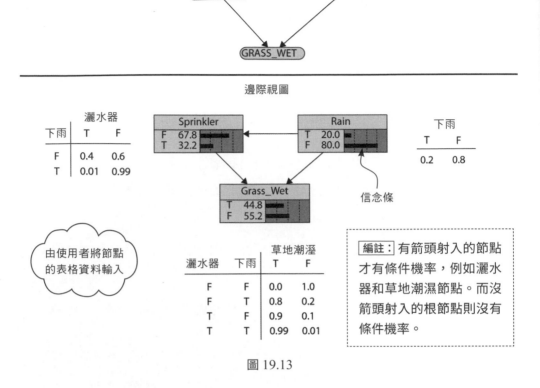

圖 19.13

上圖就是 Netica 的畫面。其中上半部顯示的是節點視圖 (node view)，下半部的黃色方格則呈現出每個節點的邊際機率。方格中的長條圖一般稱為『信念條 (belief bars)』，這是從 Netica 使用者 (即各位讀者) 所輸入的條件或邊際機率表推算出來的。

舉例而言，下雨節點的信念條顯示：『有下雨』(T) 的機率為 20%、『沒下雨』(F) 則是 80%，而位於下雨節點右邊的表格則記錄使用者的輸入值。注意！下雨節點是一個根節點 (或父節點)，這代表有箭頭從該節點**射出**，但沒有箭頭**射入**該節點。

灑水器節點的信念條顯示：『灑水器開啟』的機率為 32.2%、『關閉』的機率為 67.8%。這兩個數字是從 Netica 使用者所輸入的 CPT 計算而來。

以『灑水器開啟』為例，其對應機率可由以下方式獲得 (Netica 會自己計算)：

$$\Pr(S) = \Pr(S \cap R) + \Pr(S \cap \sim R) = \Pr(S \mid R) * \Pr(R) + \Pr(S \mid \sim R) * \Pr(\sim R)$$
(19.31)

$$\Pr(S) = 0.01 * 0.2 + 0.4 + 0.8 = 0.322$$
(19.32)

Netica 會將以上結果會用百分比表示，即 32.2%。讀者可將此處的結果與表 19.2 比較。

### 當觀測到新資料時，Netica 會自動將先驗機率更新為後驗機率

接下來，當我們觀察到新資料 (或證據) 時，Netica 就會依據使用者的操作去更新整個貝氏網路各節點的數值，也就是用貝氏推論將各節點的先驗機率更新為後驗機率。例如：若你發現草地溼了，只要用滑鼠『點擊』相應的信念條 ( 譯註： 即 Grass_Wet 為 T 的長條)，Netica 便會更新整張網路，如圖 19.14 所示：

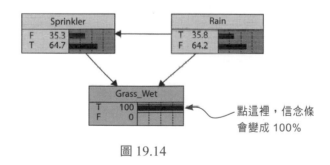

圖 19.14

由於我們觀察到草地是溼的，因此對應的表格變為灰色，兩道射入的箭頭則分別代表兩項可能 ( 但不一定對立) 假設：『有下雨』或『灑水器開啟』。其中前者的機率為 35.8%、後者的機率為 64.7%，之前我們已用手算驗證過這些答案了 ( 譯註： 可參考 19.27、19.29 式)。再次提醒各位，以上兩機率值的總和不等於 100%，因為兩者並未互斥！簡言之，在我們

做出觀測以前，邊緣視圖中的數字就相當於各假設的先驗機率；而一旦我們觀測到了某結果，這些數字便會被更新，並且成為後驗機率。

**問 26**　我已經明白了。那麼，是否可以將羅雷斯問題轉換為貝氏網路呢？

**答：**是的，我們會帶各位一步步畫出羅雷斯問題的貝氏網路。

萬事樂可以透過建立貝氏網路的方法，瞭解其商業活動會對毛毛樹、以及其它自然資源產生什麼影響。此處的第一步是找出關鍵變項、並瞭解它們之間的互動，以畫出影響圖 (見圖 19.15)。

在圖中，我們不僅用 Netica 繪製影響圖，還為其指定了各狀態的機率 (圖 19.15 未顯示，機率值的部分請見圖 19.16)。值得一提的是，上圖只是該系統的其中一種**模型**；若某人曾看過羅雷斯的電影或讀過原著，其所畫的影響圖有可能與本書的不同！

位於圖 19.15 最頂端的是『絲呢產業』，有兩種可能狀態：『可持續發展 (sustainable)』和『不可持續發展 (unsustainable)』。『絲呢產業』直接影響到『毛毛樹砍伐程度』、『空氣品質』與『水質』，而後兩者與『前一年 ($t-1$) 的族群數量』又影響到了天鵝和哼哼魚的族群大小。至於叭叭熊的族群數則受到『前一年族群量』與『毛毛樹果實產量』的控制，其中果實產量又由『毛毛樹砍伐程度』來決定。

注意！對於圖中提到的三種動物而言，我們多考慮了前一年 ($t-1$) 的族群大小，原因是 — 族群小也就意謂著能產生後代的個體數量不多；若真是如此，那麼即便 (舉個例子) 毛毛樹產了大量果實，叭叭熊的數目也會因為族群過小而受限。

**請各位再仔細察看一遍圖 19.15，並找出其中的四個根節點，分別是：『絲呢產業』、『叭叭熊 ($t-1$)』、『天鵝 ($t-1$)』和『哼哼魚 ($t-1$)』。**

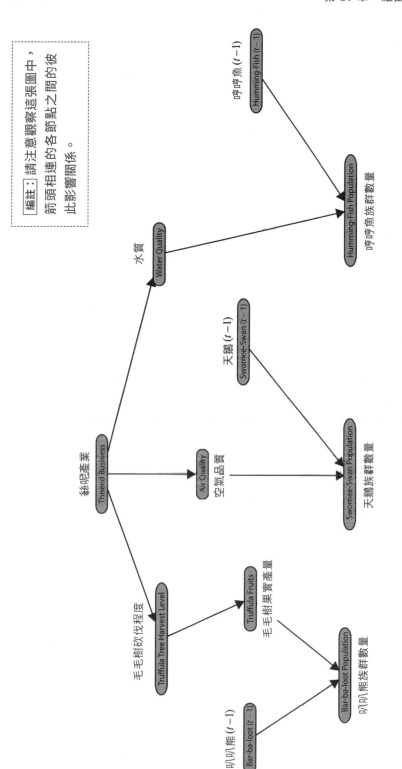

圖 19.15

**問 27**　有可能不用自己畫的方式產生影響圖嗎？

**答：**還真的可以！一般而言，會先邀請專家進行分析然後定義出貝氏網路，我們只需要利用該貝氏網路進行推論即可，這也是本章解決問題的方法(當然，我們並非畫圖專家，這裡只是舉例說明)。

然而，有時目標系統太過複雜，人類根本不可能將貝氏網路定義出來。此時就可以使用**機器學習演算法**(machine learning algorithms)，從既有資料集推測出影響圖。換句話說，只要使用正確的演算法、再把複雜資料集輸入電腦中，便能自動得到所求的貝氏網路架構，很酷吧！只是這不在本書討論範圍。

**問 28**　圖 19.15 中怎麼沒有條件機率表 (CPT) 呢？

**答：**你說得對！貝氏網路除了呈現有向無環圖 (DAG) 以外，還得說明各變數的條件機率表、以及根節點的邊際機率值。現在就來討論這些數值吧。記住！底下的討論僅是推測而已，畢竟我們並非蘇斯博士本人！

讓我們先從根節點開始，考慮它們的可能狀態和對應的**邊際機率**。在此複習一下，根節點就是那些『有箭頭**射出**、但沒有箭頭**射入**的節點』，即圖 19.16 中有打上紅勾勾的方格：

● 『絲呢產業』有兩種狀態：『可持續發展 (0.3)』和『不可持續發展 (0.7)』。也就是說，萬事樂的產業有 30% 的機會能與環境永續共存，有 70% 的機會無法做到。

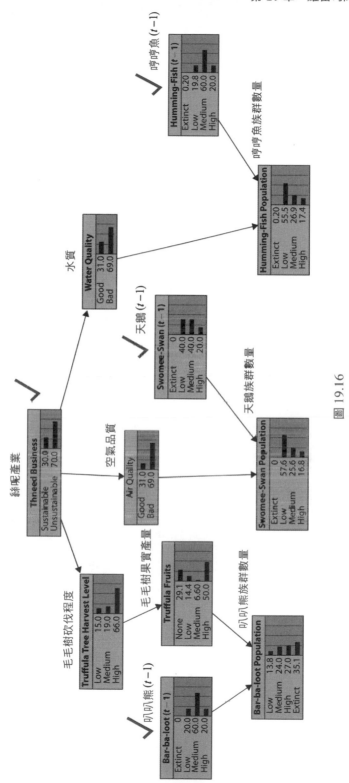

圖 19.16

- 叭叭熊在 $t-1$ 年絕種 (extinct) 的機率為 0、族群數量低 (low) 的機會是 20%、中等 (medium) 的可能性 60%、而數量龐大 (high) 的機率則是 20%。
- 和上面一樣，天鵝和哼哼魚的族群數量也分為絕種、族群數量低、中、高等狀態，但具體機率值則由各自的生物學特性決定。

請注意！Netica 是以百分比來呈現機率值，故機率 0.60 會顯示成 60.0 (代表 60%)。另外，Netica 中所有表格內的機率值都是**邊際機率**，包括那些有箭頭射入 (即不是根節點) 的節點，我們很快會再提到這一點。

**問 29　圖中的條件機率表 (CPT) 在哪裡呢？**

**答**：使用者得自行完成條件機率表，Netica 才能顯示如圖 19.16 的信念條。表 19.7 便是我們提供給 Netica 的『毛毛樹砍伐程度』CPT。**注意！這些機率值理應從真實資料估計而來，但本例使用的是虛構數字**：

表 19.7

|  | 砍伐程度 | | | |
| --- | --- | --- | --- | --- |
|  | 低 | 中 | 高 | 總和 |
| 可持續發展 | 0.5 | 0.4 | 0.1 | 1 |
| 不可持續發展 | 0 | 0.1 | 0.9 | 1 |

上表對應三種砍伐程度 (低、中、高)，並分別對應某父節點 (此表是『絲呢產業』) 的兩種狀態。當『絲呢產業』為可持續發展時，『毛毛樹砍伐程度』低的機率為 50%、中的機率 40%、高則只有 10%。反之，若『絲呢產業』為不可持續發展，則砍伐程度為高的機率有 90%、為低的機率則是 0%。表中每一列的總和皆為 1。

給定表 19.7 中的條件機率，我們就知道 Netica 為何將『毛毛樹砍伐程度』低、中、高的邊際機率設為 0.15、0.19 和 0.66 了。請先使用機率**連鎖律**將 CPT 轉換為聯合機率表；記住！CPT 與聯合機率表這兩種表格的結構類似，只不過前者存放的是**條件機率**、而後者則是放**聯合機率**(見表 19.8)：

**表 19.8**

| | 砍伐程度 | | | |
| --- | --- | --- | --- | --- |
| | 低 | 中 | 高 | 總和 |
| 可持續發展 | 0.15 | 0.12 | 0.03 | 0.3 |
| 不可持續發展 | 0 | 0.07 | 0.63 | 0.7 |
| **總和** | **0.15** | **0.19** | **0.66** | **1** |

如你所見，表 19.8 最後一列的數值和 Netica 中『毛毛樹砍伐程度』節點的數值 (圖 19.16) 一致。總結一下，Netica 的圖中確實隱藏了 CPT 的資訊，只不過其並未被顯示出來；使用者能看到的僅有邊際機率而已。

---

編註：　**如何將 CPT 轉換到聯合機率表**

類似於問 17~19 的步驟，我們先列出來自表 19.7 的條件機率表 (表 19.9(a))，以及來自圖 19.16『絲呢產業』的邊際機率表 (表 19.9(b))：

**表 19.9(a)**

| | 砍伐程度 | | |
| --- | --- | --- | --- |
| 絲呢產業 | 低 | 中 | 高 |
| 可持續發展 | 0.5 | 0.4 | 0.1 |
| 不可持續發展 | 0 | 0.1 | 0.9 |

**表 19.9(b)**

| 絲呢產業 | |
| --- | --- |
| 可持續發展 | 不可持續發展 |
| 0.3 | 0.7 |

利用連鎖律將條件機率表換算成聯合機率表，小編試算三個例子 (請讀者將結果與表 19.8 做比對)：

→ 續下頁

$$\Pr(砍伐(低) \cap 絲呢(可)) = \Pr(砍伐(低) \mid 絲呢(可)) * \Pr(絲呢(可))$$
$$= 0.5 * 0.3 = 0.15 \tag{19.33}$$

$$\Pr(砍伐(中) \cap 絲呢(可)) = \Pr(砍伐(中) \mid 絲呢(可)) * \Pr(絲呢(可))$$
$$= 0.4 * 0.3 = 0.12 \tag{19.34}$$

$$\Pr(砍伐(高) \cap 絲呢(不可)) = \Pr(砍伐(高) \mid 絲呢(不可)) * \Pr(絲呢(不可))$$
$$= 0.9 * 0.7 = 0.63 \tag{19.35}$$

聯合機率表 (表 19.8) 中的其它幾個欄位值就請讀者自行算算看。

**問 30　能再討論另一張條件機率表嗎？**

**答：**當然可以。這裡以『水質』節點為例，其共有兩個狀態 (好、壞)。根據 Netica 的訊息 (圖 19.16)，水質優良的邊際機率為 0.31、不良的邊際機率則是 0.69；這兩個數字是從如表 19.10 的 CPT 計算而來的：

**表 19.10**

|  | 水質 | | |
|---|---|---|---|
|  | 好 | 壞 | 總和 |
| 可持續發展 | 0.8 | 0.2 | 1 |
| 不可持續發展 | 0.1 | 0.9 | 1 |

同樣請使用連鎖律將條件機率轉換成聯合機率 (見表 19.11)：

表 19.11

|  | 水質 | | |
| --- | --- | --- | --- |
|  | 好 | 壞 | 總和 |
| 可持續發展 | 0.24 | 0.06 | 0.3 |
| 不可持續發展 | 0.07 | 0.63 | 0.7 |
| **總和** | **0.31** | **0.69** | **1** |

和前面一樣，聯合機率表中最後一列的數字表示水質好 (0.31)、壞 (0.69) 的邊際機率，且與圖 19.16 中的『水質』數值吻合。

觀測到新資料（或證據）時，將網路中的所有先驗機率更新為後驗機率。

**問 31　下一步是什麼呢？**

**答**：既然已經把貝氏網路的圖、邊際機率和 CPT 定義清楚了，我們便能用該網路來回答一些問題。**關鍵是：要將某變數的觀測結果輸入到網路中**。此處所說的觀測結果也就是『資料』或『證據』；換言之，你得告訴軟體某變數實際上處於哪一個狀態。然後，軟體便能以你的觀測為前提，並依照機率規則自動更新整張貝氏網路。

舉例而言，假設**我們觀察到水質的狀態很糟**，然後使用者在 Netica 網路中按下水質節點的 Bad 信任條，則 Netica 更新後的網路將如圖 19.17 所示。

請注意！圖中水質差的邊際機率變成 100%。現在來看圖 19.17 的右側；其中哼哼魚前一年的族群數量不變，但由於目前哼哼魚的數目受水質影響，故對應方格中所有狀態的機率都被更新了，原本圖 19.16 中『絕種』、『低』、『中』和『高』的百分比分別是 0.2、55.5、26.9 與 17.4；在確定水質不佳後，各狀態的機率變成了 0.2、67.8、22.0 和 9.98。

這軟體很棒吧！當然，哼哼魚不會這麼想 ......

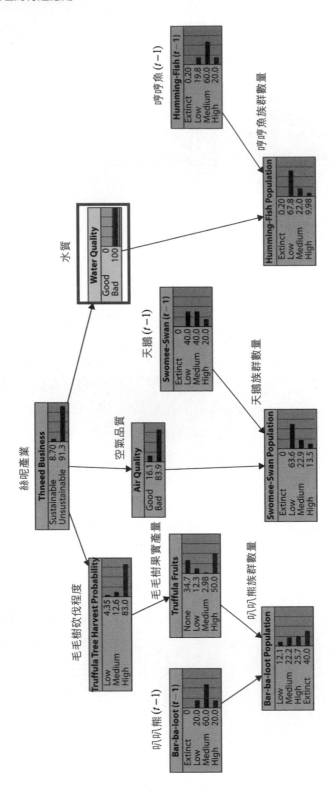

圖 19.17

除此之外，我們還發現：『絲呢產業』不可持續發展的機率從 0.70（70%）躍升為 0.913（91.3%）。

 ??

**問 32** 但我們的網路並未指出『水質』能影響『絲呢產業』啊！這究竟是怎麼一回事？

**答 ：** 在本例中，CPT 表格是不會改變的。讓我們再看一次吧（見表 19.12），其中深藍色的部分與我們觀測到的水質狀態有關：

**表 19.12**

| | 水質 | | |
| --- | --- | --- | --- |
| | 好 | 壞 | 總和 |
| 可持續發展 | 0.8 | 0.2 | 1 |
| 不可持續發展 | 0.1 | 0.9 | 1 |

若我們**觀測到**水質不佳，那麼指向這張 CPT 的邊際機率表當然也要跟著調整。但要用什麼調整呢？**答案自然是貝氏定理！**此定理能分別算出絲呢產業『可持續發展』和『不可持續發展』的後驗機率。

來挑戰新的貝氏推論問題吧！

我們再複習一次貝氏定理公式：

$$\Pr(A \mid B) = \frac{\Pr(B \mid A) * \Pr(A)}{\Pr(B \mid A) * \Pr(A) + \Pr(B \mid \sim A) * \Pr(\sim A)} \qquad (19.36)$$

令 $\Pr(S)$ 代表絲呢產業『可持續發展』的先驗機率、$\Pr(\sim S)$ 是『不可持續發展』的先驗、至於觀測資料則為『水質差』。如此一來，絲呢產業『可持續發展』的後驗機率就是：

$$\Pr(S \mid 水質差) = \frac{\Pr(水質差 \mid S) * \Pr(S)}{\Pr(水質差 \mid S) * \Pr(S) + \Pr(水質差 \mid \sim S) * \Pr(\sim S)}$$
$$(19.37)$$

$$\Pr(S \mid 水質差) = \frac{0.2 * 0.3}{0.2 * 0.3 + 0.9 * 0.7} = \frac{0.06}{0.69} = 0.087 \qquad (19.38)$$

雖然『不可持續發展』的後驗機率可由『1 減去上述答案』獲得，但這裡我們想再用貝氏定理算一次：

$$\Pr(\sim S \mid 水質差) = \frac{\Pr(水質差 \mid \sim S) * \Pr(\sim S)}{\Pr(水質差 \mid \sim S) * \Pr(\sim S) + \Pr(水質差 \mid S) * \Pr(S)}$$
$$(19.39)$$

$$\Pr(\sim S \mid 水質差) = \frac{0.9 * 0.7}{0.9 * 0.7 + 0.2 * 0.3} = \frac{0.63}{0.69} = 0.913 \qquad (19.40)$$

19.38、19.40 式中的兩個後驗機率值正是『絲呢產業』節點更新後的結果（見圖 19.17，最上面的方框）！

**問 33**　如果觀測資料多於一筆呢？

**答：**假定我們還發現天鵝族群的數量很『低』。和前面一樣，請將該結果當成觀測資料 (或證據) 輸入網路中 ( 譯註：點選『天鵝族群數量』節點中的『Low (低)』)，Netica 會自動更新其中的機率值 (見圖 19.18)。

本章之前並未展示過『天鵝族群數量』和『空氣品質』的 CPT，但各位可以清楚看到：圖 19.18 的整張網路都被更新了。希望閱讀至此的朋友已明白貝氏網路的強大之處。

**問 34**　『貝氏網路』是誰發明的？

**答：**『貝氏網路』這個詞是由朱迪亞・珀爾 (Judea Pearl) 於 1985 年所創。大英百科全書上記載了與之相關的背景故事：

『珀爾讓人工智慧有能力處理現實世界中的混亂狀態。此領域先前的研究都是建立在布林代數的基礎上，這種代數的敘述非真即假。而珀爾則創造了貝氏網路的技術，讓電腦能夠在獲得不確定或片面的資訊時，利用圖論 (通常還搭配貝氏統計，但也不總是如此) 做出各種可能假設。珀爾在其著作《智慧系統中的機率推理 (Probabilistic Reasoning in Intelligent Systems)》中闡述了貝氏網路技術。』

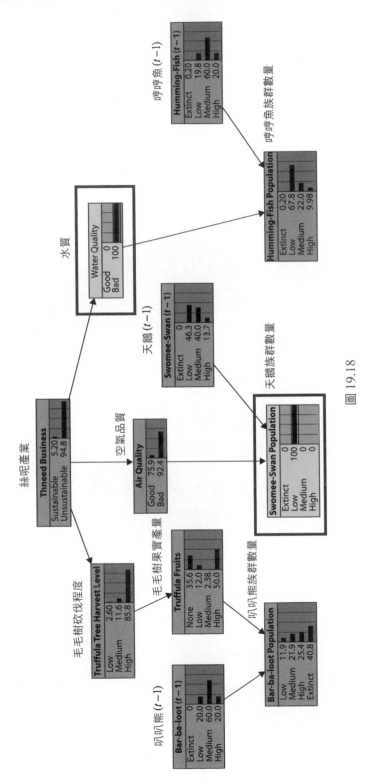

圖 19.18

**問 35** 可以總結一下本章的內容嗎？

**答：** 貝氏網路是一種機率圖模型 (probabilistic graphical model，統計模型的一種)，其利用有向無環圖 (DAG) 來表示一系列隨機變數、以及它們之間的條件依賴關係。圖中的每個節點都代表具有多個狀態的變數，變數之間則以箭頭相連，箭頭的方向與因果關係對應。貝氏定理是上述連結關係的核心，我們能用它來估計觀測到特定狀態的可能性有多高 (需以父節點的狀態為前提條件)，並在觀測結果確定後**更新**網路中的機率值。

貝氏網路的應用領域包括：

- 診斷
- 預測
- 分類
- 下決策
- 金融風險管理、投資組合配置、保險
- 模擬生態系統
- 感測器融合 (sensor fusion) 譯註：每種感測器皆有其限制，但若能組合不同感測器的資訊，那就能對周圍環境有更精準的認知；此技術常用於自動駕駛
- 監控與警示系統

麥肯 (Robert McCann) 等人在其 2006 年發表的文章中，說明了貝氏網路在生態學和自然資源管理中的應用。本書的討論僅觸及皮毛而已；但說不定在下一版中，我們有機會討論到更多案例！

**問 36**　上一問中的應用提到了『下決策 (decision-making)』，能給個具體的例子嗎？

**答**：在羅雷斯故事的尾聲，萬事樂將世界上最後的毛毛樹種子送給小男孩，並說道：『你來掌握最後的毛毛樹種子，這是大家的希望。將它種下，照顧它，給它乾淨的空氣及水。讓它長成森林、並遠離斧頭的威脅。若能做到這一點，或許羅雷斯和他的朋友就能回來。』

在以上敘述中，我們能看到萬事樂開始關心叭叭熊、天鵝和哼哼魚的狀態，他期望這些動物免於『絕種』狀態。但要如何達成該目標呢？從影響圖中的箭頭可看出，萬事樂的商業模式選擇直接影響到『毛毛樹的砍伐狀態』、『空氣品質』與『水質』；因此，我們可以將『絲呢產業』節點轉換成一個決策節點，並觀察不同選擇會造成什麼樣的結果。

關於決策制定還有另一個重要概念，那就是**效用** (utility)。尼可森 (James Nicholson) 對該詞的定義是 (2014)：『某種結果或一系列行為所帶來的價值。該價值有可能是負面的；舉例而言，假如某石油開採公司探勘了一個區域，最後卻發現沒有石油可挖，則已經花出去的探勘成本就會讓上述結果的效用變成負數。』

如果要利用貝氏網路進行決策，且首要考量是野生動物的存續，那麼便需要先為各變數的不同狀態指定效用分數才行。然後，我們會將『絲呢產業』節點設為『可持續發展』，並觀察動物族群的效用分數有何變化。在比較過『可持續發展』和『不可持續發展』兩種商業模式後，萬事樂就能依照其所得到的資訊進行選擇。

第 20 章會告訴大家，如何透過**決策樹**的幫助，將貝氏定理運用在決策過程中。此外，我們還會更深入說明效用的概念！

# 第 20 章

# 萬事樂問題：介紹決策樹

歡迎各位來到本書的最後一章，決策樹 (Decision Tree) 是一種非常有用的技術，可以幫助我們解決許多需要下決策的問題。第 19 章介紹的貝氏網路與本章決策樹的關係密切，差異在於前者用的是網路圖架構，而後者採用的是樹狀圖。

待大家讀完本章後，便能掌握以下這些概念：

- 決策樹 (decision tree)
- 決策節點 (decision node)
- 機會節點 (chance node)
- 報酬 (payoff)
- 效用 (utility)
- 關聯決策 (linked decisions)

為進行本章的討論，請讀者快速複習一下第 19 章開頭的**羅雷斯** (The Lorax) 故事。在故事的最後，萬事樂 (Once-ler) 對自己的經營方法後悔不已，並把最後一顆毛毛樹的種子給了小男孩，期望環境能恢復成往日的模樣。

**問 1**　該如何避免這樣的悲劇呢？

**答**：萬事樂可以用**決策樹**(decision tree)來協助自己做商業決定，以達到與其原料(毛毛樹)和野生物種長期共存的目標。

**問 2**　決策樹是什麼東西？

**答**：**牛津統計學辭典**上的定義是：『將決策問題中各種可能性表達成圖的方法。』**維基百科**則說：『在決策分析中，決策樹以及與之高度相關的影響圖是決策時的視覺和分析工具，我們需計算其中每項可能決定的期望價值(或期望效用)。』

各位在後面很快就會發現，決策樹是非常方便的工具。為了增加學習的趣味性，在此有請紐約洋基隊的傳奇球員 – 尤吉‧貝拉(Yogi Berra)做為本章的嚮導 ( 譯註: 之所以選擇尤吉‧貝拉，是因為此人說過的許多名言特別符合本章的情境)。

小心！不清楚前進方向的人可能永遠也到不了目的地。

為什麼稱該方法為決策『樹』？

**答：**請想像一棵樹的外貌：其底部為一主幹 (一般稱為『根 (root)』)，且該主幹會隨著樹木的生長而不斷分支，直到樹枝尖端為止 (見圖 20.1)：

圖 20.1　樹狀結構

有了這個意象，我們接著來討論決策樹各部位的專有名稱。如圖 20.1 所示，一棵決策樹包含三種節點：

1. 延著根 (root) 往上直到抵達第一個主要分支，此時會出現許多選項，而我們必須做出決擇。以圖 20.1 的樹為例，其中共有五個分支 (可能決定) 可選，而這些分支交匯的點稱為**決策節點** (decision node)。一般而言，決策樹中的決策節點會以**黃色方塊**表示。

2. 假定我們選擇了最右邊的分支，並遇到了下一個分岔點。該分岔點有可能是另一個決策節點、也有可能是**機會節點** (chance node)。機會節點的每個分支都會有發生的機率 (可能不同也可能相同)，因此要走哪一個分支是由機率決定，並非由決策者決定。在圖 20.1 裡，機會節點以**綠色圓圈**呈現，其共有三個分岔。

3. 假如延著上述機會節點的中間分支前進，會再度遇到幾個分岔點，它們皆有可能是決策節點或機會節點。最終，會來到樹支最尖端 (樹尖)，也就是圖中**藍色三角形**所在的地方。這些尖端通常稱為**終止節點** (end nodes)，它們會為決策者提供一定的獎勵或報酬。

現在，讓我們將羅雷斯的故事畫成決策樹吧。萬事樂來到了一片美麗的山谷，並考慮建立自己的絲呢事業。他很快做出了決定，整個過程可以用圖 20.2 的決策樹表達 (通常畫成橫向由左而右)：

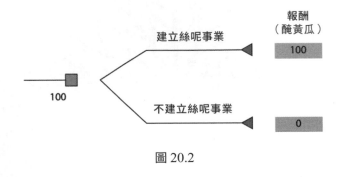

圖 20.2

此處要做的決定是：到底要不要建立絲呢事業。圖 20.2 中的黃色方塊代表決策樹的根、且屬於決策節點；其具有兩個分支，分別代表兩項**對立選項** (decision alternatives)。樹的尖端則是以藍色三角形表示終止節點，它們顯示出每項對立決策的對應報酬 (payoff)。為了迎合蘇斯博士營造的童話情境，這裡將報酬也設定成不那麼嚴肅的東西，如：醃黃瓜。因此我們可以看到，如果萬事樂『不建立絲呢事業』，他將得到 0 根醃黃瓜；而假如他決定『建立絲呢事業』，那麼他可收穫 100 根醃黃瓜。

這個決策看起來很簡單吧？萬事樂可以根據醃黃瓜報酬來下決定。各位會發現黃色決策節點下方有個數字『100』，這表示選擇最佳的路徑可以獲得 100 根醃黃瓜報酬，也就是選擇『建立絲呢事業』。

**問 4**　所以，本例的決策樹就這樣而已嗎？

答：當然不是！假定萬事樂考慮到公司成立後有可能會失敗的問題，他可以在圖中加入一個**機會節點**，以呈現其事業成功的機率大小。這在決策樹中以綠色圓圈表示，見圖 20.3：

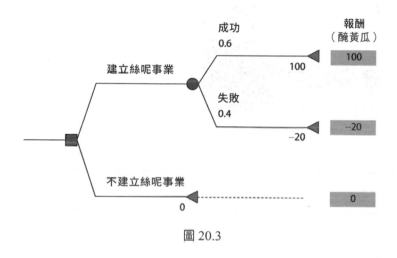

圖 20.3

我們假設事業成功的機率為 0.6、失敗的機率則是 0.4。**注意！兩者的總和為 1.0**。透過在決策樹中加入機會節點，決策者便能將過程中的不確定性考慮進來。

**問 5**　這裡所說的機率究竟是哪一種機率呢？

答：請各位先試著回答看看！

正確答案是**條件機率**。換言之，這裡的 0.6 指：**在建立絲呢事業的前提下**，事業成功的機率。而 0.4 則代表：**在建立絲呢事業的前提下**，事業失敗的機率。

當人生遇到岔路，儘管邁開步伐前進即可（ 譯註：意謂『不要糾結哪個選擇比較好；大膽做決定，然後接受結果』）。

我們的決策樹現在共有三個樹尖 (即：可能結果)。倘若建立絲呢產業且確實成功了，則報酬為 100 根醃黃瓜。若事業建立但沒有成功，那麼就需要付出 20 根醃黃瓜的代價。最後，如果一開始就決定不建立絲呢事業，則報酬等於 0。

 ??

問 6　**那麼，最佳選擇為何呢？**

**答：**首先要認清 – 我們的決策只有兩個對立選項，但卻有三種可能結果。假如事業從未建立，則報酬為 0。如果選擇建立，則事業成功帶來的報酬為 100、失敗則是 –20。為做出決定，我們必須算出每個**對立選項** (包含其下所有結果) 的報酬為何，而非個別可能結果的報酬。

本例的報酬是『事業』變數的函數，該變數共有兩種狀態 (即『成功』和『失敗』，見表 20.1)：

**表 20.1**

| 事業 | 機率 (Probability) | 報酬 (Payoff) |
|------|------|------|
| 成功 | 0.6 | 100 |
| 失敗 | 0.4 | -20 |

欲知道『事業』變數的對立選項能提供多少期望報酬(在本例中代表期望能得到的醃黃瓜數量)，我們需計算報酬的加權平均：

$$『事業』變數對立選項的期望報酬 = (0.6*100) + (0.4*-20) = 52$$

$$(20.1)$$

然後我們將此期望報酬的資訊加進決策樹(圖 20.4)：

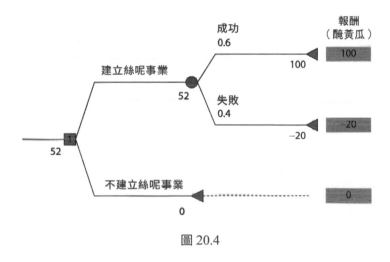

圖 20.4

根據上圖，『建立絲呢事業』的期望報酬是 52，『不建立』的期望報酬則是 0。讀者可在黃色決策節點內找到數字『1』、並在其下方發現數字『52』，這表示上方分支(第 1 個選項)能提供的預期報酬為 52 根醃黃瓜，顯然是較佳的選擇。

**問 7**　上一問的答案能告訴萬事樂該怎麼做嗎？

**答：**這問題問得非常好！畢竟決策樹不會自己下決定，要萬事樂決定才行。做為一項工具，決策樹能提供的僅是和目標問題有關的**期望貨幣值**（expected monetary value，譯註：可理解為高中就學過的期望值）。簡明牛津數學辭典 (The Concise Oxford Dictionary of Mathematics, Clapham & Nicholson, 2014 年版) 告訴我們：『當玩家在遊戲中的收益取決於機會結果時，預期貨幣價值指的是：長期下來，玩家在每場遊戲中所能獲得的平均收益。』在本例中，『遊戲』對應到絲呢事業，而期望報酬則是以醃黃瓜來計算。

假如 $f(x)$ 是離散隨機變數 $X$ 的函數，則該函數的期望值可透過下面方式計算：

$$E\big[f(X)\big] = \sum \Pr(x)f(x) \tag{20.2}$$

以本章的例子來說，$X$ 就代表『事業』變數，$x$ 是變數 $X$ 的可能數值（例如：1＝成功、0＝失敗）。$f(x)$ 表示的是報酬（即：100、–20），而 $\Pr(x)$ 則為每個 $x$ 的發生機率 (0.6 與 0.4)。

前一問的決策樹顯示：如果萬事樂進行了上千次關於絲呢事業的決策，長期下來，其能獲得的平均醃黃瓜數量為 52 根。

事實上，萬事樂不可能進行上千次實驗 – 他只有一次機會。決策樹的計算結果可提供指引，但最終的決定權仍在他手上！另外，這裡的『52』只是建立絲呢事業的『平均』報酬；假定萬事樂真的打算經營該事業，那麼他要麼得到 100 根醃黃瓜、要麼損失 20 根，並不是剛好獲得 52 根報酬。

預測很困難，尤其是對未來的事情（ 譯註: 關於此句話的出處有許多傳言，似乎有許多人都說過類似的話，如：物理學家尼爾斯‧波耳、作家馬克‧吐溫等等）。

萬事樂只有一次選擇的機會，要做這個決策顯然很困難！不過，他或許可以將上一問中的**報酬**（payoff，以本例來說是醃黃瓜）換成**效用分數**（utility scores）來試試看。

 **??**

**問 8** 『效用』又是什麼東西？

**答**：克拉珀姆（Christopher Clapham）和尼可森（James Nicholson）（2014）對**效用**（utility）的解釋是：『某種結果或一系列行為所帶來的價值。該價值有可能是負的；舉例而言，假如某石油開採公司探勘了一個區域，最後卻發現沒有石油可挖，則已經花出去的探勘成本就會讓上述結果的效用變成負數。』

假定萬事樂的新決策樹看起來如圖 20.5：

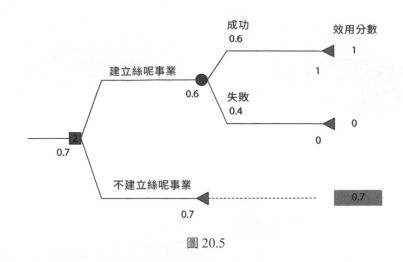

圖 20.5

此處的決策樹和之前的唯一不同點在於：醃黃瓜被替換成了效用分數。在本例中，我們給予報酬數量最高的樹尖的效用分數為 1，黃瓜量最少的 (報酬為負，代表損失) 效用則是 0。至於『不建立絲呢事業』的樹尖，其效用就訂為 0.7。

- 如此一來，『建立絲呢事業』選項的期望效用變成：

$$(0.6*1)+(0.4*0)=0.6 \tag{20.3}$$

- 『不建立絲呢事業』的期望效用則是 0.7。
- 根據以上結果，比較好的選擇應是『不建立絲呢事業』。如你所見，圖 20.5 中的黃色方塊內寫著 2，表示選了第 2 個選項，下方記錄對應的期望效用為 0.7。

 **??**

問 9　效用分數是怎麼訂出來的？

**答：**在決策理論中，效用分數代表的是決策者所認定的**價值**，能在一定程度上反映決策者是否滿足於特定選項。當不清楚該如何設定各樹尖的具體分數時，我們通常能透過**誘導問答**的方式找出適當數字 (實際做法如下所述)。

若以《管理判斷的決策分析 (Decision Analysis for Management Judgement, 2014)》作者保羅・古德溫 (Paul Goodwin) 與喬治・懷特 (George Wright) 的話來說：『最常用的方法是提供決策者一系列選項；其中一些必然能收到一定金額 (以本例來說是醃黃瓜)、另一些則對應某種假想的樂透遊戲 ... 即不同選項各有不同的機率，並分別對應決策樹中最好、或最壞的結果。』

假如我們想找出對萬事樂來說，不建立絲呢事業的效用分數是多少 (最初設定的報酬數為 0 根醃黃瓜)，那麼可以進行如下的對話：

**我們：**『嘿，萬事樂！現在給你兩個選擇 – 選項 1 是我給你零根醃黃瓜。選項 2 則是擲硬幣，其中正面出現的機率是 0.9。如果出現正面，你就能得到 100 根醃黃瓜；但若是反面，那你得倒貼我 20 根醃黃瓜。』

**萬事樂：**『我選第 2 項。』

**我們：**『瞭解。再來一次吧！這一次的選項 1 還是你獲得零根醃黃瓜。選項 2 是擲一枚正面出現機率等於 0.8 的硬幣。若結果是正面，你得到 100 根醃黃瓜；若是反面，則你給我 20 根醃黃瓜。』

**萬事樂：**『我還是選擇第 2 項。』

**我們：**『好的。那接下來，選項 1 仍是零根醃黃瓜。選項 2 則變成擲一枚正面出現機率等於 0.7 的硬幣。若出現正面，你獲得 100 根醃黃瓜；若為反面，則你給我 20 根醃黃瓜。』

**萬事樂**：『如果是這樣，那我寧願選零根醃黃瓜！』

既然萬事樂改變了自己的選擇，我們便可算出『不建立絲呢事業』效用是多少（ 譯註: 請參考圖 20.5，圖中的『1』是獲得 100 根醃黃瓜的效用分數，代表決策樹中最好的結果；『0』則是損失 20 根醃黃瓜，對應最壞的結果）。下式我們用 $u$ 表示萬事樂選擇零根醃黃瓜的效用分數（utility）：

$$u(0 \text{ 根醃黃瓜}) = (0.7*1) + (0.3*0) = 0.7 \tag{20.4}$$

效用分數會等於決策樹中最高效用的 70% 與最低效用的 30%。當然，在真實的問題中，確定效用的過程會比此處的例子更精細。

請注意！上述問答的結果僅代表萬事樂的選擇 ... 各位讀者、以及本書作者的答案皆有可能與之相異！這種**誘導法**（elicitation）的目的旨在幫助我們決定特定結果的效用分數，特別是當該分數難以評估時。

 ??

**問 10**　真的有人用效用分數來下決策嗎？

理論上沒有問題，實際上還是有差異！

**答：**根據古德溫和懷特 (2014) 的觀點，效用理論的目的只是輔助決策；如果決策者想忽略其指示，那也是完全沒問題的。他們寫道：『若決策者熟悉機率的概念、並願意下功夫在必要的誘導問答上，則效用對於重要且高風險、高不確定性的問題來說是很有價值的。在這種狀況下，推導效用分數的過程有可能為問題本身帶來關鍵啟發。』

 **??**

**問 11**　如果將叭叭熊、天鵝、以及哼哼魚納入考慮呢？

**答：**假如萬事樂在做決定時，還考慮了上述物種的命運，那麼他的決策**目標** (objectives) 數量會上升 (不僅限於最大化醃黃瓜報酬)，決策樹也會變得更複雜。若萬事樂想在收穫醃黃瓜之餘，同時保存野生動物資源，那麼他所繪製的決策樹可能如圖 20.6：

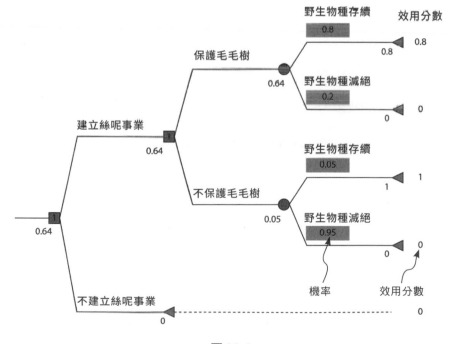

圖 20.6

這裡的第一個決策節點為：是否要建立絲呢事業。若答案為『是』，則後面會碰到決策節點：是否要保護野生物種。

假定萬事樂採取了某種保護措施，則野生物種存續的機率為 0.8、滅絕的機率則為 0.2。若不採取任何行動，那麼存續可能性變為 0.05、滅絕機會則達到 0.95。⌈編註:⌉ 請注意！這 4 個機率值都是條件機率，**在採取保護或不保護措施的前提下**的機率。

此決策樹用的是效用分數，而非醃黃瓜 (報酬)；每個分數皆反映萬事樂對某選項的滿意程度。『野生物種滅絕』和『不建立絲呢事業』的效用為 0，而『在**不採取保護措施**的前提下，野生物種存續』的效用則是 1 － 這是因為：『不多花成本保留自然資源』能最大化利潤，因此對萬事樂來說這是最理想的狀況。假如實施了某種保護措施、且野生物種存續，那麼萬事樂所訂的效用為 0.8。

有了圖 20.6 的效用分數、以及用綠色標記的條件機率值，我們便可算出**兩個**決策 (『採取保護措施』或『不採取保護措施』) 的期望效用。計算時需遵循反方向，即：**從決策樹的樹尖走回根部：**

- 採取保護措施的期望效用是：

$$(0.8*0.8)+(0.2*0) = 0.64 \tag{20.5}$$

- 不採取保護措施的期望效用是：

$$(0.05*1)+(0.95*0) = 0.05 \tag{20.6}$$

由此可見，如果萬事樂在決定是否要保留自然資源時，使用了最大化效用分數的策略，那麼其理應選擇『採取保護措施』。上述結果顯示於『是否保護毛毛樹』的黃色方格(節點)內，下方還有對應的最大效用分數(0.64分)，而該分數也是『建立絲呢事業』的期望效用。

現在，我們可以朝決策樹的左方移動，開始考慮是否要建立絲呢事業。記住！不建立絲呢事業的效用值為 0。如此看來，若以最大化效用分數為目標，則萬事樂應該選擇『建立絲呢事業』，因為 0.64 > 0。

當然，如果本例的『效用』或『機會節點的條件機率』發生變化，最終的結果便有可能不同！各位可自行嘗試不同的效用值和條件機率，看看在哪些狀況下萬事樂會改變選擇。

 ??

**問 12** 修改條件機率就能改變選擇？貝氏定理就是作用在這些條件機率上囉？

**答：**沒錯。當獲得新資訊時，我們就能用貝氏定理更新機會節點上的條件機率。

為了讓讀者明白其中的原理，此處會以圖 20.7 的新決策樹舉例說明(此樹使用報酬)。

在這棵新決策樹中，需要做決定的節點有三個。第一項決策涉及是否建立絲呢事業。其中『不建立』的報酬是零根醃黃瓜；而若選擇『建立』，接下來的第二項決策問題便是：要不要採取保護野生物種的措施。

假如實施保護，則野生物種的存活機率為 0.8(絕種機率 0.2)；若不實施保護，那麼萬事樂還得面臨第三項選擇：是否要重建毛毛樹森林？換言之，他是否要用人工種植的樹木取代被砍伐的？如果不造林，那麼野生物種只有 0.02 的存續機率（絕種機率 0.98）；若是造林，則有 0.6（60%）成功機會、但也有 40% 的機會失敗。造林成功能使野生物種的存續機率提升至 0.95，若造林失敗則物種存續機率只有 0.02。

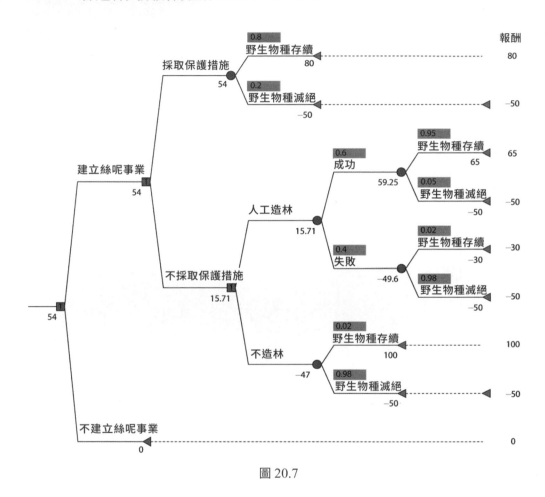

圖 20.7

對『建立絲呢事業』底下的所有分支而言，我們都能找到一個和『野生動物是否存續』有關的機會節點；若再加上『不建立絲呢事業』的選項，則此樹一共有 9 種可能路徑。決策樹的結構必須能適當地反映我們的決策問題 ... 但這有時很難達成！

好像有種既視感

我們下面來檢視報酬。在本例中，假如野生物種自當地滅絕了，則萬事樂要繳交 50 根醃黃瓜的罰款。至於其它分支的報酬，則是由該分支的收益和支出結合而來。

為了算出期望報酬，讓我們從決策樹的右側開始，慢慢走回左側：

- 『採取保護措施』的期望報酬為 54，此結果記錄在最頂端機會節點 (綠色圓圈) 的下方：

$$(0.8*80)+(0.2*-50)=54 \tag{20.7}$$

- 計算『不採取保護措施』的期望報酬需要較多步驟；我們得先找出『人工造林』和『不造林』的期望值：
  - 『人工造林』且『成功』的期望報酬等於 59.25，見圖 20.7 從上數來第二個綠色節點的下方：

$$(0.95*65)+(0.05*-50)=59.25 \tag{20.8}$$

  - 『人工造林』且『失敗』的期望報酬是 −49.6：

$$(0.02*-30)+(0.98*-50)=-49.6 \tag{20.9}$$

- 因此，『人工造林』的期望報酬相當於 15.71：

$$(0.6 * 59.25) + (0.4 * -49.6) = 15.71 \tag{20.10}$$

- 『不造林』的期望報酬則是 −47：

$$(0.02 * 100) + (0.98 * -50) = -47 \tag{20.11}$$

- 『不採取保護措施』的期望報酬就是 15.71 和 −47 中較大的那一個數值：

$$\max(15.71, -47) = 15.71 \tag{20.12}$$

- 『建立絲呢事業』的期望報酬等於 54 和 15.71 中較大的那一個數值，也就是 54：

$$\max(54, 15.71) = 54 \tag{20.13}$$

所以，在目前的設定下，萬事樂最好選擇『建立絲呢事業』並『採取保護措施』。如此一來，期望報酬可達最大值：54 根醃黃瓜。

問 13　怎麼完全沒提到貝氏定理呢？

答：馬上為各位說明！提醒一下，貝氏定理能在我們得到**新**資料時，用來更新決策樹中的條件機率。

假定我們另外進行了 **10** 次人工造林行動，其中有 **9** 次成功。這就是本例的新資料。

此處要用的貝氏定理公式如下：

$$\Pr(A \mid B) = \frac{\Pr(B \mid A) * \Pr(A)}{\Pr(B \mid A) * \Pr(A) + \Pr(B \mid \sim A) * \Pr(\sim A)} \qquad (20.14)$$

希望大家還記得貝氏推論中的關鍵術語（見圖 20.8）：

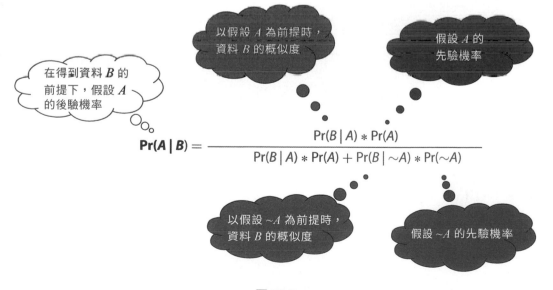

圖 20.8

前面已經說過，決策樹中各機會節點的機率值為**條件機率**。在掌握新資訊以後，下一步便是考慮不同的**假設**。本例中，『人工造林且成功』假設的先驗機率等於 0.6，失敗的先驗則是 0.4。現在令 $S$ 代表『人工造林成功』，我們即可用新資料和貝氏定理來計算 $S$ 的後驗機率：

$$\Pr\left(S \mid \text{資料}\right) = \frac{\Pr\left(\text{資料} \mid S\right) * \Pr\left(S\right)}{\Pr\left(\text{資料} \mid S\right) * \Pr\left(S\right) + \Pr\left(\text{資料} \mid \sim S\right) * \Pr\left(\sim S\right)} \tag{20.15}$$

這裡再複習一下貝氏分析的步驟：

1. 建立假設。我們的假設如下：
   - 人工造林成功。
   - 人工造林失敗。

2. 為各假設決定先驗機率。這也不難！決策樹中就有答案：
   - 人工造林成功的先驗機率為 0.6。
   - 人工造林失敗的先驗機率為 0.4。

3. 收集資料。
   - 在其它地方進行造林時，10 次中有 9 次成功。

4. 計算在各假設為真的前提下，觀測資料的概似度為何。在此可透過二**項式機率質量函數** (binomial probability mass function) 得到答案：
   - 在造林成功的條件下 (機率 $p = 0.6$)，觀測到 10 次試驗 ($n = 10$) 中有 9 次成功 ($y = 9$) 的概似度為：

$$f\left(y; n, p\right) = \binom{n}{y} p^{y} \left(1 - p\right)^{(n-y)} \tag{20.16}$$

$$\mathcal{L}\left(y = 9; n = 10, p = 0.6\right) = f\left(y; n, p\right) = \binom{10}{9} 0.6^{9} \left(1 - 0.6\right)^{(10-9)} = 0.0403 \tag{20.17}$$

- 在造林失敗的條件下 (機率 $p = 0.4$)，觀測到 10 次試驗 ($n = 10$) 中有 9 次成功 ($y = 9$) 的概似度為：

$$f\left(y; n, p\right) = \binom{n}{y} p^{y} \left(1 - p\right)^{(n-y)} \tag{20.18}$$

$$f\left(y; n, p\right) = \binom{10}{9} 0.4^{9} \left(1 - 0.4\right)^{(10-9)} = 0.00157 \tag{20.19}$$

5. 利用給定的資料和貝氏定理，算出人工造林成功的後驗機率：

$$\Pr\left(S \mid 資料\right) = \frac{\Pr\left(資料 \mid S\right) * \Pr\left(S\right)}{\Pr\left(資料 \mid S\right) * \Pr\left(S\right) + \Pr\left(資料 \mid {\sim}S\right) * \Pr\left({\sim}S\right)} \tag{20.20}$$

$$\Pr\left(S \mid 資料\right) = \frac{0.0403 * 0.6}{0.0403 * 0.6 + 0.00157 * 0.4} = 0.97469 \tag{20.21}$$

根據以上結果可知人工造林成功的後驗機率為 0.97469，表示造林失敗的後驗機率等於 $1 - 0.97469 = 0.02531$。

於是我們將更新後的後驗機率放入決策樹中，整棵樹的數值也因此改變（見圖 20.9）。

有了更新後的資訊，決策的結果也會有所不同。依照圖 20.9，若萬事樂選擇『建立絲呢事業』、並以『不設保護區但是人工種植毛毛樹』取代『設立保護措施』，則期望報酬可達最大值：

$$0.97469 * 59.25 + 0.02531 * (-49.6) = 56.4950 \tag{20.22}$$

然後從人工造林與不造林的後驗機率中選擇最大值即可：

$$\max(56.4950, -47) = 56.4950 \tag{20.23}$$

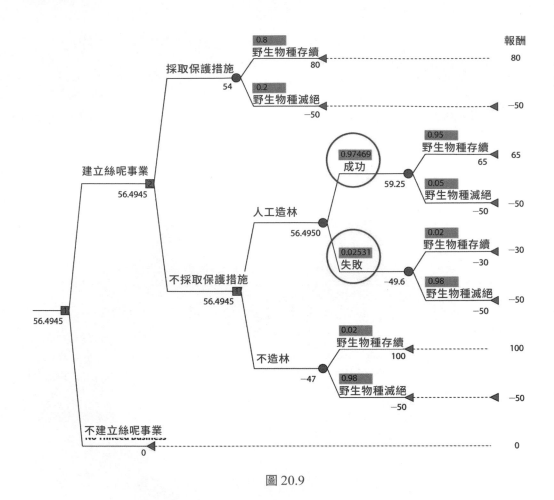

圖 20.9

??

問 14　決策樹是誰發明的呢？

答：決策樹的發展與很多人有關，但其中兩位關鍵人物是**霍華德・瑞法**（Howard Raiffa）和**羅伯特・施賴弗**（Robert Schlaifer），他們是《應用統計決策理論（Applied Statistical Decision Theory）》的共同作者。不曉得各位是否記得，我們在第 10 章就提過瑞法和施賴弗了！ 譯註：見問 22，兩人提出了 Beta－二項式共軛捷徑。

莎朗・麥格雷恩 (Sharon Bertsch McGrayne) 在其著作：《永生不滅的理論：貝氏定律如何破解恩尼格瑪密碼 (Enigma code)、追蹤蘇聯潛艇、並終結長達兩個世紀的爭論》中，花了一整章的篇幅來介紹這兩個人。下面就列出書中的一些重點：

- 霍華德・瑞法又被稱為決策樹先生 (Mr. Decision Tree)。麥格雷恩記述了他的談話：『我開始用決策樹描述企業管理者們面臨的決策問題，以呈現其環環相扣的特性。身為一位決策者，我應該立即行動呢？還是需要再搜集更多的市場資訊 (透過取樣或更深入的研究)？... 我從未宣稱自己是決策樹的發明者，但是 ... 我卻以決策樹先生的稱號聞名。』

  麥格雷恩接著寫道：『做為決策分析的先驅，瑞法是哈佛大學甘迺迪政府學院 (Kennedy School of Government) 的四位創始人之一、東西聯合智囊團的創辦人 (該智囊團早在戈巴契夫的改革重組前，就在為緩和冷戰的緊張局勢而努力)、哈佛法學院角色扮演談判課程的創立者 (許多大學隨後也引入了該課程)、麥克喬治・邦迪 (McGeorge Bundy) 的科學顧問、以及甘乃迪和詹森總統的國家安全事務助理。此外，瑞法在哈佛大學時共指導了 90 篇和商業與經濟有關的博士論文、並寫了 11 本書 ... 他在貝氏統計領域留下了深遠的影響。』霍華德・瑞法已於 2016 年離世。

- 羅伯特・施賴弗深受古希臘哲學的薰陶，但卻成為了貝氏決策理論的倡導者。畢竟，能精闢撰寫出『從荷馬到亞里斯多德 − 古希臘奴隸制度思維 (Schlaifer, 1936)』的統計學者並不多見！施賴弗深受同行們的尊敬。在《初探統計決策理論 (Introduction to Statistical Decision Theory，Pratt et al., 1995)》一書的獻詞部分，霍華德・瑞法與約翰・普拉特 (John Pratt) 如此描述這位已故 (1915-1994) 的共同作者：『施賴弗是一位具獨創性、富有深度和創意、不屈不撓、多才多藝、力求完美、卻有時有些暴躁的學者，他是我們兩人的指路明燈。』

### 問 15　可以總結一下本章的內容嗎？

**答：** 決策樹能用圖形化的方式呈現決策問題中的各種可能選項，並計算這些選項的期望報酬或期望效用。該圖形工具是由**決策節點、機會節點、**以及**終止節點**(顯示結果) 所組成。我們還特別提到：**與機會節點對應的機率本質上是條件機率，且可以利用貝氏定理來估計或更新。**

與決策制定有關的優秀書籍很多。若各位有興趣，可參考下面這本既易讀、又實際的著作：

> J. S. Hammond, R. L. Keeney, and H. Raiffa. Smart Choices: A Practical Guide to Making Better Decisions. Harvard Business Review Press, 1999.

在經營決策領域，Goodwin & Wright (2009) 可算是經典文獻。若是自然資源管理方面，可參考 Conroy & Peterson (2013) 以及 Gregory et al. (2012)。至於統計分析和決策分析之間的技術關聯，請見 Williams & Hooten (2016)。

### 問 16　最後一個問題，本章所引用的尤吉・貝拉名言都是真的嗎？

呃… 其實有些話不是我說的！

# 附錄 A1

# Beta 一二項式共軛解

第 10 章談到若某貝氏定理問題的先驗分佈是屬於 beta 分佈、資料為二項式分佈,可以用簡單的捷徑 (shortcut) 使得後驗分佈也是 beta 分佈。本附錄的目的就是證明該捷徑的由來。

## 先驗分佈

假定某未知參數 $p$ 的範圍落在 0 和 1 之間,則我們可將先驗設定為 beta 分佈 (因為 beta 分佈的定義區間亦是 0 到 1),且有兩個超參數:$\alpha_0$ 和 $\beta_0$。

此 beta 分佈的機率密度函數 (pdf),記為 $P(p)$,其公式如下所示:

$$P(p) = f(p; \alpha_0, \beta_0) = \frac{1}{B(\alpha_0, \beta_0)} p^{\alpha_0 - 1} (1-p)^{\beta_0 - 1} \quad 0 < p < 1 \quad \text{(A1.1)}$$

上式中的 $B$ 是 beta 函數,代入 $\alpha_0$ 和 $\beta_0$ 之後的 $B(\alpha_0, \beta_0)$ 是一個正規化常數 (normalization constant),用來將 beta 機率密度函數的積分值調整為 1。因為 beta 機率密度函數用不同的 $\alpha_0$ 和 $\beta_0$ 組合會產生不同形狀的曲線,再除以 $B(\alpha_0, \beta_0)$ 可確保曲線下的面積皆等於 1。

> 編註: beta 機率密度函數是 A1.1 式整個標示為藍色的式子,而 beta 函數只有 $B(\alpha_0, \beta_0)$ 而已,請勿將兩者弄混。

下圖就是 beta pdf 的一個例子：

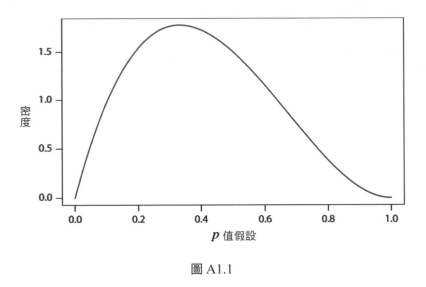

圖 A1.1

從上圖水平軸可看出 $p$ 值的範圍在 0 到 1 之間，垂直軸則為對應的**機率密度** (probability density)。每個可能 $p$ 值對應的機率密度可視為該 $p$ 值假設的『權重』。以上圖的 beta 分佈來說，$p$ 值位於 0.2 到 0.6 區間內的每個權重都比其它位置 $p$ 值的權重要高。

## 觀測到的資料

假定我們的資料為二項式資料，則觀測到某特定結果的概似度可由二項式機率質量函數 (binomial pmf) 算出來：

$$\mathcal{L}\left(y; n, p\right) = \binom{n}{y} p^{y} \left(1 - p\right)^{(n-y)} \tag{A1.2}$$

這裡的 $n$ 是試驗次數、$y$ 則是觀測到的成功次數、$p$ 是成功事件發生的機率。我們來舉例說明，下圖是 $n = 3$、$p = 0.7$ 的二項式分佈：

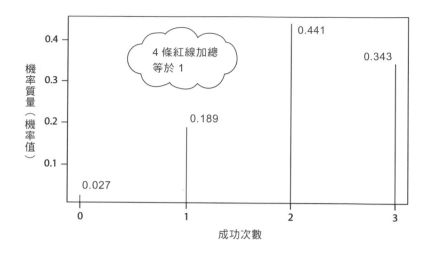

圖 A1.2　二項式分佈：$n=3$、$p=0.7$

如果我們要計算觀測到 2 次成功事件的機率，則將 $n=3$、$y=2$、$p=0.7$ 代入 A1.2 式可算出概似度為 0.441。注意！這裡的 $p=0.7$ 只是舉例，以下我們會假定 $p$ 值未知。

## 貝氏定理

我們回憶一下貝氏定理的公式：

$$P(p \mid 資料) = \frac{P(資料 \mid p) * P(p)}{\int_0^1 P(資料 \mid p) * P(p) dp} \qquad (A1.3)$$

此版本的貝氏定理適用於：給定資料時，單一參數的後驗分佈可由機率密度函數 (pdf) 表達的情況；該後驗機率 $P(p \mid 資料)$ 位於等號左邊。等號右邊的分子部分為『$p$ 的**先驗機率密度 $P(p)$**』乘以『在特定假設 $p$ 值下觀測到目標資料的**概似度 $P(資料 \mid p)$**』，分母中的項則還需要積分，其意義如同先計算所有可能 $p$ 值假設下的『先驗機率密度 * 概似度』，然後再將所有乘積加總。

為方便追蹤貝氏定理中的各項，我們為其塗上顏色：

$$P(p \mid 資料) = \frac{P(資料 \mid p) * P(p)}{\int_0^1 P(資料 \mid p) * P(p) dp} \qquad (A1.4)$$

上式等號左邊的後驗 $P(p \mid 資料)$ 與右邊分子中的 $p$ 代表『某特定 $p$ 值』；而在分母部分，我們則要求一切可能 $p$ 值範圍從 0 到 1 的積分，為了避免符號混淆，我們將分母的 $p$ 換成 $u$，以代表 $p$ 的任何可能數值：

$$P(p \mid 資料) = \frac{P(資料 \mid p) * P(p)}{\int_0^1 P(資料 \mid u) * P(u) du} \qquad (A1.5)$$

假如某問題的先驗分佈是具有超參數 $\alpha_0$ 和 $\beta_0$ 的 beta 分佈、且資料來自於二項式分佈，那麼所求後驗亦會是 beta 分佈，其更新超參數的公式，也就是第 10 章用的捷徑如下：

$$\alpha_{後驗} = \alpha_0 + y \qquad (A1.6)$$

$$\beta_{後驗} = \beta_0 + n - y \qquad (A1.7)$$

接下來要說明如何透過貝氏定理得到上述結果。

## 共軛解的證明

本貝氏定理問題的先驗為 beta 分佈，其 pdf 為：

$$P(p) = f(p; \alpha_0, \beta_0) = \frac{1}{B(\alpha_0, \beta_0)} p^{\alpha_0 - 1} (1-p)^{\beta_0 - 1} \quad 0 < p < 1 \qquad (A1.8)$$

概似度則是：

$$P(資料 \mid p) = \mathcal{L}(y; n, p) = f(y; n, p) = \binom{n}{y} p^y (1-p)^{(n-y)} \qquad (A1.9)$$

將以上兩式子代入貝氏定理 A1.5 式中對應的項：

$$P(p \mid 資料) = \frac{\binom{n}{y} p^y (1-p)^{(n-y)} * \frac{1}{B(\alpha_0, \beta_0)} p^{\alpha_0-1} (1-p)^{\beta_0-1}}{\int_0^1 \binom{n}{y} u^y (1-u)^{(n-y)} * \frac{1}{B(\alpha_0, \beta_0)} u^{\alpha_0-1} (1-u)^{\beta_0-1} du} \quad \text{(A1.10)}$$

注意！上式中分子分母都有的 $\binom{n}{y}$ 與 $\frac{1}{B(\alpha_0, \beta_0)}$ 是常數，可上下相消，故上式可簡化成：

$$P(p \mid 資料) = \frac{p^y (1-p)^{(n-y)} * p^{\alpha_0-1} (1-p)^{\beta_0-1}}{\int_0^1 u^y (1-u)^{(n-y)} * u^{\alpha_0-1} (1-u)^{\beta_0-1} du} \quad \text{(A1.11)}$$

下一步我們要將分子中對應的項結合起來(包括分母也是)，此時已不需要用顏色標示，我們全部改回黑色：

$$P(p \mid 資料) = \frac{p^{\alpha_0+y-1} (1-p)^{(\beta_0+n-y-1)}}{\int_0^1 u^{\alpha_0+y-1} (1-u)^{(\beta_0+n-y-1)} du} \quad \text{(A1.12)}$$

這裡有個問題，那就是 A1.12 式分母的積分並不見得等於 1。為了要讓分母積分結果變成 1，我們可求助於前面提到的 **beta 函數**（ 譯註：請再看一次 A1.1 式），請將『$\alpha_0 + y$』和『$\beta_0 + n - y$』代入 beta 函數中，再取倒數，得到正規化因子：

$$\frac{1}{B(\alpha_0 + y, \beta_0 + n - y)} \quad \text{(A1.13)}$$

現在，對 A1.12 式的分子、分母都乘上 A1.13 式：

$$P(p \mid 資料) = \frac{\frac{1}{B(\alpha_0 + y, \beta_0 + n - y)} * p^{\alpha_0+y-1} (1-p)^{(\beta_0+n-y-1)}}{\frac{1}{B(\alpha_0 + y, \beta_0 + n - y)} * \int_0^1 u^{\alpha_0+y-1} (1-u)^{(\beta_0+n-y-1)} du} \quad \text{(A1.14)}$$

如此一來，可確保分母會是 1，如此就只有分子留下來，而這正是後驗分佈的機率密度函數：

$$P(p \mid 資料) = \frac{1}{B(\alpha_0 + y, \beta_0 + n - y)} * p^{\alpha_0 + y - 1} (1 - p)^{(\beta_0 + n - y - 1)} \quad \text{(A1.15)}$$

是不是覺得上式看起來很眼熟呢？請和 A1.1 式先驗 beta pdf 對比一下：

$$P(p) = \frac{1}{B(\alpha_0, \beta_0)} p^{\alpha_0 - 1} (1 - p)^{\beta_0 - 1} \quad 0 < p < 1 \quad \text{(A1.16)}$$

我們發現後驗 (A1.15 式) 與先驗 (A1.16 式) 等號右邊的形式相同，都是 beta 分佈，只不過超參數的地方不同而已。

為了更清楚呈現上述事實，這裡再次使用顏色標記 (藍色 $\alpha_0$ 代表來自先驗、紅色 $y$ 則來自資料)，可以得到後驗分佈的 $\boldsymbol{\alpha}$ 超參數 $\boldsymbol{\alpha}_{後驗}$ 等於：

$$\alpha_{後驗} = \alpha_0 + y \quad \text{(A1.17)}$$

後驗的 $\boldsymbol{\beta}$ 超參數 $\boldsymbol{\beta}_{後驗}$ 則等於 (藍色 $\beta_0$ 取自先驗)：

$$\beta_{後驗} = \beta_0 + n - y \quad \text{(A1.18)}$$

因此後驗分佈就仍然是一個 beta 分佈：

$$P(p \mid 資料) = \frac{1}{B(\alpha_0 + y, \beta_0 + n - y)} * p^{\alpha_0 + y - 1} (1 - p)^{(\beta_0 + n - y - 1)} \quad \text{(A1.19)}$$

這就是為什麼我們用 A1.17、A1.18 式做為捷徑的原因。

# 附錄 A2

# Gamma 一卜瓦松共軛解

第 11 章談到若先驗分佈是屬於 gamma 分佈、資料為卜瓦松 (Poisson) 分佈，我們可以利用簡單的捷徑 (shortcut) 使得後驗分佈也是 gamma 分佈。本附錄的目的就是證明該捷徑的由來。

## 先驗分佈

對於範圍落在 0 到無限大之間的未知參數 $\lambda$ (lambda)，我們可以將其先驗設為 gamma 分佈，該分佈所對應的機率密度函數如下：

$$P(\lambda) = g(\lambda; \alpha_0, \beta_0) = \frac{\beta_0^{\alpha_0} \lambda^{\alpha_0 - 1} e^{-\beta_0 \lambda}}{\Gamma(\alpha_0)} \quad 0 < \lambda < \infty \quad (A2.1)$$

這個先驗 gamma 分佈的形狀和位置受兩個超參數控制；其中**形狀超參數**為 $\alpha_0$，**比率**超參數為 $\beta_0$。未知參數 $\lambda$ 的值則必須為正實數。請注意！gamma 分佈的公式其實還有其它形式，但 A2.1 式是解決貝氏問題的標準版本（譯註：此處的 $\Gamma$ 稱為 gamma 函數，注意不要將其與 gamma 機率密度函數混淆；而 $\Gamma(\alpha_0)$ 則為一常數，其用途和上一個附錄中提到的 beta 函數相同，皆是為了讓機率密度函數在 0 到 $\infty$ 積分後等於 1）。

圖 A2.1 顯示了幾組不同**形狀** $\alpha_0$、**比率** $\beta_0$ 參數值的 gamma 分佈範例：

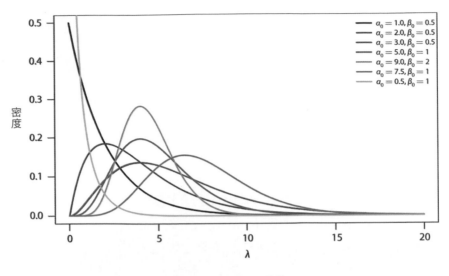

圖 A2.1　Gamma 分佈

從上圖可以看出，此類分佈屬於連續函數 (圖形為曲線)，表示 gamma 分佈是用**機率密度函數**表示，且參數 $\lambda$ 的假設值有**無限多種可能**。

## 觀測到的資料

假定我們的資料是來自於卜瓦松分佈，則觀測到某特定結果的概似度可由卜瓦松機率質量函數 (pmf) 算出來：

$$\Pr(X = x;\lambda) = \frac{\lambda^x e^{-\lambda}}{x!} \quad x = 0,1,2,... \tag{A2.2}$$

卜瓦松 pmf 只有一個參數 $\lambda$，不同的 $\lambda$ 值會影響分佈的形狀與位置。$\lambda$ 的意義是：在某單位時間段內，某事件的平均發生率 (例如：一年中的平均新生兒出生率、一年中某工廠的平均事故次數、以及一年中的平均鯊魚攻擊事件次數等)。正因為如此，$\lambda$ 必然大於 0，否則就意謂著目標事件從未發生過。注意！上面提到的『某單位時間段』也可以用『單位體積』

或『單位面積』取代；但無論如何，這個單位一定要事先說清楚，如此才能將卜瓦松分佈的意義確定下來。此外，$\lambda$ 也是卜瓦松分佈的變異數。

圖 A2.2 顯示的是 $\lambda = 2.1$ 的卜瓦松分佈圖形：

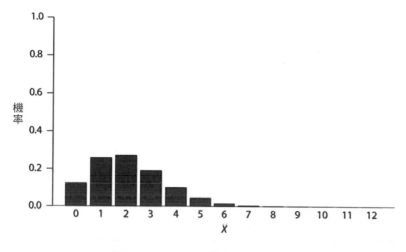

圖 A2.2　$\lambda = 2.1$ 的卜瓦松分佈。

請務必留意！圖中垂直軸的座標為『機率』，且所有長條的值加起來必等於 1.0，而水平軸只會有非負整數。整個分佈是以長條圖的形式表達，代表該分佈只有離散結果；也就是說，不可能有像是 $x = 2.5$ 這樣的情況出現。發生次數必須為大於 0 的正整數，但平均發生率 $\lambda$ 則可以是任意正數（例如上例的 2.1）。

觀測到特定 $x$ 值的概似度可以由卜瓦松 pmf 計算而得，將其寫為概似度的形式：

$$\mathcal{L}(x;\lambda) = \frac{\lambda^x e^{-\lambda}}{x!} \tag{A2.3}$$

倘若我們觀測到不只一個 $x$，假設有 $n$ 個：

$$x_1, x_2, x_3, \cdots, x_n \tag{A2.4}$$

則最終的概似度公式會等於每個 $x_i$ 的概似度相乘：

$$\mathcal{L}\left(x_1 \cdots x_n; \lambda\right) = \prod_{i=1}^{n} \frac{\lambda^{x_i} e^{-\lambda}}{x_i!} \tag{A2.5}$$

A2.5 式經過整理就等同於：

$$\mathcal{L}\left(x_1 \cdots x_n; \lambda\right) = \frac{\lambda^{\sum x_i} e^{-n\lambda}}{\prod x_i!} \tag{A2.6}$$

## 貝氏定理

我們回憶一下，貝氏定理的公式是：

$$P\left(\lambda \mid 資料\right) = \frac{P\left(資料 \mid \lambda\right) * P\left(\lambda\right)}{\int_0^\infty P\left(資料 \mid \lambda\right) * P\left(\lambda\right) d\lambda} \tag{A2.7}$$

此版本的貝氏定理適用於：給定資料時，單一參數的後驗分佈可用 pdf 表達的情況；該後驗 $P(\lambda \mid 資料)$ 位於等號左邊。等號右邊的分子部分為『$\lambda$ 的先驗機率**密度** $P(\lambda)$』乘以『在特定假設 $\lambda$ 值下觀測到目標資料的概似度 $P(資料 \mid \lambda)$』，分母則需要做積分。

在 A2.7 式中，分子以及 $P(\lambda \mid 資料)$ 中的 $\lambda$ 代表『某特定 $\lambda$ 值』；而在分母部分的 $\lambda$ 則是範圍從 0 到 $\infty$ 的積分，為了避免混淆，我們將分母的 $\lambda$ 換成 $u$，以代表原本 $\lambda$ 的任何可能數值：

$$P\left(\lambda \mid 資料\right) = \frac{P\left(資料 \mid \lambda\right) * P\left(\lambda\right)}{\int_0^\infty P\left(資料 \mid u\right) * P\left(u\right) du} \tag{A2.8}$$

假如某問題的先驗分佈為具有超參數 $\alpha_0$ 和 $\beta_0$ 的 gamma 分佈、且資料屬於卜瓦松分佈，我們可以用下面的捷徑，使得後驗亦為 gamma 分佈：

$$\alpha_{後驗} = \alpha_0 + \sum_{i=1}^{n} x_i \qquad (A2.9)$$

$$\beta_{後驗} = \beta_0 + n \qquad (A2.10)$$

接下來的目標是展示如何透過貝氏定理得到上述結果。

## 共軛解的證明

只要知道未知參數 $\lambda$ 的先驗分佈、並收集到卜瓦松分佈資料，我們便能透過貝氏定理將先驗更新成後驗。

未知參數 $\lambda$ 的先驗 pdf 為如下的 gamma 分佈：

$$P(\lambda) = g(\lambda; \alpha_0, \beta_0) = \frac{\beta_0^{\alpha_0} \lambda^{\alpha_0-1} e^{-\beta_0 \lambda}}{\Gamma(\alpha_0)} \quad 0 < \lambda < \infty \qquad (A2.11)$$

而觀測到目標資料的概似度則由卜瓦松 pmf 給出：

$$P(資料 \mid \lambda) = \mathcal{L}(x_1 \cdots x_n; \lambda) = \prod_{i=1}^{n} \frac{\lambda^{x_i} e^{-\lambda}}{x_i!} = \frac{\lambda^{\sum x_i} e^{-n\lambda}}{\prod x_i!} \qquad (A2.12)$$

注意！A2.12 式等號右邊共有兩種等價的表達方法。現在，請將 A2.11、A2.12 式代入貝氏定理中對應的項：

$$P(\lambda \mid 資料) = \frac{\dfrac{\lambda^{\sum x_i} e^{-n\lambda}}{\prod x_i!} * \dfrac{\beta_0^{\alpha_0} \lambda^{\alpha_0-1} e^{-\beta_0 \lambda}}{\Gamma(\alpha_0)}}{\displaystyle\int_0^{\infty} \dfrac{u^{\sum x_i} e^{-nu}}{\prod x_i!} * \dfrac{\beta_0^{\alpha_0} u^{\alpha_0-1} e^{-\beta_0 u}}{\Gamma(\alpha_0)} \, du} \qquad (A2.13)$$

在上式中，我們將先驗 (藍色) 替換成 gamma pdf、概似度 (紅色) 替換為卜瓦松 pmf。其中的『$\prod x_i!$』、『$\Gamma(\alpha_0)$』和『$\beta_0^{\alpha_0}$』都是常數可上下相消，而包含 $\lambda$ 的項可做合併：

$$\lambda^{\sum x_i} * \lambda^{\alpha_0-1} = \lambda^{\alpha_0+\sum x_i-1} \tag{A2.14}$$

與 $e$ 有關的項也能合併：

$$e^{-n\lambda} * e^{-\beta_0\lambda} = e^{-\lambda(\beta_0+n)} \tag{A2.15}$$

對於分母，我們也能將涉及 $u$ 和 $e$ 的項分別結合起來。化簡完成的式子就不用顏色標記，其結果為：

$$P(\lambda \mid 資料) = \frac{\lambda^{\alpha_0+\sum x_i-1} e^{-\lambda(\beta_0+n)}}{\int_0^\infty u^{\alpha_0+\sum x_i-1} e^{-u(\beta_0+n)} du} \tag{A2.16}$$

為了讓 A2.16 式分母的積分等於 1，我們將分子和分母同時乘以下項目：

$$\frac{(\beta_0+n)^{\alpha_0+\sum x_i}}{\Gamma(\alpha_0+\sum x_i)} \tag{A2.17}$$

然後得到：

$$P(\lambda \mid 資料) = \frac{\dfrac{(\beta_0+n)^{\alpha_0+\sum x_i}}{\Gamma(\alpha_0+\sum x_i)} * \lambda^{\alpha_0+\sum x_i-1} e^{-\lambda(\beta_0+n)}}{\dfrac{(\beta_0+n)^{\alpha_0+\sum x_i}}{\Gamma(\alpha_0+\sum x_i)} * \int_0^\infty u^{\alpha_0+\sum x_i-1} e^{-u(\beta_0+n)} du} \tag{A2.18}$$

這麼一來，分母就等於 1 了。

---

編註： **為什麼分母會等於 1 ？**

我們將 A2.18 式的分母單獨拿出來看：

$$\frac{(\beta_0 + n)^{\alpha_0 + \sum x_i}}{\Gamma(\alpha_0 + \sum x_i)} * \int_0^\infty u^{\alpha_0 + \sum x_i - 1} e^{-u(\beta_0 + n)} du \qquad (A2.19)$$

已知 gamma pdf 曲線下的面積會等於 1，也就是 gamma pdf 從 0 到 ∞ 的積分會等於 1，因此我們列出 A2.1 式的積分如下：

$$\int_0^\infty \frac{\beta_0^{\alpha_0} \lambda^{\alpha_0 - 1} e^{-\beta_0 \lambda}}{\Gamma(\alpha_0)} = 1 \qquad (A2.20)$$

將常數移到積分符號的外面可得到與 A2.19 式類似的形式：

$$\frac{\beta_0^{\alpha_0}}{\Gamma(\alpha_0)} \int_0^\infty \lambda^{\alpha_0 - 1} e^{-\beta_0 \lambda} = 1 \qquad (A2.21)$$

比對 A2.19 與 A2.21 式，即可知將 A2.21 式的 $\alpha_0$ 換成 $\alpha_0 + \sum x_i$、$\beta_0$ 換成 $\beta_0 + n$、$\lambda$ 換成 $u$，兩個式子其實是相同的，因此由 A2.21 式等於 1，可得出 A2.19 式也等於 1。

---

如此一來，A2.18 式留下來的項目就只有分子：

$$P(\lambda \mid 資料) = \frac{(\beta_0 + n)^{\alpha_0 + \sum x_i} \lambda^{\alpha_0 + \sum x_i - 1} e^{-\lambda(\beta_0 + n)}}{\Gamma(\alpha_0 + \sum x_i)} \qquad (A2.22)$$

這就是我們後驗分佈的 gamma pdf！看起來很眼熟吧？比較一下先驗的 gamma pdf：

$$P(\lambda) = \frac{\beta_0{}^{\alpha_0} \lambda^{\alpha_0 - 1} e^{-\beta_0 \lambda}}{\Gamma(\alpha_0)} \tag{A2.23}$$

各位應該能看出兩者的對應關係吧？因此，我們的後驗 pdf 符合 gamma pdf：

$$P(\lambda \mid 資料) = \frac{(\beta_0 + n)^{\alpha_0 + \sum x_i} \lambda^{\alpha_0 + \sum x_i - 1} e^{-\lambda(\beta_0 + n)}}{\Gamma(\alpha_0 + \sum x_i)} \tag{A2.24}$$

本書已於第 11 章的鯊魚攻擊問題中討論過上述共軛解了。在知道先驗超參數 $\alpha_0$ 與 $\beta_0$ 的情況下，後驗的超參數即為：

$$\alpha_{後驗} = \alpha_0 + \sum_{i=1}^{n} x_i \tag{A2.25}$$

$$\beta_{後驗} = \beta_0 + n \tag{A2.26}$$

這就證明了 gamma－卜瓦松共軛解。

# 附錄 A3

# 常態－常態共軛解

第 12 章談到若某問題的先驗分佈是屬於常態分佈、資料亦為常態分佈，我們可以用簡單的捷徑 (shortcut) 使得後驗分佈也是常態分佈。

各位應該還記得，常態分佈是由兩項參數定義的：平均值 $\mu$、以及能表現資料分散程度的參數，包括以下幾種：

- 標準差 $\sigma$
- 變異數 $\sigma^2$
- 精密度 $\tau = \dfrac{1}{\sigma^2}$

若要使用第 12 章介紹的常態－常態共軛，得先假定資料分散程度為**已知**，並將 $\mu$ 當成待估計的**未知**參數。在此處的討論中，我們用 $\tau$ 表示資料分散程度，且為已知 (見圖 A3.1 中綠色帶狀的區域)，目標則是在給定 $\tau$ 值時，估算未知參數 $\mu$ 是多少。

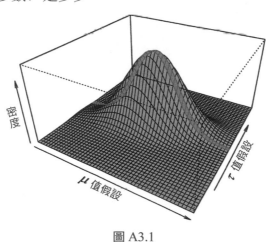

圖 A3.1

我們可以用貝氏方法來更新對每項 $\mu$ 值假設的信心程度，步驟是：先設定 $\mu$ 的先驗分佈、然後收集資料、最後使用共軛解將目標參數 $\mu$ 的先驗更新為後驗。

## 先驗分佈

第一步是設定未知參數 $\mu$ 的先驗分佈，該分佈能提供每項 $\mu$ 值假設的權重。本例中，$\mu$ 的先驗常態分佈是由超參數 $\mu_0$ 和 $\tau_0$ 定義。編註：讀者可回顧第 12 章的圖 12.8。

前面提過，若採用參數 $\mu$ 和 $\sigma$，則常態分佈 pdf 如下：

$$P(x) = f(x; \mu, \sigma) = \frac{1}{\sqrt{2\pi}\sigma} e^{-(x-\mu)^2/(2\sigma^2)} \tag{A3.1}$$

未知參數 $\mu$ 的先驗是具有超參數 $\mu_0$ 和 $\sigma_0^2$ 的常態分佈。但在這裡，我們會把超參數替換成 $\mu_0$ 和 $\tau_0$，其中：

$$\tau_0 = \frac{1}{\sigma_0^2} \tag{A3.2}$$

綜上所述，未知參數 $\mu$ 的先驗分佈可表示成：

$$P(\mu) = f(\mu; \mu_0, \tau_0) = \frac{\sqrt{\tau_0}}{\sqrt{2\pi}} e^{-\frac{1}{2}\tau_0(\mu-\mu_0)^2} \tag{A3.3}$$

由於 $\sqrt{\tau_0} = \tau_0^{\frac{1}{2}}$ 且 $\frac{1}{\sqrt{2\pi}} = (2\pi)^{-\frac{1}{2}}$，A3.3 式也可寫成：

$$P(\mu) = (2\pi)^{-\frac{1}{2}} \tau_0^{\frac{1}{2}} e^{-\frac{1}{2}\tau_0(\mu-\mu_0)^2} \tag{A3.4}$$

## 觀測到的資料

我們假定觀測到的資料是從某常態分佈中產生的。觀測到特定資料的概似度 $P(資料 \mid \mu)$ 可透過常態 pdf 得到。對於單個資料點而言,概似函數為:

$$\mathcal{L}(x;\mu,\sigma)=\frac{1}{\sqrt{2\pi}\sigma}e^{-(x-\mu)^2/(2\sigma^2)} \tag{A3.5}$$

若有多於一個資料點:

$$x_1,x_2,x_3,\cdots,x_n \tag{A3.6}$$

則概似度即每個資料點的概似度相乘,會等於:

$$\mathcal{L}(x_1,\cdots,x_n;\mu,\sigma)=\prod_{i=1}^{n}\frac{1}{\sqrt{2\pi}\sigma}e^{-(x_i-\mu)^2/(2\sigma^2)} \tag{A3.7}$$

我們可將上式簡化為:

$$\mathcal{L}(x_1,\cdots,x_n;\mu,\sigma)=(2\pi)^{-\frac{n}{2}}\sigma^{-n}e^{-\frac{1}{2}\Sigma(x_i-\mu)^2/\sigma^2} \tag{A3.8}$$

然後,把上式裡的 $\sigma^2$ 換成 $\frac{1}{\tau}$ ,這樣概似度就變成了:

$$P(資料 \mid \mu)=\mathcal{L}(x_1,\cdots,x_n;\mu,\tau)=(2\pi)^{-\frac{n}{2}}\tau^{\frac{n}{2}}e^{-\frac{1}{2}\tau\Sigma(x_i-\mu)^2} \tag{A3.9}$$

這就是給定常態分佈時,觀測到特定資料的概似度;為方便起見,之後就以符號 $P(資料 \mid \mu)$ 來稱呼它吧。請記住!平均值 $\mu$ 是未知的,但精密度 $\tau$ (沒有下標) 是已知的!

## 貝氏定理

本例要用的貝氏定理為：

$$P(\mu \mid 資料) = \frac{P(資料 \mid \mu) * P(\mu)}{\int_{-\infty}^{\infty} P(資料 \mid \mu) * P(\mu) d\mu} \tag{A3.10}$$

未知參數 $\mu$ 的後驗分佈為一常態分佈，且具有以下超參數：

$$\mu_{後驗} = \frac{\tau_0 \mu_0 + \tau \sum_{i=1}^{n} x_i}{(\tau_0 + n * \tau)} \tag{A3.11}$$

$$\tau_{後驗} = \tau_0 + n * \tau \tag{A3.12}$$

現在的目標是展示如何藉由貝氏定理得到上述結果。

## 共軛解的證明

讓我們由以下貝氏定理公式做為起點：

$$P(\mu \mid 資料) = \frac{P(資料 \mid \mu) * P(\mu)}{\int_{-\infty}^{\infty} P(資料 \mid \mu) * P(\mu) d\mu} \tag{A3.13}$$

在 A3.13 式中的分子中的 $\mu$，以及後驗 $P(\mu \mid 資料)$ 中的 $\mu$ 都是代表特定 $\mu$ 值。但分母的 $\mu$ 則是從 $-\infty$ 到 $+\infty$ 的所有可能 $\mu$ 值做積分，意義上並不相同，因此我們將分母出現的 $\mu$ 改為 $u$ 以做區別：

$$P(\mu \mid 資料) = \frac{P(資料 \mid \mu) * P(\mu)}{\int_{-\infty}^{\infty} P(資料 \mid u) * P(u) du} \tag{A3.14}$$

接下來，請將上式中的先驗 $P(\mu)$ 和概似度 $P(\text{資料} \mid \mu)$ 用前面的 A3.4 式（藍色）與 A3.9 式（紅色）替換：

$$P(\mu \mid \text{資料}) = \frac{(2\pi)^{-\frac{n}{2}} \tau^{\frac{n}{2}} e^{-\frac{1}{2}\tau \Sigma(x_i - \mu)^2} * (2\pi)^{-\frac{1}{2}} \tau_0^{\frac{1}{2}} e^{-\frac{1}{2}\tau_0(\mu - \mu_0)^2}}{\int_{-\infty}^{\infty} (2\pi)^{-\frac{n}{2}} \tau^{\frac{n}{2}} e^{-\frac{1}{2}\tau \Sigma(x_i - u)^2} * (2\pi)^{-\frac{1}{2}} \tau_0^{\frac{1}{2}} e^{-\frac{1}{2}\tau_0(u - \mu_0)^2} \, du}$$

$$(A3.15)$$

請先注意分子！我們可以把先驗和概似度中相同的項結合起來，並改回黑色：

$$P(\mu) * P(\text{資料} \mid \mu) = (2\pi)^{-\frac{n+1}{2}} \tau_0^{\frac{1}{2}} \tau^{\frac{n}{2}} e^{-\frac{1}{2}\tau_0(\mu - \mu_0)^2 - \frac{1}{2}\tau \Sigma(x_i - \mu)^2} \qquad (A3.16)$$

然後，展開 $e$ 的指數部分（注意！只有這部分含有未知參數 $\mu$）：

$$P(\mu) * P(\text{資料} \mid \mu) = (2\pi)^{-\frac{n+1}{2}} \tau_0^{\frac{1}{2}} \tau^{\frac{n}{2}} e^{-\frac{1}{2}\tau_0\left[\mu^2 - 2\mu\mu_0 + \mu_0^2\right] - \frac{1}{2}\tau\left[\Sigma x_i^2 - 2\mu \Sigma x_i + n\mu^2\right]}$$

$$(A3.17)$$

接著將指數中和 $\mu^2$ 與 $\mu$ 有關的項分別結合起來：

$$\begin{aligned} &P(\mu) * P(\text{資料} \mid \mu) \\ &= (2\pi)^{-\frac{n+1}{2}} \tau_0^{\frac{1}{2}} \tau^{\frac{n}{2}} e^{-\frac{1}{2}(\tau_0 + n\tau)\mu^2 - \frac{1}{2}(-2\tau_0\mu_0 - 2\tau \Sigma x_i)\mu - \frac{1}{2}\tau_0\mu_0^2 - \frac{1}{2}\tau \Sigma x_i^2} \end{aligned} \qquad (A3.18)$$

現在，我們要在指數中同時加入、減去某個相同的項（不會改變原式的值），這個技巧可讓後續步驟簡單許多。這裡要加入與減去的項為：

$$\frac{-\frac{1}{2}\left(\tau_0\mu_0 + \tau \sum x_i\right)^2}{\tau_0 + n\tau} \qquad (A3.19)$$

處理後的結果為(紅色標示):

$$P(\mu)*P(資料 \mid \mu)$$

$$= (2\pi)^{-\frac{n+1}{2}} \tau_0^{\frac{1}{2}} \tau^{\frac{n}{2}} e^{-\frac{1}{2}(\tau_0+n\tau)\mu^2 - \frac{1}{2}(-2\tau_0\mu_0-2\tau\sum x_i)\mu + \frac{-\frac{1}{2}(\tau_0\mu_0+\tau\sum x_i)^2}{\tau_0+n\tau} - \frac{\frac{1}{2}(\tau_0\mu_0+\tau\sum x_i)^2}{\tau_0+n\tau} - \frac{1}{2}\tau_0\mu_0^2 - \frac{1}{2}\tau\sum x_i^2}$$

(A3.20)

這麼一來,指數中的前三項:

$$-\frac{1}{2}(\tau_0+n\tau)\mu^2 - \frac{1}{2}(-2\tau_0\mu_0-2\tau\sum x_i)\mu + \frac{-\frac{1}{2}(\tau_0\mu_0+\tau\sum x_i)^2}{\tau_0+n\tau}$$ (A3.21)

將每一項都提取 $-\frac{1}{2}(\tau_0+n\tau)$ 到最前面,可以寫為:

$$-\frac{1}{2}(\tau_0+n\tau)\left[\mu^2 - \frac{2(\tau_0\mu_0+\tau\sum x_i)\mu}{(\tau_0+n\tau)} + \frac{(\tau_0\mu_0+\tau\sum x_i)^2}{(\tau_0+n\tau)^2}\right]$$ (A3.22)

方括號內很明顯可以湊成一個平方項,因此 A3.22 式又可簡化為:

$$-\frac{1}{2}(\tau_0+n\tau)\left[\mu - \frac{(\tau_0\mu_0+\tau\sum x_i)}{\tau_0+n\tau}\right]^2$$ (A3.23)

至於指數的後三項則與目標參數 $\mu$ 無關,故以 $C$ 表示之:

$$C = \frac{\frac{1}{2}(\tau_0\mu_0+\tau\sum x_i)^2}{\tau_0+n\tau} - \frac{1}{2}\tau_0\mu_0^2 - \frac{1}{2}\tau\sum x_i^2$$ (A3.24)

至此我們只處理了貝氏定理的分子部分。分母的展開步驟基本一致,就不另外示範了。

下一步是把前面得到的結果代回貝氏定理中：

$$P\left(\mu \mid 資料\right)=\frac{P\left(資料 \mid \mu\right)*P\left(\mu\right)}{\int_{-\infty}^{\infty}P\left(資料 \mid u\right)*P\left(u\right)du} \qquad (A3.25)$$

$$P\left(\mu \mid 資料\right)=\frac{\left(2\pi\right)^{-\frac{n+1}{2}}\tau_0^{\frac{1}{2}}\tau^{\frac{n}{2}}e^{-\frac{1}{2}\left(\tau_0+n\tau\right)\left[\mu-\frac{\left(\tau_0\mu_0+\tau\sum x_i\right)}{\tau_0+n\tau}\right]^2+C}}{\int_{-\infty}^{\infty}\left(2\pi\right)^{-\frac{n+1}{2}}\tau_0^{\frac{1}{2}}\tau^{\frac{n}{2}}e^{-\frac{1}{2}\left(\tau_0+n\tau\right)\left[u-\frac{\left(\tau_0\mu_0+\tau\sum x_i\right)}{\tau_0+n\tau}\right]^2+C}du} \qquad (A3.26)$$

上式中很多與積分 $u$ 無關的項都可以上下消去，最後僅留下：

$$P\left(\mu \mid 資料\right)=\frac{e^{-\frac{1}{2}\left(\tau_0+n\tau\right)\left[\mu-\frac{\left(\tau_0\mu_0+\tau\sum x_i\right)}{\tau_0+n\tau}\right]^2}}{\int_{-\infty}^{\infty}e^{-\frac{1}{2}\left(\tau_0+n\tau\right)\left[u-\frac{\left(\tau_0\mu_0+\tau\sum x_i\right)}{\tau_0+n\tau}\right]^2}du} \qquad (A3.27)$$

接著，同時對分子和分母乘以下面的式子 (標成藍色)：

$$\left(2\pi\right)^{-\frac{1}{2}}\left(\tau_0+n\tau\right)^{\frac{1}{2}} \qquad (A3.28)$$

如此便得到：

$$P\left(\mu \mid 資料\right)=\frac{\left(2\pi\right)^{-\frac{1}{2}}\left(\tau_0+n\tau\right)^{\frac{1}{2}}e^{-\frac{1}{2}\left(\tau_0+n\tau\right)\left[\mu-\frac{\left(\tau_0\mu_0+\tau\sum x_i\right)}{\tau_0+n\tau}\right]^2}}{\int_{-\infty}^{\infty}\left(2\pi\right)^{-\frac{1}{2}}\left(\tau_0+n\tau\right)^{\frac{1}{2}}e^{-\frac{1}{2}\left(\tau_0+n\tau\right)\left[u-\frac{\left(\tau_0\mu_0+\tau\sum x_i\right)}{\tau_0+n\tau}\right]^2}du} \qquad (A3.29)$$

上式的分母其實就是一個常態 pdf 的積分，其值會等於 1，於是只留下分子的部分：

$$P(\mu \mid \text{資料}) = (2\pi)^{-\frac{1}{2}} (\tau_0 + n\tau)^{\frac{1}{2}} e^{-\frac{1}{2}(\tau_0 + n\tau)\left[\mu - \frac{(\tau_0 \mu_0 + \tau \sum x_i)}{\tau_0 + n\tau}\right]^2} \qquad \text{(A3.30)}$$

哈囉～～
各位還在嗎？
就快做完了！

現在來比較一下先驗和後驗分佈吧。先驗的公式如下，其中先驗的平均值 $\mu_0$ 標為紅色、先驗的精密度 $\tau_0$ 標為藍色：

$$P(\mu) = (2\pi)^{-\frac{1}{2}} \tau_0^{\frac{1}{2}} e^{-\frac{1}{2}\tau_0(\mu - \mu_0)^2} \qquad \text{(A3.31)}$$

後驗分佈的公式就是 A3.30 式，其平均值亦標為紅色、精密度則為藍色：

$$P(\mu) = (2\pi)^{-\frac{1}{2}} (\tau_0 + n\tau)^{\frac{1}{2}} e^{-\frac{1}{2}(\tau_0 + n\tau)\left[\mu - \frac{(\tau_0 \mu_0 + \tau \sum x_i)}{\tau_0 + n\tau}\right]^2} \qquad \text{(A3.32)}$$

我們可清楚看出來，A3.31、A3.32 式皆為常態分佈，且後驗的超參數為：

$$\mu_{後驗} = \frac{\tau_0 \mu_0 + \tau \sum x_i}{(\tau_0 + n\tau)} \qquad \text{(A3.33)}$$

$$\tau_{後驗} = \tau_0 + n\tau \qquad \text{(A3.34)}$$

證明成功！

# 附錄 A4

# 簡單線性迴歸的共軛解

我們在第 17 章介紹過如何用 MCMC 來擬合簡單線性迴歸模型。此種迴歸包含一個因變數（dependent variable）$Y$、以及一個自變數（independent variable）$X$ 或稱為預測變數（predictor variable）。之所以稱其『簡單』，正是因為自變數只有一個。

以下就是我們想建立的統計模型：

$$y_i = b_0 + b_1 x_i + \varepsilon_i \quad i = 1, \cdots, n \tag{A4.1}$$

我們假定：每一個變數 $Y_i$ 都來自『平均值 $\mu_i$ 等於 $b_0 + b_1 x_i$、標準差為 $\sigma$』的常態分佈，可以表示為：

$$Y_i \sim \mathrm{N}\left(b_0 + b_1 x_i, \sigma^2\right) \tag{A4.2}$$

對於取自常態分佈的任意資料點 $(x_i, y_i)$ 而言：

- 該分佈的平均值等於參數 $b_1$ 乘以自變數 $x_i$，再加上參數 $b_0$。
- 該分佈的標準差為 $\sigma$；精密度為 $\tau$ 相當於 $\dfrac{1}{\sigma^2}$。

換句話說，上述線性模型共包含三個待估計的未知參數：$b_0$、$b_1$、$\tau$，我們可以用 Gibbs 抽樣與 MCMC 找出三者的後驗分佈。圖 A4.1 即說明了整個過程：

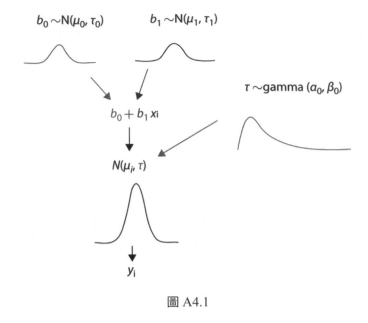

圖 A4.1

## 資料的概似度

本例中的資料屬於**常態分佈**：

$$y_1, y_2, y_3, \cdots, y_n \tag{A4.3}$$

觀測到特定資料的概似度 $P\left(資料 \mid \mu, \sigma^2\right)$ 可用常態機率密度函數算出。以單一資料點 $y_i$ 來說，其公式如下：

$$f\left(y_i; \mu_i, \sigma^2\right) = \frac{1}{\sqrt{2\pi}\sigma} e^{-(y_i - \mu_i)^2 / (2\sigma^2)} \tag{A4.4}$$

若資料點不只一個，那麼整體的概似度就是每個資料點的概似度相乘：

$$f\left(y_1; \mu_1, \sigma^2\right) \cdots f\left(y_n; \mu_n, \sigma^2\right) = \prod_{i=1}^{n} \frac{1}{\sqrt{2\pi}\sigma} e^{-(y_i - \mu_i)^2 / (2\sigma^2)} \tag{A4.5}$$

經過重新整理，我們可以改寫為：

$$f\left(y_1;\mu_1,\sigma^2\right)\cdots f\left(y_n;\mu_n,\sigma^2\right)=\left(2\pi\right)^{-\frac{n}{2}}\sigma^{-n}e^{-\frac{1}{2\sigma^2}\Sigma\left(y_i-\mu_i\right)^2} \qquad (A4.6)$$

接著，以 $\dfrac{1}{\tau}$ 取代 A4.6 式中的 $\sigma^2$，改成概似度公式：

$$P\left(資料\mid\mu_1...\mu_n,\tau\right)=\left(2\pi\right)^{-\frac{n}{2}}\tau^{\frac{n}{2}}e^{-\frac{1}{2}\tau\Sigma\left(y_i-\mu_i\right)^2} \qquad (A4.7)$$

先前已提過，由於每個資料點的平均值等於 $b_0+b_1x_i$，故簡單線性迴歸的概似度可表示成：

$$P\left(資料\mid b_0,b_1,\tau\right)=\left(2\pi\right)^{-\frac{n}{2}}\tau^{\frac{n}{2}}e^{-\frac{1}{2}\tau\Sigma\left(y_i-\left(b_0+b_1x_i\right)\right)^2} \qquad (A4.8)$$

**以上概似度公式適用在全部三個未知參數上**。各位很快就會看到：
當給定 $b_1$ 與 $\tau$，要計算 $b_0$ 的後驗分佈時，我們會將其寫成 $P\left(資料\mid b_0\right)$；
當給定 $b_0$ 與 $\tau$，要計算 $b_1$ 的後驗分佈時，我們會將其寫成 $P\left(資料\mid b_1\right)$；
當給定 $b_0$ 與 $b_1$，要計算 $\tau$ 的後驗分佈時，我們會將其寫成 $P\left(資料\mid\tau\right)$。
換言之：

$$P\left(資料\mid b_0\right)=P\left(資料\mid b_1\right)=P\left(資料\mid\tau\right)=\left(2\pi\right)^{-\frac{n}{2}}\tau^{\frac{n}{2}}e^{-\frac{1}{2}\tau\Sigma\left(y_i-\left(b_0+b_1x_i\right)\right)^2}$$

$$(A4.9)$$

接下來的內容會依次向讀者說明三個未知參數的共軛解。

## 給定 $b_1$ 與 $\tau$，找出未知參數 $b_0$ 的後驗分佈

請先把目標放在未知參數 $b_0$ 上，並假定 $b_1$ 與 $\tau$ 已知。希望讀者還記得，在每輪 MCMC 試驗中，我們都會隨機從後驗分佈中抽選目標參數（以本例而言為 $b_0$）的建議假設，其餘兩參數則做為當次試驗的前提條件。

未知參數 $b_0$ 的先驗分佈能為每個可能的 $b_0$ 參數值提供權重。由圖 A4.1 可知先驗為常態分佈,且有超參數 $\mu_0$ 和 $\tau_0$。

如附錄 A3 所示,我們可以將 $b_0$ 的先驗表示如下:

$$P(b_0) = \frac{\sqrt{\tau_0}}{\sqrt{2\pi}} e^{-\frac{\tau_0}{2}(b_0 - \mu_0)^2} = (2\pi)^{-\frac{1}{2}} \tau^{\frac{1}{2}} e^{-\frac{\tau_0}{2}(b_0 - \mu_0)^2} \qquad (A4.10)$$

至於 $b_0$ 的後驗分佈則是另一個常態分佈,其平均值為:

$$\mu_{0[後驗]} = \frac{\tau_0 \mu_0 + \tau \sum (y_i - b_1 x_i)}{(\tau_0 + n\tau)} \qquad (A4.11)$$

精密度則是:

$$\tau_{0[後驗]} = \tau_0 + n\tau \qquad (A4.12)$$

下面就來探討如何藉由貝氏定理得到上述後驗超參數。

## 貝氏定理

我們先複習貝氏定理的通式。下面是適用於單一參數 $\theta$ 的一般版本:

$$P(\theta \mid 資料) = \frac{P(資料 \mid \theta) * P(\theta)}{\int_{-\infty}^{\infty} P(資料 \mid \theta) * P(\theta) d\theta} \qquad (A4.13)$$

其中,先驗分佈以藍色呈現,概似度用紅色。我們將 $\theta$ 換成 $b_0$,貝氏定理公式應調整為:

$$P\big(b_0 \mid 資料\big) = \frac{P\big(資料 \mid b_0\big) * P\big(b_0\big)}{\int_{-\infty}^{\infty} P\big(資料 \mid b_0\big) * P\big(b_0\big)db_0} \tag{A4.14}$$

在上式裡，$P\big(b_0 \mid 資料\big)$ 以及分子部分的 $b_0$ 是指特定數值。但在分母中，我們需對從 $-\infty$ 到 $+\infty$ 的所有可能 $b_0$ 值進行積分。為避免混淆，這裡將分母的 $b_0$ 改寫成 $u$：

$$P\big(b_0 \mid 資料\big) = \frac{P\big(資料 \mid b_0\big) * P\big(b_0\big)}{\int_{-\infty}^{\infty} P\big(資料 \mid u\big) * P\big(u\big)du} \tag{A4.15}$$

請各位將全部注意力放在分子上，並將其中各項替換成對應的線性迴歸版公式，由 A4.9、A4.10 式可得：

$$P\big(b_0\big) * P\big(資料 \mid b_0\big) = \big(2\pi\big)^{-\frac{1}{2}} \tau_0^{\frac{1}{2}} e^{-\frac{\tau_0}{2}(b_0-\mu_0)^2} * \big(2\pi\big)^{-\frac{n}{2}} \tau^{\frac{n}{2}} e^{-\frac{1}{2}\tau\Sigma(y_i-(b_0+b_1 x_i))^2} \tag{A4.16}$$

上式可以簡化成（等號右邊的顏色標記取消）：

$$P\big(b_0\big) * P\big(資料 \mid b_0\big) = \big(2\pi\big)^{-\frac{n+1}{2}} \tau_0^{\frac{1}{2}} \tau^{\frac{n}{2}} e^{-\frac{1}{2}\tau_0(b_0-\mu_0)^2-\frac{1}{2}\tau\Sigma(y_i-b_0-b_1 x_i)^2} \tag{A4.17}$$

你應該發現了，未知參數 $b_0$ 只出現在 A4.17 式 $e$ 的指數中，下面我們就要重點處理這個部分。首先，將指數中的平方式展開：

$$
\begin{aligned}
&P\big(b_0\big) * P\big(資料 \mid b_0\big) \\
&= \big(2\pi\big)^{-\frac{n+1}{2}} \tau_0^{\frac{1}{2}} \tau^{\frac{n}{2}} e^{-\frac{1}{2}\tau_0\left[b_0^2-2b_0\mu_0+\mu_0^2\right]-\frac{1}{2}\tau\left[nb_0^2-2b_0\Sigma(y_i-b_1 x_i)+\Sigma(y_i-b_1 x_i)^2\right]}
\end{aligned} \tag{A4.18}
$$

下一步，將上式包含 $b_0^2$ 和 $b_0$ 的項予以合併：

$$P(b_0) * P(\text{資料} \mid b_0)$$

$$= (2\pi)^{-\frac{n+1}{2}} \tau_0^{\frac{1}{2}} \tau^{\frac{n}{2}} e^{-\frac{1}{2}[\tau_0 + n\tau]b_0^2 - \frac{1}{2}[-2\tau_0\mu_0 - 2\tau\sum(y_i - b_1 x_i)]b_0 - \frac{1}{2}\tau_0\mu_0^2 - \frac{1}{2}\tau\sum(y_i - b_1 x_i)^2}$$

$$(A4.19)$$

然後，對 $e$ 的指數部分同時加上並減去相同的項（見 A4.20 式），就能對 $b_0$ 使用配方法：

$$\frac{-\frac{1}{2}\left[\tau_0\mu_0 + \tau\sum(y_i - b_1 x_i)\right]^2}{\tau_0 + n\tau} \qquad (A4.20)$$

$$P(b_0) * P(\text{資料} \mid b_0)$$

$$= (2\pi)^{-\frac{n+1}{2}} \tau_0^{\frac{1}{2}} \tau^{\frac{n}{2}} e^{-\frac{1}{2}[\tau_0 + n\tau]b_0^2 - \frac{1}{2}[-2\tau_0\mu_0 - 2\tau\sum(y_i - b_1 x_i)]b_0 + \frac{-\frac{1}{2}[\tau_0\mu_0 + \tau\sum(y_i - b_1 x_i)]^2}{\tau_0 + n\tau} - \frac{\frac{1}{2}[\tau_0\mu_0 + \tau\sum(y_i - b_1 x_i)]^2}{\tau_0 + n\tau} - \frac{1}{2}\tau_0\mu_0^2 - \frac{1}{2}\tau\sum(y_i - b_1 x_i)^2}$$

$$(A4.21)$$

現在將 $e$ 的指數前三項取出：

$$-\frac{1}{2}[\tau_0 + n\tau]b_0^2 - \frac{1}{2}[-2\tau_0\mu_0 - 2\tau\sum(y_i - b_1 x_i)]b_0 + \frac{-\frac{1}{2}[\tau_0\mu_0 + \tau\sum(y_i - b_1 x_i)]^2}{\tau_0 + n\tau}$$

$$(A4.22)$$

提取 $-\frac{1}{2} * (\tau_0 + n\tau)$ 到最前面：

$$-\frac{1}{2}(\tau_0 + n\tau)\left[ b_0^2 - \frac{2[\tau_0\mu_0 + \tau\sum(y_i - b_1 x_i)]}{(\tau_0 + n\tau)}b_0 + \frac{[\tau_0\mu_0 + \tau\sum(y_i - b_1 x_i)]^2}{(\tau_0 + n\tau)^2} \right]$$

$$(A4.23)$$

再用配方法改寫為：

$$-\frac{1}{2}(\tau_0 + n\tau)\left[b_0 - \frac{\left(\tau_0\mu_0 + \tau\sum(y_i - b_1 x_i)\right)}{\tau_0 + n\tau}\right]^2 \qquad (A4.24)$$

至於後三項則與 $b_0$ 無關，我們以常數 $C$ 代稱。

請記住！上面只針對貝氏定理中的分子部分做處理。但由於分母和分子基本相同，所以可以對前者套用一模一樣的步驟。

將所得結果代回貝氏定理中可得：

$$P(b_0 \mid 資料) = \frac{(2\pi)^{-\frac{n+1}{2}} \tau_0^{\frac{1}{2}} \tau^{\frac{n}{2}} e^{-\frac{1}{2}(\tau_0 + n\tau)\left[b_0 - \frac{\left(\tau_0\mu_0 + \tau\sum(y_i - b_1 x_i)\right)}{\tau_0 + n\tau}\right]^2 + C}}{\int_{-\infty}^{\infty} (2\pi)^{-\frac{n+1}{2}} \tau_0^{\frac{1}{2}} \tau^{\frac{n}{2}} e^{-\frac{1}{2}(\tau_0 + n\tau)\left[u - \frac{\left(\tau_0\mu_0 + \tau\sum(y_i - b_1 x_i)\right)}{\tau_0 + n\tau}\right]^2 + C} \, du} \qquad (A4.25)$$

A4.25 式中分子與分母的許多項可相消，最後留下：

$$P(b_0 \mid 資料) = \frac{e^{-\frac{1}{2}(\tau_0 + n\tau)\left[b_0 - \frac{\left(\tau_0\mu_0 + \tau\sum(y_i - b_1 x_i)\right)}{\tau_0 + n\tau}\right]^2}}{\int_{-\infty}^{\infty} e^{-\frac{1}{2}(\tau_0 + n\tau)\left[u - \frac{\left(\tau_0\mu_0 + \tau\sum(y_i - b_1 x_i)\right)}{\tau_0 + n\tau}\right]^2} \, du} \qquad (A4.26)$$

接著，同時對分子和分母乘以下面這一項：

$$\frac{\sqrt{\tau_0 + n\tau}}{\sqrt{2\pi}} \qquad (A4.27)$$

得到：

$$P(b_0 \mid 資料) = \frac{\dfrac{\sqrt{\tau_0 + n\tau}}{\sqrt{2\pi}} e^{-\frac{1}{2}(\tau_0 + n\tau)\left[b_0 - \frac{\left(\tau_0\mu_0 + \tau\sum(y_i - b_1 x_i)\right)}{\tau_0 + n\tau}\right]^2}}{\int_{-\infty}^{\infty} \dfrac{\sqrt{\tau_0 + n\tau}}{\sqrt{2\pi}} e^{-\frac{1}{2}(\tau_0 + n\tau)\left[u - \frac{\left(\tau_0\mu_0 + \tau\sum(y_i - b_1 x_i)\right)}{\tau_0 + n\tau}\right]^2} \, du} \qquad (A4.28)$$

這麼一來，分母就成了常態分佈 pdf 的積分，其值必為 1。因此 A4.28 式可簡化為：

$$P\left(b_0 \mid 資料\right) = \frac{\sqrt{\tau_0 + n\tau}}{\sqrt{2\pi}} e^{-\frac{1}{2}(\tau_0 + n\tau)\left[b_0 - \frac{(\tau_0\mu_0 + \tau\sum(y_i - b_1 x_i))}{\tau_0 + n\tau}\right]^2} \qquad (A4.29)$$

---

編註： **為何 A4.28 式的分母為 1？**

我們再看一次 A4.10 式常態分佈 pdf：

$$P\left(b_0\right) = \frac{\sqrt{\tau_0}}{\sqrt{2\pi}} e^{-\frac{\tau_0}{2}(b_0 - \mu_0)^2} \qquad (A4.30)$$

其實 A4.29 式就是 A4.30 式套用 A4.11、A4.12 式的結果，兩者的形式相同皆為常態分佈 pdf，因此積分為 1。

---

由此可知，$b_0$ 的後驗分佈也是一個常態分佈，且其平均值和精密度超參數等於：

$$\mu_{0[後驗]} = \frac{\tau_0\mu_0 + \tau\sum\left(y_i - b_1 x_i\right)}{\left(\tau_0 + n\tau\right)} \qquad (A4.31)$$

$$\tau_{0[後驗]} = \tau_0 + n\tau \qquad (A4.32)$$

## 給定 $b_0$ 與 $\tau$，找出未知參數 $b_1$ 的後驗分佈

現在請將注意力轉向未知參數 $b_1$，並假定 $b_0$ 與 $\tau$ 已知。回憶一下，在每輪 MCMC 試驗中，我們都會隨機從後驗分佈中抽選目標參數 (以本例而言為 $b_1$) 的建議假設，其餘兩參數則做為當次試驗的前提條件。

## 先驗分佈

未知參數 $b_1$ 的先驗分佈能為每個可能的 $b_1$ 參數值提供權重。此處的先驗為常態分佈，且具有超參數 $\mu_1$ 和 $\tau_1$。

參考 A4.10 式，我們換成 $b_1$ 的先驗：

$$P\left(b_1\right) = \frac{\sqrt{\tau_1}}{\sqrt{2\pi}} e^{-\frac{\tau_1}{2}(b_1 - \mu_1)^2} \tag{A4.33}$$

至於 $b_1$ 的後驗分佈則是另一個常態分佈，其平均值為：

$$\mu_{1[後驗]} = \frac{\tau_1 \mu_1 + \tau \sum x_i \left(y_i - b_0\right)}{\tau_1 + \tau \sum x_i^2} \tag{A4.34}$$

精密度則是：

$$\tau_{1[後驗]} = \tau_1 + \tau \sum x_i^2 \tag{A4.35}$$

下面就來探討如何藉由貝氏定理得到上述後驗超參數。

## 貝氏定理

讓我們從貝氏定理的通式開始。下面是適用於單一參數 $\theta$ 的一般版本：

$$P\left(\theta \mid 資料\right) = \frac{P(資料 \mid \theta) * P(\theta)}{\int_{-\infty}^{\infty} P(資料 \mid \theta) * P(\theta) d\theta} \tag{A4.36}$$

以參數 $b_1$ 來說，貝氏定理公式應修改成：

$$P\left(b_1 \mid 資料\right) = \frac{P(資料 \mid b_1) * P(b_1)}{\int_{-\infty}^{\infty} P(資料 \mid b_1) * P(b_1) db_1} \tag{A4.37}$$

在 A4.37 式裡，我們將分母的 $b_1$ 改用 $u$（避免分子分母中 $b_1$ 的意義混淆）：

$$P(b_1 \mid 資料) = \frac{P(資料 \mid b_1) * P(b_1)}{\int_{-\infty}^{\infty} P(資料 \mid u) * P(u)\,du} \qquad (A4.38)$$

請各位將注意力放在分子上，並將其中各項替換成對應的線性迴歸版公式（A4.33、A4.9 式）：

$$P(b_1) * P(資料 \mid b_1) = \frac{\sqrt{\tau_1}}{\sqrt{2\pi}} e^{-\frac{\tau_1}{2}(b_1 - \mu_1)^2} * (2\pi)^{-\frac{n}{2}} \tau^{\frac{n}{2}} e^{-\frac{1}{2}\tau \Sigma(y_i - (b_0 + b_1 x_i))^2}$$

$$\qquad (A4.39)$$

然後上式合併整理一下（等號右邊取消顏色標記）：

$$P(b_1) * P(資料 \mid b_1) = (2\pi)^{-\frac{n+1}{2}} \tau_1^{\frac{1}{2}} \tau^{\frac{n}{2}} e^{-\frac{1}{2}\tau_1(b_1 - \mu_1)^2 - \frac{1}{2}\tau \Sigma(y_i - b_0 - b_1 x_i)^2} \qquad (A4.40)$$

我們發現未知參數 $b_1$ 只出現在上式 $e$ 的指數中。首先，將指數中的平方式展開：

$$P(b_1) * P(資料 \mid b_1)$$
$$= (2\pi)^{-\frac{n+1}{2}} \tau_1^{\frac{1}{2}} \tau^{\frac{n}{2}} e^{-\frac{1}{2}\tau_1 \left[b_1^2 - 2b_1\mu_1 + \mu_1^2\right] - \frac{1}{2}\tau \left[b_1^2 \Sigma x_i^2 - 2b_1 \Sigma x_i(y_i - b_0) + \Sigma(y_i - b_0)^2\right]} \qquad (A4.41)$$

下一步，將指數中包含 $b_1^2$ 和 $b_1$ 的項予以合併：

$$P(b_1) * P(資料 \mid b_1)$$
$$= (2\pi)^{-\frac{n+1}{2}} \tau_1^{\frac{1}{2}} \tau^{\frac{n}{2}} e^{-\frac{1}{2}\left[\tau_1 + \tau \Sigma x_i^2\right]b_1^2 - \frac{1}{2}\left[-2\tau_1\mu_1 - 2\tau \Sigma x_i(y_i - b_0)\right]b_1 - \frac{1}{2}\tau_1\mu_1^2 - \frac{1}{2}\tau \Sigma(y_i - b_0)^2} \qquad (A4.42)$$

然後，對指數部分同時加上並減去相同的項 (見 A4.43 式)，以便對 $b_1$ 使用配方法：

$$\frac{-\frac{1}{2}\left[\tau_1\mu_1 + \tau\sum x_i\left(y_i-b_0\right)\right]^2}{\tau_1 + \tau\sum x_i^2} \tag{A4.43}$$

可得：

$P\left(b_1\right)*P\left(\text{資料}\mid b_1\right)$

$$=\left(2\pi\right)^{-\frac{n+1}{2}}\tau_1^{\frac{1}{2}}\tau^{\frac{n}{2}}e^{-\frac{1}{2}\left[\tau_1+\tau\sum x_i^2\right]b_1^2-\frac{1}{2}\left[-2\tau_1\mu_1-2\tau\sum x_i(y_i-b_0)\right]b_1+\frac{-\frac{1}{2}\left[\tau_1\mu_1+\tau\sum x_i(y_i-b_0)\right]^2}{\tau_1+\tau\sum x_i^2}-\frac{\frac{1}{2}\left[\tau_1\mu_1+\tau\sum x_i(y_i-b_0)\right]^2}{\tau_1+\tau\sum x_i^2}-\frac{1}{2}\tau_1\mu_1^2-\frac{1}{2}\tau\sum(y_i-b_0)^2} \tag{A4.44}$$

現在，$e$ 的指數前三項可以用配方法改寫成 (請讀者自己試試看)：

$$-\frac{1}{2}\left[\tau_1+\tau\sum x_i^2\right]\left[b_1-\frac{\tau_1\mu_1+\tau\sum x_i\left(y_i-b_0\right)}{\tau_1+\tau\sum x_i^2}\right]^2 \tag{A4.45}$$

至於指數部分的後三項與 $b_1$ 無關，我們以常數 C 代稱。

我們已經準備好將新的結果代回貝氏定理中了 (分母的處理方式一模一樣，故省略)：

$$P\left(b_1\mid\text{資料}\right)=\frac{\left(2\pi\right)^{-\frac{n+1}{2}}\tau_1^{\frac{1}{2}}\tau^{\frac{n}{2}}e^{-\frac{1}{2}(\tau_1+\tau\sum x_i^2)\left[b_1-\frac{\tau_1\mu_1+\tau\sum x_i(y_i-b_0)}{\tau_1+\tau\sum x_i^2}\right]^2+C}}{\int_{-\infty}^{\infty}\left(2\pi\right)^{-\frac{n+1}{2}}\tau_1^{\frac{1}{2}}\tau^{\frac{n}{2}}e^{-\frac{1}{2}(\tau_1+\tau\sum x_i^2)\left[u-\frac{\tau_1\mu_1+\tau\sum x_i(y_i-b_0)}{\tau_1+\tau\sum x_i^2}\right]^2+C}du} \tag{A4.46}$$

A4.46 式中分子與分母的許多項可相消，最後剩下：

$$P\left(b_1\mid\text{資料}\right)=\frac{e^{-\frac{1}{2}(\tau_1+\tau\sum x_i^2)\left[b_1-\frac{\tau_1\mu_1+\tau\sum x_i(y_i-b_0)}{\tau_1+\tau\sum x_i^2}\right]^2}}{\int_{-\infty}^{\infty}e^{-\frac{1}{2}(\tau_1+\tau\sum x_i^2)\left[u-\frac{\tau_1\mu_1+\tau\sum x_i(y_i-b_0)}{\tau_1+\tau\sum x_i^2}\right]^2}du} \tag{A4.47}$$

接著，同時對分子和分母乘上：

$$\frac{\sqrt{\tau_1 + \tau \sum x_i^2}}{\sqrt{2\pi}} \tag{A4.48}$$

可得：

$$P\left(b_1 \mid 資料\right) = \frac{\dfrac{\sqrt{\tau_1 + \tau \sum x_i^2}}{\sqrt{2\pi}} e^{-\frac{1}{2}(\tau_1 + \tau \sum x_i^2)\left[b_1 - \frac{\tau_1 \mu_1 + \tau \sum x_i (y_i - b_0)}{\tau_1 + \tau \sum x_i^2}\right]^2}}{\displaystyle\int_{-\infty}^{\infty} \dfrac{\sqrt{\tau_1 + \tau \sum x_i^2}}{\sqrt{2\pi}} e^{-\frac{1}{2}(\tau_1 + \tau \sum x_i^2)\left[u - \frac{\tau_1 \mu_1 + \tau \sum x_i (y_i - b_0)}{\tau_1 + \tau \sum x_i^2}\right]^2} du} \tag{A4.49}$$

這麼一來，分母就成了常態分佈 pdf 的積分 (原因同前，請讀者自行驗證)，其值必為 1。因此只有分子留下來：

$$P\left(b_1 \mid 資料\right) = \frac{\sqrt{\tau_1 + \tau \sum x_i^2}}{\sqrt{2\pi}} e^{-\frac{1}{2}(\tau_1 + \tau \sum x_i^2)\left[b_1 - \frac{\tau_1 \mu_1 + \tau \sum x_i (y_i - b_0)}{\tau_1 + \tau \sum x_i^2}\right]^2} \tag{A4.50}$$

讓我們再看一次描述 $b_1$ 先驗分佈的常態分佈 pdf，其由超參數 $\tau_1$ 和 $\mu_1$ 定義 (參考 A4.33 式)：

$$P\left(b_1\right) = \frac{\sqrt{\tau_1}}{\sqrt{2\pi}} e^{-\frac{\tau_1}{2}(b_1 - \mu_1)^2} \tag{A4.51}$$

請比對 A4.50 與 A4.51 式中相對應的項，可知 $b_1$ 的後驗分佈也是一個常態分佈，且其平均值和精密度超參數等於：

$$\mu_{1[後驗]} = \frac{\tau_1 \mu_1 + \tau \sum x_i \left(y_i - b_0\right)}{\tau_1 + \tau \sum x_i^2} \tag{A4.52}$$

$$\tau_{1[後驗]} = \tau_1 + \tau \sum x_i^2 \tag{A4.53}$$

# 給定 $b_0$ 與 $b_1$，找出未知參數 $\tau$ 的後驗分佈

現在來看未知參數 $\tau$，並假定 $b_0$ 與 $b_1$ 為已知。回憶一下，在每輪 MCMC 試驗中，我們都會隨機從後驗分佈中抽選目標參數 (以本例而言為 $\tau$) 的建議假設，其餘兩參數則做為當次試驗的前提條件。

## 先驗分佈

未知參數 $\tau$ 的先驗分佈能為每個可能的 $\tau$ 值提供權重。此處的先驗為 gamma 分佈，其 pdf 可寫成：

$$g(x; \alpha, \beta) = \frac{\beta^\alpha x^{\alpha-1} e^{-\beta x}}{\Gamma(\alpha)} \quad 0 \le x < \infty \tag{A4.54}$$

如前所述，gamma 分佈受兩個參數的控制：$\alpha$ (『形狀』參數) 與 $\beta$ (『比率』參數)。圖 A4.2 呈現出幾種參數組合的 gamma 分佈圖形：

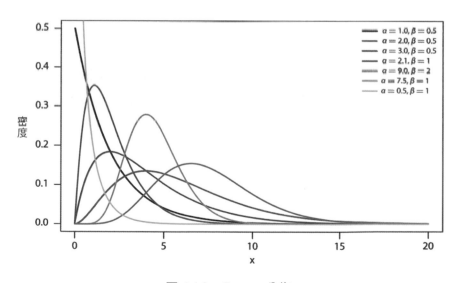

圖 A4.2　Gamma 分佈

本例 $\tau$ 的先驗是超參數為 $\alpha_0$ 和 $\beta_0$ 的 gamma 分佈：

$$P(\tau) = \frac{\beta_0{}^{\alpha_0} \tau^{\alpha_0 - 1} e^{-\beta_0 \tau}}{\Gamma(\alpha_0)} \quad 0 \le \tau < \infty \qquad \text{(A4.55)}$$

$\tau$ 的後驗則是另一個 gamma 分佈，且具有如下超參數：

$$\alpha_{[後驗]} = \alpha_0 + \frac{n}{2} \qquad \text{(A4.56)}$$

$$\beta_{[後驗]} = \beta_0 + \frac{\sum_{i=1}^{n}\left(y_i - (b_0 + b_1 x_i)\right)^2}{2} \qquad \text{(A4.57)}$$

下面就來探討如何藉由貝氏定理得到上述後驗超參數。

## 貝氏定理

讓我們從貝氏定理的通式開始。下面是適用於單一參數 $\theta$ 的一般版本：

$$P(\theta \mid 資料) = \frac{P(資料 \mid \theta) * P(\theta)}{\int P(資料 \mid \theta) * P(\theta) d\theta} \qquad \text{(A4.58)}$$

以參數 $\tau$ 來說，貝氏定理公式應修改成：

$$P(\tau \mid 資料) = \frac{P(資料 \mid \tau) * P(\tau)}{\int_0^\infty P(資料 \mid \tau) * P(\tau) d\tau} \qquad \text{(A4.59)}$$

因分母中的 $\tau$ 要做 0 到 $\infty$ 的積分，因此我們將分母中的 $\tau$ 改寫成 $u$ 以避免與分子的特定 $\tau$ 混淆：

$$P(\tau \mid 資料) = \frac{P(資料 \mid \tau) * P(\tau)}{\int_0^\infty P(資料 \mid u) * P(u) du} \qquad \text{(A4.60)}$$

我們將上式各項替換成對應的簡單線性迴歸版公式（A4.55 與 A4.9 式）：

$$P(\tau) * P(資料 \mid \tau) = \frac{\beta_0^{\alpha_0} \tau^{\alpha_0 - 1} e^{-\beta_0 \tau}}{\Gamma(\alpha_0)} * (2\pi)^{-\frac{n}{2}} \tau^{\frac{n}{2}} e^{-\frac{1}{2}\tau \Sum (y_i - (b_0 + b_1 x_i))^2} \quad \text{(A4.61)}$$

為簡化式子起見，我們將能合併的項目結合在一起：

$$P(\tau) * P(資料 \mid \tau) = (2\pi)^{-\frac{n}{2}} \tau^{\alpha_0 + \frac{n}{2} - 1} \beta_0^{\alpha_0} e^{-\beta_0 \tau - \frac{\tau}{2}\Sigma(y_i - b_0 + b_1 x_i)^2} / \Gamma(\alpha_0)$$

$$\text{(A4.62)}$$

這樣便能將結果代回貝氏定理中了（分母的處理方式一樣，故省略）：

$$P(\tau \mid 資料) = \frac{(2\pi)^{-\frac{n}{2}} \tau^{\alpha_0 + \frac{n}{2} - 1} \beta_0^{\alpha_0} e^{-\tau\left[\beta_0 + \frac{1}{2}\Sigma(y_i - b_0 + b_1 x_i)^2\right]} / \Gamma(\alpha_0)}{\int_0^\infty (2\pi)^{-\frac{n}{2}} u^{\alpha_0 + \frac{n}{2} - 1} \beta_0^{\alpha_0} e^{-u\left[\beta_0 + \frac{1}{2}\Sigma(y_i - b_0 + b_1 x_i)^2\right]} / \Gamma(\alpha_0) du}$$

$$\text{(A4.63)}$$

分子與分母的『$(2\pi)^{-\frac{n}{2}}$』、『$\beta_0^{\alpha_0}$』和『$\Gamma(\alpha_0)$』可以相消。然後，同時對分子、分母乘以 A4.64 式：

$$\frac{\left[\beta_0 + \frac{1}{2}\Sigma(y_i - b_0 + b_1 x_i)^2\right]^{\alpha_0 + \frac{n}{2}}}{\Gamma\left(\alpha_0 + \frac{n}{2}\right)} \quad \text{(A4.64)}$$

可以得到：

$$P(\tau \mid 資料)$$

$$= \frac{\dfrac{\tau^{\alpha_0 + \frac{n}{2} - 1}}{\Gamma\left(\alpha_0 + \frac{n}{2}\right)} \left[\beta_0 + \frac{1}{2}\Sigma(y_i - b_0 + b_1 x_i)^2\right]^{\alpha_0 + \frac{n}{2}} e^{-\left(\beta_0 + \frac{1}{2}\Sigma(y_i - b_0 + b_1 x_i)^2\right)\tau}}{\displaystyle\int_0^\infty \frac{u^{\alpha_0 + \frac{n}{2} - 1}}{\Gamma\left(\alpha_0 + \frac{n}{2}\right)} \left[\beta_0 + \frac{1}{2}\Sigma(y_i - b_0 + b_1 x_i)^2\right]^{\alpha_0 + \frac{n}{2}} e^{-\left(\beta_0 + \frac{1}{2}\Sigma(y_i - b_0 + b_1 x_i)^2\right)u} du}$$

$$\text{(A4.65)}$$

這麼一來，分母就成了 gamma 分佈 pdf 的積分，其值必為 1 (請讀者自行將 A4.65 式與 4.55 式比對)。

經過一些微調，最終的結果為：

$$P(\tau \mid 資料) = \frac{\left[\beta_0 + \frac{1}{2}\Sigma\left(y_i - b_0 + b_1 x_i\right)^2\right]^{\alpha_0 + \frac{n}{2}} \tau^{\alpha_0 + \frac{n}{2} - 1} e^{-\left(\beta_0 + \frac{1}{2}\Sigma(y_i - b_0 + b_1 x_i)^2\right)\tau}}{\Gamma\left(\alpha_0 + \frac{n}{2}\right)}$$

(A4.66)

讓我們再看一次描述 $\tau$ 先驗分佈的 gamma pdf，其由超參數 $\alpha_0$ 和 $\beta_0$ 定義 (參考 A4.55 式)：

$$P(\tau) = \frac{\beta_0^{\alpha_0} \tau^{\alpha_0 - 1} e^{-\beta_0 \tau}}{\Gamma(\alpha_0)} \quad 0 \le \tau < \infty$$

(A4.67)

比對 A4.66、A4.67 式，我們可看到 $\tau$ 的後驗也是一個 gamma 分佈，超參數為：

$$\alpha_{[後驗]} = \alpha_0 + \frac{n}{2}$$

(A4.68)

$$\beta_{[後驗]} = \beta_0 + \frac{\sum_{i=1}^{n}\left(y_i - b_0 - b_1 x_i\right)^2}{2}$$

(A4.69)

# 附錄 A5

# 迴歸資料的標準化

在貝氏分析中，我們會為每個參數設定先驗分佈，然後再以 Gibbs 抽樣和 MCMC 找出後驗分佈。我們在第 17 章的問 35 也提到過在進行 MCMC 以前，可以先把資料集做**標準化** (standardization)，也就是標準化成 Z 分數 (Z scores, 或稱 Z 值)，這麼做的目的是：MCMC 經常會產生參數之間高度相關的聯合後驗分佈，而『資料標準化』可以降低上述相關性 (correlation)。

> 編註：如果資料是屬於常態分佈，則可利用 Z 分數標準化的公式將資料轉換為平均值為 0，標準差為 1 的**標準常態分佈** (standard normal distribution)，$N(0,1)$。

下面就來示範：如何將簡單線性迴歸的資料集變數標準化，以及如何將 Z 分數標準化後的線性迴歸係數轉換回原本的資料尺度。

## 資料集標準化

為了解釋標準化的過程，讓我們再看一次**意志力**資料集 (見表 A5.1)，並將注意力放在『**成功指數**』和『**受教育年數**』欄位 (和第 17 章時一樣)，只是我們增加了兩個 Z 分數欄位：

**表 A5.1**

|  | 成功指數 | 成功指數的 Z 分數 | 受教育年數 | 受教育年數的 Z 分數 |
|---|---|---|---|---|
| 1 | 33.48 | -0.39 | 12 | -0.67 |
| 2 | 42.53 | 0.38 | 14 | -0.22 |
| 3 | 48.53 | 0.89 | 18 | 0.67 |
| 4 | 30.21 | -0.67 | 10 | -1.12 |
| 5 | 38.76 | 0.06 | 13 | -0.45 |
| 6 | 38.59 | 0.04 | 22 | 1.57 |
| 7 | 52.93 | 1.26 | 17 | 0.45 |
| 8 | 32.65 | -0.46 | 15 | 0.00 |
| 9 | 52.42 | 1.22 | 16 | 0.22 |
| 10 | 22.22 | -1.35 | 9 | -1.34 |
| 11 | 41.40 | 0.28 | 19 | 0.89 |
| 12 | 16.28 | -1.86 | 8 | -1.57 |
| 13 | 40.83 | 0.23 | 20 | 1.12 |
| 14 | 24.43 | -1.16 | 11 | -0.89 |
| 15 | 56.38 | 1.55 | 21 | 1.34 |
| 平均值 | 38.11 | 0 | 15.00 | 0 |
| 標準差 | 11.76 | 1 | 4.47 | 1 |

此處的因變數是**成功指數**（ 編註： 在 A5.2 式用因變數 $y$ 表示，或稱依變數，隨自變數而改變）、自變數則是**受教育年數**（ 編註： 在 A5.3 式用 $x$ 表示）。

要將每一欄的資料**標準化**，我們得先算出各欄的平均值$(\overline{y})$ 和標準差$(s_y)$各是多少，這交給讀者自行計算。接著，就可以用 A5.1 式計算每一個參賽者成功指數$(y_i)$ 的『標準化 Z 分數 (standardized Z score)』：

$$z_{成功指數_i} = z_{y_i} = \frac{(y_i - \overline{y})}{s_y} \tag{A5.1}$$

---

編註： 母體平均值與標準差會用 $\mu$ 與 $\sigma$ 表示，但樣本平均值與標準差會用 $\overline{y}$ 與 $s$ 表示。上式的標準差用 $s_y$，是指因變數的標準差（對應分子的 $y_i - \overline{y}$），若是自變數的標準差則用 $s_x$ 表示。

---

舉個例子，我們由表 A5.1 算出成功指數（存活天數）平均值 ($\overline{y}$) 等於 38.11 天、標準差 ($s_y$) 等於 11.76，第一位參賽者的成功指數 ($y_1$) 為 33.48 天，經過標準化後的 Z 分數是：

$$z_{\text{成功指數}_1} = z_{y_1} = \frac{(y_1 - \overline{y})}{s_y} = \frac{33.48 - 38.11}{11.76} = -0.39 \tag{A5.2}$$

> 編註：經過標準化的 Z 分數已經去單位化了，表示上式算出來的 **−0.39** 只是一個 Z 分數，而不是存活天數的單位。下面 A5.3 式算出來的 Z 分數也不是受教育年數的單位。

同理，算出受教育年數平均值 ($\overline{x}$) 等於 15.00、標準差 ($\sigma_x$) 等於 4.47，且從表 A5.1 中可知第一位參賽者的受教育年數 ($x_1$) 為 12 年，就可以得到第一位參賽者受教育年數經過標準化後的 Z 分數：

$$z_{\text{受教育年數}_1} = z_{x_1} = \frac{(x_1 - \overline{x})}{s_x} = \frac{12 - 15}{4.47} = -0.67 \tag{A5.3}$$

如此我們就能將表 5.1 中的『成功指數的 Z 分數』與『受教育年數的 Z 分數』全部計算出來。

把資料集標準化之後，便可進行 MCMC 分析，如此產生的聯合後驗分佈，原本第 17 章三個未知參數 $b_0$、$b_1$、$\tau$ 的相關性會降低，這就是本附錄一開頭講的標準化目的。

既然 MCMC 的過程是用標準化後的數值進行，每做完一輪之後我們需要面對一項新的『挑戰』：由於最後得到的各參數值是由 Z 分數而來，也就是說估算出來的 $b_1$ 不再表示：『受教育年數每增加一單位，參賽者能多存活幾天的變化幅度』。那麼該怎麼還原呢？

# 將標準化的迴歸係數轉換回原始尺度

接下來的問題是：如何把新的參數反向轉換 (back-transforming) 回原始尺度？對簡單線性迴歸而言，方法其實很簡單：

- 令 $b_0^*$ 代表 $b_0$ 的標準化係數 (會等於 0，編註：原因稍後說明)，$b_1^*$ 表示 $b_1$ 的標準化係數。

- $s_y$ 是 $y$ 方向的標準差，而 $s_x$ 是 $x$ 方向的標準差。

在此，我們要建立一個標準化後的簡單線性迴歸方程式，以『標準化係數』與『標準化預測分數』(standardized predictor score，這裡指受教育年數) 去預測『標準化反應分數』(standardized response score，這裡指成功指數)，如下所示：

$$\hat{z}_{y_i} = \frac{\hat{y}_i - \overline{y}}{s_y} = b_0^* + b_1^* \frac{(x_i - \overline{x})}{s_x} \tag{A5.4}$$

---

編註： **上式怎麼來的？**

既然資料做標準化，那麼簡單線性迴歸公式 $y_i = b_0 + b_1 x_i$ 也要跟著標準化。當 $x_i$ 與 $y_i$ 都經過 Z 分數標準化之後，由 A5.2、A5.3 式可得知：

$$z_{x_i} = \frac{(x_i - \overline{x})}{s_x} \ , \ z_{y_i} = \frac{(y_i - \overline{y})}{s_y} \tag{A5.5}$$

於是我們將 $y_i = b_0 + b_1 x_i$ 修改一下：

- 將 $b_0$ (截距)、$b_1$ (斜率) 置換為標準化係數 $b_0^*$、$b_1^*$，且 $b_0^*$ 要等於 0，這是因為標準化之後的簡單線性迴歸方程式會通過原點，因此截距 $b_0^*$ 要等於 0。

→ 續下頁

● 將 $y_i$ 置換為標準化的 $\dfrac{\left(\hat{y}_i - \overline{y}\right)}{s_y}$。注意分子 $\left(\hat{y}_i - \overline{y}\right)$ 中的 $\hat{y}_i$ 是要預測的

『標準化反應分數』（即成功指數）。

● 將 $x_i$ 置換為標準化的 $\dfrac{\left(x_i - \overline{x}\right)}{s_x}$。

於是得到經過標準化後的簡單線性迴歸公式：

$$\frac{\hat{y}_i - \overline{y}}{s_y} = b_0^* + b_1^* \frac{\left(x_i - \overline{x}\right)}{s_x} \tag{5.6}$$

然後將標準化的預測值用 $\hat{z}_{y_i}$ 表示，即得到 A5.4 式。

接下來，對 5.4 式等號兩邊乘以 $s_y$，可得：

$$\hat{y}_i - \overline{y} = 0 * s_y + b_1^* \frac{s_y}{s_x}\left(x_i - \overline{x}\right) \tag{A5.7}$$

下一步是對等號兩邊加上 $\overline{y}$，這樣就能將 $\hat{y}_i$ 獨立出來。我們加上顏色標記：

$$\hat{y}_i = \overline{y} - b_1^* \frac{s_y}{s_x}\overline{x} + b_1^* \frac{s_y}{s_x} x_i \tag{A5.8}$$

比對原尺度預測用的簡單線性方程式：

$$\hat{y}_i = b_0 + b_1 x_i \tag{A5.9}$$

於是得到轉換回原本尺度的參數：

$$b_0 = \overline{y} - b_1^* \frac{s_y}{s_x} \overline{x} \qquad\qquad (\text{A5.10})$$

$$b_1 = b_1^* \frac{s_y}{s_x} \qquad\qquad (\text{A5.11})$$

如此一來，標準化係數就被轉換回原來的 $b_0$、$b_1$ 尺度上了。MCMC 分析的每一輪都會生成新的 $b_0^*$ 與 $b_1^*$，所以上述反向轉換也必須每輪執行。

# 參考文獻

J. Albert. *Bayesian Computation with R*. Springer New York, 2009. DOI: 10.1007/978-0-387-92298-0. http://doi.org/10.1007%2F978-0-387-92298-0.

M. Allaby. *Oxford Dictionary of Zoology*. Oxford University Press, 2014.

C. Andrieu, N. D. Freitas, A. Doucet, et al. "An introduction to MCMC for machine learning." *Machine Learning* 50.1–2 (2003): 5–43.

T. Bayes and R. Price. "An Essay towards solving a Problem in the Doctrine of Chance. By the late Rev. Mr. Bayes, communicated by Mr. Price, in a letter to John Canton, A. M. F. R. S." *Philosophical Transactions of the Royal Society of London* 53 (1763): 370–418.

J. O. Berger, D. R. Insua, and F. Ruggeri. "Bayesian robustness." In: *Robust Bayesian Analysis*. Ed. By D. R. Insua and F. Ruggeri. Springer New York, 2000, pp. 1–32. DOI: 10.1007/978-1-4612-1306-2_1. http://doi.org/10.1007%2F978-1-4612-1306-2_1.

J. Bernardo and A. Smith. *Bayesian Theory*. John Wiley, 1994.

J. Bernoulli. *Opera Jacobi Bernoullii*. Genevæ, Sumptibus Hæredum Cramer & Fratrum Philibert, 1774.

B. Bolker. *Ecological Models and Data in R*. Princeton University Press, 2008.

K. P. Burnham and D. R. Anderson, ed. *Model Selection and Multimodel Inference: A Practical Information–Theoretic Approach*. Springer New York, 2004. DOI: 10.1007/b97636. http://doi.org/10.1007%2Fb97636.

C. Clapham and J. Nicholson. *The Concise Oxford Dictionary of Mathematics* (fifth edition). Oxford University Press, 2014.

M. Conroy and J. Peterson. *Decision Making in Natural Resource Management: A Structured, Adaptive Approach*. Wiley-Blackwell, 2013. http://www.wiley.com/WileyCDA/WileyTitle/productCd-0470671742.html.

A. L. Duckworth, C. Peterson, M. D. Matthews, et al. "Grit: Perseverance and passion for long-term goals." *Journal of Personality and Social Psychology* 92.6 (2007): 1087–101. DOI: 10.1037/0022-3514.92.6.1087. http://doi.org/10.1037%2F0022-3514.92.6.1087.

M. Elliot, I. Fairweather, W. Olsen, et al. *A Dictionary of Social Research Methods*. Oxford University Press, 2016.

B. Everitt. *The Cambridge Dictionary of Statistics*. Cambridge University Press, 1998.

C. F. Gauss. *Werke*. Cambridge Library Collection: Mathematics. Cambridge University Press, 2011[1863–1933].

A. E. Gelfand and A. F. M. Smith. "Sampling-based approaches to calculating marginal densities." *Journal of the American Statistical Association* 85.410 (1990): 398–409. DOI: 10.2307/2289776. http://doi.org/10.2307%2F2289776.

A. Gelman, J. B. Carlin, H. S. Stern, and D. B. Rubin. *Bayesian Data Analysis*. Chapman & Hall, 2004.

S. Geman and D. Geman. "Stochastic relaxation, Gibbs distributions, and the Bayesian restoration of images." In: *Readings in Computer Vision*. Ed. by M. A. Fischler and O. Firschein. Elsevier, 1987, pp. 564–84. DOI: 10.1016/b978-0-08-051581-6.50057-x. http://doi.org/10.1016%2Fb978-0-08-051581-6.50057-x.

W. R. Gilks, A. Thomas, and D. J. Spiegelhalter. "A language and program for complex Bayesian modelling." *The Statistician* 43.1 (1994): 169–77. DOI: 10.2307/2348941. http://doi.org/10.2307%2F2348941.

P. Goodwin and G. Wright. *Decision Analysis for Management Judgment* (fourth edition). Wiley and Sons, 2009. http://bcs.wiley.com/he-bcs/Books?action=index&itemId=0470714395&bcsId=5047.

P. Goodwin and G. Wright. *Decision Analysis for Management Judgment* (fifth edition). John Wiley & Sons, 2014.

S. Greenland. "Bayesian perspectives for epidemiological research: I. Foundations and basic methods." *International Journal of Epidemiology* 35.3 (2006): 765–74.

R. Gregory, L. Failing, M. Harstone, et al. *Structured Decision Making: A Practical Guide to Environmental Management Choices*. Wiley and Sons, 2012. DOI: 10.1002/9781444398557. http://onlinelibrary.wiley.com/book/10.1002/9781444398557.

J. S. Hammond, R. L. Keeney, and H. Raiffa. *Smart Choices: A Practical Guide to Making Better Decisions*. Harvard Business Review Press, 1999.

K. Hastings. "Monte Carlo sampling methods using Markov chains and their applications." *Biometrika* 57.1 (1970): 97–109.

N. T. Hobbs and M. B. Hooten. *Bayesian Models: A Statistical Primer for Ecologists*. Princeton University Press, 2015. DOI: 10.1515/9781400866557. http://doi.org/10.1515%2F9781400866557.

M. B. Hooten and N. T. Hobbs. "A guide to Bayesian model selection for ecologists." *Ecological Monographs* 85.1 (2015): 3–28. DOI: 10.1890/14-0661.1. http://doi.org/10.1890%2F14-0661.1.

M. Kéry. *Introduction to WinBUGS for Ecologists*. Elsevier, 2010. DOI: 0.1016/c2009-0-30639-x.http://doi.org/10.1016%2Fc2009-0-30639-x.

J. Kruschke. *Doing Bayesian Data Analysis: A Tutorial with R, JAGS, and Stan*. Elsevier, 2015. DOI:10.1016/c2012-0-00477-2. http://doi.org/10.1016%2Fc2012-0-00477-2.

D. Lane. *Online Statistics Education: A Multimedia Course of Study*. http://onlinestatbook.com/, 2011.

J. M. Last, ed. *A Dictionary of Public Health* (first edition). Oxford University Press, 2007.

W. Link and R. Barker. *Bayesian Inference*. Elsevier, 2010. DOI: 10.1016/c2009-0-01674-2. http://doi.org/10.1016%2Fc2009-0-01674-2.

J. Mayer, K. Khairy, and J. Howard. "Drawing an elephant with four complex parameters." *American Journal of Physics* 78.6 (2010): 648–9. DOI: 10.1119/1.3254017. http://doi.org/10.1119%2F1.3254017.

R. K. McCann, B. G. Marcot, and R. Ellis. "Bayesian belief networks: Applications in ecology and natural resource management." *Canadian Journal of Forest Research* 36.12 (2006): 3053–62. DOI:10.1139/x06-238. http://doi.org/10.1139%2Fx06-238.

M. A. McCarthy. *Bayesian Methods for Ecology*. Cambridge University Press, 2007. DOI: 10.1017/cbo9780511802454. http://doi.org/10.1017%2Fcbo9780511802454.

S. B. McGrayne. The Theory That Would Not Die: How Bayes' Rule Cracked the Enigma Code, Hunted Down Russian Submarines, and Emerged Triumphant from Two Centuries of Controversy. Yale University Press, 2011.

N. Metropolis, A. W. Rosenbluth, M. N. Rosenbluth, et al. "Equation of state calculations by fast computing machines." *J. Chem. Phys.* 21.6 (1953): 1089–92. DOI: 10.1063/1.1699114. http://dx.doi.org/10.1063/1.1699114.

F. Mosteller and D. L. Wallace. *Inference and Disputed Authorship: The Federalist*. Series in Behavioral Science: Quantitative Methods. Addison-Wesley, 1964.

J. Pearl. *Probabilistic Reasoning in Intelligent Systems*. Elsevier, 1988. DOI: 10.1016/c2009-0-27609-4. http://doi.org/10.1016%2Fc2009-0-27609-4.

M. Plummer. "JAGS: A program for analysis of Bayesian graphical models using Gibbs sampling." In: *Proceedings of the 3rd International Workshop on Distributed Statistical Computing (DSC 2003)*. Ed. by K. Hornik, F. Leisch, and A. Zeileis. Technische Universität Wien, 2003, pp. 564–84.

J. W. Pratt, H. Raiffa, and R. Schlaifer. *Introduction to Statistical Decision Theory*. Massachusetts Institute of Technology, 1995.

H. Raiffa and R. Schlaifer. *Applied Statistical Decision Theory*. Division of Research, Graduate School of Business Administration, Harvard University, 1961.

C. R. Rao. *Statistics and Truth: Putting Chance to Work*. World Scientific, 1997.

J. A. Royle and M. Kery. *Applied Hierarchical Modeling in Ecology*. Elsevier, 2016. DOI: 10.1016/c2013-0-19160-x. http://doi.org/10.1016%2Fc2013-0-19160-x.

R. Schlaifer. "Greek theories of slavery from Homer to Aristotle." *Harvard Studies in Classical Philology* 47 (1936): 165–204.

A. F. M. Smith and A. E. Gelfand. "Bayesian statistics without tears: A sampling–resampling perspective." *The American Statistician* 46.2 (1992): 84–8. DOI: 10.2307/2684170. http://doi.org/10.2307%2F2684170.

D. J. Spiegelhalter, N. G. Best, B. P. Carlin, et al. "Bayesian measures of model complexity and fit." *Journal of the Royal Statistical Society: Series B (Statistical Methodology)* 64.4 (2002): 583–639. DOI:10.1111/1467-9868.00353. http://doi.org/10.1111%2F1467-9868.00353.

A. Stevenson, ed. *Oxford Dictionary of English*. Oxford University Press, 2010. DOI: 10.1093/acref/9780199571123.001.0001. http://doi.org/10.1093%2Facref%2F9780199571123.001.0001.

J. V. Stone. *Bayes' Rule: a Tutorial Introduction to Bayesian Analysis*. Sebtel Press, 2014.

G. Upton and I. Cook. *A Dictionary of Statistics* (third edition). Oxford University Press, 2014.

G. Upton and I. Cook. *Oxford Dictionary Plus Science and Technology*. Oxford University Press, 2016. DOI: 10.1093/acref/9780191826726.001.0001.

J. Venn. "On the diagrammatic and mechanical representation of propositions and reasonings." *The London, Edinburgh, and Dublin Philosophical Magazine and Journal of Science* 10.59 (1880): 1–18.

J. Wei. "Least squares fitting of an elephant." *Chemtech* 5.2 (1975): 128–9.

P. J. Williams and M. B. Hooten. "Combining statistical inference and decisions in ecology." *Ecological Applications* 26.6 (2016): 1930–42. DOI: 10.1890/15-1593.1. http://doi.org/10.1890%2F15-1593.1.

P. G. Wodehouse. *My Man Jeeves*. George Newnes, 1919.

M. Zhu and A. Y. Lu. "The counter-intuitive non-informative prior for the Bernoulli family." *Journal of Statistics Education* 12.2 (2004): 1–10.

# 書中參考到的網路資源

## 前言

- Rational Bayes: http://yudkowsky.net/rational/bayes
- Oxford Dictionary of Statistics: http://www.oxfordreference.com/view/10.1093/acref/9780199679188.001.0001/acref-9780199679188
- Wolfram Mathematics: http://www.wolfram.com/
- Online Statistics Education: An Interactive Multimedia Course for Study: http://onlinestatbook.com/2/index.html
- Wikipedia: http://www.wikipedia.org/
- Encyclopedia Britannica: http://www.britannica.com/

## 第 1 章　先來瞭解一下機率

- Gerolamo Cardano: http://www.britannica.com/biography/Girolamo-Cardano
- Pierre de Fermat: http://www.britannica.com/biography/Pierre-de-Fermat
- Blaise Pascal: http://www.britannica.com/biography/Blaise-Pascal
- Definition of a set: http://www.britannica.com/topic/set-mathematics-and-logic
- Definition of sample space: http://mathworld.wolfram.com/SampleSpace.html
- Definition of Law of Large Numbers: http://mathworld.wolfram.com/LawofLargeNumbers.html
- Probability distribution: http://www.oxfordreference.com/search?source=%2F10.1093%2Facref%2F9780199679188.001.0001%2Facref-9780199679188&q=probability+distribution
- Event: http://www.oxfordreference.com/view/10.1093/acref/9780199679188.001.0001/acref-9780199679188-e-1433#

## 第 2 章　聯合機率、邊際機率、條件機率

- Definition of set: http://mathworld.wolfram.com/Set.html
- Definition of mutually exclusive: http://mathworld.wolfram.com/MutuallyExclusiveEvents.html

- Venn diagram: http://mathworld.wolfram.com/VennDiagram.html
- John Venn: http://www.britannica.com/biography/John-Venn
- MacTutor History of Mathematics Archive: http://www-history.mcs.st-andrews.ac.uk/Biographies/Venn.html
- Morton's toe: http://en.wikipedia.org/wiki/Morton%27s_toe
- Definition of mutually exclusive: http://mathworld.wolfram.com/MutuallyExclusiveEvents.html
- Definition of joint probability: http://www.oxfordreference.com/view/10.1093/acref/9780199679188.001.0001/acref-9780199679188-e-847?rskey=BIh8lb&result=1
- Definition of conditional probability: http://mathworld.wolfram.com/ConditionalProbability.html
- Kalid Azad: http://www.betterexplained.com

# 第3章　貝氏定理

- Bayes' Theorem: http://mathworld.wolfram.com/BayesTheorem.html
- Definition of conditional probability: http://mathworld.wolfram.com/ConditionalProbability.html
- Breast cancer example: http://yudkowsky.net/rational/bayes

# 第4章　貝氏推論

- Definition of science: http://spaceplace.nasa.gov/science/en/
- Definition of science: http://en.wikipedia.org/wiki/Science
- Scientific method: http://www.britannica.com/science/scientific-method
- Definition of hypothesis: http://www.britannica.com/topic/scientific-hypothesis
- Definition of scientific theory: http://www.dictionary.com/browse/scientific-theory
- Definition of deductive reasoning: http://www.oxfordreference.com/view/10.1093/oi/authority.20110803095706311
- Deductive versus inductive inference quote from livescience: http://www.livescience.com/21569-deduction-vs-induction.html
- Link to the word verify: http://en.wikipedia.org/wiki/Verification_and_validation)
- Link to the word falsify: http://www.britannica.com/topic/criterion-of-falsifiability
- Theory That Would Not Die lecture: http://www.youtube.com/watch?v=8oD6eBkjF9o
- Pierre-Simon Laplace: http://en.wikipedia.org/wiki/Pierre-Simon_Laplace

- Definition of Bayesian inference: http://www.oxfordreference.com/view/10.1093/acref/9780199679188.001.0001/acref-9780199679188-e-135?rskey=CHC1xV&result=1
- Definition of Bayesian inference: http://en.wikipedia.org/wiki/Bayesian_inference
- Definition of posterior probability: http://en.wikipedia.org/wiki/Posterior_probability
- Definition of infer: http://www.merriam-webster.com/dictionary/infer

## 第 5 章　作者問題：包含兩個假設的貝氏推論

- Frederick Mosteller: http://ww2.amstat.org/about/statisticiansinhistory/index.cfm?fuseaction=biosinfo&BioID=10
- David Wallace: http://www.stat.uchicago.edu/faculty/emeriti/wallace/index.shtml
- Federalist Papers: http://www.britannica.com/topic/Federalist-papers
- Alexander Hamilton: http://www.britannica.com/biography/Alexander-Hamilton-United-States-statesman
- James Madison: http://www.britannica.com/biography/James-Madison
- Federalist Paper 54: http://www.congress.gov/resources/display/content/The+Federalist+Papers#TheFederalistPapers-54
- Additional information on Federalist Paper 54: http://en.wikipedia.org/wiki/Federalist_No._54
- Definition of likelihood: http://www.dictionary.com/browse/likelihood?s=t
- Definition of likelihood: http://mathworld.wolfram.com/Likelihood.html

## 第 6 章　生日問題：包含多個假設的貝氏推論

- Absent Treatment: http://americanliterature.com/author/p-g-wodehouse/short-story/absent-treatment
- Yudkowski priors: http://yudkowsky.net/rational/bayes
- Definition of non-informative and informative prior: http://support.sas.com/documentation/cdl/en/statug/63033/HTML/default/viewer.htm#statug_introbayes_sect004.htm
- Definition of non-informative and informative prior: http://en.wikipedia.org/wiki/Prior_probability
- Link to the word robust: http://www.dictionary.com/browse/robust
- Zhu and Lu link: http://ww2.amstat.org/publications/jse/v12n2/zhu.pdf
- Link to robust Bayesian analysis: http://en.wikipedia.org/wiki/Robust_Bayesian_analysis

## 第 7 章 肖像問題：利用聯合概似性進行貝氏推論

- IMS Bulletin: http://bulletin.imstat.org/
- Challenge: http://www.york.ac.uk/depts/maths/histstat/bayespic.htm
- History of Life Insurance: http://www.amazon.com/History-life-insuranceformative-years/dp/B00085BVQY
- Definition of a non-conformist: http://www.britannica.com/topic/Nonconformists
- Description of England's Act of Uniformity: http://www.parliament.uk/about/living-heritage/transformingsociety/private-lives/religion/collections/common-prayer/act-of-uniformity-1662/
- Dr. Bellhouse article: http://www2.isye.gatech.edu/~brani/isyebayes/bank/bayesbiog.pdf
- Answer to why men wear wigs: http://boston1775.blogspot.com
- Link to Anne Clark's page: http://www.uvm.edu/~religion/?Page=clark.php


## 第 8 章 機率質量函數

- Definition of variable: http://www.oxfordreference.com/view/10.1093/acref/9780199679188.001.0001/acref-9780199679188-e-1703?rskey=cgYSYj&result=4
- Definition of variable: http://www.oxfordreference.com/view/10.1093/acref/9780199679188.001.0001/acref-9780199679188-e-1703?rskey=cgYSYj&result=4
- Definition of a variable: http://www.britannica.com/topic/variable-mathematics-andlogic
- Definition of random variable: http://www.oxfordreference.com/view/10.1093/acref/9780199679188.001.0001/acref-9780199679188-e-1351?rskey=LxzeOh&result=1
- Definition of random variable: http://en.wikipedia.org/wiki/Random_variable
- Definition of probability theory: http://www.britannica.com/topic/probability-theory
- Definition of probability distribution: http://www.oxfordreference.com/view/10.1093/acref/9780199679188.001.0001/acref-9780199679188-e-1295?rskey=D26yAE&result=1
- Definition of probability mass function:http://www.britannica.com/science/statistics/Random-variables-and-probability-distributions#ref367430
- Definition of probability mass function: http://en.wikipedia.org/wiki/Probability_mass_function
- Link to Jakob Bernoulli: http://www.britannica.com/biography/Jakob-Bernoulli
- Definition of parameter: http://www.oxfordreference.com/view/10.1093/acref/9780199679188.001.0001/acref-9780199679188-e-1206?rskey=f6caGK&result=2
- Definition of parameter: http://en.wikipedia.org/wiki/Parameter
- Link to negative binomial distribution: http://mathworld.wolfram.com/NegativeBinomialDistribution.html

- Link to Bernoulli distribution: http://mathworld.wolfram.com/BernoulliDistribution.html
- link to Poisson distribution: http://mathworld.wolfram.com/PoissonDistribution.html
- Link to discrete uniform distribution: http://mathworld.wolfram.com/DiscreteUniformDistribution.html
- Link to geometric distribution: http://mathworld.wolfram.com/GeometricDistribution.html
- Link to hypergeometric distribution: http://mathworld.wolfram.com/HypergeometricDistribution.html
- Definition of Bernoulli distribution: http://www.oxfordreference.com/view/10.1093/acref/9780199541454.001.0001/acref-9780199541454-e-149
- Definition of Bernoulli distribution: http://en.wikipedia.org/wiki/Bernoulli_distribution
- Definition of likelihood: http://www.dictionary.com/browse/likelihood?s=t
- Link to John Kruschke's blog: http://doingbayesiandataanalysis.blogspot.com.au/2012/05/graphical-model-diagrams-in-doing.html

# 第 9 章  機率密度函數

- Definition of pmf: http://www.britannica.com/science/statistics/Random-variablesand-probability-distributions#ref367430
- Definition of random variable: http://www.oxfordreference.com/view/10.1093/acref/9780199679188.001.0001/acref-9780199679188-e-1351?rskey=5IndNY&result=2
- Bacteria growth example: http://en.wikipedia.org/wiki/Probability_density_function
- Uniform or rectangular distribution: http://mathworld.wolfram.com/UniformDistribution.html
- Online Statistics Education ebook: http://onlinestatbook.com/2/normal_distribution/intro.html
- Carl Friedrich Gauss: http://www.britannica.com/biography/Carl-Friedrich-Gauss
- Integral symbol: http://en.wikipedia.org/wiki/Integral_symbol
- Definition of integral: http://mathworld.wolfram.com/Integral.html
- Gaussian integral: http://mathworld.wolfram.com/GaussianIntegral.html
- Riemann Sum: http://mathworld.wolfram.com/RiemannSum.html
- Khan Academy: http://www.khanacademy.org/math/
- Better Explained: http://betterexplained.com/calculus/
- How to Enjoy Calculus: http://www.youtube.com/watch?v=GSV-AuGOjsg
- Normal distribution: http://mathworld.wolfram.com/NormalDistribution.html
- Log normal distribution: http://mathworld.wolfram.com/LogNormalDistribution.html
- Beta distribution: http://mathworld.wolfram.com/BetaDistribution.html

- Gamma distribution: http://mathworld.wolfram.com/GammaDistribution.html
- Exponential distribution: http://mathworld.wolfram.com/ExponentialDistribution.html
- Weibull distribution: http://mathworld.wolfram.com/WeibullDistribution.html
- Cauchy distribution: http://mathworld.wolfram.com/CauchyDistribution.html
- Definition of likelihood function: http://www.oxfordreference.com/view/10.1093/acref/9780199679591.001.0001/acref-9780199679591-e-1671?rskey=uGoV2J&result=1
- Definition of closed-form expression: http://en.wikipedia.org/wiki/Closed-form_expression
- Definition of conjugate prior: http://www.oxfordreference.com/view/10.1093/acref/9780199679188.001.0001/acref-9780199679188-e-135?rskey=HNKSuc&result=5
- Dirichlet distribution: http://en.wikipedia.org/wiki/Dirichlet_distribution

# 第 10 章　白宮問題：Beta －二項式共軛

- Link to bet: http://voices.washingtonpost.com/dcsportsbog/2009/07/could_shaq_get_into_the_white.html?wprss=dcsportsbog
- Binomial pmf link: http://mathworld.wolfram.com/BinomialDistribution.html
- Bernoulli distribution link: http://mathworld.wolfram.com/BernoulliDistribution.html
- Beta distribution description: http://www.oxfordreference.com/view/10.1093/acref/9780199679188.001.0001/acref-9780199679188-e-158?rskey=DESoj3&result=1
- Beta distribution description: http://en.wikipedia.org/wiki/Beta_distribution
- Wolfram calculator link: http://www.wolframalpha.com/
- Zhu and Lu link: http://ww2.amstat.org/publications/jse/v12n2/zhu.pdf
- Link to Howard Raiffa: http://en.wikipedia.org/wiki/Howard_Raiffa
- Link to Robert Schlaifer: http://en.wikipedia.org/wiki/Robert_Schlaifer
- Bayesian conjugate table: http://en.wikipedia.org/wiki/Conjugate_prior
- Conjugate prior definition: http://www.oxfordreference.com/view/10.1093/acref/9780199679188.001.0001/acref-9780199679188-e-135?rskey=HNKSuc&result=5
- Beta distribution link: http://mathworld.wolfram.com/BetaDistribution.html
- Credible interval definition: http://www.oxfordreference.com/view/10.1093/acref/9780191816826.001.0001/acref-9780191816826-e-0087?rskey=cmncUS&result=1
- Credible intervals: http://en.wikipedia.org/wiki/Credible_interval
- Result of bet: http://voices.washingtonpost.com/dcsportsbog/2009/07/shaq_denied_entrance_by_the_wh.html

## 第 11 章 鯊魚攻擊問題：Gamma 一卜瓦松共軛

- Link to shark attack post: http://www.sciencedaily.com/releases/2001/08/010823084028.htm
- Description of Poisson distribution: http://www.oxfordreference.com/view/10.1093/acref/9780199684274.001.0001/acref-9780199684274-e-6897?rskey=NlK26q&result=5
- Simeon Poisson link: http://www.britannica.com/biography/Simeon-Denis-Poisson
- Euler's number link: http://www.oxfordreference.com/view/10.1093/acref/9780199679591.001.0001/acref-9780199679591-e-1026?rskey=hJEPVP&result=1
- Gamma distribution link: http://mathworld.wolfram.com/GammaDistribution.html
- Gamma distribution link: http://www.oxfordreference.com/view/10.1093/acref/9780199679188.001.0001/acref-9780199679188-e-649?rskey=lJwBFp&result=3
- Gamma distribution link: http://mathworld.wolfram.com/GammaDistribution.html
- Gamma function: http://mathworld.wolfram.com/GammaFunction.html
- Gamma function online calculator: http://www.wolframalpha.com/input/?i=gamma+function
- Definition of conjugate prior: http://www.oxfordreference.com/view/10.1093/acref/9780199679188.001.0001/acref-9780199679188-e-135?rskey=HNKSuc&result=5
- Wikipedia table of conjugate priors: http://en.wikipedia.org/wiki/Conjugate_prior
- Log-normal distribution link: http://mathworld.wolfram.com/LogNormalDistribution.html

## 第 12 章 楓糖問題：常態一常態共軛

- Link to syrup movie: http://entertainment.time.com/2013/09/26/jason-segel-willstar-in-canadian-syrup-heist-film/
- Maple syrup link: http://www.britannica.com/topic/maple-syrup
- Article about cartel: http://business.time.com/2012/12/24/why-does-canadahave-a-maple-syrup-cartel/
- Link to Vermont maple: http://vermontmaple.org/
- Wikipedia conjugate prior table: http://en.wikipedia.org/wiki/Conjugate_prior
- Link to inverse gamma: http://reference.wolfram.com/language/ref/InverseGammaDistribution.html
- Link to inverse chi square: http://reference.wolfram.com/language/ref/InverseChiSquareDistribution.html
- Link to gamma distribution: http://mathworld.wolfram.com/GammaDistribution.html

## 第 13 章 回顧鯊魚攻擊問題：以 Metropolis 演算法進行 MCMC 分析

- Link to Poisson distribution: http://mathworld.wolfram.com/PoissonDistribution.html
- Link to gamma distribution: http://mathworld.wolfram.com/GammaDistribution.html
- Link to Metropolis algorithm: http://en.wikipedia.org/wiki/Equation_of_State_Calculations_by_Fast_Computing_Machines
- Definition of algorithm: http://www.britannica.com/topic/algorithm
- Link to Nicholas Metropolis: http://en.wikipedia.org/wiki/Nicholas_Metropolis
- Link to Andrieu paper: http://www.cs.princeton.edu/courses/archive/spr06/cos598C/papers/AndrieuFreitasDoucetJordan2003.pdf
- Link to Monte Carlo casino: http://www.britannica.com/place/Monte-Carlo-resort-Monaco
- Link to Monte Carlo method: http://www.britannica.com/science/Monte-Carlomethod
- Link to Markov Chain: http://www.oxfordreference.com/view/10.1093/acref/9780191793158.001.0001/acref-9780191793158-e-6731?rskey=Ggi5ev&result=3
- Link to Andrey Markov: http://www.britannica.com/biography/Andrey-Andreyevich-Markov
- Link to Wolfram MCMC demo: http://demonstrations.wolfram.com/MarkovChainMonteCarloSimulationUsingTheMetropolisAlgorithm/
- Link to calculator: http://www.wolframalpha.com/
- Link to rules of logs: http://www.britannica.com/topic/logarithm


## 第 14 章 MCMC 診斷技巧

- SAS Institute link: http://support.sas.com/documentation/cdl/en/statug/63962/HTML/default/viewer.htm#statug_mcmc_sect024.htm
- Definition of heuristic: http://www.dictionary.com/browse/heuristic
- How your computer stores numbers: http://www.britannica.com/topic/numeral#toc233819
- Converting numbers to binary: http://www.wolframalpha.com/examples/NumberBases.html
- Link to numerical overflow: http://en.wikipedia.org/wiki/Integer_overflow


## 第 15 章 回顧白宮問題：以 Metropolis － Hastings 演算法進行 MCMC 分析

- Link to Metropolis algorithm: http://en.wikipedia.org/wiki/Equation_of_State_Calculations_by_Fast_Computing_Machines

- Link to Keith Hastings: http://www.probability.ca/hastings/
- Normal pdf: http://mathworld.wolfram.com/NormalDistribution.html
- Link to beta pdf: http://mathworld.wolfram.com/BetaDistribution.html
- Link to Metropolis–Hastings algorithm: http://support.sas.com/documentation/cdl/en/statug/63033/HTML/default/viewer.htm#statug_introbayes_sect007.htm
- Independence Metropolis–Hastings Sampler: http://support.sas.com/documentation/cdl/en/statug/63033/HTML/default/viewer.htm#statug_introbayes_sect007.htm
- Link to Monte Carlo resort: http://www.britannica.com/place/Monte-Carlo-resort-Monaco
- Definition of Monte Carlo methods: http://www.britannica.com/science/Monte-Carlo-method
- Link to Andrey Markov: http://www.britannica.com/biography/Andrey-Andreyevich-Markov
- Link to Markov Chain: http://www.oxfordreference.com/view/10.1093/acref/9780191793158.001.0001/acref-9780191793158-e-6731?rskey=Ggi5ev&result=3
- Link to beta distribution (to show table): http://en.wikipedia.org/wiki/Beta_distribution
- Link to Hastings entry: http://www.oxfordreference.com/view/10.1093/acref/9780199679188.001.0001/acref-9780199679188-e-1977?rskey=IyPQN9&result=1

## 第 16 章 回顧楓糖問題：以 Gibbs 抽樣進行 MCMC 分析

- SAS link to Gibbs sampler: http://support.sas.com/documentation/cdl/en/statug/63033/HTML/default/viewer.htm#statug_introbayes_sect007.htm
- Definition of algorithm: http://www.merriam-webster.com/dictionary/algorithm
- Wikipedia figure of joint and marginal distributions: http://en.wikipedia.org/wiki/Marginal_distribution
- Link to gamma distribution: http://en.wikipedia.org/wiki/Gamma_distribution
- Link to Josiah Gibbs: http://www.britannica.com/biography/J-Willard-Gibbs
- Link to Stuart Gemen: http://en.wikipedia.org/wiki/Stuart_Geman
- Link to Donald Gemen: http://en.wikipedia.org/wiki/Donald_Geman
- Link to Theory That Would Not Die: http://www.mcgrayne.com/the_theory_that_would_not_die__how_bayes__rule_cracked_the_enigma_code__hunted_d_107493.htm
- Link to Geman and Geman paper: http://www.ncbi.nlm.nih.gov/pubmed/22499653
- Link to BUGS: http://www.mrc-bsu.cam.ac.uk/software/bugs/
- Link to JAGS: http://mcmc-jags.sourceforge.net/

# 第 17 章　生存遊戲問題：以 MCMC 進行簡單線性迴歸

- Definition of function: http://www.oxfordreference.com/view/10.1093/acref/9780191826726.001.0001/acref-9780191826726-e-468?rskey=kC5yBF&result=11
- Definition of linear function: http://www.oxfordreference.com/view/10.1093/acref/9780199679591.001.0001/acref-9780199679591-e-1692?rskey=N38sCm&result=1
- Definition of variable: http://www.britannica.com/topic/variable-mathematicsand-logic
- Definition of error term: http://www.britannica.com/science/statistics/Experimental-design#ref367485
- Additional link to statistical model: http://en.wikipedia.org/wiki/Statistical_model
- Definition of science: http://spaceplace.nasa.gov/science/en/
- Definition of science: http://en.wikipedia.org/wiki/Science
- Definition of hypothesis: http://www.britannica.com/topic/scientific-hypothesis
- Definition of scientific theory: http://www.dictionary.com/browse/scientific-theory
- Definition of deductive reasoning: http://www.oxfordreference.com/view/10.1093/oi/authority.20110803095706311
- Wassertheil-Smoller quotes: http://www.livescience.com/21569-deduction-vsinduction.html
- Link to verification and validation: http://en.wikipedia.org/wiki/Verification_and_validation
- Definition of falsification: http://www.britannica.com/topic/criterion-of-falsifiability
- Definition of statistical inference: http://www.oxfordreference.com/view/10.1093/acref/9780199679188.001.0001/acref-9780199679188-e-1557?rskey=oryjck&result=1
- Angela Duckworth: http://angeladuckworth.com/
- Grit scale: http://angeladuckworth.com/grit-scale/
- Grit paper: http://www.dropbox.com/s/0y545gn2withb5e/DuckworthPetersonMatthewsKelly_2007_PerseveranceandPassion.pdf?dl=0
- Description of Survivor show: http://en.wikipedia.org/wiki/Survivor_(franchise)
- Definition of statistical model: http://en.wikipedia.org/wiki/Statistical_model
- Link to binomial distribution: http://reference.wolfram.com/language/ref/BinomialDistribution.html
- Link to normal distribution: http://reference.wolfram.com/language/ref/NormalDistribution.html
- Link to gamma distribution: http://reference.wolfram.com/language/ref/GammaDistribution.html
- Wikipedia table of conjugate shortcuts: http://en.wikipedia.org/wiki/Conjugate_prior
- Alan Gelfand homepage: http://www2.stat.duke.edu/~alan/
- Adrian Smith bio: http://en.wikipedia.org/wiki/Adrian_Smith_(statistician)

- Link to Bayesian Statistics without Tears: http://www.jstor.org/stable/2684170?seq=1#page_scan_tab_contents
- Link to proper gammadistribution: http://en.wikipedia.org/wiki/Gamma_distribution
- Link to posterior predictive distribution: http://www.oxfordreference.com/view/10.1093/acref/9780191816826.001.0001/acref-9780191816826-e-0031?rskey=wjRLiA&result=1
- Link to posterior predictive distribution: http://en.wikipedia.org/wiki/Posterior_predictive_distribution
- Link to goodness of fit definition: http://www.oxfordreference.com/view/10.1093/acref/9780199679188.001.0001/acref-9780199679188-e-687?rskey=B6T6sC&result=6

## 第 18 章 繼續討論生存遊戲問題：介紹貝氏模型選擇

- Link to Angela Duckworth: http://angeladuckworth.com/
- Link to SSE: http://www.oxfordreference.com/view/10.1093/oi/authority.20111013151335747?rskey=W9nlte&result=9
- Laws of logarithms: http://www.britannica.com/topic/logarithm
- Occam's razor: http://www.britannica.com/topic/Occams-razor
- John von Neumann: http://www.britannica.com/biography/John-von-Neumann
- Fitting an elephant: http://demonstrations.wolfram.com/FittingAnElephant/
- Link to DIC: http://support.sas.com/documentation/cdl/en/statug/63347/HTML/default/viewer.htm#statug_introbayes_sect009.htm#statug.introbayes.bayesdic
- Link to WinBUGS: http://www.mrc-bsu.cam.ac.uk/software/bugs/the-bugs-projectwinbugs/

## 第 19 章 羅雷司問題：介紹貝氏網路

- Summary of The Lorax: http://en.wikipedia.org/wiki/The_Lorax
- Definition of sustainable forest management: http://en.wikipedia.org/wiki/Sustainable_forest_management
- Link to sustainability: http://www.britannica.com/topic/sustainability
- Example of Bayesian network: http://en.wikipedia.org/wiki/Bayesian_network
- Netica: http://www.norsys.com/tutorials/netica/nt_toc_A.htm
- Influence diagram: http://www.lumina.com/technology/influence-diagrams/
- Definition of sample space and event: http://www.oxfordreference.com/view/10.1093/acref/9780199679188.001.0001/acref-9780199679188-e-1433#

- DAG: http://www.oxfordreference.com/view/10.1093/acref/ 9780191816826.001.0001/acref-9780191816826-e-0168?rskey=gb73bl&result=2
- Dictionary definition of marginal: http://www.dictionary.com/browse/marginal
- Wikipedia definition of marginal probability: http://en.wikipedia.org/wiki/ Marginal_distribution
- Bruce Marcot: http://www.fs.fed.us/research/people/profile.php?alias=bmarcot
- Chain rule in probability: http://en.wikipedia.org/wiki/Chain_rule_(probability)
- Machine learning: http://www.britannica.com/technology/machine-learning
- Judea Pearl: http://www.britannica.com/biography/Judea-Pearl
- Definition of utility: http://www.oxfordreference.com/view/10.1093/acref/ 9780199679591.001.0001/acref-9780199679591-e-2939?rskey=bRAwhh&result=9

## 第 20 章　萬事樂問題：介紹決策樹

- Link to summary of The Lorax: http://en.wikipedia.org/wiki/The_Lorax
- Definition of decision tree: http://www.oxfordreference.com/view/10.1093/ acref/9780199541454.001.0001/acref-9780199541454-e-436
- Yogi Berra: http://www.britannica.com/biography/Yogi-Berra
- Expected value: http://www.oxfordreference.com/view/10.1093/ acref/9780199541454.001.0001/acref-9780199541454-e-567
- Utility: http://www.oxfordreference.com/view/10.1093/acref/9780199679591.001.0001/ acref-9780199679591-e-2939?rskey=bRAwhh&result=9
- Elicitation: http://www.dictionary.com/browse/elicitation?s=t
- Binomial probability mass function: http://reference.wolfram.com/language/ref/ BinomialDistribution.html
- Expected value of sample information: http://en.wikipedia.org/wiki/ Expected_value_of_sample_information
- Yogi quotes: http://ftw.usatoday.com/2015/09/the-50-greatest-yogi-berra-quotes

AI 必須！從做中學
# 貝氏統計

AI 必須！從做中學
# 貝氏統計